M. Ussmith

Nasima & Maria Nazar

Gefangen im Land des Vaters

Nasima & Maria Nazar

Gefangen im Land des Vaters

… ich wurde aus Deutschland nach Pakistan entführt

Marion von Schröder Verlag

Gefangen im Land des Vaters schildert Ereignisse, die sich wirklich zugetragen haben. Alle im Buch vorkommenden Personen sind Personen des wirklichen Lebens. Um ihre Privatsphäre zu schützen, werden die meisten von ihnen unter einem veränderten Namen vorgestellt.

Der Marion von Schröder Verlag ist ein Unternehmen
der Econ Ullstein List Verlag GmbH & Co. KG, München

ISBN 3-547-71012-X

2. Auflage 2002
Originalausgabe

Redaktion: Cornelie Kister
Layout und Herstellung: Helga Schörnig
Gesetzt aus der Giovanni bei
EDV-Fotosatz Huber / Verlagsservice G. Pfeifer, Germering
Druck und Bindung: Clausen & Bosse, Leck

Printed in Germany

Inhalt

Prolog

Mit der Liebe zwischen einer Deutschen und einem Pakistaner beginnt ein Albtraum: Im Januar 1983 wird ein kleines Mädchen geboren und Nasima genannt. Auf Urdu bedeutet es Frühlingsblume. Beide Eltern lieben ihre Tochter über alles.

Als Nasima drei Jahre alt ist, darf sie mit ihrem Vater zum ersten Mal ihre Großeltern in Pakistan besuchen. Von da an fliegen Vater und Tochter fast jedes Jahr zu Weihnachten dorthin und kehren Anfang Januar nach Hause zurück. Das kleine Mädchen liebt es, ihre Ferien dort zu verbringen. Ihre Großeltern sind Bauern, leben auf dem Land, es gibt dort Tiere, sie muss nicht auf Autos aufpassen, darf auf dem Esel reiten und wird von allen Verwandten wie eine kleine Prinzessin behandelt.

Im Januar 1991 heiratet Muhztfahr jedoch in Pakistan ein zweites Mal. Maria, seine deutsche Ehefrau, ahnt nichts davon. »Wenn deine Mama davon erfährt, wirft sie mich raus, und du siehst mich nie wieder«, so setzt der Vater die siebenjährige Tochter unter Druck. Sie muss ihm versprechen zu schweigen. Sie hält ihr Versprechen, aus Angst, den Vater zu verlieren.

Zwei Jahre später, im Januar 1993 fängt in Senden bei Ulm nach den Weihnachtsferien die Schule wieder an. Ohne Nasima. Noch macht sich Maria keine Sorgen. Es ist nicht das erste Mal, dass sich Vater und Tochter verspäten. Einmal waren es bloß drei Tage, einmal zwei Wochen und einmal fast ein Monat. Damals hat es Ärger mit der Schule gegeben, diesmal wird es wieder Ärger geben. Was soll's, denkt Maria, ihre Tochter liebt ihre Großeltern, Hauptsache, es geht ihrer Kleinen gut. Zwei Wochen vergehen, drei Wochen. Diesmal ruft Muhztfahr nicht an, um die Verspätung zu erklären. Marias Unruhe wächst. Bald kann sie nicht mehr schlafen. Sie erhält keine Nachrichten, fürchtet um das Leben von Mann und Tochter, ist fest davon überzeugt, dass den beiden etwas passiert ist.

Sie weigert sich zu glauben, dass ihr Mann Nasima entführt hat.

»Wir waren eine ganz normale Familie, wir waren sogar eine glückliche Familie«, erzählt Maria, »wir hatten ständig Besuch. Mein Mann kochte gern und gut, seine Freunde kamen, die Nachbarn liebten uns und klopften ständig an, weil es bei uns so lustig war, auch meine Freunde waren da. Wir hatten immer viel Spaß miteinander.«

»Nicht ohne meine Tochter«, der Film war einige Monate zuvor in einem Ulmer Kino gelaufen. Mutter und Tochter hatten ihn zusammen gesehen und einander bestätigt, dass Muhztfahr so etwas niemals tun würde. Doch genau das hat er getan. Die eigene Tochter entführt.

Er selbst sieht es ganz anders. Er hat in Deutschland genug Geld verdient, in seinem Heimatdorf, in der ganzen Gegend gilt er als reicher Mann, und nun kehrt er mit seiner Tochter heim. Er will sie dort behalten, und das darf er nach pakistanischem Gesetz.

Maria ist das egal. Sie will ihre Tochter zurück. Sie gehört nicht zu den Menschen, die ihre Hände in den Schoß legen und ihr schreckliches Schicksal beweinen. Sie ist keine Träumerin, sondern eine Kämpfernatur. Sie setzt sogar ihr eigenes Leben aufs Spiel und fliegt zweimal nach Pakistan, um ihre Tochter zu befreien. Das erste Mal fährt sie allein, muss Nasima aber bei ihrem Vater lassen, kehrt entschlossener denn je nach Hause zurück und engagiert zwei Detektive, die angeblich schon hunderte von Kindern ihren Eltern zurückgebracht haben. Sie leiht sich überall Geld, um das Honorar von über 50.000 Mark zahlen zu können, fährt mit den beiden Detektiven nach Pakistan, wird verhaftet, kann dem Gefängnis entkommen und kehrt wieder allein zurück - verzweifelt und finanziell am Ende.

Nasima ist aus dem gleichen Holz geschnitzt wie ihre Mutter. »Wenn ich sicher gewusst hätte, dass ich nie mehr zu meiner Mama zurück nach Deutschland darf, wäre ich gestorben«, sagt sie. »Es war die Hoffnung, eines Tages wieder zu Hause zu sein, die mich am Leben hielt.« Der Vater denkt nicht daran, sie gehen zu lassen. Er möchte auf keinen Fall, dass sie frei wie ein deutsches Mädchen aufwächst und erwartet, dass sie sich der Tradition beugt und ihm bedingungslos gehorcht.

Die ersten Jahre verlässt sich Nasima darauf, dass ihre Mutter sie rettet. Später nimmt sie ihr Schicksal in die eigenen Hände, findet einen Verbündeten in Zahid, dem Fotografen, der sich in sie verliebt hat.

Im Januar 2001 wird Nasima achtzehn, auch in Pakistan ist sie damit volljährig und hätte im Prinzip das Recht, ihren Aufenthaltsort selbst zu bestimmen. Doch ihr Vater hält sie nach wie vor gefangen und will sie mit einem entfernten Cousin verheiraten. Nasima bittet Zahid um Hilfe. Im Oktober brechen sie zusammen auf. Eine abenteuerliche Flucht beginnt, die drei Monate dauert und sie kreuz und quer durch Pakistan führt ...

Maria staunt: Sie hat sich nach ihrem kleinen Mädchen gesehnt, zu ihr zurückgekehrt ist aber eine erwachsene Frau mit ihrem Ehemann Zahid. Bald wird ihr Baby geboren. Maria freut sich, Großmutter zu werden. Ihre größte Hoffnung ist, dass es ihrem Enkelkind gelingen möge, hier friedlich aufzuwachsen und seine pakistanische und seine deutsche Herkunft harmonisch miteinander in Einklang zu bringen.

Und Nasima? Sie hat sich neun Jahre nach einem Deutschland gesehnt, das es nicht mehr gibt. Nach ihrer Kinderwelt. Jetzt ist sie dabei, sich an die Wirklichkeit zu gewöhnen. Ihre Muttersprache, die sie etwas verlernt hatte, spricht sie von Tag zu Tag besser, findet sich auch sonst schnell wieder zurecht. Nach Pakistan möchte sie nicht mehr zurück.

Ihr Ehemann Zahid hat es schwerer. Aus Liebe zu Nasima hat er seine Familie, sein Land und seinen Beruf aufgegeben. Jetzt muss er sich eine neue Existenz in einer ihm fremden Welt aufbauen, eine neue Sprache lernen und vor allem akzeptieren, dass Frauen hier nicht gehorchen müssen.

Nasima und Maria sind wieder glücklich vereint und schließen sich in die Arme. Sie leben in Ulm, sitzen nebeneinander im ersten Stock eines grauen Wohnhauses auf der Couch. Die Einrichtung ist gemütlich und bunt. Deutschland und Pakistan passen gut zusammen. Schöne Stoffkissen mit Spiegeln zieren dunkle Ledersitzmöbel. An den Wänden hängen europäische Kunstreproduktionen neben Fotos von Nasima in ihrem pakistanischen Shalwar-Kamiz mit einem dünnen Schleier auf dem Kopf. Oder im sandbedeckten Hof der Familie vor einem Dornenbusch. Zuletzt ein Bild in Schwarz-Weiß. Das blasse Gesicht Nasimas umrahmt vom schwarzen Tschador, ihre Augen blicken direkt in die Kamera. Unter diesem Foto sitzen Maria und Nasima.

Was sie einander erzählen, ist kein Märchen aus Tausendundeiner Nacht, es ist eine wahre Geschichte, voller Liebe und Tränen. Die Geschichte eines Kindes, das zur Mutter wollte, und einer Mutter, die um ihre verschleierte Tochter kämpfte.

China
Jndus
Jslamabad
Rawalpindi
Afghanistan
Mianwali
Sargodha
Chack
Fatehpur
Lahore
Leiah
Multan
Tibba
Pakistan
Jndus
Jndien
Jran
Karachi
Arabisches Meer

Gepackte Koffer

OKTOBER 1995

Maria

Der Anruf kam im September 1995. Er war dran. Er, das ist Muhztfahr, mein Mann. Ich war völlig überrascht, dass er mich anrief, weil er es so gut wie nie getan hat. Höchstens mal zu Weihnachten und vielleicht ein- oder zweimal zwischendurch, als Nasima vollkommen verzweifelt war und als es ihr so schlecht ging, dass er Angst um sie hatte. In solchen Momenten hat er ihr erlaubt, mich anzurufen, und wir durften einige Minuten miteinander reden. Er telefonierte von einem Postamt aus oder vielleicht war es auch eine Art Telefonladen. Er musste den Betrag im Voraus zahlen, aber es reichte nie. Nasima und ich waren beide immer so aufgewühlt, dass wir kaum sprechen konnten. Wir weinten zu sehr, und nach wenigen Sätzen brach die Verbindung mittendrin ab. Was ich gefühlt habe, wenn ich Nasimas Stimme hörte, kann sich niemand vorstellen, der nicht etwas Ähnliches erlebt hat.

Diesmal rief er selbst an. Er war allein zum Telefonieren gegangen, ohne Nasima. Sie wusste nicht, dass er mich anruft, sonst wäre sie bestimmt mitgekommen. Damals wohnte Muhztfahr mit ihr noch im alten Haus bei den Großeltern. Wie es dort aussah, wusste ich nicht. Ich war nie dort gewesen, und mein Mann hatte mir nie Bilder gezeigt, doch nach all dem, was er und Nasima erzählt hatten, musste es ziemlich primitiv sein. Ungefähr wie in ländlichen Gegenden in Deutschland vor fünfzig Jahren, so stellte ich es mir zumindest vor. Jedenfalls gab es weit und breit kein Telefon. Man musste in die Stadt oder zu Bekannten fahren, die ein Telefon hatten. Keine Ahnung, von wo er mich angerufen hat, interessierte mich auch nicht. Ich wollte nur wissen, wie es Nasima geht.

»Gut«, sagte er. »Sehr gut sogar, sie ist zufrieden hier.«

Selbstverständlich glaubte ich ihm kein Wort. Ich hatte ihre Briefe, jeder einzelne davon war ein Hilfeschrei und endete mit »Bitte, bitte, meine liebe Mama, hol mich so schnell wie möglich nach Hause«. Ich wusste, dass er log, seine Lügen waren mir auch nichts Neues mehr, aber ich blieb nett und freundlich. Ich musste am Telefon zu ihm freundlich sein, weil der Kontakt zwischen uns nicht abbrechen durfte. Wegen Nasima. Sie war ihm ausgeliefert, so ganz allein in Pakistan, und ich hatte Angst, dass er sich an ihr rächte, wenn er auf mich wütend wurde. Ich musste vorsichtig sein. Auch wenn ich ihn am liebsten angeschrien hätte, habe ich dennoch meinen Zorn hinuntergeschluckt und mich höflich nach seinen Eltern erkundigt.

»Wie geht es Oma, wie geht es Opa?«, fragte ich.

Die beiden nannte ich so, seit ich sie 1982 in Islamabad bei unserer Hochzeit kennen gelernt hatte. Sie waren am Anfang mir gegenüber zurückhaltend gewesen, vielleicht waren sie eingeschüchtert, aber ich hatte schon das Gefühl, dass sie mich mochten, und mir selbst waren die alten Leute auch sympathisch, obwohl wir einander sehr fremd waren. Ich mochte ihre runzligen, wettergegerbten Gesichter, und als Oma Shara meine Hand in ihre schwieligen Hände nahm, fühlte ich mich von ihr als Schwiegertochter angenommen. Ich spürte ihre Herzenswärme, aber leider konnten wir uns überhaupt nicht verständigen. Ich spreche kein Wort Urdu, auch kein Wort von den verschiedenen pakistanischen Dialekten, und sie konnten weder Deutsch noch Englisch. Sie waren beide sehr hilfsbereit und sehr lieb zu mir gewesen, aber unsere Begegnung lag schon dreizehn Jahre zurück, und ich erkundigte mich nach ihnen vor allem, weil ich wusste, dass es sich in diesen Kulturkreisen gehört, nach den Eltern und dem Rest der Familie zu fragen. Und da sie alle unter einem Dach wohnten, war es auch eine kleine List, mit dem Ziel, nebenbei etwas über meine Tochter zu erfahren, falls Muhztfahr in Redestimmung war. Er antwortete, dass es allen gut ginge.

»Frag lieber, wie es mir geht«, fügte er hinzu.

Ich dachte mir, warum nicht, wenn es sein muss, frage ich ihn eben. Mir machte es nichts aus, ihm am Telefon Interesse vorzugaukeln, ich tat es für Nasima. Für sie und für mich, für uns beide. Er erzählte mir irgendetwas über seine Gesundheit, dann über seine Geschäfte, ich hörte zu, fragte nach und spielte ihm Mitgefühl vor, als er von einem Ärgernis mit Behörden berichtete. Er merkte gar nicht, wie wenig mich das in Wahrheit interessierte. Wer unser Gespräch mitverfolgt hätte, hätte annehmen können, dass wir uns bestens verstehen, wie zwei alte Freunde, die einander lange nicht gesehen haben. Und ich wusste nach wie vor nicht, warum er eigentlich angerufen hatte, obwohl das Gespräch ungewöhnlich lange dauerte.

Nach fünf Minuten sagte er plötzlich: »Hör zu, Maria, wenn du jetzt nach Pakistan in Urlaub kommen magst, dann gebe ich dir Nasima mit.«

Diesen Satz hat er wortwörtlich gesagt! Ich konnte es nicht fassen, ich dachte, ich hätte ihn nicht richtig verstanden, also habe ich ihn dreimal das Gleiche wiederholen lassen. Er hatte mich einige Monate zuvor indirekt über die Botschaft nach Pakistan einladen lassen, doch das war in einer Weise geschehen, die mir Angst einflößte. Die Nachricht, die mir damals ausgerichtet wurde, klang ungefähr so: »Frau Nazar, Ihr Mann erlaubt Ihnen, Ihre Tochter zu besuchen.« Auch Nasima übermittelte mir öfter ähnliche »Einladungen« von ihrem Papa. Es war ihr sehnlichster Wunsch, dass ich zu ihr kam, aber bisher hatte ich sie immer enttäuscht. Ich konnte, wollte und durfte nicht zu einem Besuch nach Pakistan fliegen. Einerseits bestand die große Gefahr, dass Muhztfahr mich dort gefangen hielt, andererseits wäre mein Kommen ein Sieg für ihn gewesen, eine Art Bestätigung, dass ich die Lage akzeptiere und damit einverstanden bin, dass Nasima in Pakistan lebt und er allein das Sagen hat. Was ich aber wollte, war das genaue Gegenteil. Und jetzt sagte er vollkommen unverhofft von sich aus, dass ich meine Kleine holen dürfte!

»Meinst du etwa, ich darf sie mit nach Deutschland nehmen?«, fragte ich.

»Ja«, antwortete er, »ich habe meine Meinung geändert, du darfst sie mitnehmen.«

Ich vertraute ihm nicht und hätte zu gern gewusst, was oder wer ihn zu diesem Sinneswandel bewegt hatte.

»Habe ich dich richtig verstanden, du meinst, du lässt sie wirklich mit mir nach Hause fliegen? Wir dürfen beide zusammen heimfahren?«

»Wenn ich es dir sage! Ihr dürft beide frei gehen, wohin ihr wollt.« Dann fragte er noch: »Na, kommst du? Wann kommst du denn?«

Er sagte auch, dass er sich freue, mich zu sehen, um alles mit mir bereden zu können. Es klang so echt, dass ich ihm glaubte. In diesem Augenblick habe ich ihm alles geglaubt. Ich war fest davon überzeugt, dass er wieder zur Vernunft gekommen war und unser Albtraum ein Ende hatte. Mir war, als würde die ganze Trauer, die ganze Wut und die ganzen Zweifel von mir abfallen, als würde mich eine riesige Glückswelle emporheben. Ich hätte singen und tanzen können, so glücklich war ich, und vor lauter Glück musste ich auch weinen. Meine Tochter, ich würde endlich meine kleine Tochter wieder in die Arme schließen und an mich drücken! Dafür war ich Muhztfahr so dankbar, dass ich bereit war, ihm alles zu verzeihen, was er uns angetan hatte.

Nach diesem Telefonat eilte ich zu den Nachbarn.

»Ich fahre nach Pakistan«, rief ich, kaum dass sie die Tür geöffnet hatten, »ich darf Nasima holen, ich fahre nach Pakistan!«

Ich lief durchs Haus, musste es jedem erzählen, den ich antraf. In diesem Haus kannten wir alle einander, man war ein bisschen miteinander befreundet, mit dem einen mehr und mit dem anderen weniger, aber es war eine gute Hausgemeinschaft. Die Leute wussten, was geschehen war, sie mochten mich und Nasima sehr, hatten mit mir gezittert und gelitten, jetzt freuten sie sich mit mir! Später rief ich all meine Freunde an, ich musste einfach jedem die gute Nachricht mitteilen!

Gleich am nächsten Morgen war ich bei Bekannten, die im Reisebüro arbeiteten. Auch sie freuten sich riesig für mich, nicht nur das, sie suchten für mich die günstigste Verbindung heraus und machten mir sogar einen Sonderpreis. Es war kein Direktflug, ich flog erst mit der Türkisch-Airline bis Istanbul, musste dort umsteigen und ein paar Stunden warten, na und! Es dauerte halt ein wenig länger, es war ein bisschen anstrengender, doch das war mir vollkommen gleich! Ich wäre über den Nordpol oder einmal um die Welt geflogen, das hätte mir alles nichts ausgemacht, weil ich die ganze Zeit nur an eines dachte: an das Wiedersehen mit Nasima.

Am liebsten wäre ich gleich am nächsten Tag geflogen, aber für Pakistan brauchte ich ein Visum, und meinen Chef im Altersheim, der mir sehr geholfen hatte, konnte ich nicht von heute auf morgen im Stich lassen. Alles musste erst organisiert werden. Trotzdem waren die Tage, bis ich endlich fliegen durfte, wie ein Traum. Ich sah mich ständig aus dem Flugzeug steigen, die Flugzeugtreppe hinunterlaufen, ich sah meine Kleine vom anderen Ende des Flugfeldes auf mich zurennen, ich ließ meine Taschen fallen und rannte auch auf sie zu. So in etwa stellte ich mir unser Wiedersehen vor. Nichts konnte meine Vorfreude trüben, ich war wie ein Kind vor Weihnachten, zählte die Tage, zählte die Nächte, die Nasima und mich voneinander trennten. Noch siebenmal schlafen, noch sechsmal schlafen, noch fünfmal, nur noch dreimal ... Die Zeit kam mir endlos lang vor, eigentlich waren es nur zweieinhalb Wochen.

Am 9. Oktober 1995 stieg ich ins Flugzeug, voll bepackt mit Geschenken für die ganze Familie. Das Lieblingsrasierwasser von meinem Mann, gleich mehrere Flaschen davon für seinen Bruder und für seinen Vater auch, für seine Schwestern je eine Uhr, für Nasimas Oma eine Lesebrille, Schokolade, Süßigkeiten, was hatte ich nicht alles in meiner überschwänglichen Freude besorgt!

In Istanbul schaute mich die Stewardess ganz verdutzt an, weil ich allein nach Pakistan flog. Sie konnte es nicht glauben.

»Alle Achtung«, sagte sie, »eine Frau ohne Begleitung haben wir auf diesem Flug noch nie gesehen.«

Was da schon groß dabei sein sollte, fragte ich nicht.

»Ich bin keine Touristin, ich hole mein Kind ab«, erklärte ich, »hoffentlich sind wir bald da.«

Ich hatte keine Angst, nur gute Gedanken.

Nasima

Mein Papa hatte mir nichts gesagt, meine Großeltern auch nicht, und so wusste ich zunächst nicht, dass Mama bald kommen würde. Wenn ich mich an diese Zeit erinnere, denke ich immer, dass niemand wirklich mit mir gesprochen hat – doch das kann nicht ganz stimmen. Sicher haben meine Oma und mein Opa sich manchmal mit mir unterhalten, aber mir sind vor allem ihre Befehle in Erinnerung geblieben. »Nasima, tu dies«, »Nasima, tu das«, wenn ich nicht in der Schule war, musste ich immer etwas tun. Wasser holen, spülen, Kleider waschen, den Hof fegen, auch wenn ich keine Lust hatte, musste ich immer bei der Hausarbeit helfen. Meine Großeltern waren früher sehr arm gewesen, am Anfang hatten sie in Hütten gewohnt, die sie selbst aus Kuhdung errichtet haben. 1995 hatten sie aber schon ein Haus aus Lehmziegeln mit zwei Zimmern, und später baute ihnen mein Vater noch ein kleineres dazu als Küche.

Wenn ich von unserem Haus erzähle, muss man sich einen großen Hof vorstellen. Hinten war ein rechteckiges, flaches Gebäude mit den zwei Zimmern, in denen wir schliefen, aber die meiste Zeit verbrachten wir draußen im Hof. In der Mitte stand ein großer Baum, an der Seite war eine Kochstelle und eine Wasserpumpe. Es gab kein fließendes Wasser, keine Toilette, kein Badezimmer. Auch keinen Strom. Es war nicht so leicht wie in Deutschland, wo man einfach den Knopf am Herd dreht, wenn man kochen wollte. Dort musste man erst Feuer anzünden und Wasser heraufpumpen.

Wir wohnten auf dem Land, ungefähr zwanzig Minuten zu Fuß vom Dorf entfernt. Es gibt nichts Besonderes in diesem Dorf zu sehen, nur Häuser, oder eher die Mauern, die um die Höfe der Häuser gebaut sind, und einen kleinen Laden. Die meisten Leute fahren zum Einkaufen nach Fatehpur, das ist die nächste größere Stadt, die man auf einer Landkarte findet, dort ist der Basar, dort bin ich zur Schule gegangen.

Im Oktober 1995 war ich zwölfeinhalb Jahre alt, fast dreizehn, weil ich im Januar geboren bin. Mit dreizehn ist man in Pakistan kein Kind mehr. Die Mädchen dürfen nicht mehr überall frei herumlaufen, und wenn ein Mann kommt, müssen sie den Blick auf den Boden gesenkt halten. Ich war besonders groß für mein Alter, durfte mit keinem fremden Mann sprechen, und mein Vater wollte, dass ich mich verschleiere. Nicht bei uns zu Hause, außer wenn Männer, die nicht zur Familie gehörten, zu Besuch kamen. Aber wenn ich ins Dorf ging oder in die Stadt mit ihm fuhr, musste ich einen Schleier tragen. Ich besaß mehrere Schleier, bunte, die zu meiner Kleidung passten, einen dünnen weißen und einen dicht gewebten schwarzen aus Wolle, einen richtigen Tschador. Am Anfang wählte ich das Tuch aus, das mir gefiel, wichtig war nur, dass meine Haare darunter versteckt waren, auch ein wenig von meinem Gesicht, aber jetzt mit zwölf sah ich schon wie eine Frau aus, und die Männer guckten mir ständig nach, deswegen band ich den Schleier so, dass sie gar nichts mehr von meinem Gesicht sehen konnten. Nur die Augen blieben frei.

Unsere Familie ist sehr groß. Hier oder in Fatehpur wohnen nur meine Großeltern und ihre Kinder, alle anderen leben in Sarghoda, einer Großstadt, die vier Stunden von Fatehpur entfernt ist. Dort sind auch meine Urgroßeltern zu Hause, die Großeltern von meinem Papa. Ich fuhr gern zu Besuch dorthin, weil es mir gefiel, wenn viele Leute zusammenkamen, und sie hatten mich alle lieb. Aber gerade wenn wir Verwandte oder andere Leute besuchten, vermisste ich meine Mama am meisten. Ich hörte die Kinder nach ihren Müttern rufen, und das tat mir weh. Sie sagten, »Mama, ich will etwas essen«, »Mama, gib mir Schokolade«, oder »Mama, ich habe mir wehgetan«. Sie wollten ihren Mamas etwas Wichtiges erzählen, von einem Streit mit anderen Kindern oder was in der Schule passiert war, was ein Lehrer zu ihnen gesagt oder was sie Neues gelernt hatten, und auch ich wollte oft ganz dringend zu meiner Mama laufen, um ihr etwas Wichtiges zu erzählen. Aber zu wem sollte ich gehen? Zu meiner Oma? Sie arbeitete nur und hatte keine Zeit für mich! Meine anderen weiblichen Verwandten waren schon nett zu mir, sie kämmten mir die Haare oder schenkten mir Kleinigkeiten, aber es war nicht das Gleiche. Sie liebten mich nicht, wie eine Mutter ihr Kind liebt. Oft mochte ich mit niemandem reden, weil ich hier keine Mutter hatte. Meine war so weit weg, und sie fehlte mir so sehr! Jeden Tag, jede Stunde musste ich an sie denken, es war wie ein großes Loch in meiner Brust. Es tat immer weh.

»Nasima, bald kommt deine Mama und holt dich nach Deutschland zurück«, niemand hatte das zu mir gesagt, obwohl sie alle wussten, dass es für mich das Allerschönste auf der Welt gewesen wäre.

Darüber hätte ich mich so gefreut, ich wäre überglücklich gewesen! Aber in diesen Tagen war es bei uns wie immer. Ich fuhr morgens mit Papas Taxi in die Schule, kam am Nachmittag oder am Abend nach Hause zu meinen Großeltern zurück, es gab Essen, ich musste noch ein bisschen helfen, manchmal war Papa da, manchmal nicht. Und eines Abends, ich erinnere mich ganz genau, dass es der 8. Oktober war, gab mir Papa einen Brief von Mama.

Bevor ich ihn lesen durfte, sagte er zu mir: »Hör zu, Nasima, deine Mutter kommt nach Pakistan. Sie will dich nach Deutschland mitnehmen, aber du bist meine Tochter, und eine Tochter gehört zu ihrem Vater. Eine Tochter darf den Vater nicht allein lassen, sie muss sich um ihn kümmern und alles tun, was er sagt. Das weißt du selbst, Nasima, meine geliebte Tochter, dass es so ist, also bitte bleib hier. Ich kann ohne dich nicht leben.«

Er war sehr traurig, wirklich traurig, er weinte sogar ein wenig und bat mich immer wieder zu bleiben. Ich antwortete, dass er einfach mit uns nach Deutschland kommen solle, weil ich ohne die Mama auch nicht leben könne.

»Wir gehören alle drei zusammen, du und ich und Mama«, sagte ich zu ihm.

Eigentlich mochte ich gar nicht weiter mit ihm reden, weil ich es ihm schon hundertmal gesagt habe, dass wir eine Familie sind und zusammengehören. Manchmal wird er dann böse oder so traurig, dass ich ihn trösten muss. Nie sagt er, was ich hören möchte, dass wir endlich heimfahren. Doch jetzt wollte ich nur meinen Brief lesen. Darin stand wirklich, dass mich Mama besuchen kommt! Sie schrieb, wann sie ankommen würde, schon zwei Tage später sollte ihr Flugzeug in Multan landen, und sie schrieb auch, dass sie sich sehr auf mich freute und dass sie es nicht erwarten könne, mich in die Arme zu nehmen, weil sie mich schrecklich vermisse. Dann fragte sie noch, ob ich sie am Flughafen abholen komme. Diesen Brief habe ich nicht mehr. Ich habe später alle Briefe verbrannt. Auf meiner Flucht konnte ich sie nicht mitnehmen und wollte sie auch nicht dort lassen, weil ich Angst hatte, dass jemand sie liest und darin Adressen oder andere wichtige Informationen findet.

In dem Brief stand aber nichts davon, dass sie mich nach Deutschland holen wollte. Nur dass sie mich besucht und drei Wochen bleibt. Sie konnte nicht wissen, wer ihre Briefe las, ob nur ich, ihre Tochter, oder ob mein Papa sie auch las. Er selbst allerdings nicht, er kann nämlich nicht lesen. Als Kind durfte er keine Schule besuchen, vielleicht gab es nicht mal eine Schule dort, wo er aufgewachsen ist, oder sie war zu weit weg und seine Eltern zu arm, um das Schulgeld zahlen zu können. Mein Opa und meine Oma sind Bauern, sie haben vier Kinder. Mein Papa ist der Älteste, er musste ihnen immer helfen. Als kleiner Junge von vier oder fünf Jahren hat er sogar Ziegen gehütet und sehr hart gearbeitet, jetzt ist er bei uns in der Gegend ein angesehener Mann mit der Orangenplantage und seinem Taxiunternehmen, und es spielt überhaupt keine Rolle, dass er nie die Schule besucht hatte. Meine Mama wusste das natürlich, aber nicht, ob es unter seinen Freunden jemanden gab, der Deutsch verstand und ihm die Briefe vorlesen konnte.

Als ich las, dass sie mich besuchen würde, war ich so froh, dass ich laut lachen und schreien wollte. Ich rannte zu Papa, sagte ihm »danke, Papa, danke«, küsste seine Hände, weil ich so dankbar war. Ich wollte unbedingt mit Mama reden, um sicher zu sein, dass es stimmte und sie auch tatsächlich kommen würde. So fragte ich Papa, ob ich sie anrufen dürfe.

»Ja, Nasima, du darfst deine Mama anrufen, wir fahren zum Telefonieren, und wir rufen sie zusammen an«, antwortete er.

Wir stiegen gleich ins Auto, um nach Fatehpur zu fahren. Ich war wahnsinnig aufgeregt. Hoffentlich war Mama zu Hause und nicht bei der Arbeit oder irgendwo unterwegs! Kaum hatte ich die Nummer zu Ende gewählt, war sie schon dran, als hätte sie auf den Anruf gewartet! Diesmal weinte sie nicht und ich auch nicht. Sie sagte, dass sie alles schon vorbereitet habe.

»Ich sitze auf gepackten Koffern«, sagte sie, »ich bin gleich bei dir, mein Schatz ...«

Sie nannte mir die Uhrzeit ihrer Ankunft, wir redeten noch ein bisschen durcheinander, mitten im Satz brach die Verbindung ab. Mir war, als würde ich vor Glück auf Wolken laufen. Am nächsten Tag wäre ich am liebsten zu Hause geblieben, aber Papa sagte, dass es nicht infrage komme. Ich musste in die Schule. Den ganzen Weg saß ich still im Wagen, weil er gereizt war, aber in meinem Herzen sang es laut vor Freude, und ich wunderte mich nur, dass die Leute um mich herum es nicht hörten! In der Schule scharten sich alle um mich, als ich ihnen erzählte, dass meine Mutter nach Pakistan käme. Die Mädchen waren fast so aufgeregt wie ich. Auch die Lehrer wollten wissen, was los ist.

»Morgen sehe ich meine Mama wieder«, sagte ich, »endlich, endlich sehe ich meine Mutter wieder.«

Ich konnte von nichts anderem sprechen, an nichts anderes denken. Als der Unterricht begann, wollte die Lehrerin, dass ich laut vorlas, aber sie sah schnell ein, dass ich an dem Tag nichts lernen würde, und ließ uns alle gleichzeitig vorlesen. Ich konnte keine Sekunde ruhig sitzen, das machte auch die anderen Kinder unruhig. In der Pause wollten sie alle mit mir sprechen und mich fragen, ob meine Mama für immer in Pakistan bliebe, was sie mir mitbrächte, ob sie sehr reich wäre. Zahra, meine Schulfreundin, die neben mir auf der Bank saß, fragte, ob sie mich nach Deutschland holte.

»Ja«, habe ich geantwortet, »sie holt mich, ich komme nicht mehr zu euch in die Schule nach Fatehpur, ich fahre zurück nach Deutschland.«

Ich habe wirklich daran geglaubt, dass es so wird. Dass wir zusammen nach Hause fahren, meine Mama und ich.

Maria

Ich kam um sechs Uhr morgens in Karachi an. Dort gab es unerwartet Probleme mit dem Weiterflug nach Multan. Ein Angestellter behauptete, dass das nächste Flugzeug erst am Abend losfliegen würde, und ich war ziemlich verärgert, weil ich von meinen Bekannten im Reisebüro ganz andere Informationen erhalten hatte. Was sollte ich den ganzen Tag in Karachi machen? Die Stadt vielleicht angucken? Ich wollte nur zu meiner Tochter! Es mag schon sein, dass dort jede Menge Sehenswürdigkeiten zu besichtigen sind, aber ich war nicht als Touristin gekommen, sondern um Nasima nach Hause zu holen! Dem Angestellten versuchte ich, abwechselnd auf Englisch und auf Deutsch zu erklären, dass mein Mann in Multan am Flughafen auf mich wartete. Pausenlos redete ich auf ihn ein, aber er tat so, als würde er kein Wort verstehen, schüttelte immer nur den Kopf und blickte drein, als würde er es enorm bedauern, dass er mir nicht helfen könnte. Zum Glück stand bei uns ein Pakistaner, der auch aus Deutschland kam. Er wusste, wie die Dinge dort laufen, nahm den Angestellten beiseite, gab ihm sechzig Mark als Schmiergeld, die ich ihm zurückzahlte. Wenige Minuten später waren alle Probleme beseitigt und ich auf dem Weg nach Multan. So sind die Landessitten. Willst du etwas und man sagt dir, dass es nicht geht, musst du zahlen, dann ist plötzlich alles möglich. Es ist nicht böse gemeint, es ist nur so, dass die Menschen dort sehr arm sind, jeder muss schauen, wie er überlebt, also wie er zu Geld kommt. Bei Europäern oder Amerikanern nehmen die Pakistani immer an, dass sie sehr reich seien, und das stimmt auch.

Im Vergleich zu dem Lebensstandard dort sind wir hier tatsächlich reich.

In Multan stieg ich aus dem Flugzeug und dachte, wo, in aller Welt, bin ich denn hier gelandet! Ich war erst einmal in Pakistan gewesen, aber noch nie in dieser Gegend. Damals bin ich nur nach Islamabad und Sarghoda gekommen, das sind im Vergleich zu Multan richtige Städte, vor allem Islamabad ist schön und modern. Multan heißt nicht umsonst die »Stadt der Hitze und des Staubes«! Im Sommer sollen die Temperaturen oft auf über fünfzig Grad steigen, jetzt im Oktober war es nicht mehr ganz so heiß, aber ungemein staubig, als wären wir mitten in der Wüste gelandet. Eine so trockene Luft hatte ich noch nie geatmet, allein über dieses Rollfeld zu laufen war ein ziemlicher Schock für mich. Der zweite kam nach der Passkontrolle, als ich meinen Mann sah. Ich musste zweimal hinschauen, um ihn zu erkennen, weil er ganz anders aussah, als ich ihn in Erinnerung hatte. Nicht, weil er die Landestracht trug, das lange Hemd über der weiten Hose, die hatte er auch oft zu Hause angezogen, aber er wirkte ziemlich ungepflegt, fast heruntergekommen, und war in den zwei Jahren enorm gealtert. Plötzlich tat er mir Leid. Er kam auf mich zu, ich machte einige Schritte in seine Richtung, wir blieben voreinander stehen und tauschten verlegen einige Sätze. Mir war nicht wohl dabei und ihm offensichtlich auch nicht.

»Was ist los mit dir«, fragte ich ihn, »bist du krank?«

»Nein«, antwortete er, »mir geht es gut. Es ist nichts mit mir.«

Aber etwas war schon mit ihm los. Früher hatte er eine stattliche Figur, war schlank und sehr attraktiv, mit einem besonderen Glanz in den Augen, und immer wie aus dem Ei gepellt. Seine Kleidung wählte er sorgfältig aus, wechselte sie ständig, sobald sie einen Flecken hatte, duschte und parfümierte sich. Was war in den wenigen Jahren aus ihm geworden? Er machte den Eindruck, als hätte er sich tagelang weder rasiert noch gewaschen, und es war nicht nur der Staub, der ihn schmuddelig und alt erscheinen ließ. Es waren seine Augen. Sie hatten ihren Glanz verloren.

Ich registrierte all das nebenbei, eigentlich suchte ich nach Nasima. Unmittelbar hinter Muhztfahr stand aber nur ein hagerer Mann um die fünfzig, der mich herzlich anlächelte und dabei seine makellosen Zähne zeigte. Es war sein Onkel Khan. Ich erinnerte mich nicht daran, ob ich ihn damals in Sarghoda gesehen hatte, war mir auch nicht sicher, ob ich ihm die Hand geben oder ihn umarmen sollte, aber weil er so nett lächelte, umarmte ich ihn doch kurz, was ihn sichtlich freute. Ich hatte es eilig, Nasima zu sehen, drängte zum Weitergehen und hätte beinahe vergessen, dass wir noch mein Gepäck holen mussten. Ich dachte, dass sie vielleicht draußen im Auto mit der Oma auf mich wartete und sie nicht allein lassen durfte, doch als ich nach Nasima fragte, sagte mein Mann, sie sei zu Hause geblieben. Ich war wahnsinnig enttäuscht.

»Warum denn das?«, fragte ich.

»Sie ist zu jung«, erklärte er. »Wir sind mitten in der Nacht aufgebrochen, ich wollte sie nicht wecken, es ist besser für sie, wenn sie ausschläft, weil sie so jung ist, sie braucht ihren Schlaf.«

Was für eine dumme Ausrede! Mit zwölf, dreizehn ist man nicht zu jung, um aufzustehen und zum Flughafen zu fahren! Es ärgerte mich, aber ich zeigte es nicht, weil ich nicht mit ihm streiten wollte.

»In Ordnung«, sagte ich, »dann lass uns zu ihr fahren!«

Die Fahrt kam mir endlos vor. Wir saßen alle drei vorne, ich zwischen den beiden Männern, in einem alten, rostigen Toyota Pick-up, der aussah, als würde er gleich auseinander fallen. Aber das Fahrzeug musste einiges aushalten, denn Muhztfahr benutzte es als Taxi und transportierte sonst ganztags Kundschaft auf der Ladefläche, Menschen, Gepäck und sogar Tiere! Stolz erklärte er mir, wie sein Taxiunternehmen funktioniere, wie viele Rupien er damit verdiene und dass er vorhabe, bald einen neuen Wagen zu kaufen.

»Gut für dich«, sagte ich, mehr fiel mir nicht ein, mir war nicht nach reden zumute.

Die Landschaft flog wie im Nebel an mir vorbei, ich wollte nur endlich ankommen, dabei wurden wir ständig von der Polizei angehalten. Ich weiß bis heute nicht, warum es so viele Polizeikontrollen gibt. Es dauerte und dauerte, bis die Polizisten die Papiere überprüft hatten, jedes Mal ließen sie uns durch, aber es machte mich nervös, weil ich nicht verstand, was los war. Mein Mann erklärte mir nichts. Er sprach immer nur mit seinem Onkel Khan. Zwischendurch nickte ich kurz ein, als ich die Augen wieder öffnete, fühlte ich mich klebrig und ausgetrocknet zugleich. Es kam mir vor wie eine Reise ohne Wiederkehr, eine Reise ins Nirgendwo, weil ich keine Ahnung hatte, wohin er mich brachte. Die Straßenschilder konnte ich schon lesen, weil Ortsnamen meistens zweisprachig darauf geschrieben waren, auf Urdu und auf Englisch, zumindest die der größeren Städte. Aber ich hatte keine Landkarte dabei, konnte mich also nicht orientieren. In meinen Augen sah alles gleich aus, trostlos und ziemlich verarmt. Am Straßenrand waren immer wieder Dörfer, auch einzelne Häuser, die Orte wirkten schon belebt, mit Geschäften, Menschen und Tieren, die auf der Straße herumliefen, aber dann gab es wieder über Kilometer rein gar nichts. Nur hin und wieder ein paar Bäume. Das Land sah karg aus, als hätte es seit Wochen oder Monaten nicht geregnet. Landwirtschaftliche Kulturen wie in Deutschland, wo jeder Quadratmeter Boden bepflanzt wird, gab es kaum, nur hier oder da ein Feld. Die Fahrt dauerte mit all den Kontrollen insgesamt mindestens dreieinhalb Stunden. Am Anfang fuhren wir auf einer breiten, schnurgeraden Straße, die gut asphaltiert war, es war fast wie eine Autobahn. Später hatten die Straßen nicht mal mehr einen Teerbelag und waren voller Schlaglöcher. Immer wieder mussten wir einen Fluss überqueren, fuhren durch dichte gelbbraune Staubwolken. Alle Fenster waren geschlossen, trotzdem drängte der Staub ins Wageninnere. Er reizte meine Augen und knirschte zwischen den Zähnen. Und der

Verkehr! Ein Chaos! Die Leute in Pakistan fahren, als gäbe es keine Regeln! Im Prinzip herrscht dort Linksverkehr, also überholt man rechts, doch tatsächlich wird überholt, wo gerade Platz ist. Einmal fuhren zwei Lastwagen nebeneinander direkt auf uns zu, Muhztfahr hupte wie verrückt, was jedoch nichts nützte, und so steuerte er halb in den Graben hinein, um ihnen auszuweichen. Ein anderes Mal war eine Kutsche mitten auf der Fahrbahn stehen geblieben, mehrere Männer standen herum, einer der Esel, der die Kutsche zog, lag auf dem Boden.

»Tot«, sagte mein Mann und hupte sich weiter den Weg frei.

Hoffentlich kommen wir heil an, hoffentlich kommen wir überhaupt bald an und dringen nicht noch tiefer in diese Wüste vor, dachte ich, als er endlich bremste und anhielt. Ich stieg ziemlich benommen aus dem Auto, hätte auf der Stelle in Tränen ausbrechen können, weil alles so anders war, als ich es mir vorgestellt hatte. Das Haus der Großeltern, in dem Nasima fast drei Jahre verbracht hatte, stand inmitten der Einöde und sah wirklich ärmlich aus. Im Vergleich dazu war alles, was ich unterwegs am Straßenrand gesehen hatte, luxuriös gewesen. Dass Menschen so hausen können! Vier Wände, eine Tür, winzige vergitterte Fenster! Ein paar Mauern aus Steinen, eine Art Hof mit einem Baum in der Mitte, einige Hütten, die wie Baracken aussahen. Ich konnte es nicht fassen, dass Nasima die ganze Zeit so gelebt hatte. Wie hatte sie es hier nur drei lange Jahre aushalten können?

Muhztfahrs Eltern, also meine Schwiegereltern, Oma Shara und Opa Ashraf, erkannte ich auf den ersten Blick. Still standen sie nebeneinander, genau wie ich sie in Erinnerung behalten hatte, ihre runzligen Gesichter hatten vielleicht ein paar Falten mehr, sonst wirkten sie, als sei bei ihnen die Zeit stehen geblieben. Sie hießen mich willkommen, wir umarmten einander, ich verstand zwar nicht, was sie sagten, aber ich spürte, dass sie sich wirklich freuten, mich wiederzusehen. Nur Nasima war nirgends, und das machte mich zunehmend nervös.

»Wo ist meine Tochter?«, fragte ich Oma Shara, die redete und redete und Richtung Straße zeigte.

»Sie ist spazieren gegangen«, übersetzte mein Mann, »sie kommt gleich.«

Ich wartete auf Nasima. Der Opa führte mich zu einer Art Liege, die im Schatten unter dem Baum stand, und bedeutete mir, dass ich darauf Platz nehmen sollte. Oma Shara brachte mir Tee und erkundigte sich bei Muhztfahr, ob ich etwas essen wolle. Ich winkte ab, trank nur ein bisschen Tee, denn Appetit hatte ich keinen. Ich hätte nichts hinunterwürgen können, es fiel mir schon schwer, den Tee zu trinken, meine Kehle war wie zugeschnürt. Ich fragte mich nur immer wieder, warum Nasima nicht zurückkam, wo steckte sie denn, sie wusste doch, dass ich komme! Es war alles so fremd, so irreal, so unheimlich wie in einem Albtraum. Muhztfahr saß mit Khan auf einer anderen Liege, unterhielt sich lebhaft mit ihm und warf mir alle paar Minuten einen Seitenblick zu, als wartete er auf meine Reaktion, und mir fiel überhaupt nichts ein, was ich zu ihm hätte sagen können. Ich war schrecklich unsicher, wusste nicht, ob Muhztfahr Nasima versteckt hielt, ob er mich doch bloß hierhin gelockt hatte, um mich gefangen zu nehmen. Es kostete Mühe zu glauben, dass sie tatsächlich just an diesem Tag einfach so spazieren gegangen war und irgendwann erscheinen würde. Ich schaute ständig zur Straße, lauschte, ob ein Auto kam, verzweifelte allmählich und dachte, ich sehe sie nie wieder, das ist das Ende, auch ich sehe Deutschland nie wieder, ich stecke für immer hier als Geisel fest.

Und plötzlich sah ich einen Schatten durch das Tor huschen, den Schatten einer verschleierten Frau, die größer war als ich. Für eine Sekunde setzte mein Herz aus, aber ich war mir nicht sicher, ob es tatsächlich Nasima war. Doch dann erkannte ich sie, erkannte die strahlend grünen Augen meiner Tochter.

»Hallo, Mama«, sagte sie. »Ich bin's, Nasima.«

Nasima

Ich bin nicht spazieren gegangen. Ich war ins Dorf zu dem Laden gelaufen, hatte mir eben eine Cola gekauft, als ich Papas Wagen auf der Straße vorbeifahren sah. Ich winkte und rief, aber er fuhr zu schnell und sah mich nicht, sonst hätte er vielleicht angehalten. Vielleicht aber auch nicht. Ich war mir nicht sicher. Papa war die letzten zwei Tage komisch gewesen. Er hat oft geweint und gesagt, dass ich bei ihm in Pakistan bleiben solle. Immer wiederholte er: »Bitte, Nasima, bleib bei mir.«

Er wollte mich nicht zum Flughafen mitnehmen. In der Nacht, bevor Mama kam, habe ich kaum ein Auge zugemacht. Ich war so aufgeregt! Ich hörte ihn im anderen Zimmer aufstehen, als es noch dunkel war, stieg auf Zehenspitzen aus dem Bett, um Oma nicht zu wecken, die bei mir schlief, zog mich schnell an und ging hinaus, um für Papa Tee zu kochen. Es war noch ein wenig Glut da, der Tee war schnell fertig, ich rührte viel Zucker in die Tasse hinein und brachte sie ihm. Er war mürrisch.

»Siehst du, Papa, ich bin schon wach«, sagte ich, »darf ich bitte mit dir fahren?«

Er trank einen Schluck Tee.

»Nein, Nasima, du brauchst nicht mitzufahren. Multan ist sehr weit weg. Deine Mutter siehst du früh genug, heute Nachmittag ist sie da. Onkel Khan fährt mit mir, um sie abzuholen.«

Ich war so enttäuscht!

»Bitte, Papa, lass mich mit dir fahren, bitte, bitte«, flehte ich ihn an, obwohl ich schon wusste, dass es keinen Sinn hatte.

So ist mein Vater, wenn er etwas entschieden hat, muss man tun, was er sagt, sonst wird er zornig, und wenn er zornig wird, macht er mir große Angst. Letztes Jahr hat er mich einmal heftig geschlagen, nur weil ich ihm nicht gehorcht hatte. An dem Tag war ich bei Tante Razia geblieben, sie ist keine richtige Tante, eher eine Freundin der Familie, die keine eigenen Kinder hat. Wir mögen einander sehr, bei ihr durfte ich mich ausweinen, und das hat mir immer sehr gut getan. Sie hatte mir erlaubt, bei ihr zu übernachten, mein Vater wollte das aber nicht. Als er merkte, dass ich nicht nach Hause kam, holte er mich ab und schlug auf dem Rückweg mit seinen Schuhen so fest auf mich ein, dass ich seitdem immer auf der Hut bin. Ich wollte mich auf Mama freuen und nicht riskieren, dass Papa wütend wird, also sagte ich lieber nichts mehr und weinte erst, als er weggefahren war.

Dieser Tag war schrecklich und schön zugleich. Jedes Mal wenn ich auf die Uhr sah, zeigte sie die gleiche Zeit oder war nur eine Minute weitergerückt. Die Zeit verging unendlich langsam. Ich wusste nicht, was ich mit mir anfangen sollte, der Vormittag zog sich hin, und das Warten zermürbte mich. Oma Shara bat mich, ihr beim Zubereiten des Essens zu helfen, auch sollte ich den Hof kehren, damit alles schön sauber war, wenn meine Mutter kam, aber das war schnell erledigt. Warum kamen sie nicht, wo blieben sie denn nur? Multan ist doch nicht so weit weg von uns, vielleicht hundertfünfzig Kilometer, ein bisschen mehr oder ein bisschen weniger. Für hundertfünfzig Kilometer braucht man keinen ganzen Tag! Ich legte mich hin, versuchte, ein bisschen Schlaf nachzuholen, doch ich fand keine Ruhe. Ich konnte nicht still liegen, nicht still sitzen, nichts arbeiten – gar nichts konnte ich tun. Ich hielt es zu Hause nicht mehr aus, wenn ich dabliebe und nichts tat als warten, würde ich noch verrückt, finge an zu schreien oder zu weinen, deswegen lief ich zum Dorf. Unterwegs dachte ich, vielleicht hat mich mein Vater wieder angelogen, und Mama kommt doch nicht, vielleicht sehe ich sie nie wieder. Dann müsste ich sterben, weil ich es ohne meine Mutter nicht mehr aushielt.

Wenn man läuft, laufen die schlimmen Gedanken am Anfang mit, nach einer Weile bleiben sie hinter einem zurück. Als ich beim Laden im Dorf ankam, ging es mir schon besser. Nicht gut, aber besser. Ich trank meine Cola, schaute immer zur Straße, schaute bei jedem Auto, ob es das Taxi meines Vaters war. Lange fuhr niemand vorbei, nur einmal ein Bauer mit einer Kamelkutsche und später eine Eselskutsche, beladen mit Holz.

Dann hörte ich einen Motor und wusste, dass es Papas Auto war. Ich erkannte es schon von weitem am Geräusch, aber ich war mir noch nicht sicher, ob er wirklich Mama mitbrachte. Ich lief ein paar Meter zur Straße, dann sah ich sie im Auto sitzen und wusste: Jetzt wird alles wieder gut.

Maria

Wenn ich davon erzähle, kommen mir jedes Mal wieder die Tränen.

»Hallo, Mama«, sagte sie, als hätten wir uns vor zwei Stunden verabschiedet, wie damals, wenn sie aus der Schule oder ich vom Einkaufen zurückkam!

Ich habe sie gar nicht mehr losgelassen, nur um sie immer wieder anzuschauen. Mein Kind war so gewachsen in den drei Jahren, mein Kind war ein ganzes Stück größer als ich geworden und so schlank! Ich dachte, das gibt es nicht, das ist meine Tochter, und sie ist so schön in ihrem gelben Sari! Es war kein Sari wie in Indien, keine Stoffbahnen, die gewickelt werden, sondern die Landestracht, die alle Menschen in Pakistan tragen, der Shalwar-Kamiz, die weite Hose mit dem überlangen Hemd, das bis über die Knie geht. Blau, braun oder weiß ist das Kostüm bei den Männern, bunt, gemustert und manchmal bestickt bei den Frauen. Nasimas Shalwar-Kamiz war kanariengelb und stand ihr ausgezeichnet! Ein Kind war mir genommen worden, ich bekam ein wunderschönes Mädchen aus Tausendundeiner Nacht zurück! Ich konnte mich an ihr nicht satt sehen. Sie hatte ihren gelben Schleier vom Gesicht genommen, trug ihn lose um den Kopf gewickelt, dieses leuchtende Gelb ließ ihre Haare noch dunkler und glänzender erscheinen.

Wir standen im Hof, hielten uns eng umschlungen, küssten uns und weinten vor Freude. Sie in meinen Armen zu halten, sie nach der langen Zeit zu berühren und an mich zu drücken, wühlte mich so sehr auf, dass ich kaum einen ganzen

Satz sprechen konnte; doch ich weiß genau, welcher zuallererst aus meinem Mund kam, als ich mich ein wenig beruhigt hatte.

»Nasima, jetzt bin ich drei Wochen bei dir, danach gehen wir nach Hause. Zusammen.«

Es war ein Versprechen, ich sagte es deutlich, mit fester Stimme, um sie davon zu überzeugen und damit sie aufhörte, so herzzerreißend zu schluchzen. In diesem Augenblick war ich selbst vollkommen sicher, dass wir zusammen ins Flugzeug steigen würden.

Wir waren nur mit uns beschäftigt und kümmerten uns gar nicht um die anderen. Nach einer Weile merkte ich, wie sie uns beobachteten. Meine Schwiegereltern, Onkel Khan und Muhztfahr. In der Zwischenzeit waren noch seine Geschwister gekommen, seine Schwestern Asia und Shamah und sein Bruder Hayat, die ich alle nicht erkannte, und andere Leute, lauter Verwandte oder Freunde der Familie, die mich begrüßen wollten. Auch sie beobachteten uns. Sie starrten uns nicht an, sie waren einfach nur da, aßen, tranken, standen oder saßen nur wenige Meter von uns entfernt, unterhielten sich rege miteinander, wohl auch über uns, blickten immer wieder zu uns hinüber. Besuch aus dem Ausland ist eine Riesenattraktion, das verstand ich schon, aber ich wäre viel lieber mit meiner Tochter allein gewesen und sagte es Nasima, die daraufhin den anderen auf Urdu eine Erklärung zurief. Dann sind wir in die Orangenplantage gegangen. Nur wir zwei.

Diese Orangenplantage ist außerordentlich groß und gehört meinem Mann. Er hat sie mit dem Geld gekauft, das er in Deutschland als Autolackierer verdient hatte, und gleich weiterverpachtet, so hat er keine Arbeit damit und verdient noch mehr Geld. Für die dortigen Verhältnisse ist er ein reicher Mann. Umso mehr staunte ich, als Nasima mir erklärte, dass es im Hof ihrer Großeltern keine Toilette gab und die Familie in diese Plantage ging, um die Notdurft zu verrichten! Ich fragte mich, warum Muhztfahr nicht auf die Idee gekommen war, ein WC einzurichten, nachdem er in Deutschland den modernsten Komfort genossen hatte. Doch schon bald machte ich mir keine Gedanken mehr darüber, weil es unheimlich schön war, mit Nasima unter diesen Orangenbäumen zu sein. Wir spazierten ein wenig, ganz langsam und eng aneinander gekuschelt, blieben immer wieder stehen und lachten uns an. Irgendwann sah ich, dass die Großmutter auch in der Plantage herumlief. Sie war ziemlich weit hinter uns, bückte sich ständig, als würde sie etwas sammeln. Nasima erklärte mir, dass sie Gras schneidet, dieses harte, gelbe, trockene Gras, das nicht hoch wächst und wie Schilf raschelt.

»Für die Kühe«, sagte sie, »das ist Futter für die Kühe«.

Dass uns die Oma dabei im Auge behalten sollte, erwähnte Nasima nicht. Sie hatte sich schon an die ständige Überwachung gewöhnt, für sie war es normal. Und ich, nichts ahnend, winkte fröhlich der Oma zu!

Die alte Frau meinte es nicht böse. In diesen ländlichen Gegenden leben die Leute traditionsbewusst, ich würde es eher rückständig nennen. Wie dem auch sei, es bedeutet jedenfalls, dass Frauen nicht allein aus dem Haus gehen dürfen. Als Schutz muss immer ein männlicher Verwandter dabei sein oder eben eine ältere Frau wie die Oma. Deutsche Frauen, die Freiheit gewohnt sind und immer tun können, was sie möchten, machen sich gar kein Bild davon, was diese Einschränkungen bedeuten. Ich selbst habe einen kleinen Vorgeschmack davon bekommen und weiß, dass ich keine drei Monate dort überleben könnte. Ich würde eingehen wie eine Pflanze, der man kein Wasser gibt.

An jenem ersten Tag machte ich mir darüber keine Gedanken, schließlich wollte ich nicht bleiben, ich war nur für drei Wochen da! Außerdem war ich ganz damit beschäftigt, jede Sekunde von diesem Wiedersehen mit meiner groß gewordenen Tochter auszukosten. Es hätte sehr viel zu erzählen gegeben, doch erst mussten wir einander neu entdecken, uns anschauen, berühren, einander streicheln. Es war so schön, einfach nur die Nähe und die Liebe zwischen uns zu spüren! Ich wollte Nasima nicht mit Fragen bedrängen, sie kam mir ein wenig verschlossen vor, stiller, ruhiger als früher. Ich dachte mir, dass es Zeit braucht, bis unsere alte Vertrautheit ganz zurückkehrt. Doch am Abend, als wir unseren Schlafplatz in einem der beiden Zimmer einrichteten, öffnete sie eine große Metalltruhe und begann, ihre Kleider eins nach dem anderen herauszuholen. Bald lag eine bunte Pracht von Stoffen auf den Betten ausgebreitet, und im sanften Licht der Öllampe glänzte Nasimas Gesicht vor Freude. Auf einmal war es fast so wie früher bei uns zu Hause, als wir zusammen auf meinem großen Bett lagen, einander Geschichten erzählten oder Modenschau spielten. Es war, als seien wir niemals getrennt worden.

Unser Glück dauerte zwei ganze Tage.

»Schau her, Mama, das nehme ich mit nach Deutschland«, sagte Nasima zu mir am dritten Tag.

Sie zeigte mir ein Tuch, ein paar Stifte, bunte Armreifen, steckte sie in den kleinen Rucksack, den ich ihr geschenkt hatte.

»Du brauchst gar nicht so viel mitzunehmen«, sagte ich, »wenn wir wieder zu Hause sind, kaufen wir dir alles neu. Lauter schöne Sachen werden wir dir kaufen. Alles, was du willst.«

Sie freute sich. Sie wusste genau, in welchen Laden sie mit mir gehen wollte und listete auf, was sie sich wünschte: ein paar neue Leggins, witzige T-Shirts und eine Jeans, als plötzlich Muhztfahr ins Zimmer trat und sie mit dem Rucksack sah.

»Was willst du damit?«, fragte er. »Was machst du da?«

»Papa«, antwortete sie strahlend, »das sind meine Sachen für Deutschland, ich gehe mit Mama nach Hause.«

»Was?«, rief er. »Du gehst nicht nach Hause. Hier ist dein Zuhause.«

Ich dachte, mich trifft der Schlag. »Was ist los«, fragte ich, »du hast doch gesagt, sie darf mit?«

»Nein, nein«, antwortete er, »das geht nicht. Sie bleibt da. Ich bringe sie dir. Weihnachten bringe ich sie dir.«

Nasima

Wir sind aus dem Paradies vertrieben worden. Nicht auf die Erde, gleich in die Hölle. Wir weinten und weinten, konnten nicht aufhören zu weinen, von morgens bis abends nur Tränen, und alle fühlten mit uns und waren traurig. Nur Papa war nicht traurig, sondern wütend, und es machte ihn noch wütender, uns weinen zu sehen. Wenn er so war, liebte ich ihn überhaupt nicht mehr, obwohl ich schon sehr an Papa hing. Auch wenn er schuld daran war, dass ich nun seit drei Jahren von Deutschland fort und von Mama getrennt war, liebte ich ihn. Doch jetzt hatte ich nur noch Angst vor ihm und befürchtete, dass Mama anfing, mit ihm zu streiten. Sie hatte ja keine Ahnung, wozu er in der Lage war, wenn er in Zorn geriet, aber sie versuchte, nur mit ihm zu reden. Er weigerte sich zu erklären, warum er mich nicht mehr gehen lassen wollte. Auch wenn sie ihn ruhig und höflich fragte, schaute er böse und wiederholte immer nur das Gleiche.

»Nasima bleibt hier und fertig, darüber gibt es nichts zu diskutieren, ich bin ihr Vater und habe es so beschlossen. Was ich sage, gilt als Gesetz.«

Um zu zeigen, wie ernst er es meinte, holte er sein Gewehr und ging damit herum, als sei er bereit, auf uns zu schießen, falls wir versuchten zu fliehen, und das war schrecklich. Jeder in der Familie wusste, wenn Muhztfahr sein Gewehr zeigt, muss man vorsichtig sein. Sehr vorsichtig. Vor zwei oder drei Jahren war er in eine Schießerei verwickelt worden, es war ein Streit unter Männern, vielleicht waren sie auch ein wenig betrunken, ich weiß es nicht so genau. Jedenfalls wurde herumgeschossen, und mein Vater kam ins Gefängnis, obwohl er selbst auf niemanden geschossen hatte. Einer der Männer hatte ihn angezeigt. Damals war ich gerade in Pakistan angekommen, und ich habe von dem, was um mich herum passierte, nichts verstanden, nur dass Papa auf einmal weg war, und wenn ich gefragt habe, warum, erzählte man mir nur Lügen. Er sei in die Stadt gefahren, um Leute zu besuchen, unterwegs sei unser Auto kaputtgegangen und es müsse repariert werden. Ich war noch ein Kind, deswegen hat man mich angelogen. Mein Vater saß nicht lange im Gefängnis, er konnte seine Unschuld beweisen, der Richter glaubte ihm, dass er nur mit dem Gewehr herumgespielt hatte und niemandem etwas antun wollte. Trotzdem, wenn einer bewaffnet ist, weiß man nie, was passieren kann, deswegen versteckten wir uns im Haus oder passten auf, nicht in seine Nähe zu kommen. Nur meine Oma versuchte noch, mit ihm zu reden. Sie war die Einzige, die es wagte.

»Komm, mein Sohn, du siehst doch, dass Nasima hier nicht glücklich ist, dass sie zu ihrer Mama will, lass sie doch gehen,« so sprach Nani Jan, meine liebe Großmutter, zu ihm.

Er schrie zurück, dass sie sich nicht einmischen solle.

»Wer bin ich denn, dass du dir erlaubst, mir zu sagen, was ich tun soll, bin ich etwa kein Mann?«

Oma allein konnte ihn nicht umstimmen, Opa sagte gar nichts, Hayat, der jüngere Bruder meines Vaters, der mit ihm arbeitete und das Geld der Fahrgäste im Taxi kassierte, war auf seiner Seite und Onkel Khan auch. Es blieben nur noch Papas Schwestern übrig, Shamah und Asia, die gerade in den Ferien im Haus der Großeltern waren, aber sie waren zu jung und hätten sich nie getraut, auch nur ein Wort zu meinem Vater zu sagen. Shamah war ohnehin der Ansicht, dass er Recht hatte, dass in der Familie der Mann alles bestimmen dürfe. Niemand versuchte uns zu helfen. Nur die Deutsche Botschaft konnte es.

Die Leute dort wussten von mir. Sie hatten für Mama meine Adresse herausgefunden und mich besucht, um zu schauen, wie es mir ging. Sie hatten meiner Mutter geschrieben, dass ich gesund bin, sie durften mich nur nicht mitnehmen wegen der Gesetzeslage in Pakistan. Wenn ich ganz allein nach Islamabad in die Deutsche Botschaft käme, dann würden sie mir helfen, hatten sie mir erklärt, doch das war unmöglich. Ich war elf, zwölf Jahre alt und ein Mädchen, man hätte mich nach wenigen Kilometern geschnappt und wieder nach Hause gebracht, oder man hätte mich gar nicht erst fahren lassen.

In Deutschland hätte ich es geschafft. In Deutschland hätte ich jemanden auf der Straße angehalten und gefragt: »Sie, bitte, können Sie mir helfen, ich muss in diese Stadt, die weit weg ist, wie komme ich zum Bahnhof?« Dann hätte ich einen Schalterbeamten gefragt, wann der nächste Zug fährt, und wäre eingestiegen, auch ohne Geld, ohne Fahrkarte, weil ich in Deutschland gewusst hätte, wenn mich Polizisten fangen, dann helfen sie mir. In Pakistan helfen sie meinem Vater. Dort ist es ein Verbrechen, wenn eine Tochter flüchtet, und es ist eine Schande für den Vater, dass er nicht richtig aufgepasst hat. Wenn ich flüchte, bringt mich die Polizei zum Papa zurück, und er schlägt mich halb tot, weil seine Ehre zerstört ist.

Im Oktober ist es in Pakistan immer noch heiß. Für mich war es normal, aber Mama vertrug die Hitze nicht. Sie musste viel liegen, und da es tagsüber im Haus wegen der stickigen Luft nicht angenehm war, lagen wir auf unseren Charpois im Hof unter dem Baum. Die Charpois sind pakistanische Betten mit einem Holzrahmen und einer geflochtenen Oberfläche, die man wie Liegestühle dahin transportieren kann, wo ein bisschen Wind weht. Im Schatten war es schön, dort erzählten wir lauter Geschichten aus unserem Leben, dabei fächerte ich der Mama Luft zu. Oft setzten sich Asia und Shamah zu uns und fächerten für mich, während ich zuhörte. Auch wenn sie uns nicht helfen konnten, waren sie in jenen Tagen schon sehr lieb zu Mama und mir, sie brachten Tee und Obst, damit wir uns ein bisschen besser fühlten.

Ich wollte alle Neuigkeiten über Senden hören. Senden war meine Heimat, Senden war der wichtigste Ort für mich in ganz Deutschland. In Senden bei Ulm war ich aufgewachsen, es war mein Zuhause, dort waren meine Freunde, meine Schule, die Nachbarn, auch die Bäckerei, in der ich mir jeden Tag eine Butterbrezel kaufen durfte. Ich wollte wissen, wie es dem alten Ehepaar ging, das im Haus gegenüber wohnte, es waren ganz liebe Leute, die mich immer in ihren Garten einluden und mir Kekse schenkten.

»Glaubst du, dass sie sich an mich erinnern?«, fragte ich Mama.

»O ja«, antwortete sie, »und wie sie sich an dich erinnern! Jedes Mal wenn ich vorbeigehe, muss ich ihnen erzählen, ob ich etwas Neues von dir erfahren habe.«

Dann kamen ihr die Tränen, und ich wusste, warum. Weil sie noch sagen wollte, dass sich die Leute alle freuten, mich wiederzusehen, aber jetzt würden sie mich nicht sehen, weil Papa es verboten hatte. Wenn ich Mama weinen sah, musste ich auch weinen, und manchmal weinten sogar meine Tanten mit.

Für mich war es sehr wichtig, dass sich viele Menschen an mich erinnerten. Ich selbst erinnerte mich an alles in Deutschland und an alle Leute. Nicht nur an die Kinder, auch an die alten Leute, die meine Mutter pflegte. Ich erinnerte mich an viele Kleinigkeiten, die Mama längst vergessen hatte, und sie wunderte sich dauernd über mein gutes Gedächtnis.

Wenn ich mich nicht erinnert hätte, wäre ich verloren gewesen. Es gab Tage, Wochen, Monate, in welchen ich nur einsam war auf dem Hof meiner Großeltern, es war keiner da, der sich mit mir beschäftigte, niemand, mit dem ich reden oder spielen konnte. Wenn es zu schlimm wurde, dachte ich immer an Senden oder an Ulm. An alles, was ich dort erlebt hatte. An das letzte Mal im Schwimmbad, als ich es endlich gewagt hatte, vom Fünfmeterbrett zu springen. An die rosa und weiße Zuckerwatte, die ich immer auf dem Volksfest gekauft hatte. Ich dachte nicht nur daran, ich sprach mit mir darüber, als sei jemand da, der sich mit mir unterhielt. »He, Nasima«, sagte ich zu mir selbst, »wenn du wieder daheim bist und aufs Volksfest gehst, was magst du zuallererst tun, wenn du ganz viel Geld hast?« Und dann antwortete ich auch selbst: »Mal überlegen. Vielleicht kaufe ich mir erst eine Zuckerwatte, und dann laufe ich ein wenig herum, erst schauen, was es alles gibt. Und wenn ich wirklich unendlich viel Geld habe, fahre ich mit jedem Fahrgeschäft eine Runde. Nicht nur mit dem Kettenkarussell wie die kleinen Kinder. Einmal Achterbahn, dann Piratenschiff, dann Wildwasserbahn. Und Autoskooter, Schiffschaukel und Geisterbahn. Ich fahre alles. Nur schießen, das mag ich nicht.« Manchmal hatte ich nach solchen Selbstgesprächen weniger Heimweh.

»Mama, erzähl mir vom Volksfest«, bettelte ich, »bist du letztes Mal hingegangen, was hast du da alles gesehen, gibt es neue Karussells?«

Sie konnte mir nichts berichten, sie war gar nicht dort gewesen.

»Ohne dich macht es mir keinen Spaß«, sagte sie, »nächstes Mal gehen wir zusammen, und nächstes Mal, Nasima, darfst du den ganzen Süßigkeitenstand leer kaufen, wenn du magst, nächstes Mal wird nicht gespart, und ich fahre mit dir alles, was du willst.«

»Auch Achterbahn?«, fragte ich.

»Ja«, antwortete sie, »auch Achterbahn. Das ist versprochen.«

Ich lachte. Für eine Minute oder zwei war alles wieder schön. Ich wusste, sie würde niemals mit mir Achterbahn fahren, weil sie sofort Angst bekam, wenn es zu weit nach oben ging oder sich zu schnell drehte, aber das war mir egal. Sie durfte unten bleiben und auf mich warten, und vielleicht würde ich selbst gar keine so große Lust auf Achterbahn haben, weil das nicht so wichtig war. Wichtig war nur, mit meiner Mutter zusammen zu sein. Wir würden uns ein halbes Hähnchen teilen, dazu eine Portion Pommes mit Ketchup essen, zum Nachtisch dann eine Packung gebrannte Mandeln. Sie würde rufen, dass sie viel zu viel gegessen hat, und wir würden beide darüber lachen. Vielleicht würden wir später Pfeile auf Luftballons werfen, das mochte sie gern, oder Nägel reinhämmern, das machte auch Spaß. Aber Ulm und mein geliebtes Senden waren so weit weg!

»Mama, wenn ich nicht mit dir heimdarf«, sagte ich zu ihr, »versprich mir, dass du allein auf das Volksfest gehst, dann kannst du mir in den Briefen erzählen, wie es jetzt dort aussieht.«

Sie musste mir ganz viel erzählen. Was bei uns im Fernsehen neu ist, ob »Supermann« und »Eine schrecklich nette Familie« immer noch laufen, ob sie wieder ins Kino gegangen ist. Es machte mich traurig zu hören, dass sie nirgends ohne mich hingegangen war, so konnte sie mir nichts Aufregendes erzählen. Ich fragte auch, wie es den alten Leuten bei ihrer Arbeit ging.

Wenn wir viel redeten, konnten wir miteinander lachen und für kurze Zeit vergessen, was los war, aber plötzlich, mittendrin, mussten ich oder sie oder wir beide gleichzeitig wieder anfangen zu weinen. Mal versuchte ich, meine Mutter zu trösten, mal versuchte sie es, mit Worten, oder nur, indem sie mich in den Arm nahm.

Mama lag auf ihrem Charpoi so, dass sie auf die Straße schauen konnte. Jedes Mal, wenn sie ein Auto hörte, flüsterte sie: »Nasima, jetzt kommt jemand von der Botschaft und holt uns hier raus.«

Aber es war nie der große weiße Mercedes von der Botschaft, ich erkannte es schon am Motor, dass es ein anderes Auto war. Am zehnten Tag hatte sie genug vom Warten und sagte zu Papa, dass sie die Botschaft anrufen müsse, weil sie versprochen hatte, Bescheid zu sagen, sobald sie in Pakistan angekommen war. Mein Vater runzelte die Stirn. Es gefiel ihm gar nicht, trotzdem fuhr er uns nach Fatehpur zum Telefonladen, aber er stand die ganze Zeit neben uns, als Mama mit einer Frau von der Botschaft sprach. Da mein Vater gut

Deutsch spricht und alles versteht, sagte Mama nur ihren Namen und dass sie jetzt hier sei, um mich abzuholen.

»Ja, prima, Frau Nazar«, antwortete die Botschaftsangestellte, »dann ist ja alles bestens, kommen Sie bitte mit Ihrem Mann und Ihrer Tochter nach Islamabad, damit wir die Ausreisepapiere fertig machen können.«

Mama versuchte vorsichtig der Frau zu erklären, dass es ein Problem gab und wir Hilfe brauchten, sie fragte, ob nicht jemand von der Botschaft zu uns kommen könne, und betonte, dass man es ihr versprochen habe. Auf mich wirkte sie, als sei sie kurz davor, in Tränen auszubrechen oder Hilfe ins Telefon zu schreien, aber dann hätte mein Vater sofort aufgelegt. Er grinste, weil er schon wusste, was sie vorhatte.

»Und wenn ich es nicht bis Islamabad schaffe, was ist dann?«, fragte meine Mutter. »Bitte schicken Sie doch jemanden zu uns, der die Papiere mitbringt, ich habe kein Auto, und mein Mann muss arbeiten. Bitte sagen Sie mir, wann Sie vorbeikommen.«

Ich sah an ihrem Gesicht, dass die Antwort nicht die war, die sie hören wollte. Dass die Leute nicht vorbeikommen würden.

»Maria«, sagte Papa, als das Gespräch zu Ende war, »du bemühst dich für nichts und wieder nichts, du kannst reden und reden, es nützt gar nichts. Du glaubst, dass es hier wie in Deutschland ist und dass dir Nasima allein gehört, aber du kennst die Gesetze in Pakistan nicht. Hier gilt nur das Recht des Vaters. Ich bin der Vater, also entscheide ich, was mit meiner Tochter geschieht, du hast hier gar keine Rechte. Wenn du willst, kannst du gegen mich vor Gericht ziehen oder von mir aus die ganze Deutsche Botschaft herholen, sie werden dir alle das Gleiche sagen: Hier gilt das Recht des Vaters. Und ich gebe Nasima nicht her. Sie ist meine Tochter, ich liebe sie, und sie bleibt hier. Wenn du bei Nasima sein willst, musst du selbst hier bleiben.«

Maria

Am nächsten Abend saßen wir noch draußen auf dem Charpoi, obwohl es schon dunkel war, als Muhztfahr ohne Gewehr zu uns kam. Er schickte Nasima ins Haus, weil er mit mir zu reden hatte. Er war in einer ganz anderen Stimmung als sonst, nicht zornig, sondern ein wenig traurig. Unsicher auch. Ich merkte gleich, dass er sich besonders herausgeputzt hatte. Er sah wieder gut aus, fast wie früher, und er duftete nach Jasmin, als hätte er eine ganze Flasche Parfüm über sich ausgeschüttet. Ach du meine Güte, dachte ich, auch das noch. Was er wollte, war mir klar. Nur: Ich wollte es nicht.

Andere Frauen hätten vielleicht mit ihm geschlafen in der Hoffnung, dass er danach gnädiger gestimmt sei und mit sich reden ließe. Ich nicht. Ich kann nicht mit einem Mann schlafen, der mich dermaßen verraten und verletzt hat. Es gibt Dinge, die für mich heilig sind, und Muhztfahr hatte sie alle zerstört. Liebe und Vertrauen gehören für mich zusammen, doch ihm würde ich nie mehr auch nur ein Wort glauben. Nicht nur ihm. Seit er Nasima entführt hatte, traute ich keinem Mann mehr. Sobald ich merkte, dass sich einer für mich interessierte oder mit mir flirten wollte, versteifte ich mich vollkommen und ging sogleich auf Distanz. Das Kapitel Liebe war beendet, auf immer und ewig abgeschlossen, so dachte ich damals.

Ich setzte mich auf, fragte Muhztfahr, ob er sich nicht setzen wollte, zeigte auf das andere Ende von dem Charpoi. Er blieb stehen, redete mal mit gesenktem Kopf, mal blickte er zu mir oder machte eine große Geste, um seine Worte zu unterstützen. Was er von sich gab, war – man kann es nicht anders beschreiben – reines Liebesgesülze, das mich keineswegs völlig kalt ließ. Im Gegenteil, es ließ mein Inneres aufkochen: vor Zorn. Bisher war ich kein einziges Mal explodiert, Nasima zuliebe hatte ich mich bezähmt und meine Gefühle einigermaßen unter Kontrolle behalten. Trauer und Angst waren bislang größer als mein Zorn gewesen, doch jetzt nicht mehr. Ich zwang mich, ruhig und tief zu atmen, ich zwang mich, leise zu sprechen und schaffte es sogar.

Muhztfahr versuchte weiter sein Glück, indem er sich näherte und zu meinen Füßen Platz nahm. Er war vorsichtig. Schließlich hatten wir in Deutschland zehn Jahre miteinander gelebt, und er kannte mich gut genug, um zu wissen, dass man mich nicht so leicht herumkriegt. Wenn Maria nicht will, gibt es nichts daran zu rütteln. Und wenn Maria wütend wird, ist es besser, in Deckung zu gehen oder gleich das Weite zu suchen. Wir sind beide Sturköpfe, in meinem Revier war ich die Stärkere, das hatte er einige Male zu spüren bekommen. Es hatte ihm wohl so viel Respekt vor mir eingeflößt, dass er möglicherweise einen kleinen Rest davon in seinem Revier verspürte, obwohl er dort der absolute Herrscher war. An diesem Abend jedoch wollte er nicht kämpfen, sondern mich verführen, und er gab sich große Mühe. Ich hörte ihm zu, tat so, als merkte ich nichts, ließ ihn einfach reden.

»Ach, Maria«, erzählte er, »ich vermisse dich sehr. Es war ein Fehler von mir, nach Pakistan zurückzukehren und dich allein in Deutschland zu lassen, es war ein Fehler von mir, Nasima mitzunehmen, ich hätte das nicht machen dürfen, und wenn ich an dich denke, werde ich so traurig, weil du mir so sehr fehlst, und dann frage ich mich, ob du mich schon vergessen hast ...«

Es klang herzzerreißend und in dem Augenblick auch ehrlich. Ich glaubte ihm sogar, dass es ihm wirklich Leid tat. Dazu hatte er auch allen Grund, schließlich hatte er freiwillig eine angenehme, sichere Existenz in Senden gegen das Elend in diesem Wüstendorf hier getauscht!

»Ich habe dich nicht vergessen«, antwortete ich, »wie könnte ich dich vergessen, wenn mein Kind bei dir ist?«

Egal, was er sagte, führte ich das Gespräch auf Nasima zurück. Und er, der raffinierte Hund, versuchte es von neuem.

»Ach Maria, du hast Recht«, sagte er, »eine Tochter gehört zu ihrer Mutter, aber sie gehört auch zu ihrem Vater, und du bist immer noch meine Frau, willst du nicht bei mir hier bleiben? Ich verspreche dir, wenn du hier bleibst, baue ich dir ein neues Haus mit Toiletten und Badezimmer, auch eine schöne Küche, wie du es gewohnt bist, nur viel schöner als in Deutschland, du wirst sehen ...«

Ich sah gar nichts, nur dass sein Vorschlag absurd war. Nie, auch nicht mal eine Sekunde lang habe ich ernsthaft erwogen, in Pakistan zu leben, er hätte es sich selbst denken können!

»Du hast gut reden«, sagte ich und verlor hier beinahe die Beherrschung, »und wie stellst du dir das vor? Ich wohne im linken Zimmer und deine andere Frau im rechten? Oder sollen wir gleich alle in einem Schlafzimmer übernachten, und du schläfst abwechselnd in ihrem und in meinem Bett? Und tagsüber kochen dir deine beiden Frauen gemeinsam das Essen?«

Dass er wieder geheiratet hatte, war mir inzwischen hundertprozentig klar. Nasima hatte es bestätigt und mir erklärt, dass Nasrin, so hieß seine andere Frau, meist in Fatehpur bei ihren Eltern lebte. Nur Muhztfahr log mich immer noch an und behauptete, dass es kein Ehering sei, den er an der linken Hand trug, sondern einfach so ein Ring, der gar nichts zu bedeuten hatte. An der rechten Hand trug er immer noch unseren Ring, wir waren auch nicht geschieden. Den meinen trug ich in Deutschland längst nicht mehr, aber für die Reise hatte ich ihn wieder angesteckt. Aus taktischen Gründen und mit einem enormen Widerwillen. Da er nicht antwortete, beugte ich mich nach vorne und sah ihm in die Augen.

»Sag mir endlich die Wahrheit«, forderte ich, »bist du verheiratet oder nicht?«

Er konnte meinem Blick nicht standhalten. Er sah zu Boden, rührte mit den Zehen im Sand, seufzte laut und sagte immer noch nichts. Ich ließ nicht locker, wiederholte meine Frage ein zweites, ein drittes Mal, wunderte mich darüber, wie ruhig meine Stimme klang.

»Das war ein schrecklicher Fehler«, jammerte er, »es stimmt, dass ich eine andere Frau geheiratet habe, doch du siehst mich, Maria, du siehst, dass ich nicht glücklich bin. Ich liebe nur dich, ich kann keine andere Frau lieben. Ach Maria, ich bitte dich, sei wieder meine Frau, du bist die Einzige für mich ...«

Er flehte mich an, ihn anzuhören und wurde immer sentimentaler. Ich sah ihn vor mir schrumpfen. Wenn er sentimental wurde, konnte er sich selbst zu Tränen rühren, und so war es auch. Bald weinte er, lullte sich weiter ein mit romantischen Liebesschwüren. Ich sagte gar nichts. Ihn weinen zu sehen, linderte etwas meinen Zorn, doch ich hatte kein Mitleid mit ihm. Er war allein schuld, er hatte seine Chancen bei mir verspielt, den Preis musste er zahlen, nie würde er mich zurückgewinnen. Zwischendurch dachte ich daran, wie er mich mit seiner Redekunst erobert hatte und wie oft er mit ähnlich schönen Worten mein Vertrauen gewonnen und mich schließlich um seinen kleinen Finger gewickelt hatte. Das war mein Fehler gewesen. Dafür musste nicht nur ich zahlen, sondern auch mein armes unschuldiges Kind. Ich hatte allmählich genug. Nach einer Weile setzte sich Muhztfahr wieder zu mir, erklärte mir, dass er aus lauter Liebe Nasima entführt habe, um sie besser beschützen zu können, und deswegen habe er nie wirklich vorgehabt, sie gehen zu lassen. Dafür liebe er seine Tochter zu sehr. Und mich auch. Noch einmal bat er mich, als seine Frau bei ihm zu bleiben und traute sich, meine Hand zu berühren. Ich zog sie zurück.

»Ich bin wegen Nasima hier, nicht wegen dir«, sagte ich. Und: »Wage es nicht, mich anzufassen, sonst schreie ich so laut, dass man mich bis Fatehpur hört.«

Nasima

Das Essen kochten meine Oma oder meine Tante Shamah oder beide zusammen. Es gab meist Roti, also Fladenbrote, dazu Reis, Gemüse, manchmal auch Fleisch, Salat und Ajar, eine scharfe Würzsauce mit eingelegtem Gemüse, die meine Mutter sehr gern aß. Zu trinken gab es Lassi, ein Joghurtgetränk, das meine Oma aus der Milch unserer Kühe selbst herstellte. Sie benutzte das Fett, das sich darauf bildete, zum Kochen, oder wir aßen es mit dem Roti. Es war unsere Butter.

Nach dem Essen war es meine Aufgabe, das Geschirr zu spülen. Ich war schon so lange daran gewöhnt, dass ich gar nichts Besonderes dabei fand, im Hof zu stehen, erst das Wasser hochzupumpen und dann die Teller und die Töpfe damit zu waschen. Mama wollte mir helfen und für mich das Wasser hochpumpen, aber plötzlich hörte sie mittendrin auf und fing an zu weinen. Ich kannte den Grund. Sie dachte an unsere schöne Wohnung in Senden, an die Küche mit dem glänzenden Spülbecken aus Metall, an das fließende kalte und warme Wasser, das aus den Wasserhähnen kam, an all das Geschirr, das wir in den Küchenschränken hatten. Sie dachte daran, wie bei uns immer alles blitzblank war, sah, wie ich, ihre Tochter, in Pakistan wie das Aschenputtel aus dem Märchen lebte. Ich stand barfuß im Hof, wusch unsere Blechteller, doch dies war kein Märchen, sondern die Wirklichkeit. Meine Wirklichkeit. Für sie war es sehr schlimm, für mich aber nicht.

Sie fand vieles bei uns ganz schrecklich, beklagte sich über den Dreck, dabei war es kein Dreck, sondern Staub und Sand, die der Wind von der Wüste überall hintrug. Sie sagte auch immer wieder, dass sie selbst so niemals leben könnte, und das tat mir jedes Mal weh, aber ich konnte es ihr nicht sagen.

Ich wusste, dass Papa sie immer noch liebte. Wir hatten ein kleines Radio mit Batterien, und manchmal lief dort ein besonderes Lied, das ihn sehr traurig machte.

»Nasima«, sagte er in den vergangenen Jahren oftmals zu mir, »wenn ich dieses Lied höre, muss ich an deine Mama und an Deutschland denken, und es bricht mir das Herz.«

In dem Lied singt ein Mann für die Frau, die er verloren hat: »Ich liebe dich immer noch, aber ich bin so weit von dir, ich bin krank vor Sehnsucht, und wenn ich ohne dich sterbe, wirst du nicht zu meiner Beerdigung kommen, es werden mich andere Leute ins Grab bringen, meine Liebe ist so weit, und ich muss bald sterben.«

Ich war sehr aufgewühlt, wenn ich meinen Vater weinen sah, und ich mochte das Lied nicht. Ich war noch ein Kind, das seinen Papa sehr liebte, und hatte Angst, dass er auch wie der Mann im Lied starb, weil seine geliebte Frau weit weg war. Ich machte mir große Sorgen um ihn, er war bereits schon einige Male krank gewesen, und was sollte aus mir werden, wenn er starb, allein, ohne Vater und ohne Mutter?

»Aber Papa«, sagte ich in solchen Momenten zu ihm, »warum fliegen wir nicht einfach zurück zur Mama, wir zwei?«

Ich war sicher, dass sie uns mit offenen Armen empfangen würde, alle beide.

»Nein, Nasima«, antwortete mein Vater, »du irrst dich, deine Mutter ist sehr böse auf mich. Wenn wir nach Deutschland fliegen, lässt sie mich ins Gefängnis stecken, und du siehst deinen Vater nie wieder.«

Heute in Deutschland gibt es Leute, die zu mir sagen, mein Vater hat falsch gehandelt. Er hätte solche Sachen nicht zu mir sagen dürfen, weil ich mich dadurch immer schuldig gefühlt habe. Die Art, wie er mit mir redete, das nennen sie

»emotionale Erpressung«, und sie erklären mir, dass Erwachsene für ihr eigenes Glück oder Unglück verantwortlich sind. Kinder können niemals schuld daran sein, sagen die Leute, und vielleicht haben sie Recht. Doch für mich sind das nur Worte. Ich höre sie, ich verstehe jedes einzelne dieser Worte, ich verstehe den ganzen Satz, und trotzdem fühle ich in meinem Herzen die Schuld. Wie ein dunkler Schatten legt sich die Schuld auf alles, was ich tue. Manchmal, wenn es besonders schlimm ist, glaube ich, dass ich ganz allein schuld bin. An Mamas Krankheiten, an Papas Tränen, an all den Problemen, die wir jetzt haben, und es zerreißt mich innerlich, weil ich weiß, dass ich es nie wieder gutmachen kann. Egal, was ich tue, es bringt Unglück, so denke ich manchmal. Diese Schuld zu tragen ist schwerer, als geschlagen zu werden.

Ein Kind mit neun Jahren, so jung war ich damals, als Papa Nasrin geheiratet hatte, kann nicht wissen, was richtig und was falsch ist, das sagen all die Leute, die mich heute trösten möchten, und sie sagen auch, dass es normal sei, wenn ich durcheinander bin, dass ich mir die Zeit nehmen und an mich selbst denken muss. Sie sagen, dass ich, Nasima, mich jetzt nur um mich kümmern soll, weil ich genug gelitten und gekämpft habe. Ich soll jetzt meine verlorene Kindheit nachholen, einen Schulabschluss machen, einen Beruf lernen. Ich soll mich amüsieren, ich darf endlich wie ein ganz normales Mädchen sein, in der Stadt bummeln, Eis essen und schwimmen gehen. Sie sagen, dass ich mir keine Sorgen mehr zu machen brauche.

»Jeder ist seines Glückes Schmied«, sagen sie, »du, Nasima, du weißt es selbst am besten, was dir gut tut, entscheide du, was dich glücklich macht.«

Ich höre zu, aber es tröstet mich nicht.

»Wie kann ich, Nasima, glücklich werden, wenn die Menschen, die ich liebe, wegen mir unglücklich sind?«, frage ich zurück.

Darauf weiß niemand eine Antwort.

Maria

Am Ende der zweiten Woche bin ich krank geworden. Die Hitze, das ganze Klima vertrage ich ohnehin nicht besonders gut, und zu der körperlichen Erschöpfung kam die nervliche Anspannung, die bodenlose Trauer und auch die Angst. Die ständige Bewachung war mir zu viel, alles war mir zu viel. Ich hatte keine Hoffnung mehr, weder für Nasima noch für mich. Ich dachte, kein Mensch auf der ganzen Welt interessiert sich für das, was mit uns passiert. Dass niemand aus der Deutschen Botschaft kam, um nach uns zu schauen und uns zu helfen, war ein herber Schlag. Das hat mir den Rest gegeben. Wenn es Muhztfahr einfiel, mich als Geisel gefangen zu halten, war ich verloren. Ich bin ein freier Mensch, ich bin es gewohnt, mich frei zu bewegen, dieses Eingesperrtsein in der Einöde, nur ein paar Quadratmeter Hof als Auslauf und einige Schritte in der Orangenplantage, das wäre mein sicherer Tod gewesen. Diese Enge setzte mir nach wenigen Tagen schon ungeheuer zu, und es wurde immer schlimmer, weil Muhztfahr nicht mehr arbeiten ging, um uns selbst zu bewachen. Wenn er demonstrativ mit seinem Gewehr herumstolzierte, wünschte ich mir, er würde mich erschießen, dann wäre es schneller vorbei.

Mein Körper wollte nicht mehr. Der Lebenswille hatte mich verlassen, meine ganze Kraft auch. Ich konnte mich schlecht auf den Beinen halten, lag nur noch auf meinem Charpoi. Der nächste Arzt war in Fatehpur, halb kriegte ich mit, dass Oma und Opa mich dorthin bringen wollten, nur ich wollte nicht. Ich wollte gar nichts mehr. In meinem Fieberwahn merkte ich kaum, was um mich geschah, nur dass ich von Leuten umgeben war. Ich hörte Fetzen von Stimmen, die ich nicht verstand, manchmal sang jemand eine Art Leiergesang, der mich in einen tieferen Schlaf wiegte. Einmal hörte ich, wie jemand mir erst in das eine, dann ins andere Ohr flüsterte. Es war Asia, Muhztfahrs Schwester, die mir mit heilenden Korangebeten, wie ich später erfuhr, zu helfen versuchte, und sie haben mir auch gut getan. Es war, als würde eine sanfte, erfrischende kleine Brise über meine Stirn wehen. Nach einer Weile hörte ich ihre Stimme nicht mehr, sondern wie aus der Ferne die meiner Freundin Hanne, die meinen Namen rief, und später hörte ich sogar meinen Chef, den Leiter des Altenheims, nach mir rufen. »Komm zurück, Maria, wir brauchen dich!«, sagte er. Es ist merkwürdig, was mir alles durch den Kopf ging, ich musste sogar an meinen Dienstplan denken, sah ihn buchstäblich vor meinen Augen hängen. Was machen sie nur ohne mich, dachte ich, aber tief in mir sagte etwas, dass das alles gleichgültig war, dass die Kollegen schon einspringen würden, dass mich in Wahrheit gar keiner brauchte, weder hier noch dort.

Nasima sah ich auch in meinem Fiebernebel, mal schien sie die Arme nach mir auszustrecken, mal winkte sie aus der Ferne, drehte mir den Rücken zu und ging davon. Wenn solche Bilder kamen, dachte ich, dass ich sie endgültig verloren hatte, dass sie sich freiwillig entschieden hatte, bei ihrem Vater zu bleiben. Das Ganze hat keinerlei Sinn gehabt, ich sterbe hier für nichts und wieder nichts, es war alles ein Missverständnis, ich hätte die lange Reise nicht antreten sollen, diese Reise, die zum Tod führte. Merkwürdigerweise hatte ich keine Angst zu sterben, fühlte sogar bei dem Gedanken, dass ich bald meine eigene Mutter wiedersehen würde, eine enorme Erleichterung, ja, ich freute mich auf sie.

Während ich so vor mich hindämmerte, kümmerten sich die Familienmitglieder rührend um mich, meine Schwiegermutter hatte Heilkräuter gesammelt und flößte mir einen besonderen Tee gegen das Fieber ein, Asia und Shamah massierten mich, drückten mich an sich, hielten mich fest. Ich hörte sie laut weinen und klagen, es war wie ein Klangteppich von Stimmen, die mich trugen und wiegten. Plötzlich hörte ich Nasimas Stimme, die sich deutlich daraus löste. Sie klang fest und entschlossen.

»Wenn du stirbst«, sagte sie, »sterbe ich mit dir. Ich bringe mich um«.

Dieser Satz brachte mich sofort ins Leben zurück. In Nasimas Briefen war oft vom Sterben die Rede, ich konnte diese Sätze nie lesen, ohne dass es mir kalt den Rücken hinunterlief. Wie schlecht muss es denn einem Kind gehen, dass es ständig vom Tod spricht? Dass es sich wünscht, tot zu sein, und dies immer wieder schreibt! Nasima war ein fröhliches, offenes Kind gewesen, ein Mädchen, das viel lachte und einen ausgeprägten Sinn für Humor hatte. Oft kam sie aus der Schule zurück und erzählte mir Witze, die sie aufgeschnappt hatte. Jetzt wollte sie über manches nicht reden, schämte sich, wenn ich ihr direkte Fragen stellte. Ihre Fröhlichkeit, ihre Lebenslust, alles hatte sie wegen des Vaters eingebüßt. Sie schrieb fast in jedem Brief, dass sie vor lauter Heimweh und Unglück sterben müsste, wenn ich sie nicht bald holte, doch dass sie sich umbringen wollte, davon hatte sie noch nie gesprochen. Ich war so entsetzt, dass ich die Kraft fand, mich etwas aufzurichten.

»Du bringst dich nicht um«, sagte ich.

Erst, als sie mir versprochen hatte, dass sie sich nie etwas antun würde, sank ich in einen tiefen Schlaf, wachte einige Stunden später auf und fühlte mich besser. Meine innere Stärke kehrte schnell zurück, als ich sah, wie sich die Familie freute. Vielleicht konnte ich mich mit ihnen verbünden, vielleicht würden sie uns zur Flucht verhelfen. Ich war zu allem bereit, auch dazu, Kilometer durch den Wald bis zur Stadt zu laufen, doch zunächst einmal musste ich gesund werden. Ich aß wieder, stand auf, ging ein paar Schritte, schaffte es sogar bis in die Orangenplantage. Erst musste mich Nasima noch stützen, dann schaffte ich es allein. Doch die Zeit lief mir davon.

Nasima

Mama wollte Onkel Khan überreden, dass er uns hilft. Sie wollte ihm eine Menge Geld anbieten, damit er uns nach Islamabad zur Deutschen Botschaft fährt. Ich sollte für sie übersetzen. Es war keine gute Idee, das wusste ich. Onkel Khan mochte uns beide, mit Papa stritt er sich sogar manchmal, er war aber trotzdem auf seiner Seite wie alle anderen Verwandten. Mama verstand einfach nicht, wie eine pakistanische Familie funktioniert und wer die Gesetze macht. Das war Papa, niemand anders. Sie glaubte wohl, mit Geld geht alles, manchmal stimmt das auch, nur eben nicht innerhalb der Familie. Außerdem war das Geld, das sie besaß, gar nichts im Vergleich zum Vermögen meines Vaters.

Selbstverständlich hatte Onkel Khan nichts Besseres zu tun, als Papa sofort alles zu erzählen. Was folgte, kann man sich leicht ausmalen: Es gab einen gewaltigen Streit. Zuerst drohte Papa mir auf Urdu, dass er mich später mit dem Zuckerrohr schlagen würde, dann warf er auf Deutsch Mama vor, seine Verwandten gegen ihn aufzuhetzen.

»Und überhaupt hast du auch schon den Leuten von der Botschaft lauter Lügengeschichten über mich erzählt«, schrie er.

Mama hörte nicht zu, auch sie schrie, dass wir auf alle Fälle abhauen würden, auch wenn wir zu Fuß flüchten mussten.

»Du kannst uns gar nicht daran hindern«, schrie sie, »versuche nur, uns daran zu hindern, dann kannst du was erleben!«

Sie hörte nicht auf zu schreien, schrie viel lauter als er, und ich konnte sehen, wie mein Vater immer wütender wurde, aber auch wie er Angst vor meiner Mutter bekam. Die ganze Zeit hatte er sein Gewehr bei sich, plötzlich hob er es, fuchtelte damit herum, schrie, dass er uns beide töten würde, wenn wir davonliefen. Mama hörte auf zu schreien und sah sich um. Alle waren da, Oma, Shamah und Asia standen ein bisschen abseits, Opa und seine Arbeiter kamen angerannt, Khan und Hayat standen hinter Papa, niemand verstand, was los war, weil meine Eltern auf Deutsch gestritten hatten. Einen Augenblick lang war es still, dann rief Oma, dass er uns nicht erschießen durfte und das Gewehr wegtun sollte, und alle redeten gleichzeitig los.

Nur ich sagte nichts. Ich stand bei Mama, wir hielten einander fest und zitterten beide, ich vor Angst und sie vor Zorn. Ich wollte mich meinem Vater vor die Füße werfen, um ihn zu besänftigen, aber Mama hinderte mich daran.

»Töte mich, wenn du willst«, sagte sie, »aber ich schwöre dir, wenn du Nasima etwas antust, wenn du ihr auch nur ein einziges Haar krümmst, werde ich von den Toten auferstehen und dich für all deine Verbrechen büßen lassen.«

Mamas Stimme klang ruhig, sie war nur ein bisschen lauter als sonst, aber ihr Ton war so, dass alle aufhörten zu schreien und meinen Vater ansahen. Sie warteten, was er tun würde, ob er das Gewehr endlich runternehmen würde. Ich nahm all meinen Mut zusammen und trat einen Schritt vor.

»Töte uns beide, wenn du uns töten willst«, sagte ich zu ihm, ohne ihn anzusehen, »oder bitte, lieber Vater, lass uns beide gehen.«

Er rührte sich nicht. Ich warf mich vor ihm auf die Erde und küsste seine Füße. Ich lag ausgestreckt auf dem Boden und weinte so heftig, dass meine Tränen wie Regen auf den Staub und auf Papas Füße fielen, doch es half nichts. Er stieß laute Flüche auf Pandschabi aus. Einen kurzen Moment dachte ich, dass er mir ins Gesicht tritt, aber er ging nur einen Schritt zurück.

»Nasima ist etwas Besonderes«, sagte er, »sie bleibt hier, und damit basta.«

Den Verwandten befahl er, sich von uns fern zu halten. Niemand durfte mit uns reden, sie sollten nur aufpassen, dass wir nicht davonliefen. Wenn er uns nicht selbst bewachen konnte, musste ständig jemand anderes bei uns sein und beobachten, was wir tun. Doch eigentlich war er fast immer da, und wenn wir glaubten, dass er weggegangen war, kam er nach fünf Minuten wieder, weil er sich nur ein Stück weiter in dem Wald versteckt hatte, um uns besser beobachten zu können. Zum Schlafen legte er sich quer vor die Tür des Zimmers, in dem Mama und ich schliefen. Sein Gewehr lehnte am Türrahmen, und er hatte sich noch eine Pistole besorgt, die lag auf einem Tischchen in Kopfhöhe. Die Waffen waren geladen, und beim leisesten Geräusch wachte Papa auf und griff nach der Pistole. Nach dem Streit durften Mama und ich fürs Erste nicht mehr zusammen in die Orangenplantage auf Toilette gehen, er verlangte, dass wir ihn fragten, und wenn er es doch erlaubte, befahl er der Oma oder Asia, uns zu begleiten. Danach fragte er sie, warum wir so lange weggeblieben waren. Wir mussten uns immer beeilen. Er hatte große Angst, dass wir zu Fuß flüchteten. Nicht dass wir wirklich entkommen wären, das selbstverständlich nicht, aber die Leute von den benachbarten Höfen oder aus dem Dorf hätten von unserem Fluchtversuch erfahren, und damit hätte er sein Gesicht verloren. Von hier bis Fatehpur hätten ihn alle in den Dörfern ausgelacht und Witze über ihn gerissen.

Zwei Tage bevor Mama abreisen musste, fuhr er uns in die Stadt zum Basar. Mama hatte ihn darum gebeten. Sie stritt nicht mehr mit ihm, tat alles, was sie konnte, damit er sich beruhigte und weniger misstrauisch war. Sie hatte ihm erklärt, dass sie Stoff für die Oma, ein paar Geschenke und Gemüse kaufen wollte.

»Außerdem mag ich die Stadt ein bisschen anschauen. Es ist doch zu schade, ich bin fast drei Wochen hier gewesen und habe nichts gesehen.«

Sie hoffte immer noch, dass sich in der Stadt eine Fluchtmöglichkeit ergeben würde, dass sie einen Bus finden würde, in den wir springen könnten, oder dass wir jemandem begegneten, der uns rettet. Ich glaubte nicht mehr daran, weil ich Fatehpur kannte, aber ich sagte lieber nichts, um Mama nicht noch mehr zu entmutigen. Papa setzte uns vor dem Basar ab. Die Oma musste uns bewachen.

»Nur eine Stunde, nicht länger«, sagte er.

Erst waren wir bei den Tuchhändlern. Oma suchte sich einen braunen Stoff mit grauem Muster aus, sie war sehr gerührt, dass meine Mutter für sie etwas kaufen wollte, eigentlich hatte sie selbst genug Geld, aber sie gab es nie aus, und schon gar nicht für Kleider. Das war ihr nicht wichtig, sie trug ihren Shalwar-Kamiz, bis er ganz auseinander fiel. Als wir den Stoff hatten, versuchten wir sie loszuwerden und schlugen vor, dass sie das Gemüse allein einkaufen sollte. Mama drückte ihr einen Haufen Rupien in die Hand.

»Oma, kauf ein, was du willst, wir sind gleich zurück«, sagte ich zu ihr, »wir gehen nur schnell in den Fotoladen da vorne, um uns beide zusammen fotografieren zu lassen, als Erinnerung.«

Es war Mamas Idee. Auf dem Weg zum Basar hatte sie den Laden gesehen und sich gedacht, dass sie Fotos von mir brauchte, um mir einen neuen Pass machen zu lassen. Wenn es diesmal nicht klappen sollte, dass ich mit ihr nach Hause fuhr, war sie fest entschlossen wiederzukommen, um mich zu holen. Wie sie es genau machen würde, das wusste sie selbstverständlich noch nicht, nur dass wir auf alle Fälle einen Ausweis für mich brauchten. Einen echten oder einen falschen. Aber die Oma wollte uns nicht allein gehen lassen. Sie hatte Angst, dass Papa mit ihr schimpft, weil er ihr ausdrücklich verboten hatte, uns auch nur eine Minute aus den Augen zu lassen.

»Erst einkaufen, dann fotografieren«, sagte sie und hielt mich dabei fest, sodass wir wirklich keine Chance hatten, sie abzuschütteln.

Wir kauften schnell ein paar Tomaten, anderes Gemüse und ein bisschen Obst, ohne wie sonst zu schauen, ob die

Ware wirklich gut war oder über den Preis zu diskutieren. Wir kauften alles hektisch beim selben Händler, danach rannten wir zum Fotoladen, die Oma immer hinter uns her. Sie wartete draußen vor der Tür.

Vor einigen Jahren war ich schon einmal zusammen mit meinem Vater und mit Onkel Hayat da gewesen. Damals hatte ich gespielt und dabei irgendetwas kaputtgemacht oder in Unordnung gebracht, ich weiß nicht mehr, was es war, nur dass ich ein wenig Angst vor dem Besitzer hatte, weil er damals sehr verärgert war. Ich dachte, wenn er mich erkennt, ist er vielleicht immer noch sauer auf mich. Diesmal war er aber sehr freundlich, trotzdem traute ich mich kaum, ihm unser Anliegen zu sagen, weil es sich nicht gehört, dass ein Mädchen in meinem Alter einen fremden Mann anspricht. Bei einem alten Mann macht es nichts aus, doch Zahid, der Fotograf, war jung, sicher nicht älter als zwanzig Jahre.

»We need pictures for passport«, erklärte Mama auf Englisch.

Er antwortete auch auf Englisch: »Yes, come here. Please take a seat.«

Ich verstand kein Englisch. Mit mir redete er auf Urdu und sagte, dass ich auf einem Stuhl sitzen und meinen Schleier so abnehmen musste, dass man das Gesicht gut sah. Mir fiel dies ungeheuer schwer, weil ich es nicht gewohnt war, mich ohne Schleier zu zeigen, und was mich noch verlegener machte, war, dass dieser Mann mich anschaute, als wollte er mich mit seinen Augen verschlingen. Als er merkte, wie unangenehm mir das war, gab er sich Mühe, damit ich mich besser fühlte. Er war sehr nett zu mir, erklärte mir, wie ich sitzen sollte und dass ich richtig in die Kamera gucken musste.

Mama verstand nicht, was daran so schwierig sein sollte, sie wurde ungeduldig, es dauerte ihr alles viel zu lange. Aber für mich war es ein wenig so, als würde ich mich ganz ausziehen. In letzter Zeit hatten Asia und Shamah und auch manchmal die Oma mir immer wieder eingeschärft: »Nasima, du bist jetzt eine Frau, du darfst nie einem Mann in die

Augen schauen, du darfst überhaupt keinen Mann anschauen, du musst immer weggucken, auf den Boden gucken«. Mein Vater verlangte, dass ich mein ganzes Gesicht bedeckte, nur die Augen durften frei bleiben, und jetzt forderte mich ein fremder junger Mann auf, meinen Tschador zu lösen und ihn direkt anzusehen!

Ich schämte mich und konnte mein Gesicht einfach nicht richtig zeigen, bis der Fotograf unter sein schwarzes Tuch tauchte, um das Foto zu schießen. Ich sah ihn nicht mehr, nur die Kamera und das schwarze Tuch, das machte es leichter für mich, auch wenn ich wusste, dass er mich anschaute. Er sagte, wie ich den Kopf halten sollte: Ein wenig höher, mehr zur linken oder zur rechten Seite, die Augen mehr öffnen und nicht so streng schauen.

»Schön«, sagte er, oder »gut, sehr gut, du machst es sehr gut, Nasima.«

Ich bin rot geworden wie eine Feuerblume, weil er mich lobte, hörte das Klicken der Kamera, dachte, hoffentlich ist es bald vorbei, doch er wollte noch mehr Fotos von mir machen.

»Nein«, sagte Mama, »wir brauchen nur Passbilder, nur das Gesicht, und es muss ganz schnell gehen. Frag ihn, ob er sie gleich entwickeln kann, wir brauchen sie sofort.«

Sie glaubte, das sei wie bei den Automaten in Deutschland, wo man Geld reinsteckt und fünf Minuten später hat man die Bilder, aber so war es nicht. Ich übersetzte für den Fotografen, was sie sagte. Er erklärte mir, dass die Fotos erst in ein oder zwei Wochen fertig sein würden. Es dauerte so lange, weil er sie selbst entwickelte und jedes Bild mit dem Pinsel bearbeitete, um kleine Fehler wegzuretuschieren. Mama wurde schon ganz unruhig. Die Oma, die vor der Tür Wache hielt, hatte ihr durch Handzeichen zu verstehen gegeben, dass mein Vater wusste, wo wir waren und in der Nähe wartete. In Fatehpur gab es außer Mama und mir keine hellhäutigen Frauen, wir fielen überall auf, bestimmt hatte er jemanden beim Basar gefragt, wohin wir gegangen waren.

Wir wollten auch schnellstens den Laden verlassen, um nicht noch mehr Schwierigkeiten zu bekommen, als wir jetzt schon hatten, aber vorher mussten wir überlegen, was wir meinem Vater sagen würden. Die Wahrheit durfte er auf keinen Fall erfahren. Gewiss war er schon sehr wütend, weil wir ihn nicht um Erlaubnis gefragt hatten.

»Wir erklären ihm, dass ich ein schönes Erinnerungsfoto von dir haben wollte«, sagte Mama, »das ist ungefähr das Gleiche, was die Oma glaubt, hoffentlich schluckt er das.«

Der Fotograf machte noch ein Bild von mir im Stehen. Ich übersetzte für ihn fast alles, was Mama sagte: Dass er kein Wort von den Passfotos verraten durfte, sonst war ich verloren. Wenn Papa die Bilder abholen oder sie auch nur sehen wollte, durfte er ihm nur das Bild im Stehen geben und sollte ihm erzählen, dass die anderen Fotos alle nichts geworden waren.

»Frag ihn, ob er sein Geld im Voraus haben will«, sagte Mama, und sie fragte mich noch, ob sie ihm etwas Geld zustecken sollte, damit er den Mund hält.

Das übersetzte ich nicht. Es wäre nicht klug gewesen, es hätte ihn gekränkt. Manche Leute müssen geschmiert werden, sonst helfen sie einem nicht, andere helfen gern und werden böse, wenn man ihnen einen Schein zustecken will. Ausländer können das oft nicht unterscheiden, ihnen fehlt das Feingefühl für solche Dinge. Ich aber spürte es. Und ich spürte, dass ich dem Fotografen vertrauen konnte. Obwohl er meinen Vater kannte und dieser ihn seinen Freund nannte.

Maria

Als wir aus dem Fotoladen traten, stand mein Mann vor der Tür und blickte uns grimmig an. Ich dankte ihm für den schönen Ausflug in die Stadt und schlug vor, noch ein wenig gemeinsam herumzulaufen. Ich war gut im Verstellen, spielte ihm die begeisterte Touristin vor, tat so, als würde ich mich doch allmählich mit seinem Land anfreunden, meckerte nicht mehr über den Schmutz in den Straßen und erzählte überschwänglich vom Basar, von unseren Einkäufen und davon, wie freundlich alle Leute zu uns gewesen wären.

»Du, heute koch ich«, plapperte ich wie eine nette Ehefrau, »heute mach ich das Abendessen, ich bereite dir einen Tomatensalat zu, die Tomaten waren so schön, dass einem rein vom Angucken das Wasser im Mund zusammenläuft, und sie duften auf drei Meter Entfernung ...«

Ich wollte ihn lediglich ablenken, und es gelang mir sehr gut, denn er vergaß uns zu fragen, was wir beim Fotografen wollten. Anstatt gleich zurückzufahren, gockelte er noch eine Weile mit uns in Fatehpur herum. Es erhöhte sein Ansehen, mit mir, seiner ausländischen Ehefrau, gesehen zu werden. Ich wusste das, darum hatte ich mich entsprechend angezogen, mit langem Kleid, Arme und Kopf mit einem Tuch bedeckt, aber nicht verschleiert, das erwartet man nicht von Ausländern.

An diesem Tag und auch später am Abend redete ich nicht auf Muhztfahr ein, dass er Nasima doch mit mir fahren lassen sollte, sondern ich tat so, als hätte ich mich damit abgefunden, allein nach Deutschland zurückzukehren.

»Bist du mir nicht mehr böse?«, fragte er.

»Böse? Wieso böse?«, antwortete ich. »Du hast versprochen, mir Nasima zu Weihnachten zu bringen, bis dahin ist es nicht mehr lange, die zwei Monate werde ich noch warten können.«

Er warf mir einen misstrauischen Blick zu, sagte nichts.

»Du hast es mir doch versprochen«, hakte ich nach, obwohl seine Versprechungen nichts wert waren. »Kann ich mich darauf verlassen?«

»Ja, Maria, das kannst du. Ich bringe dir Nasima zurück. Weihnachten oder zu ihrem Geburtstag nach Weihnachten, aber nur wenn du mir schwörst, dass du mich nicht angezeigt hast.«

Ich hob die Hand, schwor hoch und heilig, dass ich ihn nicht angezeigt hatte, weder wegen Kindesraub noch wegen Bigamie. Es war auch die reine Wahrheit, trotzdem glaubte er mir nicht. Wer selbst ständig lügt, kann sich nicht vorstellen, dass andere Leute tatsächlich die Wahrheit sagen.

»Du kannst unbesorgt kommen«, sagte ich, »die Polizei wird nicht am Flughafen stehen, um dich ins Gefängnis zu bringen, nur ich werde da sein, um dich und Nasima zu empfangen.«

Ich bestätigte ihm sogar, dass er wieder bei mir wohnen durfte. Das allerdings war gelogen. Nie mehr würde dieser Mann einen Fuß über meine Türschwelle setzen.

Erneut fragte er mich, und diesmal direkt, ob ich die Nacht bei ihm verbringen würde. Ich schüttelte nur den Kopf und war froh, dass er für eine Weile verschwand. Den ganzen Abend blieb er weg, er hatte niemandem gesagt, wohin er ging. Nasima meinte, er würde bestimmt seine andere Frau in Fatehpur besuchen. Uns war es recht. Sobald er fort war, konnten wir ein bisschen freier atmen, auch freier miteinander reden, denn die anderen, die Großeltern und Muhztfahrs Geschwister, verstanden kein Deutsch. Außerdem waren sie freundlich zu uns, und wenn sie uns in die Orangenplantage folgten, blieben sie so weit zurück, dass wir sie fast vergaßen.

Zum Abendessen bereitete ich einen Tomatensalat für alle. Mit einem Messer, dessen Klinge völlig durchgerostet war, als sei sie mindestens hundert Jahre alt. Im Haushalt der Familie gab es kein anderes, alles war alt und kaputt, die Blechteller verbeult, die Kochtöpfe voller Dellen, das Porzellan uralt. Bei den Tassen fehlten meist die Henkel, man benutzte sie, bis sie in Scherben zerfielen. Ich konnte mir nicht erklären, warum die Familie so lebte, wenn Geld da war. An einem einzigen Tag verdiente Muhztfahr allein mit seinem Taxiunternehmen genug, dass er das ganze Geschirr hätte neu kaufen können, und Besteck dazu, und vielleicht sogar noch einiges mehr.

Es erschreckte mich zu sehen, wie schnell das Elend für Nasima normal geworden war! Sie schien kaum darunter zu leiden und amüsierte sich, als ich erwähnte, dass ich in Senden Gegenstände, die in besserem Zustand waren, ohne mit der Wimper zu zucken wegwarf.

»Ich weiß schon«, sagte sie, »meinen roten Becher, der einen klitzekleinen Sprung hatte, den vermisse ich heute noch. Du, wenn du zurück bist und Dinge hast, die du nicht mehr brauchst, wirf sie nicht in den Müll, sondern steck sie in ein großes Paket für Pakistan.«

Sie machte Witze darüber, aber mir war nach weinen zumute.

In unserer letzten Nacht lagen wir auf dem Charpoi im Hof, hielten uns eng umschlungen und blickten zu den Sternen. Der ganze Himmel war übersät mit funkelnden Sternen, es war wunderschön.

»Schau, da oben«, sagte ich zu Nasima, »wenn ich weg bin und du großes Heimweh verspürst, dann legst du dich hin, genau wie jetzt, und siehst die Sterne an. Ich werde es auch tun, und dann ist es wie eine Sternenbrücke zwischen hier und Senden. Es ist derselbe Himmel, der über uns liegt, derselbe Gott, der uns beschützt und zusammenführen wird.«

Bei Sonnenaufgang hatten weder Nasima noch ich mehr als eine Viertelstunde geschlafen. Wir hatten die Nacht durchgeweint, so entsetzlich war das Gefühl, einander wieder zu verlieren. Auch Oma, Shamah und Asia weinten, als ich mich von ihnen verabschiedete. Ich umarmte sie alle der Reihe nach, drückte sie fest an mich, bat sie inständig, lieb zu meiner Tochter zu sein und ihr soweit wie möglich die Mutter zu ersetzen. Ich sagte es auf Deutsch, zeigte auf Nasima, die so sehr weinte, dass sie kein Wort herausbrachte, sie antworteten auf Urdu und nickten. Wir verstanden uns mit Gesten, es war mir eine winzige Erleichterung zu wissen, dass diese Frauen sich um sie kümmern würden. Von den Männern konnte ich mich nicht mehr richtig verabschieden, denn Muhztfahr drängte zur Abfahrt. Nasima durfte diesmal mit zum Flughafen nach Multan kommen.

Wir saßen dreieinhalb Stunden nebeneinander vorne im Pick-up, und jeder Kilometer verschlimmerte den Trennungsschmerz. Wir konnten einander nicht anschauen, ohne in Tränen auszubrechen oder laut zu schluchzen. Niemand sprach. Nicht mal Muhztfahr wagte es zu reden, er blickte nur düster nach vorne, drückte wie ein Wahnsinniger aufs Gas, als hätte er es eilig, mich loszuwerden. Erst als wir ankamen, sagte er zu Nasima, sie solle nicht traurig sein.

»Wir gehen schon nach Deutschland, ich habe es deiner Mutter versprochen, nicht wahr, Maria?«

Ich antwortete nicht. Nasima schluchzte nur noch. Sie durfte mich nicht bis zur Absperrung begleiten. Ich glaube, Muhztfahr hatte Angst, dass ich sie in letzter Minute mit mir durch die Absperrung zerren würde. Doch das wäre eine sinnlose Verzweiflungstat gewesen, denn am Flughafen laufen jede Menge bewaffnete Polizisten herum, die mich sofort festgenommen hätten. Kindesentführung wird in Pakistan mit lebenslänglich oder gar mit dem Tod bestraft, ich wollte das nicht riskieren. Auch ich hatte etwas versprochen: Dass ich meine Tochter befreien würde. Wie, das wusste ich noch nicht. Nur, dass es sehr bald geschehen musste.

Weihnachten in Pakistan

1986–1991

Nasima

Im Dezember 1986 flog mein Vater zum ersten Mal mit mir nach Pakistan. Ich war erst knapp vier Jahre alt und kann mich deshalb nur vage daran erinnern. Wahrscheinlich vermischen sich in meinem Gedächtnis die Erinnerungen an mehrere Reisen, denn ich fuhr fast jedes Jahr mit Papa in sein Heimatland. Für mich waren das immer tolle Erlebnisse. Ich liebte es, meinen kleinen Koffer zu packen, suchte einige Spielsachen zusammen, die ich in meinem Rucksack verstaute. Meine Babypuppe Billie und ihre Kleider mussten unbedingt mit, auch ausrangiertes Spielzeug für die Kinder dort. Ich war immer wahnsinnig aufgeregt und freute mich riesig auf die Reise. Schon die Fahrt zum Flughafen war ein Abenteuer, und ich liebte es über alles, mit dem Flugzeug in den Himmel zu steigen. Ich wollte immer am Fenster sitzen, um die Wolken anzuschauen. Später schenkten mir die Stewardessen Buntstifte und Malhefte, brachten ständig Cola und leckere Sachen zu essen, die alle einzeln verpackt waren. Es machte großen Spaß, sie aus den Folien zu wickeln, es war ein wenig wie beim Geburtstag. Die Menschen im Flugzeug waren nett zu mir, schenkten mir Süßigkeiten, oder wenn es Pakistaner waren, streichelten sie mir über den Kopf. Man konnte auch einen Film anschauen, Musik hören oder schlafen.

Es war schön, mit Papa allein zu sein. Er erzählte mir Geschichten aus seiner Heimat und von unserer Familie, nannte mir die Namen von allen Familienmitgliedern, und ich musste sagen, wer sie waren. Das Spiel dauerte lange, weil die

Familie viele Menschen zählte. Manchmal verwechselte ich einen richtigen Onkel von Papa mit einem, den man Onkel oder Bruder nannte, und Papa erklärte alles wieder von vorne. Er hatte ja Zeit, und wenn er nicht schlief oder den Film guckte, redete er mit mir. Er sprach Urdu mit mir, um mir neue Wörter beizubringen. Es machte großen Spaß, Schule zu spielen. Ich zeigte auf etwas, nannte das deutsche Wort, und Papa sagte, wie es auf Urdu heißt. Wenn jemand ihn ansprach und nach mir fragte, erzählte er, dass ich Nasima heiße und seine Tochter sei. Ich war stolz, dass er mich wie eine richtige Person vorstellte und fühlte mich schon fast erwachsen. Aber manchmal mochte ich die Leute nicht und zog mir die Decke über den Kopf oder guckte aus dem Fenster, um die Erde von oben zu betrachten. Nachts war es am schönsten zu fliegen, wegen der Lichter. Oben die Sterne und der Mond, unten die Lichter der Menschen. Wenn es sehr viele waren, flog man über eine Stadt, wenn es wenige waren, dann flog man übers Land oder über eine Straße, dann bewegten sich die Lichter, weil es Scheinwerfer waren. Wie klein alles da unten war! Und wir da oben so groß!

Beim Umsteigen mussten wir warten. Ich erinnere mich daran, wie ich auf Papas Schoß saß und ein wenig schlief, bis unser Flugzeug angekündigt wurde. In Multan war dann die Reise mit dem Flugzeug zu Ende, und ich war gespannt, wer uns diesmal abholen würde. Ich nannte die Namen aller Verwandten, und Papa lachte.

»Nasima, wenn alle kommen, brauchen wir nicht ein Auto oder einen Bus, wir brauchen hundert Autos.«

Es kamen meistens immer die Gleichen, sein Bruder Hayat und sein Onkel Khan. Sie waren zwar lieb zu mir, kümmerten sich aber nicht viel um mich, und Papa redete mit ihnen so schnell, dass ich nichts mehr verstand. Ich war müde, kuschelte mich an Papa und wachte oft erst auf, wenn wir endlich angekommen waren.

Es ist eine sehr lange Reise. Erst fährt man mit dem Bus oder mit dem Auto von Senden nach Ulm, dann mit dem Zug von Ulm bis zum Frankfurter Flughafen, dann fliegt man mit zwei oder drei verschiedenen Flugzeugen bis Multan. Dort angekommen geht es mit dem Auto nach Fatehpur und von da noch einige Kilometer bis zum Dorf meiner Großeltern, das Chack Nr. 239 heißt. Die Dörfer dort haben alle solche Nummern. Vielerorts gibt es noch kein Telefon, keinen Strom und keine Kanalisation. In diesem Dorf hat mein Vater 1997 sein neues Haus gebaut, wo ich meine letzten Jahre in Pakistan verbracht habe. Aber in den Jahren, in denen ich in den Ferien in Pakistan war, wohnten wir bei meinen Großeltern, ein ganzes Stück weit weg vom Dorf. In der Einöde, wie Mama sagt.

Die Fahrt dauerte insgesamt vielleicht 24 Stunden oder mehr. Es war sehr anstrengend, und die Zeitverschiebung brachte alles durcheinander. Das Ende der Reise war immer sehr zäh und auch langweilig, doch umso schöner war die Ankunft bei meinen Großeltern. Überhaupt fand ich es dort als kleines Kind immer ganz toll. In Senden musste ich stets auf Autos aufpassen und vorsichtig über die Straße gehen, aber bei Opa und Oma gab es gar keine Autos. Ihr Haus stand ein Stück weit weg von der Straße am Waldrand. Ich durfte überall herumrennen, und niemand schimpfte, weil ich zu laut oder zu wild war. Ich durfte tun und lassen, was ich wollte. Am besten gefielen mir die Tiere: Kühe, Ziegen, Esel und Hühner. Nur Kamele hatten meine Großeltern nicht. Papa setzte mich auf einen Esel, und der Esel musste mit mir auf dem Rücken bis ins Dorf laufen. Dort tranken wir Pepsicola, und Papa zeigte mich allen Leuten.

»Das ist Nasima, meine Tochter«, sagte er.

Ich fühlte mich so wichtig wie eine Prinzessin, nur dass ich nicht auf einem weißen Pferd saß, sondern auf einem grauen Esel, der manchmal versuchte, mich abzuwerfen. Wenn es ihm gelang, bekam er Schläge von Papa.

»Du blöder Esel, was erlaubst du dir, Nasima runterzuwerfen«, schimpfte er, »wehe, wenn du es noch einmal machst, dann schlag ich dich tot.«

Ich flehte ihn an, dem Esel nichts anzutun. Es war wieder ein Spiel, das wir zusammen spielten, er war nicht wirklich wütend. Auch mit den anderen Tieren spielte ich. Oder wenn meine Tanten Asia und Shamah da waren, zogen sie mich schön an, schminkten mir die Augen mit einem dunklen Strich und kämmten mich. Shamah war sieben Jahre älter als ich, Asia nur vier Jahre. Ich mochte Asia lieber als ihre Schwester, und wir verstanden uns gut, aber die meiste Zeit waren die beiden in Fatehpur auf der Koranschule. Sie kamen nur einmal im Monat nach Hause und natürlich in den Ferien oder wenn es eine Familienfeier gab. In der Umgebung waren keine Kinder in meinem Alter, aber manchmal kamen welche aus dem Dorf oder von anderen Höfen vorbei.

»He, Nasima, wie ist es so in Deutschland«, das wollten sie immer von mir wissen.

Die meisten kannten nur das Dorf, das Stückchen Wald und die Wüste drum herum. Sie waren gerade mal nach Fatehpur zum Basar oder zum Arzt gefahren, weiter jedoch nicht. Aber sie wollten nicht wirklich hören, wie es bei uns in Deutschland ist, oder sie konnten es sich nicht vorstellen. Sie wollten sich mit mir anfreunden, weil ich reich war. Ich hatte jede Menge Rupien dabei, die mein Vater mir gegeben hatte, und wenn wir eine Weile miteinander gespielt hatten, fragten sie, ob ich ihnen im Dorf eine Pepsi kaufe. Ich war immer einverstanden.

Einen Jungen mochte ich besonders gern. Er zeigte mir, wie man aus Kuhfladen Häuser baut, wie Knetmasse benutzte er die halb getrockneten Kuhfladen. Erst wollte ich das braune Zeug nicht anfassen, denn solange es noch feucht war, fand ich es eklig zu berühren. Später machte es mir nichts mehr aus. Die Hütte, in der wir in den Ferien wohnten, hatte mein Opa selbst aus getrocknetem Kuhdung gebaut, und wenn ein Stück Mauer bröckelte und Risse zeigte, reparierte er es, indem er frische Kuhscheiße darauf klatschte. Mama hätte geschrien, wenn sie gesehen hätte, wie ich die Hände in den Kuhfladen steckte und dreckig bis obenhin war, aber mir machte es viel Spaß, und Papa sagte gar nichts, nur manchmal, wenn ich mit Kindern spielte, die er nicht sonderlich mochte.

Nachts schlief ich immer bei meinem Vater. Wenn er nicht da war, konnte ich nicht einschlafen, weil ich Angst hatte. Im Haus war es mir zu dunkel. Meine Großeltern hatten nur eine Öllampe, sie gab nicht mehr Licht als eine Kerze, und meistens war sie draußen. Wenn jemand hinters Haus ging, weil er auf Toilette musste, nahm er die Lampe mit, um zu sehen, wo er hintrat und um sicher zu sein, dass er sich nicht auf einen Dornbusch hockte und danach den Hintern voller Stacheln hatte. Außerdem musste man darauf achten, dass man nicht auf einen Skorpion oder auf eine Schlange trat. Zu der Öllampe musste man auch die Lota mitnehmen. Das ist eine Gießkanne gefüllt mit Wasser. Wir Moslems putzen uns den Hintern mit Wasser und nicht mit Papier wie in Deutschland. Nachts ging ich nicht allein auf Toilette. Es gab im Wald streunende Hunde und Füchse, vor denen hatte ich große Angst.

Wenn die Ferien vorbei waren, sagten meine Großeltern: »Komm uns nächstes Jahr wieder besuchen, Nasima, liebes Kind«.

Sie weinten, weil Deutschland so weit weg war und wollten uns nicht fahren lassen. Sie baten Papa fast immer, noch ein bisschen zu bleiben. Bald würde ein Vetter heiraten oder jemand anderer, immer fanden sie einen Grund, warum wir unsere Ferien verlängern sollten. Mein Vater war manchmal einverstanden, manchmal auch nicht. Oft hörte ich nachts, wie er mit den Großeltern stritt, aber am nächsten Morgen waren wieder alle nett zueinander, und wenn ich fragte, warum sie gestritten hatten, antwortete er, dass ich falsch gehört oder geträumt hatte.

Bei meiner dritten Reise nach Pakistan, 1988/89, sind wir länger geblieben als sonst. Viel länger. Ich bin damals sechs Jahre alt geworden und vermisste meine Mama schon sehr. Wir haben sie angerufen, um ihr zu sagen, dass wir später kommen. Ich weinte am Telefon und wollte gar nicht mehr aufhören, mit ihr zu reden. Dann aber bin ich mit Oma, Opa, Papa und seinen Geschwistern nach Sarghoda zur Hochzeit von einem Cousin gefahren. Es war eine große, sehr schöne Hochzeit. Ich erinnere mich daran, dass das Haus, als wir ankamen, mit tausenden von winzigen Glühbirnen beleuchtet war und eine Menge Leute davor standen. Sie sangen und tanzten, der Cousin verteilte Geldscheine, oder vielleicht waren es seine Brüder, ich sah diese Verwandten an jenem Tag zum ersten Mal. Später saß der Bräutigam im Haus auf einem Stuhl mitten im Zimmer, und die Schwestern der Braut tanzten um ihn herum, bevor sie ihm Blumenmuster mit Henna auf die Hände und die Füße malten, weil das Glück bringt. Dann hängte man ihm mehrere Kränze um den Hals, die aus vielen Geldscheinen gemacht waren. Das waren lauter Hochzeitsgeschenke. Am dritten oder vierten Tag kam dann seine Braut, auch sie musste auf einem Stuhl sitzen und durfte sich die ganze Zeit nicht rühren. In ihrem goldbestickten Sari war sie so schön wie ein Filmstar, und sie trug mehr Goldschmuck, als ich je in meinem Leben gesehen hatte. Auch ich hatte neue schöne Kleider und Schuhe bekommen, war geschminkt wie die erwachsenen Frauen und tanzte die ganze Zeit mit. Es war herrlich.

Gleich danach flogen wir nach Deutschland zurück, ich hatte den Kopf noch voller bunter Bilder von der Hochzeit, als wir ankamen. In Ulm holte uns Mama ab. Sie war furchtbar zornig auf Papa.

»Es geht nicht, dass du für zwei Wochen fährst und vier Wochen bleibst, ich mache mir Sorgen, was ist das für eine Art, so was darfst du nicht machen, was erlaubst du dir, das lasse ich nicht mehr zu.«

Sie hat so heftig mit ihm geschimpft, dass er mir Leid getan hat. Dann habe ich ihr von der Hochzeit erzählt und noch auf dem Bahnsteig gezeigt, wie ich tanzen gelernt hatte. Nach wenigen Minuten besserte sich ihre Laune wieder, und sie fragte, wie es Oma, Opa und den Geschwistern von

Papa ginge. Sie erkundigte sich auch bei mir, ob er eine Freundin in Pakistan hätte. Ich antwortete, dass es allen Leuten gut ginge, und nein, Papa habe keine Freundin. Nur viele Freunde, die sehr laut reden. Noch lauter als seine deutschen Freunde. Sie musste darüber lachen, und so war alles wieder gut. Ich erzählte ihr auch von den Tieren, wie ich jeden Tag auf dem Esel reiten durfte und solche Sachen, nur nicht, dass ich mit Kuhdung gespielt hatte. Später, als wir zu Hause waren, zeigte ich ihr, wie moslimische Kinder beten, das hatte mir Nani Jan, meine liebe Oma, beigebracht.

Das Jahr darauf durfte ich nicht mit meinem Vater nach Pakistan fahren. Wir fuhren immer zu Weihnachten, aber mittlerweile war ich schon fast sieben Jahre alt und ging in die erste Klasse. Mama hatte den Lehrer gefragt, ob er mir erlaubt, eine Woche später als die anderen Kinder aus den Ferien zurückzukommen. Doch er gab nicht sein Einverständnis, und so fuhr Papa allein. Als wir ihn zum Bahnhof brachten, war ich schon traurig, aber gleichzeitig freute ich mich auch darauf, einmal Weihnachten in Senden mit Mama zu feiern. Wir kauften einen kleinen Tannenbaum, mein bislang einziger Weihnachtsbaum, zumindest der einzige, an den ich mich erinnere. Wir schmückten ihn mit bunten Kerzen und viel Glitzerzeug, darunter bauten wir eine Krippe auf wie in der Kirche, und ich sagte Mama, dass sie ein bisschen so aussieht wie das Haus meiner Großeltern mit dem Ochsen und dem Esel. Sie wollte mir nicht glauben, dass der Fußboden dort aus Erde besteht und die Wände des Hauses aus Kuhdung gebaut sind. Sie kannte das Haus nicht und hatte auch keine Lust, hinzufahren. Für sie wäre das kein Urlaub, sondern eine einzige Strapaze gewesen, sagte sie und fuhr lieber mit mir, ihrer Freundin Doris und deren Tochter Christine im Sommer nach Österreich. Papa war nie dabei, er sparte lieber das Geld für Pakistan.

Das Jahr darauf, es war der Jahreswechsel 1990/91, durfte ich wieder mitfahren.

»Zwei Wochen, keinen Tag länger«, sagte Mama noch am Ulmer Bahnhof.

Papa versprach es. Wir sind aber trotzdem fünf Wochen geblieben. In diesen Ferien hat Papa Nasrin, seine zweite Frau, geheiratet. Es war keine große Hochzeit, es wurden auch nur wenig Vorbereitungen getroffen. Ich wusste erst gar nicht, was los ist, weil mir niemand etwas sagte. Ich merkte nur, dass irgendetwas anders war als sonst, weil einige Verwandte aus Sarghoda gekommen und Opa, Oma und Hayat ziemlich beschäftigt waren. Asia und Shamah tuschelten miteinander hinter meinem Rücken, und wenn ich mich erkundigte, worüber sie sprachen, antworteten sie immer, dass ich nichts davon verstand. Ich erkundigte mich auch bei Papa, warum alle so aufgeregt waren.

»Das bildest du dir nur ein, Nasima, es ist wie immer, wenn Verwandte uns besuchen«, erklärte er mir.

Es stimmte, jedes Mal, wenn wir in Pakistan waren, gab es ein ständiges Kommen und Gehen von Besuchern, die hören wollten, wie es in Deutschland läuft und wie es uns geht. Oft kamen auch Leute, für die Papa etwas mitgebracht hatte, oder weil sie einfach nur neugierig waren zu sehen, was er für seine Eltern gekauft hatte. Die Erwachsenen hockten zusammen auf den Charpois, die Männer rauchten Wasserpfeife und tranken Tee, dabei schwatzten sie laut über Dinge, die mich nicht interessierten. Ich spielte dann mit den Kindern. Die größeren Mädchen wie meine Tanten saßen bei den Frauen oder halfen ihnen, das Essen vorzubereiten. Es gab viel zu tun: Gemüse schneiden, den Teig für Roti, unser Brot, kneten und immer wieder Wasser pumpen. Man musste sich auch um die kleineren Kinder kümmern, Babys herumtragen, damit sie nicht schrien, oder den Männern frischen Tee bringen. Dauernd riefen die Frauen Befehle an die Mädchen aus. Mich ließ man in Ruhe. Ich war kein pakistanisches Mädchen, ich musste nicht arbeiten, ich durfte tun, was ich wollte. Auch mich auf Papas Schoß kuscheln, wenn ich mir wehgetan hatte oder müde wurde.

An diesem Tag war ich aber nicht müde, eher aufgedreht. Ich spielte mit den Kindern, und diese erzählten mir etwas, was ich nicht verstand. Damals habe ich schon ein wenig Urdu gesprochen, doch noch nicht sehr gut. Wenn die Leute Dialekt sprachen, fiel es mir schwer zu begreifen, worum es ging. Die Kinder redeten absichtlich sehr schnell, um mich zu ärgern, dann bewarf ich sie mit Kuhdung oder mit Erde. Nasir, der kleine Junge, mit dem ich gern spielte, war dabei, und alle waren lustig, weil sie sich auf die Feier freuten. Auch ich war erst glücklich, bis sich die Kinder ein neues Spiel einfallen ließen. Es ging ungefähr wie »Ich sehe was, was du nicht siehst«. Sie riefen: »He, Nasima, wir kennen ein Geheimnis, das du nicht kennst, dreimal darfst du raten, was das für ein Geheimnis ist.«

Es ärgerte mich, aber ich dachte, sie spielen halt, dass ich sie fangen muss, und wenn ich mir einen von denen schnappe, verrät er mir das Geheimnis. Sobald ich näher kam, rannten sie davon und kreischten wie die Hühner, die auch so aufgeregt gackerten, wenn Onkel Hayat eins fangen wollte, um es zu töten. Zweimal gelang es mir, ein Kind zu erwischen.

»Sag es ihr«, riefen manche Kinder, »nein, nein, sag es ihr nicht«, riefen die anderen.

Einige zerrten an meiner Kleidung oder klatschten mir auf den Rücken, damit ich das Kind, das ich festhielt, losließ, so konnten sich die zwei befreien. Es war ein dummes Spiel, ich mochte es nicht mehr, hatte nicht mal mehr Lust, das Geheimnis zu erfahren und fand es gemein, dass alle zusammen gegen mich waren. Außerdem fand ich die Herumrennerei ermüdend. So hockte ich mich einfach in den Sand, um Luft zu holen. Die anderen Kinder setzten sich auch hin, aber ein Stück weiter, sie hielten Abstand zu mir, weil ich sehr groß war, größer als die meisten, und stärker war ich auch. Wenn sie sich nicht gegen mich verbündet hätten, wäre es für mich leicht gewesen, jeden Einzelnen zu besiegen. Nur Nasir hockte sich mir gegenüber. Ich wollte aber nicht mit ihm sprechen, weil ich mich über ihn geärgert hatte, und bewarf ihn mit einer Hand voll Sand.

»Geh weg«, sagte ich, »ich spiele nicht mehr mit dir, hast du verstanden?«

»Oh, Nasima«, sagte er, »bitte sei mir nicht böse, es ist nicht meine Schuld, dein Papa erlaubt nicht, dass wir dir die Wahrheit sagen. Er reißt mir den Kopf ab, wenn er sieht, dass ich mit dir rede, er hat gedroht, jedem den Kopf abzureißen, der dir auch nur ein Wort erzählt.«

Er beugte sich zu mir, sodass sein Kopf ganz nah bei meinem war und flüsterte mir zu, dass wir uns hinter dem Kuhstall verstecken sollten, wo uns keiner sieht. Dort würde er mir das Geheimnis verraten.

»Ach, du redest nur so, um dich mit mir zu vertragen«, antwortete ich, »du erfindest Geschichten, um dich wichtig zu machen, lass mich doch in Ruhe mit deinem Quatsch, sonst gehe ich zu meinem Papa und frage ihn selbst, was das ist, dieses große Geheimnis, von dem ihr alle redet, und wenn du gelogen hast, reißt er dir wirklich den Kopf ab und gibt ihn den wilden Hunden zu fressen.«

Plötzlich sprangen die Kinder auf und rannten alle hinunter. Von dort, wo wir waren, sah man eine große Staubwolke, das waren mehrere Autos, die auf der Straße zu unserem Hof fuhren.

»Warum kommen so viele Autos zu uns«, fragte ich Nasir. »Sag es mir sofort, sonst rede ich nie mehr mit dir.«

Ich habe seine Antwort nicht abgewartet, sondern bin selbst hinuntergerannt, um zu schauen, was los war. Papa stand mitten auf dem Weg, er hat mich gefangen.

»Wo bist du gewesen, ich suche die ganze Zeit nach dir«, sagte er, »wir müssen los, komm schon.«

Ich wollte aber nicht weg.

»Bitte, Papa, was ist hier los, warum kommen die Leute alle zu uns, was ist das für ein Fest«, fragte ich.

Er wurde auf einmal ziemlich zornig und wollte wissen, was mir die Kinder erzählt hatten.

»Gar nichts«, antwortete ich, »nur dass es ein großes Geheimnis gibt, das ich nicht erfahren darf. Bitte, Papa, sag mir, was das für ein Geheimnis ist.«

Papa lachte. »Es gibt gar kein Geheimnis, Nasima, die Kinder haben dich angelogen, sie wollten nur einen Spaß mit dir treiben, du darfst nicht auf sie hören, sie lügen die ganze Zeit, diese zerlumpten Märchenerzähler.«

Er nahm meine Hand und zerrte mich den Hügel hinauf. Ich zerrte in die andere Richtung.

»Papa, wohin willst du denn? Ich mag nicht laufen, ich hab Hunger und Durst, und ich bin müde. Bei Opa und Oma wird ein Fest gefeiert, warum bleiben wir nicht da?«

»Es gibt gar kein Fest«, antwortete er, »die Leute gehen gleich wieder, sie machen nur eine kleine Pause bei deinen Großeltern, weil sie einen langen Weg vor sich haben. Mach jetzt kein Theater, das macht mich sehr wütend, wir sind schon viel zu spät. Beeil dich. Schneller, Nasima, schneller.«

Er zerrte so an meiner Hand, dass er mir wehtat. Ich fing an zu weinen, schluckte aber meine Tränen hinunter, um Papa nicht noch mehr zu verärgern. Als wir ein ganzes Stück bergauf gelaufen und weit weg vom Hof waren, blieb er stehen und zeigte mir einen Baum auf dem Hügel.

»Siehst du, Nasima, wir sind gleich da, bei dem Baum ist ein Haus, das gehört sehr guten Freunden von mir«, erklärte er, »sie wollen dich kennen lernen, bei ihnen wirst du den Tag verbringen, und am Abend hol ich dich wieder ab.«

Ich musste ihm versprechen, dass ich brav sein würde, dass ich ihm keine Schande machen würde, also weder weinen noch schreien noch weglaufen. Es war nicht das erste Mal, dass er mich zu fremden Leuten brachte, immer sagte er, dass sie mich kennen lernen wollten, meistens blieb er auch da, oder wenn er wegging, war es nur für kurze Zeit, für eine Stunde oder zwei. Er sagte, dass er Geschäfte zu erledigen hatte, aber das stimmte nicht. Ich wusste schon, was er tat, jeder wusste es: Er ging mit seinen Freunden in eine Hütte, wo sie niemand sah, um dort zu trinken. Alkohol. Er brachte

Schnaps oder Whisky aus Deutschland mit, in einer großen Lenorflasche versteckt, weil man in Pakistan keinen kaufen durfte.

Die Leute in der Hütte waren alt und sehr arm, noch ärmer als meine Großeltern. Ihre Kleider waren schmutzig und hingen in Fetzen. Als sie uns begrüßten, erkannte ich den Mann, den ich schon mehrmals bei meinen Großeltern gesehen hatte. Wenn er mit seinem Esel und seinem Karren in die Stadt fuhr, hielt er oft bei uns an und schwatzte ein wenig mit meinem Opa. Die Frau kannte ich nicht. Sie gab mir einen Becher Lassi zu trinken.

»Nicht wahr, Nasima, du bleibst heute bei uns«, sagte sie, »gleich gibt es etwas zu essen.«

Papa wiederholte, dass er mich am Abend holen würde, und weg war er. Es gefiel mir dort überhaupt nicht, das Essen schmeckte nicht, die Leute redeten kaum mit mir, nur untereinander und in einem Dialekt, den ich nicht gut verstand, dabei blickten sie mich komisch an. Ich langweilte mich so sehr, dass ich irgendwann eingeschlafen bin.

Als ich wach werde, ist es drei oder vier Uhr am Nachmittag, und ich höre Musik in der Ferne. Sie kommt eindeutig aus unserem Hof.

»Was ist denn da los«, frage ich die Frau, »ist jemand bei uns, der Musik macht? Gibt es doch ein Fest?«

Sie antwortet, dass es kein Fest gibt, aber in diesem Moment sehe ich sehr wohl, dass sie lügt, weil sie mir nicht in die Augen schaut. Ich mag keine Sekunde länger da bleiben. Sie und ihr Mann versuchen mich festzuhalten, ich weiche ihnen aus und bin schon weg.

»Nasima, das darfst du nicht, du hast es deinem Vater versprochen, dein Papa wird böse sein, wenn du wegläufst«, rufen sie mir hinterher.

Ich glaube ihnen nicht. Mein Vater liebt mich, sicher hat er nicht gewusst, dass es ein Fest gibt, er hat sich geirrt, sonst hätte er mich nicht weggebracht. Er will immer, dass ich mich mit den anderen amüsiere, warum hätte er mich von dem Fest fernhalten wollen? Wie eine Bergziege renne ich den Hügel hinab. Die Musik wird immer lauter, der Wind trägt den Duft von gebratenem Fleisch zu meiner Nase, es riecht, als würde man ein ganzes Schaf am Spieß in unserem Hof braten. Von weitem sehe ich die bunten Kleider der Frauen und ziemlich viele Leute. Als ich näher komme, erkenne ich die meisten von ihnen, doch nicht alle. Ich suche nach meinem Papa, sehe ihn nirgends, und plötzlich, mitten im Gedränge, greift Oma nach mir.

»Du bist schmutzig und voller Staub, komm mit mir, Nasima, du musst unbedingt etwas anderes anziehen.«

Sie wäscht mir Gesicht und Hände und zieht mir mein schönstes Kleid an. Ich soll zu den Frauen gehen und bei ihnen bleiben.

»Du darfst mit ihnen tanzen«, sagt sie.

Ich liebe es zu tanzen, aber ich bin auch neugierig und will wissen, was gefeiert wird. Ein ganzes Schaf und richtige Musiker hat es noch nie gegeben, seit ich nach Pakistan komme, bei Verwandten schon, doch nicht bei uns.

»Nani Jan, liebe Oma, bitte sag mir, warum alle Leute gekommen sind, was feiern sie denn? Ist es vielleicht das Id-Fest?«

»Aber nein, Nasima, das Id-Fest wird am Ende vom Ramadan gefeiert«, erklärt mir die Oma, »es war doch nicht Ramadan. Wir feiern die Hochzeit von deinem Onkel Hayat«.

Damit bin ich erstmal zufrieden, obwohl Oma komisch schaut. Ich wundere mich nur, wo mein Papa ist.

»Irgendwo, mittendrin, du findest ihn noch früh genug«, antwortet Oma Shara.

In der Tat. Als ich ihn sehe, sitzt er auf einem Stuhl mit einem Blumenkranz um den Hals, seine Hände sind mit Henna bemalt. Ich verstehe sofort, dass es seine Hochzeit ist, die gefeiert wird, und nicht die von Onkel Hayat. Papa tut so, als sei alles ganz normal und als würde er sich freuen, mich zu sehen.

»Ach, Nasima, meine Tochter, wie schön, dass du den Weg allein zurückgefunden hast, so brauche ich dich nicht zu holen, ich wollte gerade los, komm her zu mir ...«

Ich weiß, dass er nicht die Wahrheit sagt. Er hätte mich nicht geholt. Es passt ihm nicht, dass ich dabei bin, ich merke es schon. Neben ihm sitzt eine Frau, die mich freundlich anlächelt. Auch sie ist mit Blumen behängt, und ihre Hände sind auch mit Henna bemalt.

»Wer ist sie«, frage ich, »warum sitzt sie auf dem Stuhl neben dir?«

Papa antwortet, sie sei die Frau von Onkel Hayat. Es klingt so falsch aus seinem Mund, dass ich mich umdrehe und weggehe.

Ich bin traurig, verwirrt und ganz durcheinander. Wieso heiratet mein Vater, wenn er schon mit meiner Mutter verheiratet ist? Das verstehe ich nicht. Auf dem Fest gibt es niemanden, mit dem ich darüber reden kann. Wenn ich Fragen stelle, erhalte ich als einzige Antwort, dass ich nicht so viel fragen soll, weil die Dinge halt so sind, weil es in Pakistan anders als in Deutschland ist, und wenn ich trotzdem frage, warum man zum Beispiel in Deutschland mit der Gabel und in Pakistan mit der rechten Hand essen muss, dann sind die Leute verärgert und sagen, dass mir die Zunge von den vielen Fragen abfallen wird oder dass man mich schlagen muss, damit ich aufhöre, dumme Fragen zu stellen.

Diese Hochzeit findet am 29. Januar 1991 statt, ich bin gerade sieben Jahre alt geworden, und mit sieben mag ich nicht über die Heirat meines Vaters nachdenken. Ich bin in erster Linie verletzt, weil er und die anderen mich angelogen haben, weil sie mich vom Fest fernhalten wollten. So stelle ich keine weiteren Fragen mehr, sondern gehe zu Asia, die gleich mit mir anfängt zu tanzen. Wir tanzen so wild, bis wir außer Atem sind und nicht mehr können, das macht uns großen Spaß. Später schlage ich mir den Bauch voll mit all den schönen Speisen. Es gibt fast so viel zu essen wie zwei Jahre zuvor auf der Hochzeit von meinem Cousin in Sarghoda. Auf

Teppichen liegen mehr Teller als man zählen kann, und alle sind mit Köstlichkeiten gefüllt und schön dekoriert. Sobald ein Teller leer wird, nimmt ihn eine Frau weg und bringt einen vollen zurück. Es gibt Fleisch und viele verschiedene Saucen, eingelegte scharfe Pickles und Salate, Joghurtsuppen und einen königlichen Reis mit Safran und dünnen Tomatenstreifen, der aussieht wie ein Mosaik. Er schmeckt so gut, dass ich nicht aufhören kann zu essen. Dann gibt es noch Süßigkeiten, und ich muss jede einzelne probieren, weil sie so hübsch aussehen. Am besten schmeckt mir eine Art Pudding und ein Gebäck voller Honig, der die Hände ganz klebrig macht.

Es sind Musiker da, die Leute sind alle gut gelaunt und lieb zu mir. Ich denke nicht mehr über meinen Papa nach, nur manchmal, wenn ich ihn wieder sehe, wie er neben Nasrin auf dem Stuhl sitzt, aber ich vermeide es, dorthin zu schauen. Später am Abend wird es ruhiger, nach und nach gehen die meisten Gäste, es bleiben nur noch wenige da. Ich bin sehr müde, gehe zu meinem Vater und sage ihm, dass er mich ins Bett bringen soll.

»Ach, Muhztfahr, heute hast du geheiratet, und dann schläfst du bei deiner Tochter«, sagt einer seiner Freunde, »Nasrin wird wohl die Nacht allein verbringen müssen, oder sollen wir ihr Gesellschaft leisten?«

Alle lachen, nur mein Papa scheint das gar nicht lustig zu finden. Oma sagt, dass sie mich ins Bett bringt, aber ich bestehe darauf, dass mein Vater mitkommt, obwohl ich sehe, dass es ihm nicht passt. Er schimpft ein wenig, geht aber doch mit mir in das Zimmer, in dem wir immer schlafen. Wir legen uns nebeneinander hin, und ich schlafe sofort ein. Nicht ganz. Im Halbschlaf höre ich meinen Vater und meine Oma reden, merke, dass man mich hochhebt und woanders hinbringt; ich schlafe einfach weiter. In dieser Nacht ist es unruhig auf dem Hof, ich wache mehrmals auf, mein Vater liegt nicht bei mir. Ich bin im anderen Zimmer, in dem sonst Oma, Asia und Shamah zusammen übernachten, aber es ist außer mir keiner da. Morgens liege ich lange wach und weine, weil ich allein bin, dann kommt die Oma.

»Hör auf zu weinen, Kind, geh dich waschen und zieh dich an. Ich schau nach, wo dein Papa ist.«

Ich höre, wie sie ins andere Zimmer geht und ihn weckt.

»Nasima ist schon wach, komm, mein Sohn, beeil dich, geh zu den Kühen, ich sage ihr, dass du bei den Kühen bist.«

Zehn Minuten später finde ich ihn tatsächlich bei den Kühen, obwohl er sich nie um die Kühe kümmert, und er lügt mich schon wieder an. Er behauptet, dass er die ganze Nacht bei mir verbracht hat und nur kurz vor mir aufgestanden ist, weil eine unserer Ziegen geschrien hat. Wo er wirklich gewesen ist, das weiß ich nicht, aber ich kann es mir schon denken. Bei Nasrin.

In all den Jahren, die ich in Pakistan verbracht habe, war ich auf vielen Hochzeiten. Je reicher und angesehener die Menschen sind, die heiraten, desto länger dauern die Feierlichkeiten. Drei Tage sind üblich, manchmal zieht es sich noch viel länger hin. An die Hochzeit meines Vaters kann ich mich nur undeutlich erinnern. Vage weiß ich noch, wie ich mit einer ganzen Schar von Leuten ins Dorf gelaufen bin, um bei der Moschee Wasser zu holen. Das heilige Wasser trugen wir in mehreren großen Kübeln zurück zum Hof der Großeltern. Mein Vater musste darin baden, um sich zu reinigen, aber davon habe ich nichts mitbekommen, weil nur Männer bei dieser Zeremonie dabei sein dürfen. Ich kann mich gar nicht daran erinnern, ob Frauen zu uns gekommen sind und um ihn herum getanzt haben, bevor sie seine Hände mit Henna bemalt haben. Die Ankunft von Nasrin habe ich auch verpasst.

Als ich hinzukam, war sie schon da. Wenn ich jetzt als Erwachsene darüber nachdenke, ist mein Gedächtnis wie ein Sandsturm von Gefühlen, Farben und Gerüchen, die durcheinander gewirbelt werden. Ich sehe viele Frauen in bunten Saris und sehr schönen Shalwar-Kamiz, ich höre die Musik, es ist sehr laut, und mittendrin sehe ich immer wieder meinen Vater neben Nasrin sitzen, jeder auf einem Stuhl, unter einem kleinen Zeltdach, diese Blumen um den Hals und die Hennaverzierungen auf den Händen. Der Hof ist voller Menschen, überall wird Essen gekocht und serviert, überall steht Tee, überall sind Blumen, echte und künstliche Blumen, es gibt viele Kerzen und Öllampen, und es duftet sehr stark nach Jasmin. Ich sehe auch einige Tänzerinnen, die ich sehr schön finde, ich darf mit ihnen tanzen. Es sind halb Frauen, halb Männer, die ihr Geld damit verdienen, auf Hochzeiten zu tanzen. Die männlichen Zuschauer stecken ihnen Scheine in die Kleidung.

Ich war erst sieben Jahre alt, ich bin mir nicht sicher, ob alles wirklich so war, wie ich es erzähle, oder ob sich Erinnerungen aus anderen Hochzeiten in die meines Vaters hineinmischen. Ich sehe viele Frauen, die einander berühren und sich schön machen, die sich Haare zupfen und mit Öl massieren, ich sehe, wie sie sich ständig umziehen, um alle bestickten Kleider zu zeigen, die sie besitzen. Sie führen ihren ganzen Goldschmuck vor, bewundern einander und schnattern alle gleichzeitig. In diesen Erinnerungen schreie ich sehr laut dazwischen, damit man mich hört, ich schreie nach meinem Vater, weil ich ihm sagen will, dass wir unbedingt Mama anrufen und ihr von dem schönen Fest erzählen müssen, aber er hört mich nicht, oder es sind Leute da, die sich zwischen uns stellen, sodass ich gar nicht bis zu ihm durchkommen kann. Vielleicht ist das auch ein Traum und gar keine Erinnerung.

Später ist niemand mehr da. Nur noch Oma, Opa, mein Vater und ich. Alle Leute sind nach Hause gefahren. Nasrin ist ebenfalls fort, ich höre, dass sie mit ihren Eltern zurück nach Fatehpur gegangen ist. Ich bin froh darüber. So schlafe ich die nächste Nacht wieder bei meinem Vater. Die übernächste aber nicht mehr, weil Nasrin wieder da ist. Ihre Eltern haben sie zu Papa gebracht, oder er hat sie bei ihnen selbst abgeholt. Sie ist lieb zu mir, fragt, ob sie mir die Haare waschen und schön frisieren darf. Erst sage ich nein, weil ich sie nicht so gut kenne und nicht weiß, ob ich sie mag. Sie bedrängt mich nicht, sagt nur, dass es schade wäre.

»Aber das macht nichts, Nasima, nächstes Mal, wenn du nach Pakistan kommst, werden wir genug Zeit haben, einander kennen zu lernen und Freundinnen zu werden«, so spricht sie zu mir.

Papa und ich müssen nämlich schnell packen, um nach Deutschland zurückzukehren, weil die Schule längst wieder ohne mich angefangen hat. Nasrin hilft uns und schenkt mir zum Abschied einen orangenen Shalwar-Kamiz und hochhackige Schuhe. Am Schluss fährt uns ihr Bruder zum Flughafen, sie kommt auch mit nach Multan, begleitet uns, bis sie nicht weiter gehen darf. Da hebt sie mich hoch, küsst mich und sagt, dass sie mich schon wie ihre eigene Tochter liebt.

Ich habe es eilig, endlich mit Papa allein zu sein.

»Ich habe deine Mama angerufen, um ihr zu sagen, wann wir kommen«, sagt mir Papa, als das Flugzeug schon gestartet ist, »sie war wütend, weil wir zu spät sind, aber ich habe erklärt, dass wir wegen der Hochzeit von Onkel Hayat bleiben mussten.«

»Ja, aber«, sage ich, »das stimmt doch nicht, du hast doch Nasrin geheiratet, das habe ich doch gesehen, ich war dabei. Warum erzählst du, dass sie die Frau von Onkel Hayat ist, wenn sie deine Frau ist?«

Papa antwortet nicht. Ich blicke zu ihm rüber und sehe, dass er weint.

»Wenn deine Mama hört, dass ich eine andere Frau geheiratet habe, wirft sie mich raus«, sagt er. »Sie setzt mich vor die Tür, mit all meinen Sachen. Hör zu, Nasima, du darfst ihr kein Wort davon erzählen, sonst siehst du deinen Papa nie wieder, hast du verstanden?«

So redet er auf mich ein, den ganzen Flug zurück. Ich freue mich gar nicht mehr auf Deutschland und muss auch weinen. Ich bin sieben Jahre alt, dieses Geheimnis ist zu groß und schwer für mich. Ich habe Angst, meinen Papa zu verraten. Ich habe Angst, weil ich meine Mama anlügen muss. Wer lügt, kommt in die Hölle, ich will nicht in die Hölle, ich will nicht lügen, will aber auch meinen Papa nicht verraten. Ich weiß nicht, was ich tun soll. Meine Mama darf ihn nicht vor die Tür setzen. Ich bin allein, stehe zwischen meinem Vater und meiner Mutter. Wenn ich rede, ist er böse auf mich, und ich verliere ihn.

»Du musst schweigen«, sagt er. »Du darfst kein Wort über Nasrin sagen. Versprich mir, dass du kein Wort sagst.«

Ich verspreche es, was bleibt mir anderes übrig? Aber als Mama uns in Ulm am Bahnhof abholt, kann ich ihr nicht in die Augen schauen.

Vater, Mutter, Kind

1991–1992

Maria

Als Muhztfahr Anfang Februar 1991 aus Frankfurt anrief, um mir zu sagen, wann ich ihn und Nasima in Ulm vom Bahnhof abholen sollte, fiel mir ein Riesenstein vom Herzen. Endlich kamen sie zurück! Ich war so froh, sie wiederzusehen! Diesmal waren sie fünf lange Wochen weggeblieben, und ich hatte mir schon Sorgen gemacht, doch weniger um Nasima, als um die Gesundheit meines Mannes. Anfang Januar hatte er von Fatehpur aus angerufen.

»Maria, es geht mir sehr schlecht, ich habe Durchfall und Fieber, ich war erst beim Doktor, dann eben im Krankenhaus, die haben mich für zwei Wochen krankgeschrieben, wir können jetzt nicht zurückfliegen, weil ich zu schwach bin.«

Ich war voller Mitleid gewesen. »Ja, pass auf dich auf, schau, dass du wirklich wieder gesund wirst, und bist du sicher, dass du bei einem guten Arzt warst? Bei einem richtigen Arzt?«

Es beruhigte mich zu hören, dass ein amerikanischer Arzt ihn untersucht und ihm Medikamente gegeben hatte, es beruhigte mich auch zu erfahren, dass seine Krankheit nicht ansteckend war.

»Ich habe bei Freunden verdorbenes Fleisch gegessen«, erklärte er, »Nasima war an dem Tag nicht dabei, sie hat nichts davon gegessen, ihr geht es sehr gut, und sie lässt dich grüßen.«

Ich war enttäuscht, dass er sie nicht mit zum Telefonieren genommen hatte, wunderte mich auch darüber, aber dafür hatte er eine Erklärung parat, nämlich dass kleine Kinder nicht mit ins Krankenhaus durften. Ich sah es ein. Im Nachhinein ist mir klar, dass er sie auf keinen Fall dabei haben wollte, während er mir seine Lügengeschichten mit sterbenskranker Stimme ins Telefon säuselte.

Später rief er noch mal an. Es ging ihm etwas besser, aber noch nicht gut genug, jetzt hatte er noch Schmerzen im Unterleib und machte sich Sorgen um seine Potenz.

»Frag deinen Doktor, was das ist«, sagte ich, »vielleicht weiß er, was dir fehlt. Aber hör zu, Muhztfahr, Nasima gehört längst zurück in die Schule, wir kriegen eh schon Ärger mit dem Lehrer. Schau, dass ihr beide so schnell wie möglich zurückkommt, dann kannst du in Ulm zum Urologen gehen, wenn du noch Schmerzen hast.«

Ob er tatsächlich krank war? Vielleicht hatte er eher Angst, bei seiner zweiten Frau nicht zu bestehen! Zu diesem Zeitpunkt muss er mit den Vorbereitungen für seine Hochzeit voll beschäftigt gewesen sein! Bestimmt stand der Termin schon fest, bevor er nach Pakistan flog, vielleicht wurde er sogar schon ein Jahr im Voraus festgesetzt, als mein Mann allein dort war. Für eine traditionelle Hochzeit sagt der Imam, so nennt man den Priester dort, welches Datum besonders günstig ist und dem jungen Paar Glück bringt, vielleicht hat Oma Shara den Imam konsultiert. Ich glaube kaum, dass Muhztfahr selbst es getan hätte. Er war nicht besonders gläubig, zumindest habe ich ihn hier nie beten gesehen, und in die Moschee ging er auch nicht.

Alles, was ich über seine Hochzeit weiß, erfuhr ich viel später. Zum Teil von Nasima, zum Teil von ihm. Mein erster Gedanke war, dass diese Ehe von den Eltern arrangiert wurde und schon seit der Kindheit geplant war, wie es in solchen Ländern noch üblich ist. Wenn das der Fall gewesen wäre, hätte ich mich vielleicht ein kleines bisschen weniger von ihm hintergangen gefühlt. Es wäre zwar keine Entschuldigung für sein Verhalten, auch kein Grund, ihm zu verzeihen, doch ein winzig kleiner Trost. Eine Erklärung, dass er nicht anders konnte, dass er gezwungen wurde, so zu handeln.

Aber es stimmte nicht. Die Ehe war nicht arrangiert, er wurde von niemandem gezwungen, ein zweites Mal zu heiraten. Nasima hat mir erzählt, wie er seine zweite Frau kennen gelernt hat, es war bei einem seiner angeblichen Ferienaufenthalte in Pakistan. Damals arbeitete er schon als Taxifahrer, sie war Lehrerin in seinem Dorf, lebte aber mit ihren Eltern in der Stadt Fatehpur. Eines Tages stieg sie vorne zu ihm in sein Sammeltaxi ein und saß neben ihm, so ist es passiert. Einen ganzen Monat fuhr er sie morgens und abends durch die Gegend.

Es kann durchaus sein, dass sie schon vorher ein Auge auf ihn geworfen hatte. Er war eine gute Partie. Ein attraktiver Mann, der in Deutschland arbeitete und gut verdiente, der Besitzer einer Orangenplantage und dann noch sein Taxiunternehmen! Das ist bloß eine Vermutung, genau weiß ich es nicht, mit meinem Mann habe ich kaum darüber gesprochen, ich werde ihn nicht danach fragen. Was hätte ich davon, wenn ich erfahren würde, dass sie, die Zweitfrau, ihn um ihren kleinen Finger gewickelt hat? Nasima sagt, dass Nasrin eine Hexe ist. Ich kenne sie nicht, ich habe sie bewusst nie gesehen, zumindest nicht so, dass ich ihr in die Augen schauen konnte, um zu erfahren, was für eine Sorte Mensch sie ist. Fest steht, dass sie die letzten Jahre zu meiner Tochter gemein war und sie wie eine Sklavin behandelt hat, und das ist schon schlimm genug.

Für mich steht noch eins fest: Was mein Mann getan hat, hat er freiwillig getan. Als er sich eine zweite Frau aussuchte, nahm das Schicksal seinen Lauf.

Ich gehöre zu den Leuten, die immer verstehen möchten, warum jemand so oder so handelt. Wenn ich begreifen könnte, warum Muhztfahr eine Entscheidung getroffen hat, die nur Unglück über uns brachte und drei Leben nahezu vollständig zerstörte, dann ginge es mir etwas besser. Das bilde ich mir zumindest ein. Diese Fragen beschäftigen mich permanent. Die Antworten werde ich wohl nie bekommen. Es gibt Tage, an welchen ich ihn verdächtige, mich vom ersten

Augenblick an angelogen und betrogen zu haben. Dann denke ich, dass er mich nie wirklich geliebt hat, und das tut sehr weh.

Im Jahr 1991 war ich noch sehr naiv. Ich wusste von nichts, ahnte nichts und glaubte, bei uns sei alles in bester Ordnung. Ich rief in der Firma an, in der Muhztfahr arbeitete, einem Karosseriebaubetrieb, verlangte den Chef und erklärte ihm, dass mein Mann einen Magen-Darm-Infekt hatte und im Krankenhaus in seiner Heimat lag. Sein Chef war nicht erbaut. Er meinte, das sei bloß ein Trick von Muhztfahr, der seine Ferien verlängern wollte. Ich warf mich ins Zeug, um meinen Mann zu verteidigen.

»Hören Sie«, sagte ich zu ihm, »mein Mann ist nicht so, Sie hätten seine Stimme am Telefon hören sollen, dann würden Sie so etwas nicht behaupten. Eine Krankmeldung hat er ja auch, nur dass es keinen Sinn hat, sie per Post zu schicken. Bis der Brief ankommt, ist Muhztfahr längst wieder da.«

Das war, was ich selbst glaubte. Was ich unbedingt glauben wollte.

Muhztfahr hatte in dieser Firma den Beruf als Lackierer gelernt und war ein guter Arbeiter, zuverlässig, genau und sauber, sein Chef mochte ihn, doch er war misstrauischer als ich.

»Frau Nazar«, sagte er, »Ihr Mann ist nicht der erste Pakistaner, der für mich arbeitet, da unten laufen die Uhren anders als hier, verstehen Sie, was ich meine?«

»Schon«, antwortete ich, »es kann schon sein, dass Sie bei anderen Recht haben, aber bei meinem Mann nicht. Er ist wirklich krank.«

Ich habe ihn verteidigt. Nicht nur bei seinem Chef, auch bei anderen Leuten, die ihn weniger mochten. Sobald jemand meinte, ich sollte bei ihm aufpassen, er sei kein Unschuldsengel, ging ich in die Defensive. Wenn man ihn kritisierte, witterte ich dahinter jene Intoleranz, die die Menschen hier haben, sobald einer dunkelhäutig ist. Ich hörte nicht richtig hin, überlegte nicht, ob vielleicht etwas an der Kritik dran war. Dass er kein Unschuldsengel war, das wusste ich zur Genüge. Er hatte Talent, alles schönzureden, blickte mit seinen großen Kulleraugen ganz traurig, wenn er bei mir etwas erreichen wollte, und meist schaffte er es, mich zu erweichen. Darüber ärgerte ich mich oft, aber ich wollte es nicht von anderen Leuten hören.

Bald kam wieder ein Anruf von Muhztfahr und er kündigte an, dass sie am übernächsten Tag in Deutschland eintreffen würden. Es war Anfang Februar 1991, er hatte am 29. Januar geheiratet!

Meine Freundin Hanne fuhr mich zum Bahnhof.

»Du weißt, dass ich den Muhztfahr gern mag«, sagte sie beim Einparken, »aber an deiner Stelle würde ich die Kleine fragen, was er da unten treibt. Nur so, sicherheitshalber. Es schadet nicht, sich zu erkundigen.«

»Das tu ich sowieso. Und ich werde mir auch seine Sachen genau anschauen. Wenn ich Lippenstiftspuren auf seinem Hemdkragen finde, kann er was erleben«, erwiderte ich, halb ernst, halb im Scherz. »Wer weiß, vielleicht hat er sich in Pakistan ein Mädchen angelacht und bleibt deswegen so lange weg!«

Ich stieg aus dem Auto. Entweder wir waren zu spät oder er hatte mir die falsche Uhrzeit genannt, auf alle Fälle standen die beiden schon fröstelnd vor dem Bahnhof. Sie sahen ein wenig wie bestellt und nicht abgeholt aus.

»Nasima«, rief ich und rannte auf sie zu.

Beinahe wäre ich auf dem spiegelglatten Boden ausgerutscht, so eilig hatte ich es, meine Kleine in die Arme zu nehmen, fing mich in letzter Sekunde, drückte Nasima ganz fest an mich und begrüßte meinen Mann über ihre Schulter hinweg. Nicht so überschwänglich, es war mir nicht danach, einen Rest Groll gegen ihn verspürte ich schon noch, und außerdem mochte er es eh nicht, in der Öffentlichkeit angefasst oder geküsst zu werden.

»Hallo, Maria«, sagte er, »wie geht es dir?«

»Gut«, antwortete ich, »und dir?«

Krank sah er nicht aus. Aber mir war gleich der Flachmann in seiner Hand aufgefallen. Ich war ein wenig schockiert, denn ich hatte meinen Mann noch nie Schnaps trinken gesehen. Bier schon, aber Schnaps nicht. Vielleicht versuchte er, sich damit aufzuwärmen. Auch Nasima fror erbärmlich. Während ich sie küsste und an mich drückte, zitterte sie vor Kälte. Sie hatte kaum etwas an, trug nur ein dünnes pakistanisches orangenes Baumwollkleidchen, darüber einen lilafarbenen Anorak mit Punkten darauf. Außerdem stand meine Kleine barfuß in viel zu großen hochhackigen Schuhen! Ihren Wintermantel hatte ich zum Bahnhof mitnehmen wollen, aber vor lauter Aufregung hatte ich ihn in der Diele hängen lassen, so zog ich meine gefütterte Jeansjacke aus und legte sie ihr über die Schultern.

»Schnell, schnell, ins Auto, mein Schatz, lauf schnell zu Hanne ins Auto, dort ist es schön warm. Ich komme mit Papa nach, geh schon, aber sei vorsichtig, es ist glatt.«

Viel Gepäck hatten sie nicht dabei. Zwei Koffer und eine Reisetasche.

»Seit wann trinkst du denn Schnaps?«, fragte ich meinen Mann, als wir das Gepäck im Auto verstauten. »Ich dachte, bei euch Moslems ist Alkohol verboten.«

Darauf antwortete er nicht. Er zeigte auf einen Koffer. »Darin ist ein Geschenk für dich, Maria.«

»Danke«, sagte ich, »vielen Dank. Und apropos Geschenke, habt ihr Nasimas Geburtstag anständig gefeiert?«

Ich wusste, dass sie es nicht getan hatten, weil sie bei ihm zu Hause Geburtstage nicht feiern. Zum Teil wissen sie nicht einmal, an welchem Tag sie geboren sind, das ist ihnen einfach nicht wichtig. Nasima war bestimmt enorm enttäuscht gewesen, weil sie diesmal unbedingt rechtzeitig zurück sein wollte, sie hatte nämlich schon vor den Ferien einige Schulfreundinnen eingeladen und wollte einen richtigen Kindergeburtstag veranstalten. Wir hatten lange darüber diskutiert, weil sie am liebsten zu McDonald's gegangen wäre und ich lieber zu Hause feiern wollte, mit Kuchen, Kerzen und Topfschlagen. Schließlich hatte ich nachgegeben. Ihre Freundinnen Tanja, Nicole, Manuela und Marion hatten schon angerufen und sich erkundigt, wann Nasima heimkäme und ob der Geburtstag nachgeholt würde.

»Aber sicher«, hatte ich geantwortet. »Sobald sie wieder da ist, feiern wir nach. Ihre Geschenke werde ich doch nicht für nächstes Jahr aufheben! Wollt ihr wissen, was sie bekommt? Ein nagelneues Fahrrad. Ein grünes Mountainbike!«

Das Fahrrad hatte ich gekauft, während sie weg war. Es wartete auf sie im Wohnzimmer, an die Couch gelehnt, mit einer riesigen roten Schleife. Auf dem Gepäckträger war ein anderes Päckchen festgeklemmt, darin war ein Kapuzenpulli mit einer silber Mickeymaus. An der Lenkstange hing noch ein Päckchen: ihre erste Uhr mit einem Bären, der die Farbe wechselte, wenn man sie in die Sonne hielt.

Im Auto hatte ich endlich die Gelegenheit, Nasima richtig anzuschauen. Sie hatte eine schöne Gesichtsfarbe, man merkte ihr gleich an, dass sie viel draußen gewesen war. Aber sie sah sehr müde aus, was kein Wunder war nach der langen Reise, und war gar nicht so gesprächig wie sonst. Ich hoffte, dass sie sich nicht erkältet hatte.

»Was du brauchst, mein Kind, das ist ein heißes Bad«, sagte ich zu ihr. »Kann es sein, dass du nach Kuh riechst?«

Sie lachte. Es war eines unserer Rituale beim Heimkommen: ein Bad mit ganz viel Schaum, in dem sie Stunden verbrachte. Danach gab es ihr Lieblingsessen, Kartoffelbrei mit Tomatensauce, später kuschelten wir miteinander auf ihrem Bett und erzählten ohne Punkt und Komma, bis sie einschlief.

Hanne hielt vor dem Haus und versprach, in den nächsten Tagen zum Essen vorbeizukommen. Muhztfahr hatte sie zu einem pakistanischen Essen eingeladen, er brachte jedes Mal frische Gewürze von zu Hause mit.

»Ach, warum habe ich keinen Mann, der mich bekocht«, seufzte Hanne, als Muhztfahr mit den Koffern ins Haus lief. »Er ist charmant wie eh und je, Maria, fast könnte ich dich um ihn beneiden. Schau trotzdem, ob nicht etwas im Busch ist. Bei Männern weiß man nie ...«

»Mach ich garantiert«, antwortete ich. »Aber heute nicht. Heute sind wir gemütlich zusammen, wir drei.«

Das brauchte ich wirklich. Wir brauchten es alle. Als Nasima ihre Geschenke sah, war ihre Müdigkeit wie weggeflogen. Sie wäre am liebsten sofort wieder hinausgerannt, um das Fahrrad auf der Straße auszuprobieren, doch das wurde auf den nächsten Tag verschoben. Ausnahmsweise durfte sie in der Wohnung damit fahren. Sie badete, danach zog sie ihren Kapuzenpulli an und promenierte wie ein Model auf dem Laufsteg. Sie trug immer noch ihre hochhackigen Schuhe, ein Geschenk einer pakistanischen Tante, wie sie sagte. Jahre später erfuhr ich, dass es Nasrin war, die ihr diese Schuhe geschenkt und ihre Nägel lackiert hatte.

Beim Essen erzählte Muhztfahr von der Hochzeit seines Bruders und forderte Nasima auf zu zeigen, wie sie dort getanzt hatte, aber sie brach in Tränen aus.

»Schatz, du bist einfach erschöpft, ab ins Bett mir dir, morgen zeigst du es mir, okay?«

Sie nickte, ich ging in die Küche, um ihr ein Glas Milch für die Nacht zu holen, und als ich damit zurückkehrte, lag sie in ihrem Bett und war schon eingeschlafen. Ich deckte sie zu und schaltete das Licht aus. Ihre Tür ließ ich einen Spalt offen, weil sie sich nachts im Dunkeln oft fürchtete. Muhztfahr saß im Wohnzimmer vor dem Fernseher und wirkte so ermattet, dass ich mich ärgerte.

»Du fährst in die Ferien nach Hause, kommst vollkommen fertig zurück, was soll das? Bist du sicher, dass deine Magen-Darm-Geschichten vollkommen auskuriert sind? Ich hoffe, dass es keine Malaria war oder etwas Ansteckendes. Hör mal, morgen gehst du zu allererst zum Arzt und lässt dich von Kopf bis Fuß durchchecken.«

»Ja, Maria«, antwortete er, »du hast Recht, das werde ich tun. Ich tu alles, was du willst.«

Wir schliefen nicht miteinander. Weder an diesem Abend noch an den folgenden. Er war ungefähr schon eine Woche zurück, als er mir ausführlich von seinen Sorgen über seine Manneskraft berichtete. Anders gesagt: Er litt unter Potenzstörungen. Ich fragte mich, wie er es gemerkt hatte und fragte ihn, ob er etwa mit einer anderen Frau zusammen gewesen war. Er sah mich an, als sei meine Frage eine Beleidigung und legte die Hand aufs Herz, um mir seine Treue zu schwören. Ich zuckte mit den Schultern. Aber er tat mir schon Leid, weil die Potenz für ihn wie für alle Männer doch so wichtig ist und sie sich miserabel fühlen, wenn es nicht auf Anhieb klappt. Für mich war es weniger wichtig.

Ich sah Muhztfahr an, wie er etwas geduckt auf der schwarzen Ledercouch saß, stellte mit Verwunderung fest, dass ich aufgehört hatte, ihn zu begehren. Kurz schoss mir eine Frage durch den Kopf: Ob er vielleicht von seinen Potenzproblemen berichtet, damit ich ihm helfe? Damit ich ihm sage: »Komm schon, Muhztfahr, wir zwei, wir kriegen das schon in den Griff, lass mich mal machen?«

Früher hätte ich es getan. Aber früher war es nie notwendig gewesen, früher war er potent wie ein junger Hengst und stolz auf seine Manneskraft gewesen, und ein aufmerksamer, ausdauernder und fantasievoller Liebhaber dazu. Das hatte sich im Laufe der Jahre geändert. Ich dachte, das sei normal; wie in allen langjährigen Beziehungen, schliefen wir seltener miteinander. Er bemühte sich kaum noch um mich, und mir machte es immer weniger Spaß.

Es gab auch Phasen, in denen ich gar nicht mehr mit ihm schlafen wollte. Ich nahm Nasima zu mir ins Bett, und er musste im Kinderzimmer übernachten. Schuld daran waren unsere ewigen Streitereien ums Geld. Ich hielt ihn für geizig, weil er sich kaum an den Haushaltskosten beteiligte. Er weigerte sich schlicht, mehr zu zahlen, wir hatten ganz gegensätzliche Auffassungen darüber, wofür Geld gespart und wofür es ausgegeben werden sollte. All das war nicht förderlich für die Liebe. Bisher hatten wir es immer geschafft, zueinander zu finden. An diesem Abend jedoch sah ich ihn an, und es war alles weg. In meinem Körper rührte sich nichts. Ich hatte kein Bedürfnis, ihn anzufassen, zärtlich zu sein und wollte auch nicht, dass er mich anfasst. Er war mir fremd geworden. Es machte mich ein wenig traurig.

Unser Leben ging weiter wie bisher. Wir waren voll und ganz von unserer Arbeit eingenommen und schufteten tagein tagaus, wahrscheinlich hat auch das dazu beigetragen, dass die Lust zwischen uns immer weniger wurde. Wir waren schlicht und ergreifend zu müde. Abends brauchten wir Erholung dringender als Sex. Ich hatte meine verschiedenen Jobs als Haushaltshilfe, Muhztfahr war fest als Lackierer angestellt. Er verließ das Haus morgens gegen sechs und kam so gut wie nie vor sieben Uhr abends heim. An manchen Abenden verkaufte er bis tief in die Nacht Rosen in einem Tanzlokal für ältere Herrschaften. Er hatte noch irgendwelche Nebenjobs, ich glaube, er besserte noch Autos für seine Bekannten aus. Er verdiente insgesamt ziemlich viel Geld, wie viel genau, das wusste ich nicht. Nie zeigte er mir seinen Gehaltsschein, und das, was er bar bekam, legte er nie bei uns auf den Küchentisch. Er zahlte seinen Anteil der Miete. 1982 waren es nur dreihundert Mark, weil wir am Anfang mit meiner Mutter zusammen wohnten und jeder bloß dreihundert Mark in die Haushaltskasse einzahlte. 1985, als meine Mutter starb, sah er nicht ein, dass er mehr zahlen musste. Er war der Meinung, dass ich alles übernehmen würde, und das sah ich wirklich nicht ein, besonders nicht, weil er viel mehr Geld verdiente als ich.

Damals hatten wir pakistanische Freunde, und ich hörte sie ständig von Gerichtsgeschichten erzählen, das brachte mich auf eine Idee. Erst drohte ich meinem Mann, ihn zu verklagen, falls er sich noch länger weigerte, einen größeren Anteil der Kosten zu übernehmen. Er war ziemlich erstaunt, als ich zum ersten Mal davon sprach. Er traute mir wohl nicht zu, dass ich das tatsächlich tun würde, und ignorierte die Frist, die ich ihm gesetzt hatte. Also marschierte ich tatsächlich zum Rechtsanwalt! Mir kam es schon merkwürdig vor, den eigenen Mann zu verklagen, aber es wirkte, denn danach hatte er ein Stück Papier, auf dem schwarz auf weiß stand, wie viel er mir zahlen musste. Von da an übernahm er ohne zu murren die Hälfte der Miete und einen gerechten Anteil der gesamten Kosten, und das beendete vorerst den Streit. Er zahlte stets pünktlich und auf den Pfennig genau, ohne dass ich ihn daran erinnern musste. Bei den Lebensmitteln war er nie knauserig gewesen, im Gegenteil, hier zeigte er sich eher großzügig. Er mochte weder die deutsche noch die schwäbische Küche und aß ungern, was ich kochte. Er befürchtete, dass ich ihm vielleicht Schweinefleisch servieren würde, was er als Moslem nicht essen durfte. Muhztfahr kaufte gern ein und dabei achtete er nicht aufs Geld, oder wir gingen zusammen einkaufen. Er übernahm auch häufig das Kochen, und das nicht nur für uns drei, oft hatten wir auch Gäste. Dass Pakistaner gastfreundlich sind, kann ich wirklich bestätigen, bei uns herrschte ein ständiges Kommen und Gehen von seinen oder meinen Freunden oder auch Nachbarn. Unser Haus stand vielen Menschen offen. Man muss auch sagen, dass er ein toller Koch war. Es schmeckte jedes Mal hervorragend. Ich liebte alles Scharfgewürzte, von mir aus hätte er jeden Tag kochen können.

Aber wehe, ich sagte: »Muhztfahr, wir brauchen neue Bettwäsche oder neue Handtücher, oder Nasima braucht dringend Schuhe!« Das war alles mein Bereich. Für solche Sachen hatte er nie Geld übrig. Als unser Kühlschrank kaputt war, war ich es, die einen neuen besorgte. Bis 1990 hatten wir im Wohnzimmer eine Sitzecke, die zwar weder durchgesessen noch fleckig war, aber ich hatte mich einfach an ihr satt gesehen und setzte mir in den Kopf, dass ich an ihrer Stelle eine Ledercouch wollte.

»Du willst eine andere Couch, dann musst du sie selbst zahlen«, sagte er, »ich brauche keine.«

Das war seine Standardantwort. Er brauchte nichts. Gar nichts. Weder Couch noch Kühlschrank noch Handtücher oder Bettwäsche. Alles musste ich selbst bezahlen, mit dem Geld, das ich mir mühsam verdiente. Ich verkaufte die Sitzecke an ein Pärchen, das gerade zusammenzog und kaufte meine schwarze Ledercouch auf Raten. Ich brauchte sie, um mich in meiner Wohnung gut zu fühlen. Ich wollte es schön haben, es war mein Luxus.

Muhztfahr war sehr arbeitsam und fleißig, doch wer davon profitierte, war allein die Familie in Pakistan. Seine Eltern und seine Geschwister. Manchmal scherzte ich mit ihm darüber und fragte ihn, ob er schon genug für das nächste Kamel gespart hatte.

»Diesmal kaufen wir lieber einen Traktor«, antwortete er.

Ich lachte darüber, aber in der Tat kaufte er seinen Eltern einen Traktor für die Feldarbeit, die sie zuvor mit Ochsen bewerkstelligen mussten. Ich fand es gut, dass er seine Eltern finanziell unterstützte, keine Frage, aber dass er der Familie einen Traktor kaufte und uns keinen Kühlschrank, der vielleicht nur ein Zehntel gekostet hätte, war schon schwer zu akzeptieren. Andererseits war sein Familiensinn etwas, was ich an ihm schätzte, was ich überhaupt an Menschen schätze. Mein eigener Familiensinn ist sehr ausgeprägt. Als meine Mutter krank geworden war, hatte ich sie zu mir genommen, um sie zu pflegen. Ich wollte verhindern, dass sie in ein Heim kommt. Sie war psychisch krank geworden, ihr Arzt sprach davon, sie in die Psychiatrie einzuweisen, nur wollte ich das nicht. Ich hatte ihr vor vielen Jahren versprochen, dass ich es niemals zulassen würde. Solche Versprechen muss man halten.

Bis zu ihrem Tod wohnte sie bei uns. Ich weiß nicht, ob ein deutscher Mann das mitgemacht hätte, und war Muhztfahr dankbar, dass er sie wie seine eigene Mutter betrachtete, obwohl es wirklich nicht immer leicht mit ihr war. Es konnte passieren, wenn es ihr schlecht ging, dass sie die ganze Wohnung durcheinander brachte oder die Kissen zerschnitt. Immer wieder sagte ihr Arzt, dass wir sie in die Klinik bringen sollten, weil die Belastung für mich zu groß wäre.

»Sie wird nicht eingewiesen«, antwortete ich, »solange ich lebe und auf zwei Beinen stehen kann, wird meine Mutter in keinem Heim eingesperrt.«

Am Schluss ging es ihr vor allem körperlich schlecht, sie konnte nichts mehr selbst machen, ich musste sie baden, kämmen und anziehen. Ich tat es gern für sie. Ich würde all meinen Verwandten helfen, wenn sie plötzlich bedürftig wären.

Nun, was mein Mann tat, war eine ganz andere Art der Unterstützung. Vermögensbildung könnte man das nennen. Hier schuftete er und sparte und geizte herum, nicht um alte, kranke oder bedürftige Eltern zu unterstützen, sondern um das Lebensniveau einer ganzen Sippschaft von Eltern, Kindern, Tanten, Onkeln, Vettern und Cousinen zu verbessern. So funktioniert es in diesen Ländern, wenn einer eine gute Arbeit hat, hilft er allen anderen. Ich wusste es, und im Prinzip fand ich diese Solidarität innerhalb der Familie sehr gut. Hätte er nur das Gleiche für unsere Familie getan, hätte ich kein Wort dagegen gesagt. Aber daran dachte er nicht. Und: Es ging leider nicht nur darum, einen Traktor zu kaufen, danach musste noch ein Grundstück angeschafft werden oder ein Moped, oder die Wasserpumpe musste repariert werden, oder der Monsun hatte das Dach vom Haus zerstört, oder man musste Geld zahlen, um zu verhindern, dass ein Verwandter ins Gefängnis kam, oder die Kaution, damit er herauskam. Es nahm einfach kein Ende.

Ich fragte schon lange nicht mehr nach, wofür diese Unsummen benötigt wurden, auch wenn ich mich regelmäßig darüber ärgerte, weil wir es selbst gut hätten gebrauchen können. Ich machte lieber Witze darüber.

»Ja, ja, Muhztfahr, irgendwann gibt es bei euch da unten goldene Badewannen«, sagte ich, und wenn ich ihn anstacheln wollte, fragte ich ihn, wie groß sein Harem schon war.

Ich wusste sehr wohl, dass Moslems mehrere Frauen heiraten dürfen, aber auf so eine Bemerkung hin antwortete er immer das Gleiche: »Maria, ich liebe nur dich, du bist die einzige Frau, die für mich existiert, nie werde ich eine andere Frau anschauen.«

Es klang absolut überzeugend und ehrlich. Ich hatte auch keine Gründe, seine Treue anzuzweifeln. Einmal hatte ich ihn zwar mit zwei blonden Frauen in einem Auto erwischt, sie unterhielten sich sehr laut und das direkt unter unserem Schlafzimmerfenster! Die Frauen hatten ihn von dem Tanzlokal nach Hause gefahren, sie waren ein bisschen angetrunken und hätten wohl gern etwas mit ihm angefangen. Es war sehr spät, ich schlief schon und wurde von ihren Stimmen geweckt, auch von seiner, die ganz besonders sonor war, und warf einen Blick durchs Fenster. »Hoppla«, sagte ich zu mir, »was läuft denn da ab?« Ich ging im Nachthemd runter und klopfte an das Autofenster.

»Rauf mit dir«, sagte ich zu ihm und zu den Frauen, dass sie bitte schön schleunigst verschwinden und meinen Mann in Ruhe lassen sollten.

»Ich schwöre dir, diese Frauen gefallen mir gar nicht, ich wollte überhaupt nichts von ihnen«, erklärte er mir, als wir wieder in der Wohnung waren, dann fügte er hinzu: »Allah soll mich auf der Stelle tot umfallen lassen, wenn ich lüge.«

Oft sagte er, dass es ihn krank machte und sein Herz brach, wenn ich ihm nicht glaubte. Oder dass er wegen mir noch sterben würde. Es waren weniger die Worte als der Klang seiner Stimme und die Art, wie er mich ansah, die mich rührten. In solchen Momenten war es, als würde er mir tatsächlich sein Leben anvertrauen.

»Ist schon gut, ich glaube es dir«, antwortete ich, »du brauchst nicht so zu übertreiben. Bleib am Leben und gib mir ein bisschen mehr Geld für den Haushalt, das ist mir lieber.«

Seit unserer Hochzeit 1982 bis Mai 1992 verdiente ich mein Geld als Haushälterin. Streckenweise hatte ich vier verschiedene Jobs und rannte den ganzen Tag von der einen Stelle zur nächsten. Es war kein gemütliches Leben, doch ich war es gewohnt, hart zu arbeiten, und solange die Leute nett waren, beklagte ich mich nicht. Zuerst, als Nasima ein Baby war und meine Mutter noch lebte, arbeitete ich in zwei Apotheken, sechs Stunden täglich für neun Mark die Stunde. Meine Arbeitgeber waren ein Ehepaar, das wie im Hotel lebte. Ihr Haushalt wurde picobello von mir gemacht, die Wäsche schrankfertig gebügelt, die Ladenräume klinisch rein gesäubert, wie es bei einer Apotheke sein muss. Um Nasima kümmerte sich erst eine Nachbarin, die aber sehr unzuverlässig war, mal konnte sie, mal konnte sie nicht, mal war sie krank – es ging einfach nicht. Ich fand eine andere Nachbarin, die immer zu Hause war, und war sehr froh darüber. Doch eines Tages traf ich sie betrunken im Flur, als ich meine Kleine abholen wollte. Nasima schrie wie am Spieß, sie lag wahrscheinlich schon seit Stunden in den verdreckten Windeln, ihr Po war knallrot und wund. So konnte es nicht weitergehen. Beinahe hätte ich aufgehört zu arbeiten, doch als die Apothekerin davon erfuhr, machte sie mir einen Vorschlag: Ihre Mutter hatte angeboten, Nasima zu betreuen. Es war mein letzter Versuch, und diesmal hatten wir großes Glück. Die beiden verstanden sich auf Anhieb hervorragend. Sie liebten sich, und von da an gab es kein Problem mehr.

Neun Mark die Stunde war auf Dauer zu wenig für die Schufterei, es war insgesamt zu wenig zum Überleben, es reichte vorne und hinten nicht. Ich arbeitete abends zusätzlich bei der Post, später nahm ich noch eine Stelle an, in einem Hotel, ziemlich weit von unserer Wohnung. Ich fuhr bei jedem Wetter mit dem Fahrrad dorthin, bei Wind, Schnee und Regen, musste um vier Uhr morgens anfangen, damit alles schön sauber war, wenn die Gäste zum Frühstück herunterkamen. Dort verdiente ich besser, deswegen gab ich meine Apotheken auf und übernahm weitere Stellen. Ich putzte am Nachmittag eine Schule und übernahm die Hausmeisterei bei uns in Senden. Unser Verwalter, der Herr Giebel, hatte sie mir regelrecht aufgedrängt, weil ich einen guten Ruf hatte. Man wusste, dass Maria Nazar absolut zuverlässig war.

Reich wurde ich nicht dabei. Ich musste sehr gut organisiert sein, um alles zu schaffen, meinen Haushalt zu Hause hatte ich ja auch noch. Abends kochte ich das Mittagessen vor und richtete das Frühstück für Nasima und Muhztfahr her. Meine Berge an Bügelwäsche erledigte ich vor dem Fernseher. Es waren sehr lange Tage, besonders das Aufstehen im Morgengrauen setzte mir zu!

An die Schufterei denke ich nicht gern zurück. Sie hat mich körperlich ziemlich kaputtgemacht. Es war auch nicht gut für die Familie. Ich war zu wenig zu Hause und hatte zu wenig Zeit für mein Kind, auch für meinen Mann. Immerhin achtete ich darauf, dass Nasima immer wusste, wo ich war. Für den Notfall konnte man mich immer telefonisch erreichen. Sobald sie in den Kindergarten ging, begann ich ihr zu zeigen, wie sie mich bei der Arbeit besuchen konnte, wenn ihr langweilig wurde oder sie sich einsam fühlte. Wir machten im Voraus aus, wohin sie nach dem Kindergarten oder später nach der Schule ging. Im Hort hatte sie keinen Platz bekommen, ich muss allerdings zugeben, dass ich mich auch nicht sonderlich darum bemüht hatte. Schon als Kind liebte meine Tochter ihre Freiheit über alles. Einen solchen Menschen ganztags einzusperren ist eine Qual.

Wenn man bedenkt, dass sie all die Jahre eingesperrt war, kann man sich nur darüber wundern, dass sie nicht an der Gefangenschaft zerbrochen ist. Woher hatte sie die Kraft, die Hoffnung, den Mut? Vielleicht hat sie in der Hinsicht einiges von mir geerbt. Auch ich bin eine starke Frau. Aber ob ich so mutig wie sie gewesen wäre? Andere an ihrer Stelle hätten aufgegeben. Sie nicht.

Mein letztes Jahr in Deutschland

1992

Nasima

Es ist ein normaler Schultag, irgendwann im Frühling. Ich bin zu Hause, weil ich ein bisschen erkältet bin. Ich liege im Bett und lese Comics, als ich plötzlich ein Geräusch im Flur höre. Es ist vielleicht zehn Uhr am Vormittag, um diese Zeit arbeiten meine Eltern. Ich habe Angst, dass es vielleicht ein Einbrecher ist, der in unsere Wohnung eingedrungen ist. Trotzdem stehe ich auf und schaue vorsichtig durch den Türspalt. Es ist mein Vater, der einen Stuhl von der Küche ins Schlafzimmer trägt. Ich bin erleichtert, dass es kein Dieb ist, aber ich möchte wissen, was er tut, warum er um die Zeit zu Hause und nicht bei der Arbeit ist. Er hat mich weder gesehen noch gehört, er weiß nicht, dass ich da bin. Ich gehe leise durch den Flur, habe nur meine Bettsocken an und mache so gut wie keinen Lärm. Die Schlafzimmertür ist offen, so sehe ich, wie Papa den Stuhl vor den Kleiderschrank stellt und darauf steigt, um den Koffer, der oben auf dem Schrank liegt, herunterzunehmen. Es ist sein Pakistankoffer, den er immer mit auf die Reise nimmt. Papa legt ihn aufs Bett, öffnet ihn mit einem Schlüssel, und was sehe ich da? Der Koffer ist voller Geldscheine! Ich kann nicht mehr ruhig bleiben, ich bin glücklich und denke, wir sind reich!

»Oh«, rufe ich, »Papa, wo hast du das ganze Geld her, das ist ja toll, so viel Geld auf einmal habe ich noch nie gesehen, kann ich etwas davon haben?«

Er schließt schnell den Deckel vom Koffer, kommt auf mich zu und schimpft.

»Was tust du hier, Nasima, warum bist du nicht in der Schule, was spionierst du herum?«, fragt er. »Du hast hier nichts zu suchen, geh weg, geh sofort in dein Zimmer.«

Ich bin es nicht gewohnt, dass er mich anschreit, sonst ist er immer lieb zu mir. Ich habe nichts Falsches getan, ich habe gar nichts getan und weiß nicht, warum er mich so beschimpft und so wütend wird, so renne ich in mein Zimmer zurück und verstecke mich unter der Bettdecke. Ein bisschen weinen muss ich auch.

Später, als Mama nach Hause kam, war Papa weg. Ich erzählte ihr von dem Koffer mit dem Geld, und zuerst wollte sie mir nicht glauben. Sie meinte, dass ich wohl geträumt hatte, befühlte meine Stirn, um zu wissen, ob ich vielleicht hohes Fieber hatte, aber sie war nicht die Spur heiß. Dann schauten wir doch zusammen nach.Der Koffer lag wieder oben auf dem Schrank, Mama holte ihn herunter, legte ihn aufs Bett, genau wie Papa es gemacht hatte. Er war abgeschlossen, wir hatten keinen Schlüssel, meine Mama nahm eine ihrer Haarnadeln heraus und öffnete ihn damit. Es war wie im Kino und furchtbar spannend, nur dass es bei ihr ziemlich lange dauerte, weil sie zum ersten Mal einen Koffer knackte. Als Mama den Deckel öffnete, pfiff sie zwischen den Lippen.

»Du lieber Gott«, sagte sie, »wo hat er das viele Geld her?«

Sie fing an zu zählen, hörte aber bald wieder auf.

»Er soll nicht merken, dass wir von seinem Schatz wissen«, sagte sie, »immerhin, egal woher das Geld kommt, eine Bank hat er sicher nicht ausgeraubt, sonst wären größere Scheine dabei.«

Ich war neun Jahre alt, für mich waren es alles größere Scheine. Ich fand schon einen Zehn-Mark-Schein ziemlich groß, größere als Hundert-Mark-Scheine hatte ich in meinem ganzen Leben noch nicht gesehen, vor allem war der ganze Koffer voller Scheine! Münzen gab es auch, ganze Tüten voller Münzen. Es war ein bisschen wie der Geldspeicher von

Onkel Dagobert in den Mickymausheften, nur dass es bei uns bloß ein Koffer war. Dafür war es richtiges Geld!

»Mama, wir sind reich«, sagte ich, »nehmen wir uns etwas davon, dann gehen wir schöne Sachen kaufen.«

Sie sagte gar nichts. Sie überlegte eine ganze Weile, dann schüttelte sie den Kopf.

»Nein«, antwortete sie, »das machen wir ganz bestimmt nicht. Wir sind doch keine Diebe. Ich weiß gar nicht, woher dieses Geld kommt. Vielleicht gehört es deinem Vater, und er hat es für irgendetwas gespart. Wenn er uns etwas geben will, dann wird er es schon tun. Und wenn nicht, haben wir Pech gehabt. Ich habe in meinem ganzen Leben noch nie gestohlen, ich werde jetzt nicht damit anfangen. Hör mir gut zu, Nasima, so etwas tut man nicht, hast du verstanden? Stehlen ist verboten, das weißt du doch.«

Ich war sehr enttäuscht. In meinem Kopf sah ich mich schon in einem Spielzeugladen. Wir hatten nie genug Geld, wenn schon welches bei uns in der Wohnung war, wieso konnten wir es nicht einfach nehmen?

»Ich verstehe das nicht«, sagte ich, »wenn es Papa gehört, gehört es doch auch uns, der ganzen Familie, weil wir alles miteinander teilen, warum sprichst du vom Stehlen, das ist doch nicht stehlen.«

»Wenn man das Geld oder etwas anderes nimmt, ohne zu fragen, ist das Stehlen«, erklärte Mama. »Außerdem kann es sein, dass es ihm gar nicht gehört. Es ist so viel, ich kann mir gar nicht vorstellen, dass er so viel Geld verdient. Vielleicht hebt dein Papa es für jemanden auf und hat uns deswegen nichts davon erzählt, vielleicht muss er alles bald zurückgeben.«

Am Schluss nahm sie doch etwas heraus, aber nicht viel. Bloß zwei oder drei Scheine als Beweis dafür, dass es diesen Geldkoffer tatsächlich gab. Oder vielleicht war es nur, um zu sehen, ob er es merkte. Dann stellte sie den Koffer wieder oben auf den Schrank, klopfte und glättete die Bettdecke. Am Abend, als Papa heimkam, saßen wir alle drei zusammen beim

Essen, und niemand sprach von dem Geldkoffer. Meine Eltern waren beide verspannt, ich fühlte mich dabei nicht wohl und zog mich in mein Zimmer zurück. Die Tür blieb offen, so hörte ich, wie Mama ihn doch fragte, ob er eine Bank ausgeraubt hätte. Seine Antwort konnte ich nicht verstehen, weil der Fernseher lief. Am nächsten Tag war die Stimmung bei uns zu Hause schlecht, deswegen fragte ich lieber nicht nach.

Wenn es Streit gab, durfte ich zu Mama ins Schlafzimmer, und Papa musste in meinem Bett schlafen oder auf der Couch, bis sich alles wieder eingerenkt hatte. Es dauerte meist einige Tage, dann hörte ich sie abends wieder im Wohnzimmer miteinander lachen und wusste, dass sie sich versöhnt hatten. Die folgende Nacht schlief ich wieder in meinem Bett. So bin ich oft von einem Bett ins andere gezogen. Aber in diesem letzten Jahr haben Mama und ich fast immer zusammen im Schlafzimmer geschlafen und Papa allein. Ich fand es schöner im großen Bett bei Mama.

Einmal noch haben wir in dem Koffer nachgeschaut. Diesmal war er gar nicht abgeschlossen, es lagen aber auch nur einige Tüten mit Münzen und wenige Scheine darin.

»Wo hat er jetzt sein Vermögen versteckt«, redete Mama vor sich hin, und sie guckte in seine Schubladen, hinter den Videokassetten, im Musikschrank, unter all unseren Möbeln, aber sie fand nichts mehr. Für mich wurde es zum Spiel. Wenn ich allein zu Hause war, spielte ich Schatzsuche und suchte in Papas Sachen nach Geld. Ich achtete immer darauf, alles wieder genau wie vorher hinzulegen, damit niemand merkte, dass ich gewühlt hatte. Leider fand ich auch nichts, sonst hätte ich es genommen und behalten, um meiner Mutter etwas Schönes zu kaufen. Nach einigen Wochen machte dieses Spiel keinen Spaß mehr, ich hörte damit auf.

Solange wir in Deutschland waren, erlaubte mir mein Vater alles. Wenn wir beide allein zu Hause waren und ich ihn fragte, ob ich ins Schwimmbad mit meinen Freundinnen gehen dürfe, sagte er immer ja.

»Du darfst gehen, viel Spaß, wann kommst du zurück?«, das war alles, was er dazu sagte.

Es durfte bloß nichts kosten, dann war ihm alles recht, was ich machte. Einmal gab er Mama hundert Mark für mich, sie sollte mir damit Kleider kaufen. Sie war sehr überrascht, weil sie es nicht von ihm erwartet hatte. Wenn sie ihn um Geld bat, sagte er immer, dass er keines hatte. Mein Vater mochte es auch nicht, wenn ich ihn nach Geld für Eintrittskarten oder für ein Eis fragte. Wenn er Lust hatte, gab er mir zehn oder zwanzig Mark einfach so, er wollte eben nur nicht gefragt werden. Für mich war es einfacher, meine Mutter um Geld zu bitten, von ihr bekam ich immer die paar Mark, die ich brauchte, und manchmal noch etwas mehr. Auch wenn sie regelmäßig dazu sagte: »Ach Kind, das Geld wächst nicht auf Bäumen.«

Bei meinem Vater konnte ich nicht im Voraus einschätzen, wie er gestimmt war, ob er gerade in Spendierlaune war oder ob er vielleicht wieder anfing sich zu beschweren, dass alle Leute immer nur Geld von ihm haben wollten. Das gefiel mir nicht. Ich bin nicht alle Leute, ich bin doch Nasima, sein einziges Kind! Es interessierte mich nicht zu wissen, wer in Pakistan wie viel Geld von ihm bekam und wie viel die neue Wasserpumpe kostete, wenn ich bloß zwei Mark fürs Schwimmbad haben wollte.

In letzter Zeit kamen oft Anrufe aus Pakistan. Meist war es Nasrin, die mit Papa sprechen wollte. Wenn Mama da war, redeten sie aber nur kurz miteinander.

»Das war meine Schwester Shamah, sie wollte etwas von mir, es ist wegen Opa oder Oma«, sagte er anschließend.

Ich wusste, wann er log, fühlte mich dabei unwohl, aber ich sagte nichts. Ich durfte nichts sagen. Ich erkannte es nicht nur an den Worten, sondern auch an Papas Stimme, ob er mit Tante Shamah oder mit Nasrin sprach und wunderte mich darüber, dass Mama nichts merkte. Sie fragte nicht nach, nur manchmal schüttelte sie den Kopf und sagte: »Das darf nicht wahr sein, immer wollen sie etwas von dir« oder »Dass du dich so von deiner Familie ausnehmen lässt!« Und Papa tat so, als hätte er nichts gehört. Oder er ging weg. Er traf sich mit Freunden in deren Wohnung oder in einer Kneipe. Mama blieb zu Hause, früher waren sie oft zusammen ausgegangen, jetzt hatte sie keine Lust mehr. Sie war immer müde und oft auch ein bisschen krank. Was ihr allerdings genau fehlte, wusste der Arzt nicht. Er sagte, dass sie zu viel arbeitete, gab ihr Vitamine und andere Pillen, damit sie wieder auf die Beine kam. Ich schlief jetzt immer bei Mama und Papa immer im Kinderzimmer, so weckte er uns nicht, wenn er spät heimkam.

Wenn Nasrin anrief und ich allein zu Hause war, sprach sie mit mir.

»Hallo, Simi, meine liebe Tochter, wie geht es dir, und wann kommst du wieder zu uns, ich vermisse dich, und alle hier lassen dich grüßen und freuen sich, wenn du endlich wieder kommst, liebe Tochter, du fehlst uns sehr ...«

Auf Pandschabi und auf Urdu nennt eine Frau oft ein kleines Mädchen »Tochter«, das bedeutet, dass sie es gern hat, dass sie es beschützen möchte. Auch wenn die Leute nicht miteinander verwandt sind, nennen sie sich Bruder oder Schwester, wenn sie befreundet oder im gleichen Alter sind. Ich nenne viele Leute, die älter sind als ich, Onkel oder Tante, das heißt, dass ich sie respektiere und auf sie höre. Es machte mir nichts aus, dass Nasrin mich Tochter nannte, nur ich wollte sie nicht Mutter nennen, obwohl sie so nett zu mir war. Ich benutzte lieber das englische Wort für Tantchen und nannte sie »Auntie«.

»Nasima, wenn du kommst, kriegst du ein schönes Geschenk von mir«, sagte sie jedes Mal am Ende des Gesprächs.

Wenn Papa da war, wollte sie auch ein bisschen mit mir reden. Ich sollte ihr erzählen, was ich so trieb und was ich in der Schule lernte, sie wollte auch wissen, was es bei uns zu essen gab. Sie behandelte mich nicht wie ein Kind, sondern als sei ich ihre Freundin, und es schmeichelte mir, dass sie so lange mit mir am Telefon sprach, obwohl sie dafür viel Geld zahlen musste. Nur wenn ich daran dachte, dass ich Mama nichts von ihr erzählen durfte, fühlte ich einen Kloß im Hals. Manchmal bekam ich regelrecht Bauchweh.

Nasrin schrieb auch Briefe. Bei uns konnte sie niemand lesen, weil sie auf Urdu geschrieben waren, also ging Papa zu seinem Freund Ahmad, der nicht weit von uns wohnte, um sich ihre Briefe von ihm vorlesen zu lassen. Ein- oder zweimal war ich auch dabei. Sie schrieb ungefähr das Gleiche, was sie am Telefon sagte. Dass sie ihn vermisse, dass er bald wiederkommen solle, dass sie sich freue, wenn er wieder da wäre. Und dass er mich grüßen solle und dass sie mich auch vermisse. Ahmad schrieb Nasrin zurück. Papa erklärte ihm, was er schreiben sollte. Dass er hier Geld verdiene und zu Weihnachten nach Fatehpur käme und viele Grüße an alle. Ich ging lieber mit meinen Freundinnen ins Schwimmbad als mit Papa zu seinem Freund Ahmad.

Als wir Weihnachten 1991 nach Pakistan geflogen sind, haben uns Nasrin und ihr Bruder Zafar vom Flughafen abgeholt. Ihren Bruder mochte ich nicht besonders, er schaute immer streng und lachte nie. Sie dagegen lachte damals ständig. Ich freute mich sehr, sie wiederzusehen, und auch sie freute sich. Sie rannte auf uns zu, umarmte mich und küsste mich, als sei ich ihre eigene Tochter, und schenkte mir eine kleine Goldkette als Willkommensgeschenk. Mit ihr zusammen von Multan nach Fatehpur zu fahren, war sehr schön, weil sich Nasrin die ganze Zeit mit mir unterhielt, sodass mir die Fahrt viel kürzer vorkam. Sie erzählte Geschichten oder Witze, hörte zu und lachte, wenn ich welche erzählte, machte sich auch lustig über die Männer, die immer nur von Geschäften sprachen. Was mir weniger gefiel, war, dass sie nicht bei ihren Eltern wohnte wie letztes Mal, sondern mit uns bei meinen Großeltern. Sie verbrachte jede Nacht in dem linken Zimmer mit meinem Vater zusammen. Es machte mir schon etwas aus, dass sie mir meinen Platz nahm und ich im anderen Zimmer mit Oma Shara schlafen musste. Ich dachte auch daran, dass es nicht richtig war, was mein Vater tat. Meine Mutter würde durchdrehen, wenn sie davon erfuhr, das wusste ich sehr wohl. Aber ich sagte nichts. Ich konnte mit niemandem darüber reden, weil meine Verwandten es für normal hielten.

Hier haben viele Männer zwei Frauen. Wenn sich die Frauen verstehen, ist alles bestens, sie können unter einem Dach leben und all ihre Kinder zusammen erziehen. Wenn nicht, wenn die Frauen sich ständig zanken, muss der Mann für jede Frau ein Haus bauen, dann hat er seine Ruhe und kann mal die eine, mal die andere besuchen. Oder manchmal wohnt die Frau noch halb bei ihren eigenen Eltern, wie Nasrin. Wichtig ist, dass die Frauen dem Mann gehorchen und dass die Männer ihre Frauen gleich behandeln, wie es im Koran steht, das erzählte mir Asia, als ich sie in Fatehpur in der Koranschule einmal besuchte. Es ist ein großes Gebäude, wo vielleicht hundert oder hundertfünfzig Mädchen leben. Von draußen kann man nicht reinschauen, weil alles abgesperrt ist, innen gibt es einen Hof und mehrere Zimmer, in welchen die Mädchen auf Teppichen sitzen und den Koran lesen. Shamah und Asia konnten ihn schon fast auswendig rezitieren und kannten sich bei den islamischen Gesetzen sehr gut aus. Ihr Wunsch war es damals schon, später einmal zu heiraten, aber ihren Ehemännern wollten sie nur dann erlauben, eine zweite Frau zu nehmen, wenn sie selbst keine Söhne bekämen.

Ich bin mir nicht sicher, ob meine Tanten Nasrin mochten. Sie war ihnen zu modern, sie verschleierte sich nicht richtig. Man sah ihr Gesicht, manchmal auch ihre Haare. Meine Oma mochte Nasrin sicher nicht, sie klagte, dass ihre Schwiegertochter nur tat, was sie wollte, aber das sagte sie nur, wenn sie glaubte, dass es keiner hörte.

In diesen Ferien war ich viel mit Nasrin zusammen. Wir gingen zum Basar, und ständig machte sie mir neue Geschenke. Als ich nach Deutschland zurückkam, fragte meine Mutter, woher ich die ganzen neuen Sachen hatte.

»Von meinen Tanten«, antwortete ich.

Sie wunderte sich ein bisschen, weil ich sonst nie so viele Geschenke mit nach Hause brachte, trotzdem war sie mit meiner Antwort zufrieden. Und ich war erleichtert, weil es nur eine halbe Lüge war, keine ganze. Auch deswegen nannte ich Nasrin Tante oder Tantchen. Eins wusste ich: Meine Mutter würde sich mit Nasrin nicht verstehen. Sie würde gar keine andere Frau neben sich akzeptieren und auch nicht in einem pakistanischen Haus leben wollen. Papa hatte ihr bunte Kissen mit Spiegelchen mitgebracht, nur die Hüllen.

Im Sommer 1992 war ich mit Mama und ihrer Freundin Hanne im Kino. Wir sahen uns den Film »Nicht ohne meine Tochter« an und mussten alle drei während des Filmes furchtbar viel weinen, weil die Geschichte so traurig war. Es gab Stellen, die fand ich schrecklich, ich musste weggucken und mich an meiner Mama festhalten. Sie drückte meine Hand und flüsterte mir zu, dass ich keine Angst zu haben brauchte, weil das nur ein Film war und nichts mit uns zu tun hatte. Gegen Ende wurde es besonders schlimm, als Betty und Machtab flüchteten und fast vor Kälte gestorben sind. Ich war sehr froh, dass sie sich retten konnten. Danach saßen wir in einem Café und redeten über den Film. Eigentlich sagten wir alle drei das Gleiche, dass die Mutter und das kleine Kind sehr tapfer waren und dass das Leben im Iran schrecklich war und die meisten Leute auch, abgesehen von den wenigen Menschen, die ihnen geholfen hatten. Hanne meinte, dass die Religion daran schuld sei, wenn die Männer die Frauen schlecht behandeln. Sie hatte einen Artikel über den Islam gelesen, in dem alles erklärt wurde. Die Diskussion gefiel mir nicht, weil ich und die ganze Familie meines Vaters Moslems waren. Für mich war es, als würde sie schlecht über mich und meine Verwandten reden, obwohl sie noch kein Wort über Pakistan gesagt hatte. Ich hörte weg, trank meine Cola und sah mir die Leute in dem Café an. Ob sie auch in dem Film gewesen waren? Bei manchen Frauen sah ich es am Gesicht, weil sie auch rote Augen hatten. Dann musste ich wieder zuhören.

»Nach diesem Film würde ich mir an deiner Stelle gut überlegen, ob du Nasima noch erlaubst, mit deinem Mann nach Pakistan zu fahren«, sagte Hanne.

»Also, hör mal, mein Muhztfahr mag schon seine Schwächen und seine Fehler haben«, sagte meine Mutter, »aber er ist kein böser Kerl. Er hat sie immer zurückgebracht, nie würde er so etwas machen wie dieser schreckliche Moody im Film.«

Woher sie so sicher sei, wollte ihre Freundin wissen. Mama hätte doch keine Ahnung, was für ein Mensch Muhztfahr in seiner Heimat sei. Der Moody sei in Amerika auch ganz nett gewesen, erst im Iran wurde er zu einer solchen Bestie. Da musste ich mich einmischen und verteidigte meinen Papa. Er war keine Bestie, sie durfte so etwas nicht sagen, ich war schon oft mit ihm in Pakistan gewesen, und nie hatte er mich geschlagen oder eingesperrt.

»Wenn ich dort bin, darf ich überall herumlaufen, genauso wie hier«, sagte ich ihr, »nur nicht ins Schwimmbad, weil es da nicht genug Wasser gibt!«

Darüber lachten Mama und ihre Freundin, und sie redeten nicht mehr über meinen Vater. Am Abend erzählten wir ihm beim Essen den ganzen Film von vorne bis hinten, und er sagte, dass er ihn auch gern sehen möchte, aber nicht ins Kino gehen wollte. Zwei Monate später hatte Mama dann das Video von dem Film gekauft, und wir sahen ihn alle drei zusammen bei uns im Wohnzimmer. Das war einige Wochen, bevor wir zu Weihnachten in den Urlaub nach Pakistan fuhren.

»Was sagst du jetzt«, fragte Mama, »würdest du je so etwas machen?«

»Für wen hältst du mich denn«, antwortete Papa, »nie, niemals würde ich so etwas machen, und wenn du willst, schwöre ich es dir auf den Heiligen Koran, dass ich weder dich noch Nasima gefangen halten würde. Sie war schon so oft in Pakistan, immer habe ich sie dir zurückgebracht, und ich bleibe sowieso in Deutschland, also brauchst du mich nicht zu verdächtigen.«

So ungefähr sprach mein Vater auf meine Mutter ein.

»Ja, wenn das so ist«, sagte sie, »dann schwöre mir auf den Koran, dass du es nie tun wirst.«

Ich war dabei, als er es getan hat. Erst sagte er, dass er tot umfallen wolle, wenn er mir je ein Haar krümmte, aber das war es nicht, was Mama hören wollte.

»Sag einfach: Ich schwöre auf den Heiligen Koran, dass ich Nasima nie entführen werde.«

Eine Hand musste er auf das Buch legen und die andere heben, wie beim Gericht in Deutschland. Er wiederholte alles, was sie sagte, und sie war damit zufrieden.

»Weißt du, Maria, die Leute hier und in Amerika reden schlecht über den Islam, weil sie nichts darüber wissen. Sie kennen sich nicht aus, keiner weiß, wie es bei uns wirklich ist. Ihr denkt, alle islamischen Länder sind gleich, aber das stimmt nicht. Und ihr denkt, dass ihr viel besser seid und alles besser macht. Das stimmt auch nicht.«

Er war sehr verärgert, wenn jemand die Moslems kritisierte. Als Hanne das nächste Mal zum Essen kam, erklärte er ihr seinen Standpunkt.

»Ich spreche über keine Religion schlecht«, antwortete sie. »Auch über deine nicht. Von mir aus darf jeder glauben, was er will. Aber du musst schon zugeben, dass diese Iraner die Frauen wirklich schlecht behandeln!«

»Dieser Film zeigt vielleicht, wie es im Iran läuft, vielleicht stimmt das, vielleicht ist es aber auch übertrieben. Jedenfalls sagt er nicht die Wahrheit über den Islam. In Pakistan ist eh alles ganz anders. Nicht so streng. Es gibt bei uns keine Sittenpolizei, die Frauen auf der Straße aufgreift, weil ihr Tschador nicht richtig sitzt! Außerdem sind bei uns die Frauen alle bunt angezogen. Ich kann es dir gern zeigen, magst du ein pakistanisches Video sehen?«

»Mit der Kleidung hast du Recht«, sagte Mama. »Es kann schon sein, dass es ein wenig übertrieben ist, aber passiert ist die Geschichte trotzdem, du kannst nicht behaupten, dass alles gelogen ist.«

Sie haben nicht gestritten, nur ein wenig lauter geredet als sonst. Es war normal, danach waren sie bald wieder gut miteinander, haben ein Stück von dem pakistanischen Video angeschaut und viel gelacht. Trotzdem wollte Mama nicht, dass ich über Weihnachten nach Pakistan fuhr.

»Dein Vater fährt allein, du bleibst hier bei mir, und wir zwei feiern wieder Weihnachten zusammen. Und Silvester auch. Wir sehen uns das Feuerwerk vom Balkon aus an, dieses Jahr bist du alt genug, um bis Mitternacht aufzubleiben.«

Ich liebte Feuerwerke. Ich liebte die Lichter und den Lärm und den Geruch, wenn es überall ein bisschen angebrannt roch. Das Feuerwerk zu Silvester hätte ich schon gern gesehen, aber lieber noch wollte ich nach Pakistan fahren.

»Bitte, Mama, lass mich fahren, ich möchte Opa und Oma sehen, ich habe ihnen versprochen, dass ich komme.«

Jeden Tag habe ich gebeten und gebettelt, bis sie am Schluss sagte: »Gut, wenn du unbedingt willst, dann fährst du eben.«

Maria

Im Mai 1992 fing ich an, ganztags als Altenpflegerin zu arbeiten. Ich hatte Schichtdienst. Wenn ich am Nachmittag arbeiten musste, fuhr Nasima oft nach der Schule allein mit dem Bus von Senden nach Ulm, um mich dort zu besuchen. Sie war ein sehr selbstständiges Kind. Unternehmungslustig war sie auch. Sie hatte seit langem schon ihren eigenen Hausschlüssel, kannte sich in der Stadt aus und hatte keine Angst, sich zu verirren. Wenn sie aus Versehen in den falschen Bus eingestiegen war, was ein- oder zweimal geschah, fragte sie sich einfach durch. In einer Großstadt wie Berlin, München oder Frankfurt kann man die Kinder nicht überall allein hingehen lassen, bei uns in Senden schon und in Ulm auch. Das ist eine Kleinstadt, es gibt nicht so viel Kriminalität, jeder kennt jeden. Nicht ganz, aber fast. Man fühlt sich sicher.

Nasima liebte es, mich bei der Arbeit zu besuchen. Im Altenheim fand sie es besonders spannend, sie durfte ein Paar weiße Leggins und eine weiße Schürze von mir anziehen, servierte den alten Leuten ihren Nachmittagstee oder -kaffee und brachte ihnen Kuchen. Mit neun war sie groß für ihr Alter, sehr klug und sehr freundlich. Sie sprach gern mit den Heimbewohnern, ihr machte es gar nichts aus, dass sie ständig die gleichen Geschichten erzählten. Und wenn es jemandem sehr schlecht ging oder wenn einer weinte, streichelte sie demjenigen die Hand. Sie war unheimlich lieb zu ihnen, machte auch kleine Besorgungen für die Leute.

»Sie haben ein so nettes Mädchen«, sagten die Heimbewohner zu mir, »wann kommt sie denn wieder auf Besuch?«

Sie zeigten ihr Fotos von ihren Enkeln, bald kannte sie die Namen der ganzen Familien, und auf dem Rückweg erzählte sie mir die Geschichten, die sie eben gehört hatte. Wir beide waren dort sehr beliebt. Mich mochten die Leute, weil ich fast immer gut gelaunt war und immer einen Witz auf Lager hatte. Es war eine schöne Arbeitsatmosphäre. Alle, der Chef, die Kollegen bis hin zu den Patienten, waren freundlich und nett. Ich war in meinem Element. Es war die beste Stelle, die ich je hatte. Wenn ich nicht krank geworden wäre, würde ich immer noch dort arbeiten.

Die Frühschicht ging von halb sieben bis zwei, die Spätschicht von eins bis neun, dann gab es auch Nachtwachen. Es war schon anstrengend, weil es viel zu tun gab, aber wenn einem die Arbeit gefällt, spielt das keine Rolle. Wir hatten 156 Heimbewohner, bei den Nachtwachen mussten wir zu zweit drei Runden drehen, jede Nacht. Manchmal verlief die Nacht ruhig, manchmal aber auch nicht. Bei Vollmond zum Beispiel hatten wir immer alle Hände voll zu tun. Keine Ahnung, warum sich der Vollmond so auf die Menschen auswirkt, mit zunehmendem Alter scheinen die Leute immer empfindlicher dafür zu werden, manche werden halb verrückt dabei, sie ziehen die Betten ab, wandern durchs Haus, klingeln ununterbrochen, sodass man sich keine Sekunde hinsetzen kann. Wenn es einen Todesfall gab, war ich traurig, weil ich jeden Einzelnen kannte und mochte, aber auch weil es mich an den Tod meiner Mutter erinnerte. Und trotzdem ist die Altenpflege mein absoluter Herzberuf.

Eine gute Arbeit macht den ganzen Menschen glücklich. Ich kann mich nicht daran erinnern, dass wir, Muhztfahr und ich, in diesen Monaten bis zum Ende des Jahres 92 auch nur ein einziges Mal richtig gestritten hätten. Ich war entspannter, vielleicht auch nachsichtiger mit ihm. Damals meinte ich, jetzt ist alles gut, es kann nur noch besser werden. Sicher, wir waren kein Liebespaar mehr. Wir schliefen kaum noch miteinander. Das lag aber nicht an irgendwelchen Potenzschwierigkeiten. Er war in Ulm deswegen tatsächlich behandelt worden, das Thema war längst erledigt. Was er für eine Krankheit hatte, ob es überhaupt eine war oder nur eine psychische Störung, das könnte ich nicht sagen. Ich weiß nur, dass sein Arzt sich damals erkundigte, ob bei uns in der Familie alles in Ordnung sei.

»Ja«, antwortete er, »wir führen eine gute Ehe, meine Frau und ich sind glücklich miteinander.«

So berichtete er es mir. Ich glaubte es ihm, weil ich selbst wortwörtlich die gleiche Antwort gegeben hätte.

Er hatte teure Spritzen bekommen, die ihm halfen. Einige Male schliefen wir noch miteinander, er wollte es mehr als ich, wohl auch um sich und mir zu beweisen, dass es noch ging. Rein körperlich, rein mechanisch funktionierte es prima, bei ihm und bei mir auch, trotzdem hatte ich kein Bedürfnis, es zu wiederholen.

Meine Lust auf ihn, meine Lust, in seinen Armen zu liegen, ihn zu lieben und von ihm geliebt zu werden, war einfach verschwunden und kam nicht wieder. Ich machte mir wenig Gedanken darüber, Sex war nicht etwas, was ich sehr vermisste. Und Muhztfahr schien sich vor allem den Kopf darüber zu zerbrechen, ob es auch funktionieren würde, wenn er keine Spritzen mehr bekam. Da er mit seiner zweiten Frau später drei Kinder bekam, war er wohl geheilt.

Wer oder was ist schuld daran, wenn die Lust in einer Partnerschaft abnimmt oder ganz verschwindet? Die Frauenzeitschriften sind voller Ratschläge und Tipps, wie man die Erotik in einer Beziehung retten kann, auch ich habe meine Meinung dazu: Manchmal gibt es Zeiten im Leben, in denen Sex nicht wichtig ist. Andere Dinge sind wichtiger. Ehrlichkeit, zueinander stehen, einander helfen. Wenn diese Dinge zwischen zwei Menschen stimmen, stimmt es auch mit dem Sex, und zwar ganz von allein, ohne dass man sich darum bemüht. Bei uns war im Grunde genommen irgendwann nichts mehr davon da, aber damals merkte ich es nicht. Oder ich wollte es einfach nicht merken.

Es kann sein, dass ich unbewusst eine Veränderung bei meinem Mann wahrgenommen habe, nachdem er Nasrin kennen gelernt und beschlossen hatte, sie zu heiraten. Es kann sein, dass ich deswegen die Lust verloren habe. Jedenfalls ist beides ungefähr zeitgleich geschehen. Hat das eine das andere beeinflusst? Ich würde es nicht beschwören, aber es ist gut möglich. Wenn ja, was war zuerst da? Seine Untreue oder meine fehlende Lust? Ich glaube, ich denke zu viel darüber nach und bilde mir nur im Nachhinein ein, dass es zeitgleich stattfand.

Für seine Rückkehr nach Pakistan gibt es jedenfalls viele Gründe, die schwerwiegender sein dürften. Vielleicht konnte er es nicht mehr ertragen, dass ich immer geradeheraus sagte, was ich dachte. Manchmal bin ich ziemlich laut geworden, und kratzbürstig kann ich auch sein, wenn mir alles zu viel wird. Vielleicht wünschte er sich eine fügsame Frau, eine, die zu ihm aufschaut und ihm alle Wünsche von den Augen abliest. So einen Mann wünschte ich mir damals auch. Doch solche Partner gibt es nirgends auf der Welt!

Es kann sein, dass er sich einen Sohn gewünscht hat, dass seine zweite Frau oder seine Eltern ihn bedrängt haben, dass er befürchtet hat, Nasima würde hier viel zu frei aufwachsen. Und es kam noch etwas hinzu, das man nicht unterschätzen darf. Manchmal kehrte er am Wochenende ganz abgerissen nach Hause zurück. Einmal blutete ihm die Nase, ein anderes Mal hatte er ein Veilchen bekommen. Ich desinfizierte seine Wunden, flickte seine Kleider und versuchte ihn zu beruhigen. Er war enorm aufgebracht.

»Maria«, sagte er, »ich lebe schon fünfzehn Jahre in Deutschland, ich habe noch nie erlebt, dass die Leute mich so beschimpfen, weil ich eine dunklere Haut habe.«

Eine Gruppe Betrunkener hatte ihn »Scheiß Kanake« genannt und aus einer Kneipe geworfen, wo er oft ein Bier trank. Der Wirt hatte die Polizei angerufen, ihm aber auch nahe gelegt, nicht mehr zu ihm zu kommen.

»Hör nicht auf die blöden Leute«, sagte ich zu ihm, »es sind nur ein paar Idioten, du musst dich deswegen doch nicht in irgendwelche Schlägereien hineinziehen lassen, oder?«

Aber er musste unbedingt zurück in diese Kneipe! Mit ein paar Kumpels ging er hin, um sich diesmal richtig herumzuschlägern. Es war sehr dumm von ihm, fand ich, andererseits was hätte er tun sollen? Alles einfach einstecken? Die steigende Ausländerfeindlichkeit machte meinem Mann ernsthaft zu schaffen.

Für mich gibt es jedoch einen Hauptgrund: Er hatte hier genug Geld verdient, um da unten den reichen Mann zu spielen!

Als Nasima seinen Geldkoffer entdeckte, war ich zuerst erschrocken. Es war so viel Geld, dass ich mich erst fragte, ob er krumme Geschäfte machte. Noch am selben Abend bat ich um eine Erklärung. Ich habe sie vergessen. Sie war vermutlich überzeugend genug, um mich vorübergehend zu besänftigen. Wenn ich allerdings jetzt daran denke und diesen Koffer vor mir sehe, macht es mich wahnsinnig wütend und mir tut nur eins Leid: dass ich bloß dreihundert und nicht dreitausend Mark daraus genommen hatte. Oder gleich das ganze Geld. Dann hätte er nicht in Pakistan bleiben können.

Das Jahr ging zu Ende. Muhztfahr war wie immer, er rief nicht häufiger als sonst in Pakistan an, zumindest nicht von unserem Apparat aus. Die Telefonrechnung hätte ihn verraten. Er erkundigte sich, wann die Schulferien begannen und wann sie zu Ende gingen, um seinen Urlaub mit Nasima zu planen. Diesmal war ich strikt dagegen. Der Film »Nicht ohne meine Tochter« hatte mich zutiefst erschüttert. Ich hatte ihn im Mai zusammen mit Hanne und Nasima gesehen, fünf Monate später konnte ich diese Bilder immer noch nicht vergessen.

»Na und«, fragte Hanne, »lässt du sie fahren oder nicht?«

»Dieses Jahr nicht, auf keinen Fall«, antwortete ich.

»Gott sei Dank«, sagte sie. »Nichts gegen deinen Mann, aber trotzdem, du weißt, wie ich es meine.«

Ich wusste es. Was sie diskret andeutete, beschäftigte mich insgeheim auch. Fast alle meine Freunde und Bekannten hatten diesen Film gesehen, fast alle kannten und mochten meinen Mann, doch etliche fragten nach, ob ich keine Angst hätte, dass er die Kleine entführt. Doris, die eine Tochter im gleichen Alter hatte und alleinstehend war, redete sogar auf mich ein, dass ich mich von Muhztfahr trennen sollte. Ich mochte es nicht, wie sie von oben herab über mich, meine Ehe und meinen Mann urteilte. Solche Gespräche bewirkten eher das Gegenteil von dem, was sie erreichen wollte. Je kritischer sie wurde, desto mehr fühlte ich mich dazu animiert, Muhztfahr zu verteidigen.

Nasima bekam von diesen Diskussionen so gut wie nichts mit. Sie ging davon aus, dass sie wie immer fahren würde, hatte schon den Mitschülern von ihren Ferienplänen erzählt, überlegte, was sie ihren Großeltern mitbringen würde und war kein bisschen bereit, sich mit meiner Entscheidung abzufinden. Sie wollte unbedingt nach Pakistan.

»Nein, dieses Jahr nicht«, sagte ich. »Dieses Jahr machen wir es uns zu Hause schön, wir kaufen einen Weihnachtsbaum, und Silvester darfst du so lange aufbleiben, wie du willst, wir schauen uns das Feuerwerk zusammen an.«

Drei Wochen lang gab sie keine Ruhe. Drei Wochen lang blieb ich hart, drei Wochen lang hörte ich ständig: »Nein, Mama, ich fahre, ich will zu Oma und Opa, ich hab es ihnen versprochen.«

Mit ihrem Dickschädel ist es Nasima schließlich gelungen, mich umzustimmen. Sie war überglücklich. Sie lief überallhin, erzählte jedem davon, dass sie nach Pakistan fahren durfte, auch Hanne, die ihr nicht glaubte.

»Du lügst, deine Mutter hat mir selbst gesagt, dass du nicht fährst!«, erwiderte Hanne.

»Frag sie doch, frag sie doch«, rief Nasima.

Keine Minute später war Hanne am Telefon, im Hintergrund hörte ich Nasima wie einen Papagei wiederholen »frag sie doch, frag sie doch!« Ich erklärte, dass ich mich umentschieden hatte, weil meine Tochter um jeden Preis nach Pakistan reisen wollte.

»Mich trifft der Schlag«, sagte Hanne. »Du hast nicht alle Tassen im Schrank, wirklich nicht. Dir ist echt nicht mehr zu helfen.«

Am 21. Dezember 1992 brachte ich Muhztfahr und Nasima nach Ulm zum Bahnhof. Es war ein Montag. Am Wochenende hatten wir ein bisschen Weihnachten miteinander vorgefeiert, alle Kerzen vom Adventskranz brennen lassen und Plätzchen gegessen. Die Geschenke sollte es nach der Rückkehr geben. Es gab nichts Besonderes, was mir in Erinnerung geblieben wäre. Zum Essen hatte sich Nasima selbst gemachte Hamburger mit Pommes gewünscht. Am Samstagabend ging Muhztfahr noch Rosen verkaufen. Ich sah mit Nasima fern, wir schwatzten miteinander, während ich ihre Kleider für die Reise bügelte. Am Sonntag packten wir alles zusammen. Ich erinnere mich daran, dass Muhztfahr kaum Kleidungsstücke für sich mitnahm, dafür hatte er einen Riesenkoffer voll mit Geschenken für die ganze Familie, vielleicht waren es mehr als sonst, doch ich achtete nicht darauf.

Diesmal hatte er von sich aus das Thema seiner Rückkehr erwähnt und versprochen, pünktlich zu Nasimas Geburtstag am 10. Januar 1993 wieder da zu sein. Er zeigte mir die Flugtickets, und ich schrieb die Ankunftsdaten in meinem Kalender auf. Mehrmals beteuerte er seine guten Absichten und schwor, dass er den Rückflug nicht umbuchen würde. Er sprach von einigen Dingen, die er gleich nach seiner Rückkehr unbedingt erledigen wollte. Ich traute meinen Ohren kaum, denn es schien, als hätte er endlich begriffen, dass er sich und uns nur Scherereien mit seinen ewigen Verspätungen einhandelte.

Es war fast zu schön, um wahr zu sein, dieser Gedanke schoss mir durch den Kopf und verschwand gleich wieder. Warum bist du immer so misstrauisch, dachte ich, gerade jetzt, wo er sich offensichtlich Mühe gibt, dich nicht zu verärgern und auf all deine Wünsche einzugehen! Es war schon eine ganze Weile bei uns außerordentlich harmonisch und friedlich gewesen. Muhztfahr war häuslicher geworden, er kochte noch häufiger als sonst, fragte mich, bevor er seine Freunde einlud, ob es mir recht war und ob ich noch welche dazu einladen wollte, anstatt mich vor vollendete Tatsachen zu stellen. Es schien tatsächlich ein Wandel stattzufinden, doch keiner, der mich misstrauisch stimmte, im Gegenteil.

Der Abschied war wie immer. Es ging sehr schnell, da der Zug nur zwei Minuten in Ulm hält. Nasima küsste mich und stürzte in den Wagen, um einen Fensterplatz zu belegen, ich rief ihr hinterher, dass sie nicht vergessen sollte, Oma und Opa schön von mir zu grüßen, aber sie hörte gar nicht mehr zu. Ganz gegen seine Gewohnheit umarmte mich mein Mann, bevor er in den Zug stieg. Die Tür schloss sich hinter ihm, ich trat einen Schritt zurück, der Zug setzte sich in Bewegung, ich winkte, und das Letzte, was ich sah, war Nasimas Gesicht, platt gegen die Scheibe gedrückt. Mir kamen die Tränen. Auch das war nichts Ungewöhnliches. Jedes Mal, wenn die beiden zusammen wegfuhren und ich dem Zug hinterherschaute, allein auf dem Bahnsteig, musste ich ein wenig weinen.

Mein erstes Jahr in Pakistan

1993

Nasima

Zu mir sagte Papa kein Wort davon, dass er nicht mehr nach Deutschland zurückfahren wollte. Während der Reise war er lieb wie immer. Wie letztes Mal holten uns Nasrin und ihr Bruder Zafar vom Flughafen ab, und auf der Fahrt zu meinen Großeltern sprach bestimmt niemand davon, dass wir für immer bleiben würden. Nasrin war lustig und lieb, diesmal schenkte sie mir ein Armband und einen schönen grünen Stoff, grün wie meine Augen, daraus sollte mir eine Näherin im Dorf einen Shalwar-Kamiz machen. Anders war nur, dass sie öfter bei ihren Eltern war und dass ich in den ersten vier oder fünf Tagen meinen Vater weniger sah als sonst. Er war ständig unterwegs und wollte nicht, dass ich ihn begleite. Wenn ich ihn fragte, wo er gewesen sei, erklärte er mir, dass er seine Geschäfte in Ordnung bringen musste und viele Dinge zu organisieren hatte. Was für Geschäfte, sagte er nicht.

»Nasima, bitte, du sollst nicht immer fragen. Das gehört sich nicht. Du bist ein Mädchen, du tust einfach, was ich dir sage, und fertig.«

So hatte er noch nie mit mir geredet. Ich verstand nicht, warum ich auf einmal meinen Mund halten musste. Etwas war anders geworden, nur was? Am Anfang schien mir alles normal zu sein, mehr oder weniger. Ich hatte Ferien, war glücklich, Oma und Opa zu sehen, freute mich, dass Asia auch Ferien hatte, freute mich auf Nasir und hoffte, dass er bald mit mir spielen kommen würde. Es war auch sehr schön, dass es nicht kalt war und nicht regnete wie in Deutschland. Ich rannte endlich wieder überall herum und amüsierte mich mit den Tieren, doch oft riefen mich Oma Shara oder Shamah zurück in den Hof, vor allem wenn Besuch da war.

»Du bist jetzt ein großes Mädchen«, sagten sie, »du sollst nicht immer weglaufen, bleib doch hier im Hof mit den Frauen zusammen.«

Dazu hatte ich aber keine große Lust. Die Frauen waren zwar meist alle nett zu mir, verwöhnten mich mit Aufmerksamkeiten und Geschenken, machten mir Komplimente. Oft hörte ich von ihnen solche Sätze wie: »Ach, Nasima, du hast eine schöne weiße Haut, so weiß wie weißer Marmor, pass bloß auf, dass du nicht so viel in die Sonne gehst!« Es schmeichelte mir, dass sie mich hübsch fanden, aber es machte mich auch verlegen, und ich mochte es nicht, wenn sie sagten, dass der Mann, der mich heiratet, viel Geld für mich zahlen muss.

»Ich heirate niemanden«, sagte ich, »ich bin doch ein Kind, und Kinder heiraten nicht.«

Ich war zehn Jahre alt, sah aber wegen meiner Größe älter aus, deswegen lachten die Frauen, wenn ich erklärte, dass ich ein Kind sei. Nur eine entfernte Tante lachte nicht. Sie meinte, ich sei bald erwachsen und alt genug, mich ordentlich zu verschleiern. Sie war streng gläubig und die einzige Verwandte, die immer eine Burqa trug, wenn sie aus dem Haus ging. Meine anderen weiblichen Verwandten waren auch gläubig, aber jede hatte wohl ihre eigene Auffassung von der Kleiderordnung. Ob sich andere Frauen verschleierten und wie, welche Kleider sie trugen, all das schien für sie wichtig zu sein, sie konnten stundenlang darüber tratschen, wie viele Haare Nachbarinnen beim Einkaufen im Basar zeigten. Shamah, die siebzehn oder achtzehn Jahre alt war, hätte es gern gesehen, wenn alle das Gesicht vollkommen bedeckt hätten, und fand es unmöglich, dass ich noch in Jeans herumlief. Ihre Schwester Asia dagegen war vierzehn und hätte liebend gern Jeans angezogen, wenn man es ihr nur erlaubt hätte. Alle Mädchen ab zwölf, dreizehn Jahren und die erwachsenen Frauen trugen einen langen bunten Schal auf den Schultern, je nachdem wo sie sich befanden und wer sie sehen konnte, zogen sie den Schal hoch, um ihre Haare abzudecken oder verschleierten sich damit, die eine weniger, die andere mehr oder ganz. Der Schleier war für sie ein Schutz gegen die Blicke der Männer.

In Deutschland hatte ich mich oft verschleiert, wenn ich mit meinen Freundinnen spielte, einmal waren wir zu mehreren als pakistanische Mädchen verkleidet zum Fasching gegangen und hatten viel Spaß gehabt, weil uns niemand erkannte. Es war eben ein Spiel gewesen. Für mich war es in Pakistan auch ein Spiel, ein anderes. Mit diesem Schleier, den ich meinen Verwandten zuliebe trug, spielte ich die erwachsene Frau, ahmte meine Tanten nach. Ich dachte, die Erwachsenen hätten es gut, sie durften über alles entscheiden und überall mitreden. Dabei dachte ich meist an meine Mutter und ihre Freundinnen. Wie wenig Frauen in Pakistan entscheiden dürfen, war mir noch nicht aufgefallen. Als Mädchen aus dem Ausland hatte ich bis dahin Narrenfreiheit genossen.

Es kamen viele Verwandte, Freunde und Nachbarn auf Besuch. Nicht alle auf einmal wie zu einer Hochzeit, sondern nacheinander, oder wir gingen Leute besuchen. Manchmal war ich mit Oma Shara unterwegs, manchmal fuhr ich mit meinem Vater durch die Gegend. Meine Großeltern, Papa und ich reisten auch alle zusammen nach Sarghoda, um den Rest der Familie zu besuchen. Es war eine gute Zeit. Ständig gab mir mein Vater Geld, sehr viel Geld. Er sagte, ich sollte mir etwas Schönes kaufen. Er behandelte mich ein wenig wie eine Prinzessin. Bestimmt war ich weit und breit das reichste Mädchen überhaupt.

Die meisten Leute, die wir besuchten, lebten besser und bequemer als meine Großeltern, sie hatten moderne Häuser mit fließendem Wasser und mit Strom, es gab Toiletten und Badezimmer mit Dusche. Einige hatten Stereoanlagen, Fernsehen, Video und Telefon genau wie in Deutschland. Große Ventilatoren wegen der Hitze gab es überall. Ich liebte Ventilatoren, ich liebte es, mich davor zu stellen und den Wind zu spüren. Je nachdem wie groß das Haus war, saßen die Männer in einem Zimmer und die Frauen in einem anderen, und wir Kinder rannten zwischen ihnen hin und her. Ich spielte gern mit den Kindern zusammen, wenn sie mich ließen, aber oft starrten sie mich nur an, weil sie mich nicht kannten und ich anders aussah als sie. Früher war ich meistens bei meinem Vater geblieben, jetzt sagte er, ich sollte zu den Frauen gehen. Langsam fand ich Gefallen daran. Immer war eine da, die mir die Haare machen oder die Fingernägel lackieren wollte, oder wir schauten zusammen Stoffe an und überlegten, welche Farbe zu welcher Frau passte und was man daraus nähen lassen könnte. Es war auch schön, wenn meine Tanten mich baten, ihnen beim Kochen zu helfen. Ich sah es nicht als Arbeit, sondern als Spiel und verstand nicht, dass ich kochen lernen sollte. In Wahrheit brachten sie mir nach und nach alle Aufgaben bei, die pakistanische Mädchen zu erfüllen hatten.

Zwischendurch fragte schon mal die eine oder die andere, ob ich für immer hier bleibe.

»Nein«, antwortete ich, »bald fahre ich nach Hause zurück zu meiner Mama.«

Ich war mir dessen sicher. Aber mein Vater sprach nicht davon und machte keine Anstalten zu packen. Er war nicht gut gelaunt, so zögerte ich ein wenig, ihn daran zu erinnern, dass die Ferien fast vorbei waren, dann tat ich es doch, weil ich Heimweh nach Mama hatte. Wir kehrten von einem dieser Besuche zurück, waren beide allein im Auto, ich hielt die Gelegenheit für günstig.

»Papa, ist es nicht bald Zeit, nach Hause zu fahren?«, fragte ich.

»Jetzt nicht, ich habe noch Dinge zu erledigen«, antwortete er.

»Aber ich habe in drei Tagen Geburtstag, und du hast der Mama gesagt, dass wir da zurück sind, und am Tag darauf beginnt wieder meine Schule, bitte sag mir, wann wir fahren.«

»Irgendwann, ich weiß es noch nicht. Lass mich in Ruhe, Nasima.«

»Aber die Mama macht sich Sorgen, wenn wir nicht rechtzeitig kommen, darf ich sie dann bitte anrufen?«

»Ich habe sie schon angerufen, sie weiß Bescheid«, sagte er.

Papa setzte mich bei meinen Großeltern ab und verschwand für einige Tage.

Am 10. Januar 1993 hatte ich Geburtstag und war sehr traurig. Ich wurde zehn Jahre alt, niemand feierte mit mir, meine Mama war weit weg in Deutschland, ich konnte sie nicht mal anrufen, weil mich niemand zum Telefonieren bringen wollte. Mein Vater war irgendwo, wo, das wusste ich nicht, mir hatte keiner etwas gesagt. Shamah und Asia waren zurück in der Schule, es war niemand da außer Oma, und sie hatte zu arbeiten. Aber sie sah mich weinen und fragte, warum ich so traurig sei. Ich antwortete, dass ich Geburtstag hätte und mir niemand etwas schenkte. Sie streichelte mir über den Kopf, um mich zu trösten, sagte dann zu mir: »Nasima, ich habe ein Geschenk für dich.« Sie holte ein Stück Stoff aus einer Truhe und gab es mir, ohne es einzupacken. Es war ein großes schwarzes Tuch, das ein bisschen komisch roch, mein erster richtiger Tschador! Oma Shara zeigte mir, wie man es umbindet. Es dauerte eine Zeit lang, bis ich es schaffte, ich lief noch ein bisschen damit im Hof herum, doch bald machte es mir keinen Spaß mehr, weil es darunter stickig war. Ich bekam keine Luft mehr, nahm es wieder ab und ging in der Orangenplantage spazieren, weil ich mich an diesem Tag schrecklich einsam fühlte.

Als ich zurückkam, stand ein Wagen vor unserem Hof. Mehrere Männer redeten gerade mit Opa Ashraf, aber mein Papa war nicht dabei, und ich dachte mir schon, dass etwas passiert war.

»Warum sind sie so aufgeregt?«, fragte ich Opa.

Er antwortete nicht, bedeutet mir, dass ich zu Oma gehen sollte.

»Dein Papa hat einen Unfall gehabt, einen Autounfall. Es ist ihm nichts passiert, er ist nicht verletzt, er hat nur kleine Schrammen, nichts Gefährliches, es geht ihm gut, aber weil er schuld an dem Unfall war, muss er ins Gefängnis gehen«, erklärte mir Oma.

Ich war entsetzt.

»Man muss ihn sofort rausholen«, schrie ich, »mein Papa darf nicht im Gefängnis bleiben, er ist kein Verbrecher, bitte bitte, Nani Jan, lass uns sofort zu ihm fahren.«

Oma schüttelte den Kopf und zog mich fort.

»Die Männer werden sich schon darum kümmern, dass dein Papa freikommt«, sagte sie, »du bist ein Mädchen, du kannst nichts tun.«

Sie machte sich auch Sorgen um Papa, wollte aber mit mir nicht darüber reden. Jemand in Fatehpur hatte aber Asia und Shamah erzählt, dass ihr Bruder im Gefängnis war, sie kamen beide nach Hause, um nach ihrer Mutter zu schauen. Für mich war es schon gut, weil Asia sich Mühe gab, mit mir zu reden und mich zu beruhigen.

»Mach dir keine Sorgen, Nasima, dein Papa kommt schon wieder frei, es dauert nur ein paar Tage, bis man weiß, wie viel Geld es kostet und das Geld beisammen hat«, so ungefähr erklärte sie mir die Situation.

Ich aber wusste, was zu machen war: In Senden anrufen, meine Mama benachrichtigen, damit sie uns das Geld schickt. Aber niemand wollte mit mir telefonieren gehen.

»Dein Papa erlaubt nicht, dass du die Mama anrufst«, behauptete Shamah.

Bestimmt irrte sie sich, es gab keinen Grund, warum er es mir nicht erlauben sollte, dachte ich, doch in dem Moment war ich viel zu verängstigt, um mit Shamah darüber zu diskutieren. Ich war zehn Jahre alt, ich hatte im Fernsehen Filme gesehen, auch viele pakistanische Videos hatte ich mit meinem Vater zusammen angeschaut, darin gibt es oft Szenen, in denen Männer im Gefängnis eingesperrt werden. Diese Bilder waren furchtbar. Immer wurden die Männer bei den

Verhören so böse zusammengeschlagen, dass ich nicht richtig hinschauen konnte. Immer gab es in den Gefängnissen Schlägereien, und die Leute lagen halb tot auf dem Boden und bluteten, und manchmal starben sie auch, und ihre Körper wurden wie Tierleichen herumgeschleppt und irgendwohin geworfen. Ich hatte eine wahnsinnige Angst davor, dass mein Vater nie aus dem Gefängnis zurückkommt, ich glaubte, dass sie ihn dort totschlagen würden, obwohl mir Shamah erklärte, das sei nicht wie im Film.

»Mein Bruder Muhztfahr war schon einmal im Gefängnis, mein Bruder Hayat auch, sie sind beide heil rausgekommen, hör endlich auf zu weinen«, so redete sie mit mir. »Es ist schon schlimm, aber nicht so schlimm, wie du denkst.«

Sie wiederholte, dass ich meine Mama nicht anrufen durfte. Aber schreiben, das durfte ich. Asia gab mir Papier und Stift, und ich begann einen Brief zu schreiben, wie ich es in der Schule gelernt hatte. Oben schrieb ich Pakistan und das Datum des Tages, vielleicht war es der 17. Januar 1993, darunter schrieb ich »Meine liebe Mama« und dann alles, was ich ihr sagen wollte.

Ich schrieb viele Briefe. Sie waren nie lang, in den ersten stand fast immer das Gleiche: »Meine liebe Mama, ich habe so Heimweh nach dir, ich habe so Heimweh nach Deutschland, bitte bitte komm und hol mich zurück, Papa kann mich nicht bringen, er sitzt im Gefängnis. Ich habe dich so lieb, ich will schnell nach Hause, bitte hol mich ab.« Am Ende vom Brief malte ich Herzen, damit meine Mutter sah, wie sehr ich sie liebe, aber manchmal musste ich beim Schreiben weinen, und die Tränen verschmierten die Schrift. Wenn ich fertig war, brauchte ich nur noch Mamas Namen und unsere Adresse in Senden auf den Briefumschlag schreiben, die kannte ich ja, dann gab ich den Brief Onkel Hayat oder Onkel Khan, damit sie ihn nach Fatehpur zur Post brachten.

Dann kam mein Vater gesund aus dem Gefängnis zurück. Ich weiß nicht mehr, wie lange er drinnen gewesen war, ob nur ein paar Tage oder ein paar Wochen, mir kam es damals jedenfalls sehr, sehr lange vor. Ich war so glücklich, ihn zu sehen, ich rannte auf ihn zu und stürzte mich in seine Arme.

»Lieber Papa, lass uns bitte jetzt sofort nach Deutschland zurückfahren«, bettelte ich, »ich will zu meiner Mama, ich habe hier eine solche Angst gehabt, ganz allein, während du eingesperrt warst, ich dachte, du kommst nie mehr zurück, und ich muss für immer allein hier bleiben. Bitte bitte, lass uns heimfahren zu Mama.«

Er streichelte mir über den Kopf.

»Nein, Nasima, wir fahren noch nicht, wir bleiben ein bisschen hier, aber du bist nicht mehr allein. Ich bin jetzt da, dein Papa ist bei dir. Ich werde immer bei dir bleiben.«

»Und wenn du wieder ins Gefängnis musst?«

Ich konnte diesen Gedanken nicht ertragen, doch er lachte über mich, wiederholte, dass die Sache erledigt sei, dass ich mir keine Sorgen um ihn machen musste und ein braves Mädchen sein sollte.

»Ich habe gehört, dass du nicht immer brav bist«, sagte er, »du gehorchst nicht, du tust nicht, was man dir sagt, du rennst die ganze Zeit herum und spielst mit den Jungen aus dem Dorf, das geht nicht. Versprichst du mir, dass du ab jetzt wirklich brav wirst, brav wie ein pakistanisches Mädchen? Sonst muss ich mich wegen dir schämen, du willst doch nicht, dass dein Vater sich wegen dir schämt?«

Selbstverständlich wollte ich das nicht, kein Kind will, dass sich sein Vater schämt, nur eins verstand ich nicht: Warum war er auf einmal nicht mehr stolz auf mich wie früher? Ich hatte mich nicht geändert, ich tat nichts Böses, ich war nicht frech zu den Verwandten, ich war zu niemandem frech gewesen, ich hatte auch nichts kaputtgemacht. Also, warum sagte er, dass er sich wegen mir schämen muss? Ich traute mich nicht zu fragen, es war mir zu kompliziert. Etwas anderes schien mir einfacher zu sein.

»Aber Papa«, erklärte ich ihm, »ich bin kein pakistanisches Mädchen, ich bin ein deutsches Mädchen. Meine Mama ist deutsch, ich gehe in die deutsche Schule, wir wohnen in Deutschland ...«

Bevor ich meinen Satz zu Ende sprechen konnte, begann er mit mir herumzuschreien, wie er es noch nie getan hatte. Er hob sogar die Hand gegen mich, als wollte er mich schlagen. Ich duckte mich, und er eilte davon. Abends kam er zurück und schien alles vergessen zu haben. Ich fragte ihn, ob wir am nächsten Tag zusammen nach Fatehpur fahren könnten, um Mama anzurufen und ihr zu sagen, dass wir bald kämen.

»Morgen nicht, nächste Woche vielleicht«, antwortete er. »Jetzt bleibst du erstmal hier bei deinen Großeltern.«

Aber als ich die Woche darauf wieder fragte, vertröstete er mich von neuem auf später.

Es war vielleicht schon Februar oder März 1993, ich glaubte ihm noch, dass er irgendwann mit mir nach Deutschland zurückfahren würde, aber dieses Irgendwann dauerte mir zu lange. Ich schrieb mehr Briefe an meine Mutter und bat sie inständig, mich sofort zu holen, weil mein Vater nie Zeit hatte. Diese Briefe gab ich Papa. Ich winkte ihm nach, wenn er losfuhr, stellte mir vor, wie mein Brief im Auto mitfährt, wie Papa in die Post zu dem Mann geht, der die Briefmarken verkauft, wie der Mann das Geld zählt und zurückgibt, den Brief stempelt und in einen großen Postsack hineinsteckt. Danach muss der Postsack nach Multan gebracht werden, ins Flugzeug, und irgendwann landet das Flugzeug in Deutschland, und der Brief muss noch mit dem Zug nach Senden fahren, bevor er in unseren Briefkasten hineinfällt.

Ich zählte die Tage, versuchte zu rechnen, wie lange der Brief braucht, und plötzlich dachte ich, heute muss er da sein. Heute bringt ihn der Postmann zur Mama. Und wenn sie ihn liest, schreibt sie mir sofort zurück, dann braucht ihr Brief wieder so lange, bis er bei mir ankommt. Ich hoffte so sehr, dass Mama mir endlich schreiben würde, morgens wachte ich auf und dachte, vielleicht ist heute der Brief da. Jeden Tag fragte ich Papa, und jeden Tag antwortete er das Gleiche: »Nein, Nasima, es ist kein Brief für dich da.«

Ich dachte, vielleicht dauert es so lange, weil die Leute in Fatehpur bei der Post alle Briefe nach Deutschland sammeln, bis sie genug haben, um einen großen Sack damit zu füllen. Ich dachte es nur so, weil ich mir nicht erklären konnte, warum meine Mama nicht antwortete, aber tief in mir wusste ich schon, dass diese Erklärung nicht richtig war. Meine Mutter hatte in Deutschland bei der Post gearbeitet, ich wusste, wie es da zugeht, wie die Briefe alle erst zusammengeschmissen und dann sortiert wurden.

»Vielleicht gehen deine Briefe unterwegs verloren«, sagte Shamah.

Ich glaubte ihr nicht, weil wir in Deutschland oft Briefe aus Pakistan bekommen hatten, trotzdem setzte ich mich hin und schrieb einen neuen. Und noch einen. Und noch einen. Ich weiß nicht, wie viele Brief ich insgesamt geschrieben habe, ich zählte sie nicht. Jede Woche einen Brief, manchmal alle drei Tage einen oder öfter.

Zum Schreiben verstecke ich mich hinterm Haus, wo mich keiner sieht. Es ist so, wie wenn ich mit meiner Mama rede. Ich sage die Sätze, die ich schreibe, laut, aber nicht zu laut, damit die Verwandten mich nicht hören, und ich bete zum lieben Gott: »Bitte, bitte, mach, dass meine Mama mich hört. Dass sie mich abholt.« Manchmal schließe ich die Augen, bete, wenn ich sie wieder öffne, dass Mama vor mir steht und sagt: »Hallo, Nasima, mein Schatz, was machst du denn hier ganz allein, ich vermisse dich, komm doch her, lass dich drücken und küssen, wir fahren jetzt nach Hause.« Es ist wie ein Traum, dabei geht es mir gut, und ich mag die Augen gar nicht mehr öffnen aus Angst, dass der Traum aufhört. Ich will ihn festhalten. Meine Mutter festhalten. Ich will, dass sie mich festhält. Dass sie wirklich bei mir ist, um mich festzuhalten. Ich will spüren, wie sie mich an sich drückt, will mein Gesicht an ihren weichen schwarzen Pulli schmiegen. Manchmal denke ich so fest an meine Mutter, dass ich sie riechen kann, ganz nah bei mir. Sie riecht gut nach Parfüm, sie riecht auch ein bisschen nach Kaffee, und ihre Haare riechen noch anders. Nach dem Wetter in Deutschland. Sie fährt mit dem Fahrrad von der Arbeit nach Hause, oft sind ihre Haare ganz zersaust und ein bisschen feucht, wenn es regnet. Ich bin bei uns in der Diele, umarme sie, stecke meine Nase in ihre Haare, sauge den Geruch des Regens ein, und sie sagt: » Lass mich erst die nassen Sachen ausziehen, Nasima. Pfui, was ist das für ein schreckliches Wetter heute.«

Ich öffne die Augen, meine Mutter ist nicht da, ich bin in Pakistan, es regnet nicht. Und wenn es hier regnet, sagt niemand »was für ein schreckliches Wetter heute«. Die Leute sagen: »Gott liebt uns, er schenkt uns diesen Regen.« Jeder ist froh über das Wasser, das vom Himmel fällt, weil es gut für das Land ist, für die Felder, für die Bäume, für alles. Die Kinder rennen aus den Häusern und tanzen im Regen. Wo meine Großeltern wohnen, ist es sehr trocken, nicht weit davon ist die Thal Wüste, es gibt nie genug Wasser. Es liegt tief unter der Erde, wenn wir welches brauchen, für uns oder für die Tiere, müssen wir es heraufpumpen, mit der Hand, mit der Kraft des ganzen Körpers. Es ist schwer. Es ist alles schwer hier. Auch mein Herz ist schwer. Wie ein großer schwarzer Stein.

Ein Jahr lang oder noch länger habe ich einen Brief nach dem anderen geschrieben und auf Antworten gewartet, die nie kamen. Nie schrieb meine Mutter zurück. Am Ende war ich verzweifelt. Ich war mir sicher, dass sie mich nicht mehr liebt. Dass sie zornig auf mich ist, weil ich in Pakistan bleibe. Oder, und das war für mich noch schlimmer, dass sie mich ganz vergessen hat. Dass ich für sie nicht mehr existiere. Die Wahrheit ist, dass sie von meinen ersten Briefen keinen einzigen je bekommen hat, aber woher hätte ich wissen können, dass niemand meine Briefe zur Post brachte?

Es war, bevor ich die Wahrheit herausfand, irgendwann mitten im Sommer 1993. Ich hatte schon unzählige Male gefragt, wann wir endlich nach Hause zurückfahren und hoffte immer noch, dass mein Vater eines Tages antworten würde: »Jetzt sind all meine Geschäfte erledigt, morgen fahren wir zum Flughafen«, anstatt irgendeine Geschichte zu erzählen, dass er wieder krank sei, dass sein Fuß ihm noch wehtat, dass er ein Auto verkaufen oder dies und jenes noch erledigen musste. Diesmal antwortete er: »Nasima, warum fragst du immer dasselbe? Warum verstehst du das nicht? Wir sind zu Hause. Das hier ist mein Zuhause, und wo der Vater zu Hause ist, sind seine Kinder auch zu Hause. Wir fahren nicht nach Deutschland zurück, wir bleiben hier. Für immer.«

Dann fügte er hinzu, dass er ab sofort nur noch Urdu oder Pandschabi mit mir reden würde. Ich sollte ihn nicht mehr Papa, sondern nur noch Abu Jan nennen, das bedeutet »lieber Vater« und klingt zwar nett, aber respektvoller als Papa. Es war jedoch nicht alles.

»Wenn du noch einmal fragst, wann wir nach Deutschland zurückfahren, schlage ich dich, dass dir die Lust am Fragen vergeht«, sagte er.

Trotzdem habe ich immer wieder gefragt. Ich konnte nicht anders. Ich hatte ein solches Heimweh nach Deutschland und nach meiner Mutter, dass ich unbedingt fragen musste. Noch hatte mich mein Vater nicht geschlagen, noch drohte er bloß, also fragte ich ihn, und wenn er Nein sagte, fragte ich Nana Jan und Nani Jan, meine Großeltern, ob sie mich nach Deutschland bringen. Ob sie mit dem Papa reden, damit er mich zurückbringt. Wir lebten zusammen, und sie sahen, wie traurig ich war, weil ich immer nur geweint habe. Ich saß in einer Ecke, weinte, wollte nicht mehr sprechen und nichts mehr essen, weil ich beim Essen immer an zu Hause denken musste.

Bei uns in Senden ist es im Sommer kühler. Trotzdem lässt Mama die Rollläden herunter und schließt die Fenster, damit die Hitze draußen bleibt. Ich sehe mich daheim, wie ich den

Tisch schön decke, um meiner Mama zu helfen. Ich lege das Messer und den Löffel rechts vom Teller, die Gabel links, das Glas oben rechts, eine Papierserviette dazu. Dann hole ich Untersetzer, sodass die Schüsseln den Tisch nicht kaputtmachen. Am Schluss stelle ich noch eine Blumenvase in die Mitte, damit es noch schöner aussieht.

Bei meinen Großeltern hocken wir auf den Charpois im Hof, in der Nähe vom Herd. Das Essen liegt auf einem großen Blechteller in der Mitte, jeder nimmt sich etwas daraus mit der rechten Hand, und wenn es runterfällt, ist es egal. Später kehrt man alles sauber, fertig. Das Essen ist gut, aber bei den Mahlzeiten fehlt mir meine Mama noch mehr als sonst, und jedes Mal denke ich daran, wie sehr sie pakistanische Speisen mag. Wenn sie nur endlich käme, um mich zu holen!

Nana Jan, Nani Jan, meine Großeltern, und Papas Geschwister Hayat, Asia und Shamah, wenn sie beim Essen dabei sind, gucken mich an und gucken weg, wenn ich weine. Manchmal nimmt Asia meine Hand und streichelt sie, oder die Oma drückt mich kurz an sich und sagt, dass ich aufhören soll zu weinen.

»Was willst du in Deutschland, Deutschland ist so weit weg, dort bist du ganz allein, dort hast du gar keine Familie, deine Familie ist in Pakistan«, sagen Shamah und Oma, »du darfst nicht immer daran denken, dann bist du nicht mehr traurig, dann wird alles bald besser.«

Aber nichts wird besser. Ich kann mich nicht daran gewöhnen, dass meine Mutter nicht da ist. Auch wenn meine Verwandten lieb zu mir sind, ist es nicht das Gleiche. Niemand kann meine Mama ersetzen. Auch Nasrin nicht.

Als mein Vater im Gefängnis ist, bleibt sie bei ihren Eltern in Fatehpur, kommt nur kurz vorbei, um zu schauen, wie es mir geht. Wenn ich weine, nimmt sie mich in die Arme und streichelt mich ein wenig, aber dann fährt sie gleich wieder weg. Sie wohnt lieber bei ihren Eltern in der Stadt als auf dem Hof, wo es kein Telefon gibt, sagt sie, weil sie ein Baby bekommt. Später, als Papa wieder frei ist, holt er sie ab und bringt sie mit dem Baby zu uns.

»Das ist deine Schwester«, sagt Nasrin zu mir, »sie heißt Asba, und wenn du willst, darfst du mir helfen und dich um sie kümmern. Ist sie nicht süß?«

Alle bewundern meine Babyschwester. Nur Oma sagt zu Nasrin, dass sie bald einen Jungen bekommen soll, und Nasrin ärgert sich darüber. Ich habe keine große Lust, mich um Asba zu kümmern, ich finde sie schon süß, mit ihren winzig kleinen Füßen und Händen, aber seit sie geboren ist, hat sich Nasrin geändert. Sie ist gar nicht mehr lustig wie früher.

»Nasima, du weißt schon, dass ich jetzt deine Mutter bin, also musst du mir gehorchen und alles tun, was ich verlange«, sagt sie und schickt mich Wasser holen.

Sie nimmt mich nie mehr auf den Schoß, ist ständig nur mit meiner Babyschwester beschäftigt und ist auch zu den anderen Familienmitgliedern nicht mehr nett. Ich mag sie nicht mehr. Niemand mag sie, und sie mag uns nicht. Sie ist verlogen. Erst hat sie sich mit allen gut gestellt, gelächelt und besonders freundlich getan, als würde sie jeden gern haben, und jetzt redet sie hintenrum schlecht über jeden Einzelnen. Sie tratscht über alles, nichts passt ihr, sie regt sich auf, weil meine Oma anders kocht als sie, behauptet, dass Asia oder ich frech waren, klagt, dass ihr keiner hilft und erzählt so viele Lügen, dass ständig Streit bei uns ist. Mein Vater ist den ganzen Tag nicht da, er sieht nicht, was passiert. Sicher sind Oma und Opa auch nicht nett zu Nasrin, auch Oma schimpft, weil sie zu viel Salz ins Essen tut oder den Reis zu lange kocht, aber Nasrin ist schlimmer. Einmal streitet sie so heftig mit Oma Shara, dass sie sich mit Töpfen bewerfen. Wenn Shamah nicht dazwischengegangen wäre, hätten sie sich geschlagen. Sie schreien so laut, dass man sie bis zum Hof der Nachbarn hören kann, und das ist ziemlich weit!

Es ist eine Schande für meinen Vater und für die ganze Familie. Im Koran steht, dass die Ehefrau ihrem Mann und auch der Mutter ihres Mannes gehorchen muss. Sie darf nicht frech sein und böse Antworten geben, doch Nasrin ist richtig boshaft. Sie respektiert meine Oma nicht, sie sagt so hässliche Worte zu ihr, dass diese weggeht.

»Ich kehre nicht zurück, solange dieses Satansweib hier ist«, schreit Nani Jan, »mein Sohn Muhztfahr hat eine böse Frau geheiratet, verflucht sei der Tag, an dem er diese böse Frau geheiratet hat, schaut, was sie macht, sie verjagt mich aus meinem Haus!«

Opa Ashraf, Hayat und Shamah reden auf sie ein, dass sie bleiben soll und warten, bis mein Vater kommt und die Angelegenheit regelt, sie sagen, dass er sicher Nasrin bestrafen wird, dass er sie verprügeln wird, aber sie lacht nur darüber. Asia weint. Oma nimmt ein Bündel mit ihren Sachen, spuckt auf den Boden direkt vor Nasrins Füße und zieht in eine Hütte am Waldrand, wo Opa sonst meistens allein übernachtet.

Mein Vater kommt. Es gibt zwei oder drei Tage lang nur Geschrei bei uns auf dem Hof. Ich gehe gar nicht mehr raus, verstecke mich mit Asia im Haus, lausche aber, was draußen passiert, höre, wie mein Vater mit Nasrin schreit, aber er schlägt sie nicht. Er entscheidet, dass sie überhaupt nicht mehr bei uns wohnen darf. Sie muss zu ihren Eltern zurück nach Fatehpur, darf sich bei uns nicht mehr blicken lassen.

»Ich kann nicht erlauben, dass du meine Mutter beschimpfst und Streit in meiner Familie stiftest«, sagt er, »verschwinde hier, du bist eine Beleidigung für meine Augen. Wenn ich meine Meinung ändere und das Bedürfnis verspüre, dich zu sehen, werde ich dich besuchen.«

Ich denke erst, dass es für Nasrin gar keine Strafe ist, weil sie viel lieber in Fatehpur lebt, bin erstaunt, weil sie weint und Papa bittet, sie doch nicht wegzuschicken, aber er ist so sauer, dass er ihr nicht mal erlaubt, ihre Sachen zu packen. Sie darf nur Asba mitnehmen. Mir und Asia ruft er zu, wir sollen ihre Kleider und alles, was ihr gehört, in einen Koffer packen und aus dem Haus tragen, dann fährt er mit Nasrin weg.

Asia erklärt mir, dass der Mann das Recht hat, eine boshafte Frau zu verstoßen. Ich weiß, was es bedeutet, es ist so ähnlich wie in Deutschland, wenn sich Menschen scheiden lassen. Für mich ist das eine sehr gute Nachricht. Vielleicht lässt sich mein Vater von Nasrin scheiden, und wir fahren endlich wieder nach Deutschland! Ich liege am Abend allein in meinem Bett und bete zu Gott, dass es passiert.

»Bitte mach, dass mein Vater Nasrin verstößt«, spreche ich erst auf Deutsch, dann wiederhole ich es auf Pandschabi für Allah.

Am nächsten Tag kommt Oma zurück. Sie streitet mit Papa, und er streitet mir ihr. Noch schlimmer als die Worte sind ihre Blicke, sie werfen sich so böse Blicke zu, dass ich Angst bekomme. Dann beruhigen sie sich, reden fast normal miteinander, als sei nichts gewesen. Ich sehe, dass Papa nicht glücklich ist. Ich sehe es nicht nur, er sagt es mir. Es ist später am Abend, ich will mit ihm über Mama und über Deutschland reden, aber ich möchte nicht, dass alle anderen zuhören und sich einmischen. Ich möchte mit ihm zusammen sein wie früher, möchte, dass er mir richtig zuhört, und folge ihm bis zu einem kleinen Holzhaus, wo er sich manchmal einsperrt, allein oder mit seinen Freunden. Diesmal ist niemand bei ihm, ich laufe leise hinter ihm her, schau erst mal, was er tut. Er schenkt sich ein Glas aus einer Flasche ein, trinkt es leer und schenkt sich ein zweites ein. Dann sieht er mich.

»Oh, Nasima«, sagt er, »ich habe einen großen Fehler gemacht, deswegen muss ich trinken, weil ich so unglücklich bin.«

Er weint. Ich halte ihn fest, drücke ihn, sage ihm, dass wir nach Hause fahren, zur Mama. Dass sie bestimmt nicht böse ist, dass sie sich freut, wenn wir kommen, dass sie ihn lieb hat, so wie sie mich lieb hat. Ich sage ihm, dass er aufhören soll zu trinken, weil das im Islam verboten ist. Dass er wieder ins Gefängnis gesteckt wird, wenn jemand erfährt, dass er Alkohol trinkt. Ich rede und rede und merke, dass er mir gar nicht zuhört. Er ist eingeschlafen mit der Flasche in der Hand.

Es gibt auch schöne Zeiten. Wenn mein Vater etwas mit mir unternimmt, wenn wir beide zusammen unterwegs sind. Ich liebe es, mit ihm allein herumzufahren oder in den Basar zu gehen. Er kauft mir fast bei jedem Basarbesuch ein Kleid, und zu jedem neuen Kleid auch ein Paar passende Schuhe. Dann gehen wir zusammen essen, aber irgendwann ist auch das langweilig, weil er nichts von der Mama und von Deutschland hören mag. Ich versuche, ihm zu erklären, wie schrecklich langweilig es für mich auf dem Hof meiner Großeltern ist, wenn er den ganzen Tag oder mehrere Tage hintereinander fort ist und frage ihn, ob ich nicht in die Schule gehen darf.

»Ach, das brauchst du doch nicht, wir gehen eh irgendwann nach Deutschland zurück. Vielleicht zu Weihnachten«, sagt er.

Aber Weihnachten geht vorbei, das Jahr 1994 beginnt, meinen Geburtstag feiert diesmal überhaupt niemand mit mir zusammen, der Frühling kommt, und ich habe so lange keine Nachrichten von meiner Mutter, dass es nur einen Grund geben kann: Sie hat mich vergessen.

Es sind schreckliche Zeiten. Jeder Tag gleicht dem anderen, es passiert nichts, den ganzen Tag nichts. Mein Vater ist von frühmorgens bis abends mit seinem Taxi unterwegs und nimmt mich nicht mehr mit, die Großeltern arbeiten auf dem Feld oder kümmern sich um die Tiere, Shamah und Asia sind auch fast immer in der Schule, ich bin allein und nur noch traurig. Was soll ich denn spielen, wenn keiner da ist? Ich habe nicht mal mehr Lust, ins Dorf zu gehen oder zu den Nachbarn. Auch dort ist es immer das Gleiche, die gleichen Leute und die gleichen Geschichten. Den ganzen Tag tue ich nichts außer herumliegen. Nicht draußen, im Zimmer drinnen. Ich glaube nicht mehr daran, dass ich gerettet werde. Von wem? Meine Mutter hat mich vergessen, ich kann nicht einfach weglaufen, ich habe hier keine Freunde, niemanden, der mir hilft. Ich will meine Verwandten nicht mehr sehen, gar niemanden mehr will ich sehen, auch nicht Oma Shara.

»Nasima«, ruft sie, »der Esel ist da, komm raus, ich setz dich auf seinen Rücken, komm, wir gehen zusammen Gras für die Kühe schneiden.«

Oder sie sagt, dass ich mit ihr Holz sammeln soll, dass mir weniger langweilig ist, wenn ich etwas tue. Aber ich gehe nicht raus. Wenn sie kommt, um mich abzuholen, drehe ich mich um und sehe die Wand an. Ich bleibe mehrere Tage so liegen, stehe nur auf, um auf die Toilette zu gehen und etwas zu trinken, verweigere das Essen, das mir die Oma bringt. Eines Abends höre ich, wie sie mit meinem Vater spricht.

»Du musst etwas tun, Nasima ist krank«, sagt sie, »wenn du nichts tust, stirbt sie vielleicht.«

Es ist mir gleich, ob ich sterbe. Mein Vater kommt zu mir, schaut nach, fragt, wie es mir geht. Ich sehe ihn an, aber ich antworte nicht. Ich mag nicht mehr mit ihm reden, ich mag ihn auch nicht sehen, drehe mich zur Wand. Er wird wütend, dreht mich um, schüttelt mich, zieht mich runter vom Bett und trägt mich raus zu Opa und Oma in den Hof. Onkel Hayat ist auch da. Papa zwingt mich, neben Hayat zu sitzen und etwas zu essen. Erst als ich ein Stück Brot gegessen habe, darf ich wieder ins Haus, aber nicht in mein Bett.

»Du gehst in mein Zimmer und wartest, bis ich komme, ich habe mit dir zu reden!«

Ich gehorche. In einer Ecke von seinem Zimmer liegt sein alter Pakistankoffer, der Gleiche, in dem er damals das Geld versteckt hatte. Das Schloss ist kaputt, ich öffne den Koffer, finde kein Geld, sondern eine Plastiktüte. Ich befühle sie, höre, wie Papier darin raschelt, werfe einen Blick hinein und sehe als Erstes ein Foto meiner Mutter. Dann erkenne ich ihre Schrift! Es sind Briefe von meiner Mutter! Sie schreibt mir, sie hat mich nicht vergessen! Ich bin gerettet!

Als mein Vater kommt, wirft sein Körper einen Schatten in das Zimmer. Ich sehe ihn nicht an. Er sagt nichts. Ich habe die Tüte geleert, alle Briefe und alle Fotos vor mir auf dem Boden ausgebreitet, mir ist es egal, ob er zornig wird und mich beschimpft oder mich schlägt. Ich halte ein Foto von Mama in der Hand und weine vor Glück. Sie hat eine rote Hose an, steht bei einer alten Lokomotive und lächelt, es ist ein Foto aus unserem letzten Urlaub in Österreich, das Foto kenne ich schon, es gibt auch eins von mir, da stehe ich vor derselben Lokomotive, nur dass ich nicht lächle, sondern an meinem Eis lutsche.

»Schau mal, Papa«, platzt es aus mir heraus, »ich habe ein Foto von der Mama gefunden, da waren wir zusammen mit Doris ...«

Ich bin ungeheuer aufgeregt, erzähle ihm, wie es dort war, dass man in die Lokomotive hineingehen und alles anschauen darf, höre mittendrin auf. Er sagt immer noch nichts, atmet schwer, als sei er traurig. Ich lege das Foto auf den Boden, nehme einen Briefumschlag und reiche ihn meinem Vater. Auf diesen Umschlag hat Mama meinen Namen geschrieben.

»Papa«, frage ich, »woher kommen diese Briefe? Warum sind sie hier, warum hast du sie mir nicht gegeben? Sie gehören mir, schau, was hier steht: An Nasima Nazar!«

Mein Vater seufzt. Er sagt, dass er einen Fehler gemacht hat, dass er mir die Briefe nicht geben wollte, damit ich nicht traurig werde. Es dauert eine ganze Weile, bis ich verstehe, was er meint. Er möchte, dass ich Deutschland vergesse. Dass es für mich wird, als würde Deutschland gar nicht existieren und meine Mama auch nicht. Als sei ich in Pakistan geboren, als hätte ich nie etwas anderes gekannt.

»Wenn du an Deutschland denkst«, sagt er, »fängst du an zu weinen, ein Vater kann es nicht ertragen, sein Kind immer unglücklich zu sehen.«

Mir liegt es auf der Zunge zu sagen, dass er mich zu meiner Mutter zurückbringen muss, wenn er mich glücklich sehen will, doch ich unterbreche ihn nicht. Er redet und redet, fängt selbst an zu weinen, als er das andere Foto von Mama sieht. Darauf ist sie schön wie eine Filmschauspielerin mit ihren wilden schwarzen Haaren und ihren rot geschminkten Lippen, sie trägt eine blaue enge Hose und eine silberne Jacke, als würde sie in die Disko zum Tanzen gehen. Sie ist tausendmal schöner als Nasrin mit ihrem schmalen Gesicht, ich bin mir sicher, dass er ganz genau dasselbe denkt wie ich, sonst würde er nicht mit mir zusammen weinen.

»Komm, Papa, lass uns schnell der Mama schreiben, dass wir jetzt zurückkommen«, sage ich, um ihn zu trösten.

Das macht ihn noch trauriger. Er erklärt mir, dass wir nicht zurückkönnen. Nicht jetzt und niemals sonst im ganzen Leben, weil er keine Aufenthaltsgenehmigung mehr für Deutschland hat und ins Gefängnis gesteckt wird, sobald das Flugzeug landet. Ich glaube ihm nicht. Ich glaube immer noch, dass meine Mutter alle Probleme regeln kann und es tun wird, sobald sie davon erfährt, ich bestehe darauf, ihr zu schreiben, dann fällt mir ein, wie oft ich schon geschrieben habe. Ob er meine Briefe überhaupt abgeschickt hat? Und wenn nicht, was hat er mit ihnen gemacht? Ich traue mich nicht zu fragen, frage nur, ob ich die Briefe behalten darf.

»Du darfst die Briefe behalten, auch die Fotos«, sagt er, »ab jetzt, wenn deine Mutter schreibt, werde ich dir alles geben, ich verspreche es dir.«

Ich weiß nicht, ob ich ihm glauben kann, aber ich bin so unendlich froh, Mamas Briefe und ihre Bilder zu haben, dass ich sie mit ins Bett nehme und die ganze Nacht diese Plastiktüte festhalte. Am nächsten Tag, als alle weg sind, setze ich mich draußen in den Schatten, lese jeden Brief mehrmals von vorne bis hinten. Mir ist, als würde ich Mamas Stimme hören und sie ganz nah bei mir fühlen. Ich muss dabei ein wenig weinen. Später schreibe ich ihr ebenfalls einen Brief, erzähle ihr, dass ich endlich ihre Briefe bekommen und ihr selbst schon so viele geschickt habe. Zwei Wochen später erhalte ich ihre Antwort, sie hat meinen letzten Brief bekommen, schreibt, dass sie vor Glück geweint hat. Als ich es lese, breche ich auch in Tränen aus.

»Wenn diese Briefe dich traurig machen, kriegst du keine mehr«, droht mein Vater.

Ich weiß nicht, ob er mir wirklich alle Briefe gibt. Immer sind die Umschläge geöffnet, wenn ich sie bekomme. In den ersten Briefen schreibt Mama manchmal, dass sie zehn Dollar oder zwanzig Dollar reingesteckt hat, als Taschengeld und auch, damit ich mir Briefpapier und Briefmarken kaufen kann. Es ist kein einziger Geldschein mehr da. Ich sage meinem Vater, dass jemand das Geld aus den Briefen gestohlen hat, obwohl ich mir schon denke, dass er es an sich genommen hat. Das gibt er auch zu.

»Du brauchst das Geld deiner Mutter nicht, du kriegst alles, was du brauchst, von mir«, antwortet er. »Wie viel willst du?«

Er drückt mir einen Haufen Rupien in die Hand. Er ist unheimlich großzügig mit mir, kein anderer Vater hier gibt seinen Kindern so viel Geld. Nach diesem Gespräch, wenn meine Mutter einen Schein schickt, bekomme ich ihn auch. Mein Vater fragt, was sie in ihren Briefen erzählt. Ob sie sauer auf ihn ist.

»Nein«, antworte ich. »Sie ist nur traurig und möchte, dass wir zurückkommen.«

Die nächsten Briefe, die ich schreibe, behalte ich bei mir bis zum Samstag. An diesem Tag fahre ich mit Papa nach Fatehpur. Ich will jeden Brief selbst zur Post bringen, selbst dort abgeben, nur so bin ich sicher, dass er tatsächlich abgeschickt wird. Ein Brief braucht eine Woche, bis er bei Mama ankommt, sie antwortet fast immer noch am selben Tag oder am nächsten, und ihr Brief braucht eine Woche zurück zu mir, oder länger, wenn mein Vater ihn mir nicht gleich gibt. Ich zähle die Tage. Nach zehn Tagen frage ich ihn noch nicht, ich zwinge mich, zwei ganze Wochen zu warten. Vierzehn Tage sind schon sehr lang, manchmal dauert es drei Wochen oder noch länger bis zum nächsten Brief. Das Warten macht mich erst so unruhig wie eine Wespe, dann werde ich von Tag zu Tag trauriger. Bekomme ich wochenlang gar keinen Brief, kommt die Angst wieder, dass meine Mutter mich nicht mehr liebt. Dass sie mich aufgibt, mich ganz vergisst. Wenn es einmal so ist, will ich nicht mehr leben.

Wo ist meine Tochter?

1993–1994

Maria

An Weihnachten und zum Jahreswechsel 1992/93 arbeitete ich im Altenheim. Wenn ich nach der Schicht heimkam, war ich eigentlich froh, dass niemand da war, der etwas von mir wollte. Ich musste nichts mehr tun, weder groß kochen oder mich um den Haushalt kümmern, ich musste nichts mehr leisten, auch nicht mehr reden. Das tat mir gut. Silvester tauschte ich freiwillig die Schicht mit einer Kollegin, die etwas vorhatte, und übernahm die Nachtwache. Es war besser, an diesem Abend etwas Sinnvolles zu tun und mit meinen alten Leuten ein bisschen zu feiern, als allein zu Hause Trübsal zu blasen. Vor dem Fernseher wäre ich mir ohne Nasima und ohne meinen Mann einsam vorgekommen, während die ganze Welt sich amüsierte. Ich hätte sehr wohl ausgehen können, Freunde hatten mich eingeladen, mit ihnen zu feiern, doch ich hatte nicht die geringste Lust dazu.

Nach Silvester wurde ich nervös. Ein bisschen unruhig war ich immer, wenn die beiden zusammen unterwegs waren, aber eine solche Unruhe hatte ich noch nie verspürt. Es fiel mir schwer, auch nur fünf Minuten ruhig zu sitzen, und ich konnte mich überhaupt nicht mehr entspannen. Ständig sprang ich auf, um etwas zurechtzurücken oder ein Regal sauber zu wischen, es war wie ein Putzzwang, der mich ständig zum Herumwerkeln trieb. Vielleicht ahnte ich da schon im Unterbewusstsein, dass Muhztfahr Nasima nicht zurückbringen würde. Daran dachte ich jedoch zuerst überhaupt nicht. Ich wusste einfach nicht, was mich so zappelig machte. Nur die Arbeit lenkte mich ab.

Am 6. oder 7. Januar hatte ich einen schrecklichen Albtraum. Ich träumte, dass ich allein zu Fuß durch pakistanische Dörfer laufe und nach meiner Familie suche. Ich sehe erst meinen Mann, der mir zuwinkt, dann Nasima, die wie ein junges Fohlen aus großer Ferne auf mich zurennt. Sie ruft »Mama« und wirft sich in meine Arme.

»Du, Mama«, sagt sie, »ich bleibe mit Papa hier.«

Ich wachte mitten in der Nacht schweißgebadet auf und versuchte vergeblich wieder einzuschlafen. Wenn ich die Augen schloss, kamen augenblicklich wieder die gleichen Bilder und immer diese Worte von Nasima, es war schrecklich. Schließlich stand ich auf, machte mir einen Kaffee und richtete ihre Kleider für den ersten Schultag her. Dinge ordnen, Wäsche zusammenlegen oder bügeln, das sind Tätigkeiten, die mir meistens gut tun, weil die Hände dabei beschäftigt sind. Ich suchte ein pinkfarbenes Sweatshirt raus, eine Hose, die dazu passte, aber ein bisschen zu dünn war, also zog ich noch eine warme Strumpfhose aus der Schublade, und dabei redete ich mir ein, dass mein Traum gar nichts zu bedeuten hatte.

Noch hatte ich keinerlei Verdacht. Ich war sicher, dass sie zurükkommen würden. Dass sie nicht angerufen hatten, schien mir ein gutes Zeichen zu sein. Wenn alles wie geplant lief, würde mich Muhztfahr frühestens am 9. Januar vom Flughafen in Multan aus anrufen, oder vielleicht sogar erst am 10., wenn sie in Frankfurt gelandet waren. Er hatte auch meine Nummer bei der Arbeit, wir konnten uns nicht verpassen.

Doch es kam kein Anruf. Weder am 9. noch am 10. Januar. Zu diesem Zeitpunkt hatte ich noch keine Angst, ich war genervt und extrem verärgert, weil Muhztfahr und Nasima nicht wie verabredet pünktlich zu ihrem Geburtstag zurück waren. Es regte mich ungemein auf, dass er sein Wort nicht gehalten hatte, wir würden nachfeiern müssen, was jedoch halb so schlimm war. Das Schlimmste war, dass Nasima wieder den Schulanfang verpasste. Die ganze Woche wartete ich vergeblich auf Muhztfahrs Anruf und wurde zunehmend nervöser.

Am Montag, dem 18. Januar, meldete sich die Sekretärin von Nasimas Schule, um sich zu erkundigen, wo sie blieb. Ich machte mir inzwischen große Sorgen, denn es war noch nie vorgekommen, dass Muhztfahr mich ganz ohne Nachrichten ließ, aber ich wollte es nicht zugeben und tat, als sei ich noch guter Dinge.

»Wahrscheinlich ist ihr Vater krank geworden und kann nicht zum Telefonladen fahren«, sagte ich, »ich rufe Sie gleich an, sobald ich etwas erfahre.«

Die Sekretärin räusperte sich. »Was ich nicht verstehe, Frau Nazar, warum Sie nicht dort anrufen, dann wüssten Sie Bescheid und könnten uns gleich benachrichtigen.«

»Ich habe leider keine Nummer«, antwortete ich, »sie haben da unten kein Telefon.«

Nein, auch nicht die Nachbarn. Es gab weit und breit kein Telefon, man musste bis zur nächsten Stadt fahren, wenn man anrufen wollte, das war zumindest, was mir Muhztfahr und Nasima erzählt hatten, und ich hatte keinen Grund, diese Information anzuzweifeln. Doch offensichtlich verstand die Sekretärin nicht, dass es 1993 noch irgendwo auf der Welt Orte ohne Telefon gab.

Etwas später klingelte es erneut. Ich schreckte zusammen und eilte wieder voller Hoffnung zum Apparat. Muhztfahrs Chef rief an. Er war stocksauer, drohte, ihn zu feuern, wenn er nicht innerhalb der nächsten drei Tage seine Arbeit wieder aufnahm, und legte auf, bevor ich auch nur einen ganzen Satz sprechen konnte.

Für mich war diese erste Woche und der ganze Januar noch relativ harmlos, im Vergleich zu dem, was später kam. Mein Zorn auf Muhztfahr wuchs von Tag zu Tag, meine schlechte Laune auch, aber ich war dennoch einigermaßen überzeugt, dass sie spätestens Ende Januar zurückkommen würden. Ich hoffte immer noch, dass es sich bloß um eine Verspätung handelte. Als der Januar vorbei war, wurde diese Hoffnung merklich kleiner, trotzdem dachte ich, spätestens Mitte Februar ist Nasima wieder zurück. Sie musste wieder zurück sein.

Ich dachte auch, vielleicht ist Muhztfahr zerknirscht, weil er sein Versprechen nicht gehalten hat, und fürchtet sich so sehr vor meiner Wut, dass er sich nicht traut anzurufen. Solche Erklärungen legte ich mir zurecht, um diese Angst, die sich allmählich in jeder Zelle einnistete, im Zaum zu halten.

Ich wollte nicht wahrhaben, dass er Nasima entführt hatte. Ich konnte es einfach nicht glauben, obwohl ich genau in dieser Zeit immer wieder ähnliche Albträume hatte. Mal laufe ich durch die Dörfer und sehe Nasima, die mir sagt, dass sie bei ihrem Vater bleibt, mal sehe ich sie gar nicht. Ich laufe und laufe, die Landschaft ist viel grüner als in der Realität, die Dörfer sind sehr arm, man sieht überall Steinmauern, es ist ein bisschen wie in Süditalien, nur dass keine Menschenseele zu sehen ist. Ich laufe durch die Straßen zwischen Häusern, deren Türen und Fenster verschlossen sind, manche sind sogar mit Holzlatten verbarrikadiert. Ich klopfe an Türen, die sich nur einen Spaltbreit öffnen, frage, ob Nasima da ist, dann schließt sich die Tür wieder, ohne dass mir jemand antwortet. Manchmal ist auch ein Fluss in meinem Traum, ich höre Nasima nach mir rufen, sehe sie ganz klein und ganz weit auf der anderen Seite des Flusses, finde aber nirgends eine Stelle zum Überqueren. Vergeblich suche ich nach einer Brücke oder nach einer engen, seichten Stelle, an der ich durchwaten könnte, aber wenn ich mich dieser nähere, wird der Fluss breiter und Nasima auf der anderen Seite kleiner. Nirgends sehe ich ein Boot. Dafür sehe ich manchmal Muhztfahr, der mich höhnisch angrinst.

»Du kriegst sie nicht«, sagt er und verschwindet.

Mitte Februar kann ich so gut wie gar nicht mehr schlafen. Ich fürchte mich vor diesen Träumen, esse nichts mehr, bin halb verrückt vor Angst. Gegen jede Vernunft hoffe ich noch immer, dass sie zurückkommen, doch das ewige Warten zerrt über die Maßen an meinen Nerven. Nachbarn und Freunde raten mir, etwas zu tun, doch was? Wo anfangen, wen ansprechen?

»Geh zur Polizei, verklage den Muhztfahr, geh zum Anwalt,

zur Zeitung, geh dahin, geh dorthin«, all diese Ratschläge hageln auf mich nieder, doch anstatt zu reagieren, bin ich wie gelähmt und halte mich an dem Strohhalm fest, dass Nasima in ihrem Pass nur ein Touristenvisum für Pakistan hat. Es ist drei Monate gültig, vom 20. Dezember bis zum 19. März 1993. Spätestens da muss sie zurück sein. Sie muss einfach.

»Er hat sie bisher immer zurückgebracht«, diesen Satz wiederhole ich mir hundertmal am Tag, und wie eine Gebetsmühle sage ich ständig: »Lieber Gott, mach, dass ihnen nichts passiert ist, lieber Gott, mach, dass sie heute zurückkommen, lieber Gott, mach, dass sie zumindest anrufen, lieber Gott, mach, dass sie am Leben sind.«

Meine Tochter ist schon zwei Monate weg, ich bin schon zwei Monate ohne Nachrichten, kann aber unmöglich warten, bis Nasimas Visum abläuft. Ich bin dem nervlichen und körperlichen Zusammenbruch nahe. In diesem Zustand kann ich nicht mehr arbeiten. In meinem Kopf dreht sich alles, es sind immer die gleichen Gedanken, die mir durch den Kopf schießen, der reinste Teufelskreis. Was hat Muhztfahr in den Tagen vor der Reise genau gesagt? Ich suche nach Hinweisen. Die Familie kennt unsere Telefonnummer, auch Nasima kennt sie. Wenn meinem Mann oder ihnen beiden etwas passiert wäre, hätten mich bestimmt sein Bruder Hayat oder seine Schwester Shamah angerufen.

Wenn ihm nichts passiert ist, hat er Nasima entführt.

Jetzt will ich die Wahrheit wissen! Wen könnte er von seinen Plänen informiert haben? Seine Freunde? Viele stehen in meinem Telefonbuch, ich rufe sie alle nacheinander an, kürze die Höflichkeitsformeln ab und stelle gleich meine Frage: »Hat Muhztfahr je erwähnt, dass er in Pakistan bleiben wollte?« Jeder behauptet, von nichts zu wissen, äußert seine Sympathie, bietet seine Hilfe an, aber wie können sie mir helfen, wenn sie von nichts wissen?

Ich rufe Muhztfahrs Kollegen an. Auch sie wissen von nichts. Schließlich rufe ich bei dem Tanzlokal an, in dem er abends Rosen verkaufte, verlange den Geschäftsführer, frage ihn, ob mein Mann gesagt hat, wann er wiederkommt. Und was erfahre ich? Er hat die Stelle ganz aufgegeben! Seinen Nachfolger hat er im Dezember selbst eingearbeitet, er ist auch Pakistaner! Ich höre nicht recht! Dort wussten die Leute, dass er vorhatte, endgültig nach Pakistan zurückzukehren! Ich könnte mich selbst ohrfeigen, dass ich nicht früher dort nachgefragt habe!

»Maria, pass bloß auf, dass du nicht tot umfällst, wenn du den Beweis bekommst, dass er Nasima tatsächlich entführt hat«, meinte meine Freundin Hanne, die schon lange der Ansicht war, ich würde die Wahrheit verdrängen.

Ihre Befürchtung erfüllt sich nicht. Ich falle nicht tot um, die Welt bricht nicht für mich zusammen, im Gegenteil: Dieser Beweis rüttelt mich auf. Er weckt meinen Kampfgeist und diesen ungeheuerlichen Tatendrang, der mich schon mein Leben lang alle harten Zeiten überstehen ließ. Plötzlich kämpfe ich auf allen Fronten. Ich erkläre meinem Chef im Altenheim die Lage, der Mann ist sehr kompetent und kennt viele Leute in den oberen Etagen, darunter sogar einen Minister. Er sichert mir seine Unterstützung zu. Ich laufe zur Polizei, um Anzeige wegen Kindesentführung zu erstatten. Nach zehn Minuten falle ich aus allen Wolken: Ich kann keine Anzeige erstatten, ich bin nicht geschieden und habe meine Erlaubnis für diese Reise nach Pakistan gegeben, also besteht keine Straftat! Das stimmt, jedes Mal habe ich ein Formular unterschrieben, damit Muhztfahr mit Nasima reisen durfte, aber auf dem Formular habe ich auch jedes Mal angekreuzt, dass diese Genehmigung nur für einen Monat gilt! Der Beamte schüttelt den Kopf. Es tut ihm Leid. Auch wenn dieser Monat vorbei ist, kann er keine Anzeige aufnehmen.

»Ist denn eine Kindesentführung keine Straftat?«, rufe ich empört.

»Ihr Mann hat Ihre Tochter nicht gewaltsam entführt, Sie haben mir eben erzählt, dass Sie die beiden zum Bahnhof gebracht haben.«

Er hat Verständnis für meine Empörung, empfiehlt mir, mich doch an die Kripo zu wenden, weil es dort eine Stelle gibt, die sich speziell mit Vermissten beschäftigt, und Kollegen, die sich mit den Gesetzen im Ausland gut auskennen.

»Bei gewaltsamen Entführungen können sie sogar den Flughafen sperren lassen, damit das Kind nicht außer Landes gebracht wird«, erklärt er mir noch.

Was nützt mir das? Es ist zu spät. Das ist für mich ein herber Rückschlag, außerdem verstehe ich immer noch nicht, warum es keine Straftat sein soll. Ich mag nicht so recht zur Kripo gehen und rufe lieber an, erzähle wieder meine Geschichte und werde mit einem Inspektor verbunden, der mir bereitwillig Auskunft gibt.

»Der Kollege hat Recht, Frau Nazar, es liegt hier kein Verbrechen vor. Wir können nichts machen, Sie müssen sich ans Gericht wenden. Am besten ist, Sie nehmen sich erst einen Anwalt, der Sie vertritt.«

Er hat gleich eine Konferenz und kann sich nicht länger mit mir unterhalten. Ob ich wieder anrufen kann, wenn ich nicht weiterkomme, frage ich.

»Es hat wenig Sinn. Wir sind nicht für Sie zuständig.«

Nicht zuständig. Wie oft ich diese Worte in den nächsten Jahren hören werde, kann ich mir in dem Augenblick noch nicht vorstellen. Ich fühle mich zwar unsanft abgewiesen, aber mein nächster Schritt ist klar: Ich brauche einen Anwalt. Nicht irgendeinen, sondern eine kompetente Person, die sich wirklich auskennt, die schon mal einen solchen Fall hatte. Ich hänge mich ans Telefon, rufe meinen ganzen Bekanntenkreis an, frage meine Kolleginnen, meinen Chef.

Die Leute um mich herum wissen alle von meiner Not. Sie fragen jetzt nicht mehr, ob ich Nachrichten habe, sondern ob sich etwas tut und wenn ja, was. Oft fragen sie auch, ob sie mir irgendwie helfen können. Die mitleidigen Blicke werden weniger, kaum einer sagt noch: »Du wirst sehen, sie kommen bald wieder, vielleicht ist das Auto einfach kaputt, oder der Muhztfahr hat sich das Bein gebrochen«. Mit ähnlichen Erklärungen habe ich mich die letzten Wochen selbst belogen, jetzt mag ich sie nicht mehr hören. Ich habe schon viel zu lange gewartet, meine Geduld ist am Ende.

Einen Anwalt kennen die wenigsten, oder wenn, dann sind es Scheidungsanwälte oder solche, die sich um Kleinigkeiten kümmern, um Verkehrsdelikte. Der erste, den ich anrufe, gibt mir die Nummer eines Kollegen, der sich angeblich auskennt, aber dort ist permanent besetzt, ich komme einen ganzen Tag nicht durch. Dann ist Fasching, Rosenmontag, Faschingsdienstag, Aschermittwoch – arbeiten die Leute denn nicht? Als ich endlich jemanden erreiche, ist es der Pförtner einer Fabrik. Die Nummer stimmt also nicht. Ich hänge mich wieder ans Telefon, erhalte schließlich die Nummer von Martina Schlierf, einer Rechtsanwältin, die sehr gut sein soll. Ich nehme Kontakt mit ihrer Kanzlei auf, erfahre, dass sie verreist ist. Einen Termin kann ich erst in zwei Wochen bekommen, am Montag, dem 15. März 1993 um zehn Uhr morgens. Das Datum schreibe ich in meinem Kalender auf, starre es an und breche in Tränen aus.

Die Anwaltskanzlei liegt in einem schönen Altbau. Dort sind noch zwei andere Anwälte, die sich um ihre eigenen Fälle kümmern, und eine Sekretärin. Frau Schlierf ist noch jung, ungefähr Mitte dreißig, aber sehr einfühlsam. Sie nimmt sich viel Zeit für mich, sagt der Sekretärin, dass sie nicht gestört werden möchte, und hört mir aufmerksam zu. Sie unterbricht mich nur, um Fragen zu stellen, will am Ende noch eine ganze Menge Einzelheiten wissen, an die ich gar nicht gedacht habe. Zum Beispiel bin ich nicht auf die Idee gekommen, bei der Bank nachzufragen, ob Muhztfahr noch ein Konto dort hat. Sie macht sich viele Notizen, erklärt mir genau, welche Schritte wir unternehmen müssen und in welcher Reihenfolge. Mir ist das etwas zu viel auf einmal, wenn sie vom Familiengericht, Auswärtigen Amt und was weiß ich von welchen Behörden spricht. Dann erkundigt sie sich ziemlich direkt nach meinen finanziellen Möglichkeiten. Es könnte notwendig sein, ausländische Anwälte einzuschalten, und das ginge nur, wenn die Kostenübernahme geklärt sei. Ich habe mich schon bei meiner Versicherung erkundigt, der Rechtsschutz besteht für die Opfer von Gewalttaten. Bei diesen Worten wird mir übel, ich kann sie nicht in den Mund nehmen, antworte, dass ich rechtsschutzversichert sei.

»Wir wollen hoffen, dass Ihre Versicherung tatsächlich zahlt«, sagt Frau Schlierf. »Es können Ihnen sehr hohe Kosten entstehen.«

»Ich will meine Tochter zurückhaben, wenn ich dafür zahlen muss, werde ich zahlen!«

Sie nickt. Auch sie hat ein Kind, einen kleinen Sohn. Auf ihrem Schreibtisch ist ein Bild von dem Knaben im Plantschbecken, ich sehe es an, und mir steigen Tränen in die Augen. Frau Schlierf erwähnt andere Fälle von Kindesentführungen, um die sie oder irgendwelche Kollegen sich gekümmert hatten. Mir scheint, dass sie mir damit Mut machen möchte, doch der Gedanke, dass es anderen Frauen haargenau wie mir ergangen ist, tröstet mich kein bisschen, er raubt mir eher das bisschen Hoffnung, das ich am Anfang des Gesprächs geschöpft hatte. Je länger sie spricht, desto aussichtsloser erscheint mir die Lage. Es muss so viel geklärt werden, dass ich den Überblick längst verloren habe. Ich werde von Minute zu Minute verzweifelter, habe den Eindruck, in ein tiefes, schwarzes Loch zu fallen. Als ich zu weinen anfange, nimmt sie meine Hand.

»Sie dürfen sich nicht entmutigen lassen, Frau Nazar«, sagt sie, »ich erzähle Ihnen all das nur, damit Sie sich darauf einstellen, dass es lange dauern kann, bis Sie Ihre Tochter wieder in die Arme schließen. Sehr lange sogar. Die pakistanische Rechtsprechung nämlich ...«

Ich höre nicht mehr zu. Was interessiert mich die pakistanische Rechtsprechung? Nasima ist Deutsche, sie ist in Deutschland geboren und besitzt einen deutschen Pass. Es war nie davon die Rede, dass sie die pakistanische Staatsangehörigkeit bekommt. Die Anwältin klärt mich auf.

»Sobald Ihre Tochter mit ihrem Vater in Pakistan ist, dürfte sie als Pakistanerin gelten«, sagt sie, »so läuft es meist in den islamischen Ländern.«

Das darf einfach nicht wahr sein! Ich glaube ihr kein Wort. Sie verspricht, sich bis zum nächsten Mal genauer zu erkundigen. Bevor sie mich verabschiedet, will sie die Adresse meines Mannes haben und fällt aus allen Wolken, als ich ihr sage, dass ich sie nicht kenne.

»Er kann nicht lesen, was hätte ich ihm denn schreiben sollen?«

»Und wo sollen wir denn nach Ihrer Tochter suchen, wenn Sie nicht mal wissen, in welchem Teil des Landes sie sich aufhält?«, fragt die Rechtsanwältin.

Ob ich weiß, dass Pakistan mindestens zweimal so groß wie Deutschland ist, will sie wissen. Ich ärgere mich über sie, habe das dumpfe Gefühl, dass sie mich für blöd hält, und das mag ich nicht. Ich weiß nämlich sehr wohl, wie groß Pakistan ist, schließlich war ich schon einmal dort, habe auch schon mal die Landkarte im Atlas angeschaut, außerdem kenne ich den Namen der nahe gelegenen Stadt Fatehpur, und weiß, dass sie sich in der Provinz Pandschab befindet. Ich weiß, wo Fatehpur liegt, nämlich ungefähr in der Mitte des Landes, unweit einer Wüste, die Thal heißt. Leider ist die Stadt so klein, dass sie in meinem Atlas nicht verzeichnet ist. All mein Wissen über Pakistan, was zugegebenermaßen nicht sehr groß ist, werfe ich der Anwältin an den Kopf.

»Schon gut«, sagt sie, »ich wollte Sie nicht beleidigen, trotzdem brauchen wir die Adresse, sonst können wir unsere Schriftstücke nicht zustellen lassen. Wollen Sie sich darum kümmern, oder soll ich es tun?«

Ich bin fest entschlossen, alles selbst in die Hand zu nehmen, damit es schneller geht. Die Pakistanische Botschaft habe ich schon angerufen, sie ist nur für die Pakistaner zuständig, die sich in Deutschland aufhalten. Der Mann am Telefon ist freundlich, aber zurückhaltend. Ich soll mich mit der Deutschen Botschaft in Islamabad in Verbindung setzen, sagt er mir und gibt mir die Telefonnummer von dort, aber nicht die Adresse.

Kurz vor Nasimas Geburt war ich bereits einmal in der Botschaft, als wir vor zehn Jahren geheiratet haben. Also müsste ich irgendwo noch diese Adresse haben. Auf meiner Heiratsurkunde ist ein Stempel, doch keine Adresse. Sie dürfte leicht über die Auslandsauskunft zu besorgen sein, aber Muhztfahrs Adresse sicher nicht. Ob die Menschen in Pakistan überhaupt polizeilich gemeldet sind wie hier? Schon, aber ich erinnere mich daran, dass es damals fast unmöglich schien, den zuständigen Beamten anzutreffen und dass wir ganze drei Wochen brauchten, bis Muhztfahrs Papiere in Ordnung waren. Wenn ich daran denke, wie umständlich das war, wird mir wieder schlecht. Dagegen muss ich etwas tun. Ich durchsuche Muhztfahrs Sachen, wende sämtliche Taschen von sämtlichen Kleidungsstücken, die er dagelassen hat. Alles vergeblich. Im Keller ist ein Karton mit Papieren. Was das für Unterlagen sind, weiß ich nicht zu sagen. Einiges ist handgeschrieben, der Rest gedruckt, aber alles in der pakistanischen Sprache mit den arabischen oder persischen Buchstaben. Jedes Fitzelchen Papier drehe ich zwanzigmal um in der Hoffnung, seine Adresse, die Adresse seiner Eltern, einen Namen, irgendetwas auf Deutsch zu finden, und mittendrin fällt mir ein, wer die Adresse haben könnte! Sein Freund Ahmad! Er hat Muhztfahr immer seine Briefe vorgelesen, und ich glaube, dass er auch welche für ihn geschrieben hat. Wenn ich Glück habe, hat er sich auch die Adresse gemerkt. Ahmad war schon einmal bei uns zum Essen, ich kenne ihn, und er kennt mich, so wie ich ihn einschätze, wird er mir nicht die Tür vor der Nase zuknallen.

Ich weiß nur ungefähr, in welchem Häuserblock er wohnt. Seine Hausnummer lässt sich bestimmt leicht herausfinden. Nach der Arbeit fahre ich einfach dorthin und frage jeden, dem ich auf der Straße begegne, nach einer pakistanischen Familie, die hier lebt. Schon der dritte, den ich anspreche, zeigt mir, wo ich klingeln muss. Ahmad ist zu Hause, empfängt mich höflich mit einer Kopfverneigung, bittet mich herein. Er ist schon etwas älter als ich, um die fünfzig vielleicht, trägt einen hellgrauen Shalwar-Kamiz und einen wuchtigen Schnurrbart, unter dem sein Mund fast ganz verschwindet. Ahmad scheint von meinem Besuch überhaupt nicht überrascht zu sein und führt mich ins Wohnzimmer. An den Wänden hängen verzierte Texte aus dem Koran und ein riesengroßes Bild von Mekka, das kenne ich schon aus den Wohnungen anderer pakistanischer Bekannter. Ich soll auf dem Sofa Platz nehmen, doch ich möchte mich nicht setzen, fange gleich im Stehen an zu erklären, worum es geht, setze mich aber doch, als Ahmads Frau mit einer Tasse Tee erscheint. Sie dürfte um die fünfundzwanzig sein, höchstens Anfang dreißig, auch sie ist traditionell gekleidet. Wie sie heißt, erfahre ich nicht, denn Ahmad sagt ihr in einem scharfen Ton einige Worte auf Urdu, die vermutlich bedeuten, dass sie uns allein lassen soll, weil sie sofort den Raum verlässt.

»Ja, Maria, Freunde haben mir schon erzählt, dass dein Mann jetzt nicht mehr in Deutschland ist«, sagt er. »Wo er in Pakistan ist, das kann ich dir nicht sagen. Nur Gott weiß, wo er sich befindet.«

Er kann mir nicht helfen. Er erinnert sich zwar an die Briefe, die er für Muhztfahr gelesen und geschrieben hat, redet aber lieber über Nasima.

»Ja, und eure hübsche Tochter saß brav dabei, wenn dein Mann und ich miteinander sprachen, sie wusste sich zu benehmen und redete nicht dazwischen wie die deutschen Mädchen. Euer Kind habt ihr gut erzogen.«

Sein Plauderton regt mich auf. Ich habe das Gefühl, dass er versucht, mir damit irgendetwas mitzuteilen, wonach ich nicht gefragt habe.

»Und die Adresse? Du hast doch auch die Adresse auf die Briefumschläge geschrieben ...«

Die Adresse weiß er nicht mehr.

»Und was stand so in den Briefen?«, frage ich so beiläufig, wie ich nur kann.

Auch das hat Ahmad vergessen. Oder eher, er will sich nicht daran erinnern. Er schüttelt den Kopf, setzt eine Miene voller Bedauern auf.

»Ich möchte nur erfahren, ob er davon sprach, für immer nach Pakistan zurückzukehren«, frage ich penetrant weiter.

Es hat keinen Sinn. Er wird mir nicht antworten. Er steckt mit Muhztfahr unter einer Decke. Ich könnte ihn anbrüllen oder vor ihm auf die Knie fallen, das würde nichts ändern. Trotzdem versuche ich, ihn auszutricksen.

»Wenn ich dich beauftrage, für mich einen Brief an meinen Mann zu schreiben, was kostet das?«

»Nichts. Aber ich kann für dich keinen Brief schreiben, wenn du mir nicht die Adresse gibst«, antwortet er.

Seine Frau werkelt in der Küche herum, ich höre sie mit dem Geschirr klappern, bin mir fast sicher, dass sie jedes Wort von unserem Gespräch verfolgt. Ich möchte viel lieber mit ihr als mit ihm reden, doch Ahmad steht auf und erklärt, dass er auf Bekannte wartet, mit denen er Geschäftliches zu besprechen hat.

»Du kannst jeder Zeit wiederkommen, Maria. Es tut mir Leid, dass ich für dich jetzt nichts tun kann, ich würde dir wirklich gern helfen. Wenn dein Mann dir einen Brief auf Urdu schickt, werde ich ihn dir gern vorlesen und übersetzen.«

Er schiebt mich Richtung Tür, freundlich, aber bestimmt. Da er merkt, wie unglücklich ich bin, drückt er mehrmals sein Bedauern aus.

»Gib mir deine Telefonnummer, Maria, vielleicht bringe ich etwas in Erfahrung, dann rufe ich dich an. Oder gib mir gleich deine Adresse, ich werde dich besuchen. Wo wohnst du denn?«

Ich weiß nicht, warum er fragt. Unsere Adresse muss er kennen. Ich schreibe nur die Telefonnummer auf, erkläre ihm, dass ich eh so gut wie nie zu Hause bin. Dieser Mann ist mir zu schmierig, ich möchte eigentlich nicht, dass er eines Tages bei mir klingelt. Ich glaube zwar nicht, dass er es tut, ich glaube nicht einmal, dass er anruft. Ich bin mir sicher, dass er sehr wohl die Adresse kennt und nicht daran denkt, sie mir zu geben. Trotzdem will ich nichts unversucht lassen.

Über drei Monate ohne Lebenszeichen von Nasima. Der Anwältin habe ich die Adresse der Botschaft in Islamabad gegeben, Anfang April ist unser nächster Termin, bis dahin will sie herausfinden, ob die Deutschen und die Pakistaner sich über Familienangelegenheiten geeinigt haben, ob es ein Abkommen gibt und wie die gesetzliche Lage ist. Übermorgen ist Frühlingsanfang, sagt jemand im Bus hinter mir, und ich breche auf der Stelle in Tränen aus, weil ich daran denke, dass Nasimas Name Frühlingsblume bedeutet. Alles wächst und gedeiht um mich herum, angeblich ist das Wetter schön, doch ich nehme nichts von alldem wahr. Ich stecke im tiefsten Winter fest, friere, obwohl es den Temperaturen nach schon ziemlich warm geworden ist. Die Tage werden heller, überall sind Stiefmütterchen und Osterglocken, für mich aber ist alles grau. Im Altenheim möchte eine liebe alte Dame, dass ich die Tulpen mitnehme, die sie eben von ihrer Tochter bekommen hat.

»Sie haben sie nötiger als ich«, erklärt sie.

Ich lehne ab, doch es rührt mich so sehr, dass ich aus ihrem Zimmer stürze, damit sie mich nicht weinen sieht. Die Menschen um mich sind alle lieb zu mir. Jetzt fragen sie nur noch selten, ob es etwas Neues von Nasima gibt, und gar nicht mehr, wie es mir geht. Man sieht es mir an, wie elend ich mich fühle. In diesen paar Wochen bin ich um zehn Jahre gealtert. Ich habe solche Ringe unter den Augen, und meine Augen sind von den vielen Tränen so geschwollen, dass ich lieber nicht in den Spiegel schaue.

In dieser Phase quäle ich mich mit Selbstvorwürfen. Ich denke ununterbrochen daran, dass ich alles falsch gemacht habe und dass ich an allem schuld bin. Nur weil ich so blind war, habe ich die Katastrophe über uns heraufbeschworen, ich denke es nicht nur, ich sage es auch jedem, der es hören will. Dabei wünsche ich mir, dass mich jemand in die Arme nimmt und mich tröstet.

»Also gut, Maria, du bist eine dumme Ziege gewesen, aber jetzt kannst du noch alles wieder in Ordnung bringen«, das möchte ich hören.

Ich wünschte, jemand wäre an meiner Seite und würde mir klipp und klar sagen, was ich tun soll. Ich habe das Gefühl, auf der Stelle zu treten. Ich bin verunsichert, überlege, ob Frau Schlierf die Richtige ist, ob ich mich nach einem anderen Rechtsanwalt umschauen soll. Sie hat einiges auf den Weg gebracht, hat mir ein Schreiben für die Deutsche Botschaft in Islamabad aufgesetzt, weil mir die Sekretärin am Telefon gesagt hat, dass sie meine Anfrage schriftlich brauchen. Diese Bitte, die Adresse vom Kindsvater für mich herauszufinden, habe ich längst per Einschreiben und Luftpost verschickt, erwarte aber frühestens in zwei oder drei Wochen eine Antwort. Ich überlege ununterbrochen, ob ich Muhztfahr verklagen oder die Scheidung einreichen soll, aber diese Überlegungen werfen nur neue Fragen und Probleme auf. Wenn ich hundertprozentig wüsste, dass mein Mann vorhat, nicht wieder nach Deutschland zurückzukehren, wäre die Lage einfacher. Wenn man mit ihm nur Kontakt aufnehmen könnte! Aber wie nimmt man Kontakt mit jemandem auf, von dem man weder Adresse noch Telefonnummer hat? Hätte ich genug Geld, würde ich einen Detektiv engagieren und ihn nach Pakistan schicken, auf Muhztfahrs Spuren! Wäre, hätte, würde – ich komme aus diesem lähmenden Teufelskreis nicht heraus.

»Dein Kind braucht dich«, sage ich mir, »du darfst deine Kraft nicht so verplempern, tu endlich was.«

Ich bedränge die Anwältin. Sie bemüht sich wirklich, und es ist sicher nicht ihre Schuld, wenn nichts vorangeht, aber mich macht es wahnsinnig. Ich rufe beim Auswärtigen Amt an, das allerdings wieder nicht zuständig ist, zumindest nicht, solange nicht bewiesen ist, dass es sich um eine kriminelle Tat handelt. Immerhin hat mir die Rechtsschutzversicherung zugesagt, dass sie die Erstkosten übernimmt, von ausländischen Anwälten ist aber nicht die Rede. Ich versuche vor allem, die Nerven zu behalten. Bei jedem Läuten des Telefons schrecke ich zusammen. Als es einmal bei mir um fünf Uhr morgens klingelt, bleibt mir das Herz fast stehen: Ich renne hin, es ist niemand dran. Ich bilde mir ein, dass mein Mann eben angerufen hat, in Pakistan ist es acht oder neun Uhr morgens, eigentlich eine normale Zeit zum Telefonieren. Vielleicht ist die Verbindung aus Versehen unterbrochen worden, und er ruft mich gleich zurück? Eine irrsinnige Hoffnung keimt plötzlich auf. Den ganzen Tag verlasse ich die Wohnung nicht, warte neben dem Apparat. Gegen zwölf ruft Doris an, bloß um sich nach mir zu erkundigen.

»Du, ich kann nicht mit dir reden, ich muss die Leitung freihalten, man ruft mich gleich zurück. Wegen Nasima.«

Es stimmt, dass ich die Leitung freihalten möchte, aber vor allem möchte ich nicht mit ihr reden. Sie gehört zu dieser Hand voll Leute, die betonen, dass sie mich gewarnt haben und mir unterstellen, dass es allein meine Schuld ist, wenn Nasima nie mehr nach Deutschland kommt. Es mag sein, dass sie Recht haben, aber ich will es nicht permanent hören! Doris liest Zeitung über Zeitung, sieht ausgiebig fern, und das, was sie über Pakistan gelesen oder gesehen hat, will ich in diesem Augenblick nicht wissen.

»Hör doch zu, Maria, es dauert nur eine Sekunde: Eben besucht der Ministerpräsident Sharif die Bundesrepublik, er ist so etwas wie der pakistanische Bundeskanzler«, sagt sie.

Ich könnte nach Bonn fahren, versuchen, ihn zu treffen, meint sie. Aber wie? Doris ist immer stolz auf ihre genialen Einfälle, nur wenn es darum geht, sie in Taten umzusetzen, hat sie keine Ideen mehr. Ich lege auf. Am Abend sehe ich diesen Sharif ungefähr ein halbe Minute lang in der Tagesschau, er schüttelt Hände, und der Kommentator sagt, dass der pakistanische Ministerpräsident am nächsten Tag weiterreist. Einen Monat später erfahre ich, dass er abgesetzt wurde.

Selbstverständlich horche ich bei politischen Nachrichten aus Pakistan auf, ich horche bei allem auf, was in der ganzen Gegend passiert, auch in den großen Nachbarländern, Iran, Afghanistan und Indien, aber was ich dabei erfahre, trägt nicht gerade zu meiner Beruhigung bei. Auch Pakistan scheint ein Unruheherd zu sein. Es gibt ständig Machtwechsel, oft greift das Militär ein, niemand blickt wirklich durch, wer gerade regiert, und ich schon gar nicht. Zuerst wusste ich nur das, was mir Muhztfahr über sein Land erzählt hatte, also eher wenig. Er hatte gern über seine Familie gesprochen, über die Landespolitik dagegen nicht. Jetzt weiß ich etwas mehr. Pakistan ist ein neues Land, das erst seit 1947 existiert. Damals, als die Engländer sich aus Indien zurückzogen, wurde es als islamischer Staat gegründet. Die Moslems bekamen Ost- und Westpakistan, und Millionen Menschen mussten umgesiedelt werden. Ostpakistan heißt jetzt Bangladesch und ist unabhängig. Westpakistan hat seit der Gründung des Landes ständig Grenzkonflikte mit Indien wegen der Kaschmirfrage. Kaschmir ist eine Berggegend im Norden, am Fuß des Himalaja. Wenn etwas davon in der Zeitung steht, dann meistens, weil die Hindus und die Moslems einander massakrieren. Zum Glück ist Kaschmir im Nordosten des Landes, weit weg vom Pandschab.

Allerdings gibt es etwas in Pakistan, was ich durchaus ermutigend finde, nämlich dass Benazir Bhutto dort Premierministerin wurde. Sie haben sie zwar nach kurzer Zeit abgesetzt, aber in Deutschland hat es noch nie eine Bundeskanzlerin oder eine Bundespräsidentin gegeben, und ich denke mir, wenn eine Frau es in Pakistan bis ganz nach oben schafft, dann muss das Land schon ziemlich fortschrittlich sein. Immerhin ein ganzes Stück fortschrittlicher als der Iran. 1993 hört man noch nichts von den Taliban aus Afghanistan, auch von islamischen Fundamentalisten ist nur wenig die Rede. In einer Zeitschrift habe ich Fotos von Benazir Bhutto gesehen: Sie ist jung, hübsch, trägt keinen Schleier, nur ein weißes Tuch, das weder ihre Haare noch ihr Gesicht bedeckt. Im Artikel stand, dass sie studiert hätte und sehr modern sei. Ihre Partei heißt PPP, die Volkspartei. Ich stelle mir vor, dass sie ein bisschen wie die SPD ist, aber eigentlich habe ich wirklich keine Ahnung. Im Grunde interessiere ich mich mehr für die Menschen und ihr Leben als für die Politik. Ich lese auch nicht regelmäßig Zeitung. Doch sobald etwas über Pakistan irgendwo erscheint, kann ich sicher sein, dass irgendjemand den Artikel ausschneidet, um ihn mir zu geben. Viel später in diesem Jahr, im Oktober 1993, wird Frau Bhutto zum zweiten Mal Premierministerin von Pakistan. Zu diesem Zeitpunkt sauge ich solche Informationen auf, als könnten sie mir Nasima zurückbringen.

In diesem Jahr gibt es einige Fortschritte. Minimale, aber immerhin. Im Frühling bekomme ich die Adresse von Muhztfahr auf wundersame Weise, und das gleich zweimal. Eines Morgens wühle ich mich noch einmal durch seine Sachen, dann durch Nasimas Schubladen. Ich räume ihr Schulzeug auf, sehe mir einige Bilder an, die sie gemalt hat. Häuser mit Blumen, lächelnde Gesichter, Tiere und wieder Blumen, werde dabei sehr wehmütig und will die Mappe mit den Zeichnungen zur Seite legen, als mir zwischen den Blättern ein Briefumschlag auffällt. Er ist zwar leer, aber darauf steht die Adresse von Nasimas Großmutter Shara als Absender. Darunter eine Reihe von Worten und Zahlen, die ich nicht verstehe, am Ende der Name der Stadt, Fatehpur. Das ist es, wonach ich so lange gesucht habe!

Und ein Tag später liegt bei mir im Briefkasten ein dünner Streifen Papier, auf dem die gleichen Worte und Zahlen stehen, sonst nichts. Wer hat es eingeworfen, ohne Begleitbrief, ohne Gruß? Könnte es Muhztfahrs Freund Ahmad gewesen sein? Einige Wochen später sehe ich zufällig seine Frau im Supermarkt. Sie lächelt mich aus der Ferne an, macht ein kleines Handzeichen, das ich nicht gleich verstehe. Ist es ein Gruß oder eine Warnung, dass ich aufpassen soll? Sie wendet sich gleich ab, also möchte sie nicht mit mir sprechen. Ob sie mir die Adresse in den Briefkasten gesteckt hat? Wenn das der Fall ist, werde ich mich irgendwann bei ihr bedanken, aber diesmal gehe ich weiter, ohne sie anzusprechen: Ihr Mann wartet auf sie an der Kasse. Ich grüße ihn betont freundlich. Wer weiß, vielleicht werde ich tatsächlich bald seine Dienste in Anspruch nehmen.

Ich schreibe meine ersten Briefe, mit Herzklopfen und zittriger Hand, gleich mehrere hintereinander. An Nasima Nazar und an Muhztfahr Nazar. Es sind besorgte Briefe, in denen nur steht, wie sehr ich sie vermisse und dass ich große Angst um sie habe. Um sie beide. Frau Schlierf hat es mir eingebläut, ich muss extrem vorsichtig sein und jedes Wort abwägen. Es geht zuerst darum, einen Kontakt zu etablieren, meine Briefe dürfen nicht den Schimmer eines Vorwurfs enthalten. Also frage ich nur, ob etwas Schlimmes passiert sei.

»Bitte schreibt mir, ob jemand krank ist oder ob ihr einen Unfall hattet, oder ruft mich so schnell wie möglich an, ich werde ganz gewiss nicht schimpfen. Ich bin überhaupt nicht böse, ich mache mir nur so schreckliche Sorgen, dass ich gar nicht mehr schlafen kann.«

Ich schreibe, dass alle Leute hier nach ihnen fragen, liste ihre Namen auf, richte Grüße aus. Es fällt mir leicht, an Nasima zu schreiben, wie sehr ich sie liebe und wie sehr sie mir fehlt, aber Frau Schlierf besteht darauf, dass ich an Muhztfahr ungefähr das Gleiche schreiben soll. Doch das bringe ich einfach nicht fertig. Schon bei der Anrede »lieber Muhztfahr« verkrampft sich alles in mir. Ich weiß, ich muss es tun, der Kontakt mit ihm ist lebenswichtig, und wenn das endlich gelingt, muss ich unbedingt darauf achten, dass wir diesen Kontakt ausbauen. Trotzdem brauche ich mindestens vier Anläufe, bevor ich es schaffe, einen einigermaßen netten Brief an ihn zustande zu bringen.

Ich kaufe ein Faxgerät mit Anrufbeantworter, schicke im April ein Fax an die Deutsche Botschaft in Islamabad mit einer Fotokopie der Adresse von Muhztfahrs Mutter. In der Betreffzeile steht: »Vermutete Kindesentziehung Nasima Nazar Az. 512 - 520.40./ Nazar/93.« Az. bedeutet Aktenzeichen. Nasima und ich sind zum Aktenzeichen geworden. Dass sie entführt wurde, darf ich aber nicht schreiben, das richtige Wort heißt Kindesentziehung. Diese Formulierung passt mir ganz und gar nicht. Für mich ist eine Entführung keine Entziehung, es ist Kindesraub, Geiselnahme, auf alle Fälle ein schlimmes Verbrechen. Trotzdem lerne ich Beamtendeutsch und schreibe in den Formeln, die mir Frau Schlierf diktiert: »Gemäß Rücksprache mit dem Auswärtigen Amt in Bonn erhalten Sie anbei die genaue Ablichtung der Adresse des Kindsvaters. Ich möchte Sie nun bitten, bei einer Ihrer nächsten Geschäftsreisen, Ermittlungen über den Aufenthalt meiner Tochter sowie den Grund desselben anzustellen, vielen Dank im Voraus für Ihre Bemühungen, Maria Nazar.« Ich fotokopiere jeden Brief, lege Akten an. Und vor allem, ich übe mich in Geduld. Ein Brief nach Pakistan dauert sieben Tage. Sieben Tage hin, sieben Tage zurück. Ich warte auf Antworten, die nicht kommen.

Oder doch. Die Botschaft meldet sich und teilt mir mit, dass man den Präfekten des Distrikts Leiah angeschrieben habe. »Wir haben ihn gebeten, uns dabei behilflich zu sein, die richtige Adresse zu finden, unter der Ihre Tochter zu erreichen ist. Mit einem Ergebnis ist jedoch erst in einigen Wochen zu rechnen, sodass wir Sie bitten, sich so lange noch zu gedulden.«

Ein Herr Menzel unterschreibt im Auftrag. Wer er ist, was er für eine Funktion dort hat, schreibt er nicht. Auf alle Fälle dürfte er nicht der Botschafter persönlich sein. Vielleicht müsste ich mich telefonisch bis ganz nach oben durchboxen, damit überhaupt etwas vorankommt! Ich bin sauer. Ich habe den Leuten selbst die Adresse geschickt! War sie falsch oder unleserlich oder was hat daran nicht gestimmt, warum dauert es so lange? Ich mag nicht mehr hören, dass sie viele solcher Fälle haben. Ich habe schon verstanden, dass ich nicht die Einzige bin, die ihre Unterstützung braucht, aber wenn mir noch einer sagt, dass ich mich gedulden soll, weiß ich nicht, was passiert.

Eine Sozialarbeiterin bei uns im Altenheim empfiehlt mir, mich an die IAF zu wenden. Das bedeutet Initiative mit Ausländern verheirateter Frauen. Das Büro ist in Frankfurt, ich soll dort anrufen, vielleicht erhalte ich wichtige Tipps, vielleicht gibt es da Frauen, die Erfahrungen mit Pakistan haben. Ich rufe am selben Tag an. Die Frau am Telefon ist freundlich und hilfsbereit: In den Großstädten gibt es Gruppen, die sich regelmäßig treffen, wobei es in der Hauptsache um die Probleme von Ehen geht, in welchen die Partner aus unterschiedlichen Kulturkreisen stammen. Und es gibt tatsächlich Frauen, die sich mit Kindesentführungen beschäftigen. Sie haben jede Menge Infoblätter und eine juristische Beratung. Ich bitte um Zusendung von Informationsmaterial, erhalte es gleich am nächsten Tag. Was da geschrieben steht, habe ich mir in den paar Monaten selbst erarbeitet. Eine Sackgasse mehr.

Warum schreibt Nasima nicht? Sie war in der vierten Klasse, zwar keine Musterschülerin, aber schreiben kann sie und unsere Adresse kennt sie auch. Was ist los, warum antwortet sie nicht? Kann es sein, dass sie umgezogen sind, dass sie ganz woanders wohnt? Dass sie meine Briefe gar nicht bekommt? Zwischendurch verzweifle ich wieder, frage mich, ob meine Tochter überhaupt am Leben ist. Kann es sein, dass Muhztfahr sich nicht traut, mich anzurufen, weil sie einen Unfall hatte, schwer verletzt oder gar tot ist? Kann es sein, dass er Angst hat, ich würde vollkommen den Verstand verlieren? Diese Gedanken sind entsetzlich. An solchen Tagen kann ich mich überhaupt nicht mehr rühren, atme kaum noch und erstarre förmlich in meinem Schmerz. Was mich rettet, ist eine Stimme in mir, die sagt, dass das alles nur Hirngespinste sind.

»Nasima lebt, sie braucht dich, hör auf zu spinnen, Maria, gib dir einen Ruck«, so spreche ich laut mit mir, um die Lähmung abzuschütteln und wieder zu mir zu kommen. Ich gebe mir Mühe, nach innen zu horchen, bin eigentlich fest davon überzeugt, dass ich es spüren würde, wenn Nasima tot oder schwer krank wäre. Jede Mutter spürt so etwas. Wenn draußen alles ruhig ist, wenn ich ruhig geworden bin und nach innen horche, ist mir manchmal, als würde ich meine Kleine nach mir rufen hören.

Bald ist der Sommer vorbei. Es gibt nach wie vor keine Nachrichten. Ich bin verzweifelt, vollführe eine Gratwanderung am Rande des Abgrundes. An besonders düsteren Tagen, wenn ich kurz vor dem totalen Zusammenbruch stehe, lege ich die Kassette von »Nicht ohne meine Tochter« in den Videorecorder ein und schaue mir den Film an. Die schrecklichen Szenen, in welchen Moody seine Frau schlägt, lasse ich im Schnellgang durchlaufen, die ertrage ich nicht, aber der Rest gibt mir Mut. Wenn Betty das geschafft hat, dann schaffe ich es auch. Was diese Frau kann, das kann ich auch, denke ich oder sage es laut, als würde der Klang meiner Stimme mir Kraft geben, und so ist es auch. Nach einer Weile fange ich an, mir auszumalen, dass Nasima wieder bei mir in Senden ist, ich sehe uns gemeinsam frühstücken, ganz banale Dinge tun, ich stelle mir vor, wie ich ihr ein Butterbrot mit Nutella schmiere, wie sie mir einen Kuss gibt, bevor sie sich mit ihrem schweren Schulranzen auf den Weg macht. Mit solchen Bildern kehrt die Hoffnung zurück. Nur: Wie soll ich mein Kind bloß aus Pakistan holen?

Eins ist sicher: Ich werde Geld brauchen. Ich spare jeden Pfennig, reduziere die Ausgaben, wo es nur geht. Für mich kaufe ich nur noch das Nötigste. Keine Kleider, keine Blumen mehr. Der Friseurbesuch ist gestrichen, bei meinen langen lockigen Haaren ist der auch nicht zwingend nötig. Ich brauche keinen überflüssigen Schnickschnack, esse oft im Altenheim oder esse einfach gar nichts. Mir ist sowieso die Lust am Essen vergangen. Alles, was ist brauche, ist meine Tochter.

Am liebsten würde ich selbst nach Pakistan fahren. Ich habe mich sogar schon erkundigt, wie viel der Flug kostet, wann die Flüge gehen und was man für Papiere braucht. Ich weiß, wie lange es dauert, sie ausstellen zu lassen. Genug Geld für den Flug habe ich jetzt schon gespart, auch für Nasimas Rückflug, aber jeder, mit dem ich darüber spreche, rät mir davon ab. Auch meine pakistanischen Bekannten meinen, dass es keine gute Idee sei. Ich kaufe mir trotzdem einen Reiseführer, entdecke, dass es drei Orte gibt, die Fatehpur heißen! Einer liegt sehr weit im Norden, in den Bergen, diesen kann ich ausschließen. Aber welche der beiden anderen Städte ist das richtige Fatehpur? Sie sind an die zweihundert Kilometer voneinander entfernt! Also bleibe ich in Senden, warte auf Nachrichten von der Botschaft, schreibe noch mehr Briefe. An Nasima, an Muhztfahr. Ich schicke Fotos von mir, schicke Muhztfahr eine Kassette, die ich besprochen habe, vielleicht rührt ihn meine Stimme und bewegt ihn dazu, sich doch zu melden. Alles umsonst. Ich könnte genauso gut ins Wasser spucken, das hätte das gleiche Ergebnis, denke ich manchmal verbittert.

Da sich gar nichts tut, beschließe ich, einen Brief auf Urdu zu schicken. Ich lasse mich von einem Bekannten begleiten, den ich als meinen Vetter vorstelle, bitte Ahmad, für mich diesen Brief zu schreiben. Wieder gibt er mir keine Gelegenheit, mit seiner Frau ein paar Worte allein zu reden. Auf diesen Brief reagiert mein Mann auch nicht. Kann es sein, dass die Adresse doch falsch ist? Kann es sein, dass die ganze Familie verschollen oder woanders hingezogen ist? Das ist unmöglich, Muhztfahrs Eltern sind Bauern, sie haben ein eigenes Stück Land, das er für sie gekauft hat!

Aber vielleicht hat er Nasima woandershin verschleppt! Ich verbiete mir, an so etwas zu denken, denn das ist für mich die absolute Schreckensvision. Solange ich sie bei ihren Großeltern vermute, ist mir ein klitzekleines bisschen wohler. Die beiden habe ich in Islamabad kennen gelernt, sie waren lieb zu mir, und Nasima hatte sie sehr gern, sie werden sie bestimmt nicht schlecht behandeln.

Mir ist, als würde irgendwo eine Zeitbombe ticken. Es macht mich wahnsinnig, nichts zu wissen. Jeden Tag ein bisschen mehr.

Im Herbst 1993, als ich nach der Spätschicht nach Hause fahren will, begegne ich an der Bushaltestelle einem Pakistaner, der mich sofort mit meinem Namen anspricht und sich erkundigt, ob ich Nachrichten von meiner Tochter habe. Ich schaue ihn an, kann mich nicht an ihn erinnern und frage ihn, woher er mich kennt.

»Ich bin Ayub, ich habe euch besucht, als Nasima gerade geboren war …«

»Das ist zehn Jahre her«, antworte ich.

Es dämmert mir, dass er sich irgendwann mit Muhztfahr zerstritten hatte, warum, weiß ich nicht. Offensichtlich sind alle Pakistaner aus der Gegend über mich und meine Probleme informiert, es ist nicht das erste Mal, dass einer mich einfach so anspricht. Ayub teilt mir sein Mitgefühl mit, zieht mich zur Seite, schaut sich dabei um, als seien wir umgeben von Spionen, also schaue ich mich unwillkürlich auch um. Außer uns beiden wartet nur noch ein Mann auf den Bus.

»Wenn du willst, Maria, hole ich Nasima für dich zurück«, flüstert mir Ayub zu.

Mein Herz macht einen Purzelbaum vor Freude.

»Klar will ich das«, rufe ich, dann senke ich automatisch die Stimme und frage, wie er das machen will.

Der Bus hält an, der Mann steigt ein, wir bleiben draußen stehen. Ayub erklärt mir, was er vorhat. Um Weihnachten fliegt er in Urlaub nach Hause, ich soll mit ihm zusammen hinfliegen, er kommt zwar aus dem Süden des Landes, aus der Nähe von Karachi, aber er meint, dass wir einen Truck mieten, um von dort zu Muhztfahrs Eltern zu fahren. Ich sollte im Truck versteckt bleiben, er würde meinem Mann irgendeine Geschichte erzählen und eine Möglichkeit finden, Nasima einen Zettel von mir zu geben, um sie in den Truck zu locken, dann würden wir nach Lahore fahren, um Nasima illegal über die Grenze nach Delhi zu bringen. Es klingt ziemlich abenteuerlich, aber ich habe es so satt, auf Nachrichten zu warten, dass mich der Gedanke, selbst etwas zu unternehmen, begeistert. Diese Begegnung ist ein absoluter Lichtblick. Ayub scheint seiner Sache absolut sicher zu sein.

»Ich bin dabei«, sage ich, »aber müssen wir denn unbedingt noch bis Weihnachten warten? Können wir nicht gleich fahren?«

»Das geht nicht. Ich kann meine Stelle nicht aufgeben, es gibt viel zu organisieren, und du musst Geld besorgen«, antwortet er.

Um die zwanzigtausend Mark meint er, wird das Unternehmen kosten. Es ist sehr viel Geld für mich. Ich rechne im Kopf zusammen, wie viel ich schon gespart habe, wo ich mir auf die Schnelle eine weitere Geldsumme ausleihen kann, überlege, ob mir die Bank einen Kredit gibt, was unwahrscheinlich ist, weil ich gar keine Sicherheiten zu bieten habe, aber vielleicht geben sie mir doch fünftausend Mark. Damit komme ich auf fünfzehntausend Ayub ist das eigentlich zu wenig, aber er erklärt sich bereit, es auch für diese Summe zu wagen.

»Du weißt, Maria, deine Tochter ist wie meine Tochter«, sagt er, »ich bin euer Freund, ich helfe euch, ich mache alles, damit du wieder glücklich wirst.«

Bei mir schlagen die Alarmsignale an. Die blumige Sprache mit den vielen Versprechungen kenne ich zu gut. Darf ich diesem Mann überhaupt trauen, oder ist er nur darauf erpicht, mir das Geld aus der Tasche zu ziehen? Als hätte er gemerkt, wie meine Stimmung umschlägt, beginnt Ayub aufzulisten, was alles getan werden muss. Zuallererst sollen wir einen Brief auf Urdu an einen Bekannten schreiben, der angeblich in der Nähe von Fatehpur lebt und uns Informationen über Nasima besorgen kann.

»Wir dürfen keine Zeit verlieren, deswegen begleite ich dich jetzt nach Hause, dann können wir den Brief gleich schreiben, je schneller wir ihn abschicken, desto besser für dich.«

Wir nehmen den nächsten Bus nach Senden. Ich weiß nicht mehr, was ich davon halten soll, möchte eine Nacht darüber schlafen, aber Ayub besteht darauf, dass wir zu mir gehen. Ich zögere, ob ich ihn überhaupt in meine Wohnung hereinlassen darf, und ich sage es ihm.

»Du darfst das nicht persönlich nehmen, ich habe nichts gegen dich, es ist nur so, dass ich hundemüde bin und außerdem bin ich nach dieser Geschichte ein bisschen vorsichtiger geworden ...«

Im Brustton der Empörung schwört er, dass er mir nur helfen will. Nun gut, ich habe nichts zu verlieren. Ich schließe meine Wohnungstür auf, sage ihm, er solle sich ins Wohnzimmer setzen, während ich Papier und Stift hole. Sie sind in meinem Schlafzimmer in der Schreibtischschublade. Er folgt mir.

»Was tust du hier?«, frage ich. »Drüben sollst du dich hinsetzen, hier hast du nichts zu suchen ...«

»Ach, Maria«, seufzt er, »ich bin schon so lange in dich verliebt, wenn du wüsstest ...«

Bevor ich irgendetwas sagen kann, stürzt er sich auf mich. Wir fallen aufs Bett, ich auf den Rücken, er auf mich drauf. Ich platze vor Wut, wehre mich wie ein Teufel und schiebe ihn mit einer solchen Kraft zurück, dass er auf dem Boden landet. Zwei Minuten später steht der Kerl auf der Straße und schreit Verwünschungen durch die Nacht, als wollte er sämtliche Nachbarn wecken.

»Du bist selbst schuld, dein Mann wird deine Tochter verheiraten, du wirst sie nie mehr sehen ...«

Ich gehe zum Telefon, um die Polizei anzurufen, halte jedoch inne mit dem Hörer in der Hand. Hugo, mein Nachbar, schreit, dass er die Klappe halten und verschwinden soll. Kurz darauf klingelt er bei mir, fragt, ob alles in Ordnung sei.

»Wenn der Typ wiederkommt und dir Schwierigkeiten machen will, dann kommst du einfach rüber und sagst Bescheid, dann kriegt er es mit uns zu tun. Und hör nicht auf den Quatsch, den er verzapft. Du bist an gar nichts schuld, Maria. Dass Muhztfahr so ein falscher Hund war, das konnte wirklich keiner wissen, so nett wie der immer mit allen Leuten war.«

Es tut gut, solche Worte zu hören, auch wenn ich mir selbst vorwerfe, dass ich tatsächlich an allem schuld bin. Es tut vor allem gut zu spüren, dass ich nicht ganz allein bin.

»Hör nicht auf die Idioten, Maria, hör auf deine Freunde, hier im Haus sind wir alle auf deiner Seite.«

Plötzlich öffnet sich noch eine Tür und noch eine. Es sind andere Nachbarn, die mir ihre Unterstützung anbieten. Ich bin so gerührt, dass ich ein wenig weinen muss. Eine Minute später lachen wir alle zusammen: Wir kennen uns seit Jahren, haben einander noch nie in Nachtwäsche gesehen, und das auch noch im Hausflur! Nur ich trage noch Straßenkleidung.

Ich erzähle Frau Schlierf am Telefon, dass ein Pakistaner mir angeboten hat, Nasima zurückzuholen, unterschlage den Rest und frage sie, was sie davon hält.

»Gar nichts«, antwortet sie trocken. »Frau Nazar, ich verstehe Ihre Ungeduld und Ihre Verzweiflung, aber ich habe das Gefühl, dass Sie das Risiko einer solchen Unternehmung absolut unterschätzen.«

Sie appelliert an meine Vernunft. Ich bin aber nicht vernünftig, wenn es um mein Kind geht, und wenn die Behörden nichts für mich tun, werde ich wohl einen anderen Weg gehen müssen. Um mich abzuschrecken, berichtet Frau Schlierf von asiatischen Gefängnissen, spricht von Drogen, Ratten und Seuchen, von Zuständen, die für einen Europäer nicht zu ertragen seien.

»Ich weiß schon«, unterbreche ich, »wahrscheinlich haben Sie neulich den Spielfilm im Fernsehen gesehen, die Geschichte über dieses amerikanische Mädchen, das Drogen geschmuggelt hatte.«

Die Gefängnisszenen waren entsetzlich, und es ist mir klar, dass verglichen damit deutsche Gefängnisse wie Fünf-Sternehotels sind. Als ich in Sarghoda geheiratet habe, konnte ich sehen, wie Gefangene durch die Straßen gepeitscht wurden. Sie gingen mit Eisenketten an Händen und Füßen. Das ist wirklich das Letzte, was ich mir wünsche. Ich will doch nur, dass die Botschaft mir hilft! Ist das zu viel verlangt?

Ich soll einsehen, dass die gesetzlichen Möglichkeiten einer Botschaft begrenzt sind, dass sie an die Gesetzgebung des jeweiligen Landes gebunden ist, dass Pakistan halt ein islamisches Land ist und so weiter, all das habe ich inzwischen dreihundertmal gehört. Ich kann es auswendig rezitieren. Ich bitte sie, noch einmal mit der Botschaft zu telefonieren, vielleicht erreicht sie mehr als ich. Am nächsten Tag ruft sie zurück. Herr Menzel hat angekündigt, demnächst eine Geschäftsreise in diesen Teil von Panschab zu unternehmen, er wird dabei versuchen, Nasima zu besuchen. Ein genaues Datum hat er nicht genannt, er wartet immer noch auf Nachrichten von dem Präfekten aus Leiah, ich soll mich bitte noch etwas gedulden.

»Meine Geduld ist am Ende«, sage ich. »Ich kann nicht mehr.«

Weihnachten 1993 geht es mir sehr schlecht. Meine Ärztin hat mir Schlaftabletten und ein Kreislaufmittel verschrieben. Mein Blutdruck ist viel zu niedrig, ich komme gar nicht mehr hoch, ständig wird mir schwarz vor Augen. Mehrmals am Tag ist mir, als würde ich gleich in Ohnmacht fallen. Andererseits klopft mein Herz wie verrückt, wenn jemand, den ich erwarte, an der Tür klingelt. Es sind Herzrhythmusstörungen. Seit ich die Pillen nehme, bin ich nur noch traurig. Wenn ich nicht meine Arbeit und meine alten Leute hätte, würde ich nicht mehr das Haus verlassen. Ich würde nur noch auf der Couch liegen und an Nasima denken.

Sie ist immer bei mir. Sie ist jetzt über ein Jahr verschwunden, seit über einem Jahr habe ich kein Lebenszeichen von ihr, und doch ist sie jede Minute bei mir. Ich erinnere mich an all die kleinen Geschichten, die sie mir erzählt hat, versuche, mir ihren Alltag vorzustellen. Was macht sie jetzt, ist sie schon aufgestanden? Schläft sie, reitet sie auf dem Esel, oder sitzt sie gerade in der Schule und lernt Urdu schreiben? Hoffentlich spricht Muhztfahr noch Deutsch mit ihr, damit sie nicht alles verlernt. Was mag es dort zum Mittagessen geben? Wer kocht für sie das Essen? Wer wäscht ihre Kleider? Denkt sie auch gerade an mich, sind das ihre Gedanken, die mich wie Liebesgrüße aus der Ferne erreichen?

Oft halte ich mitten in der Arbeit inne, blicke auf, fühle mich einen Augenblick lang besser. Dann bete ich still: Lieber Gott, mach, dass meine Kleine nicht so viel weint wie ich.

Mach, dass ihre pakistanische Familie sie gut behandelt und dass die Oma ihr die Mutter ersetzt. Lieber Gott, mach, dass sie dort glücklich ist. Wenn ich wüsste, dass sie dort glücklich ist, würde es für mich leichter werden.

Am 10. Januar 1994 ist Nasima elf Jahre alt geworden. Zu Hause habe ich elf Kerzen angezündet, dann habe ich mich in ihr Kinderbett gelegt und dort geschlafen. Es geht mir nicht gut.

Ende März, Anfang April öffne ich meinen Briefkasten und schreie auf. Es ist endlich Post aus Pakistan da, ein dicker Umschlag mit Nasimas Schrift! Ich kann es nicht glauben, schließe die Augen, öffne sie wieder, und der Umschlag ist noch da! Ich nehme ihn an mich, befühle ihn, setze mich auf die Treppe und atme tief durch. Meine Freude ist unbeschreiblich. Mit zitternden Händen öffne ich den Umschlag. Er enthält mehrere Briefe, die ich gar nicht lesen kann, weil ich nichts sehe vor lauter Tränen, nur die Herzen, die mein kleiner Schatz überall gemalt hat. Als ich mich etwas beruhigt habe, sehe ich, dass manchmal die Tinte auf dem Papier verschmiert ist, als hätte Nasima beim Schreiben geweint. Und das, was sie schreibt, bricht mir das Herz:

Hallo, liebe Mama,
Ich habe so Heimweh und ich habe dich so lieb. Papa war im Gefängnis und er ist vor einer Woche rausgekommen. Wir möchten dich am Sonntag anrufen, bitte, du musst zu Hause sein am Sonntag. Mein Papa hat gesagt, wenn du uns glücklich sehen willst, brauchst du nicht die Polizei zu holen. Wir warten. Gib so schnell wie möglich eine Antwort, bis bald meine liebe Mama

Hallo, meine liebe liebe Mama,
mein Papa will kommen und hat vor dir so Angst, er schickt dir eine Kassette. Er will dir erklären, warum er im Gefängnis war, mein Papa weiß schon, warum du böse bist, du hast recht.

Hallo meine liebe liebe Mama,
ich habe dich so so so lieb und ich habe so so viel Heimweh. Liebe liebe Mama nimm mich hier so schnell wie möglich weg, und mein Papa sagt jeden Tag, wir gehen bald und ich bin so krank hier ist es so heiß. Bitte bitte nimm mich so schnell wie möglich hier ab. Ich kann nicht mehr hier bleiben, ich muss jeden Tag heulen, ich kann ohne dich nicht leben, und warum hast du mich nicht abgeholt, hast du mich nicht lieb? Ich habe dich so so viel lieb. Hast du mich vergessen? Ich habe dich so so viel lieb. Bitte bitte hole mich hier ab, so schnell wie möglich. Bitte bitte sei mit mir und mit meinem Papa nicht böse. Bitte bitte hole mich ab. Ich habe dich so so viel lieb wie mein Herz. Bis bald meine liebe liebe Mama.

Mein Papa sagt jeden Tag, wir gehen bald. Mein Papa lügt mich an. Bitte, bitte bitte hole mich hier in Pakistan ab. Ich habe deinen Brief erhalten und deinen Brief gelesen. Mein Papa sagt, es stimmt nicht, dass er mich weggenommen hat, er hat mich nur in Urlaub gebracht, und wir wollen zurückkommen, aber mein Papa hat ein PROBLEM, und er muss zum Gericht, danach ruft er dich an. Vorher hat er sich geschämt, deswegen hat er dich nicht angerufen. Mein Papa will nicht, dass du mit Rechtsanwalt kommst, um mich zu holen. Er sagt, mit Rechtsanwalt kriegst du mich nicht, und auch nicht mit Polizei. Bitte, liebe liebe Mama, wie es vorher bei uns war, so war es gut, ich habe dich lieb, und ich habe auch meinen Papa lieb, aber ich habe so viel Heimweh, bitte bitte, ich mag nach Hause kommen, ich kann ohne dich nicht leben. Er erlaubt dir, dass du kommst. Wenn du kommst, tut er dir nichts. Wenn du nicht kommst, muss ich sterben, ich kann ohne dich nicht leben.

Es bricht mir das Herz, diese Briefe zu lesen. Wie groß muss ihre Not sein, wenn sie schreibt, dass sie nicht mehr leben mag? Was tun ihr die Leute da an? Und diese Geschichte, dass Muhztfahr im Gefängnis war, macht mir Angst. Er war vielleicht ein Streithansel, aber er war kein Verbrecher. Jetzt würde ich ihn sofort einsperren lassen, aber erst wenn Nasima wieder bei mir ist! Man hat mich davor gewarnt, wenn ihm etwas passiert, wird es noch schwieriger, wenn nicht ganz unmöglich, sie aus Pakistan zurückzuholen. Warum hat man ihn ins Gefängnis gesteckt? Was ist denn da unten los?

Ich erinnere mich plötzlich daran, dass es zwei oder drei Jahre zuvor einen Mord in der Nähe gegeben hatte. Das war, als Muhztfahr und Nasima dort ihre Ferien verbracht haben. Ein Arbeiter hatte nachts seinen Chef erdolcht, um ihn auszurauben, aber wenn ich mich recht entsinne, hatte mein Mann selbst die Polizei geholt. O Gott, mir wird angst und bange.

Noch etwas ist mir unheimlich. Wie schnell meine Tochter ihre Muttersprache vergisst! Wie kindisch sind doch ihre Sätze, es liest sich, als sei sie erst acht und nicht schon elf Jahre alt! Nur ihre Schrift ist schön. Sie war in Senden keine Einserschülerin, keine Streberin, aber ihre Noten waren nicht schlecht, auch in Rechtschreibung war sie nicht schlecht. Jetzt, anderthalb Jahre später schreibt sie so fehlerhaft, dass ich bei manchen Worten überlegen muss, was sie bedeuten. »Gefeglis« schreibt sie anstatt »Gefängnis«, »hölen«, statt »heulen«, »verschtegt«, statt »versteckt«. Ich fordere sie auf, meine Briefe immer wieder zu lesen und sie auch laut vorzulesen, damit sie nicht alles vergisst. Wenn sie ihre Muttersprache verliert, verliere ich sie.

»Maria, hast du je daran gedacht, dass dein Mann da unten vielleicht wieder geheiratet hat?«, fragt meine Freundin Hanne.

Selbstverständlich habe ich daran gedacht. Auch Herr Menzel hat angedeutet, dass dies der Fall sein könnte. In Nasimas Briefen ist aber nie von einer Stiefmutter die Rede, was nichts heißt, weil sie auch nichts über ihre Großeltern oder über andere Verwandte schreibt, immer nur von ihrem Vater. Ich bin ehrlich gesagt zu müde und zu kaputt, um darüber nachzudenken oder mich aufzuregen. Soll er heiraten, wen

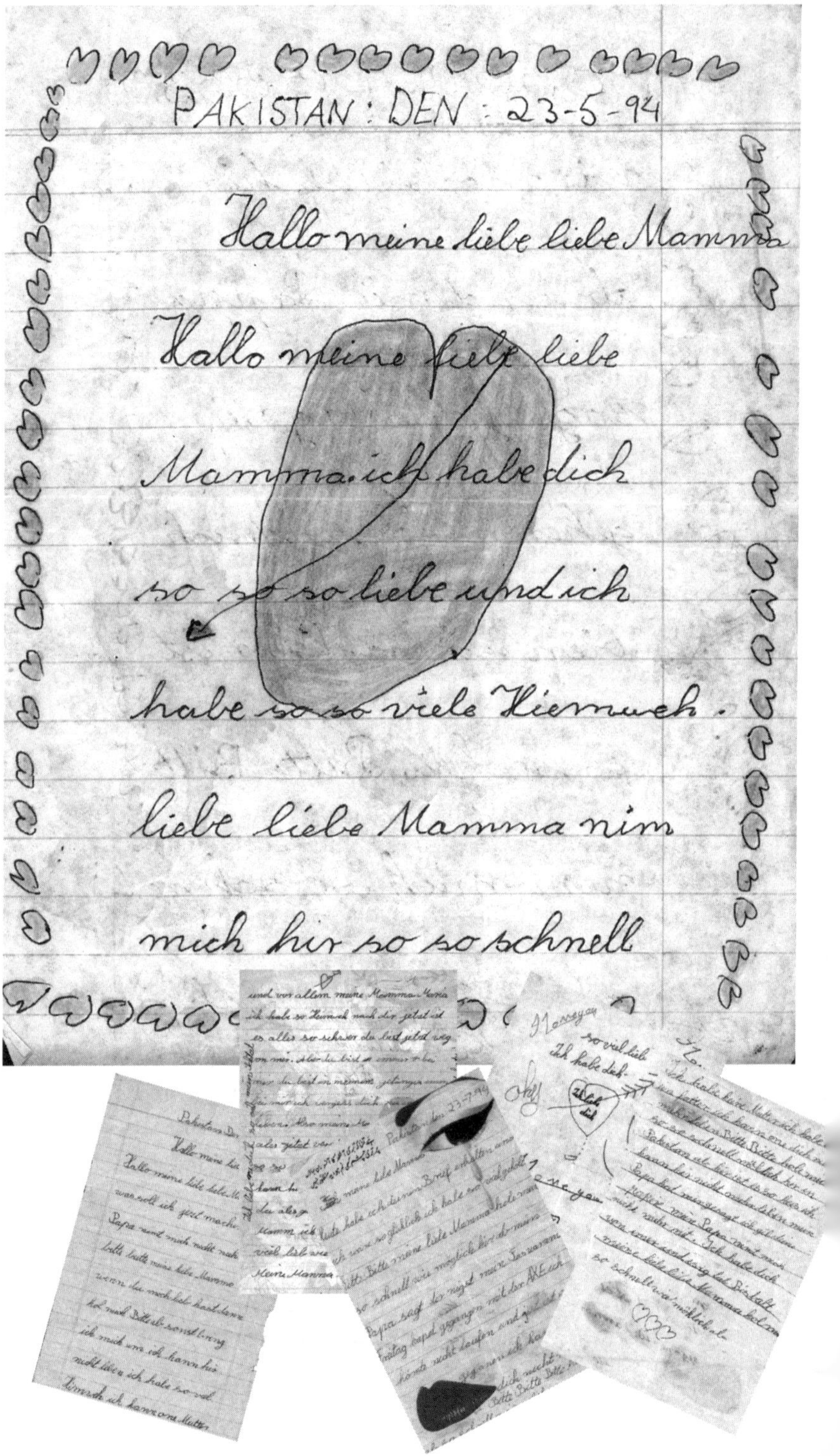
PAKISTAN: DEN: 23-5-94

Hallo meine liebe liebe Mamma

Hallo meine liebe liebe
Mamma. ich habe dich
so so so liebe und ich
habe so so viele Hiemweh.
liebe liebe Mamma nim
mich hir so so schnell

wie möchklich hir
ab und mein Pappa
sagt jeden Tag mir
gehen bald und ich
bien so krank hir ist
es so heis. Bitte Bitte
nim mich so schnelle

Ich kann nicht mehr hier
bleiben ich mus jeden
Tag holen ich kann
ohne dich nicht leben
und warum hast

Hast du mich vergessen

lieb. Und hol mich
ab. Und Papa ist
frei. Mir kommen
balt so schnell
wie Möglich.
Mist ballt meine
liebe Mamma

er möchte, denke ich, das Einzige, was ich von ihm will, ist, dass er mir Nasima zurückgibt.

Noch war Herr Menzel nicht bei Nasima. Es tut ihm Leid, aber seine Geschäftsreise ist verschoben worden. Mit dem Wagen braucht man zwei oder drei Tage von Islamabad bis Fatehpur, jemand wird mich anrufen, sobald es etwas Neues gibt. Seit ich Nasimas Briefe bekomme, bin ich noch ungeduldiger geworden und bedränge ihn, so schnell wie möglich zu fahren.

Ende April 1994 ist es so weit. Die Botschaftssekretärin Marianna ruft mich aus Islamabad an.

»Frau Nazar, wir haben eine gute Nachricht für Sie«, sagt sie, »mein Kollege, Herr Menzel, hat Ihre Tochter gesehen, Nasima ist gesund und lässt Sie schön grüßen.«

Ich warte. Eine Hälfte von mir ist ungemein erleichtert und möchte jubeln vor Freude, die andere Hälfte bleibt auf der Hut. Diese Hälfte will mehr. Sicher kommt noch etwas, das kann doch nicht alles sein, gleich sagt mir diese Frau, wann und wo ich mein Kind abholen darf. Sie wiederholt bloß, dass es Nasima gut geht.

»Ihre Kleine war sehr glücklich, Nachrichten von ihrer Mama zu bekommen«, fügt sie hinzu.

»Nach fünfzehn Monaten ist doch klar, dass sie sich freut, ich freue mich auch sehr, aber wann kommt sie zurück? Wo ist sie jetzt? Soll ich sie irgendwo abholen, sagen Sie mir, wo ich hinkommen soll, ich fahre gleich los.«

Nasima ist immer noch bei ihren Großeltern. Ich bin maßlos enttäuscht. Ich bin fassungslos. Warum konnten sie sich nicht einfach Nasima schnappen und sie in die Botschaft bringen? Das will mir nicht in den Kopf, obwohl mich die Rechtsanwältin schon gewarnt hat: Ich darf mir solche Hoffnungen nicht machen, den offiziellen Stellen sind die Hände gebunden. Die Frau am Telefon wiederholt fast Wort für Wort die gleiche Leier wie Frau Schlierf: dass sich die Botschaft an die Gesetze halten muss, dass pakistanische Gesetze halt so sind, wie sie sind. Ich unterbreche sie.

»Das weiß ich alles schon. Das sagt mir jeder, aber bitte, hören Sie mir jetzt gut zu: Wenn ich nach Pakistan komme, um Nasima zu holen, kann ich mich dann darauf verlassen, dass Sie mir helfen?«, frage ich.

Diese Frage möchte sie nicht mit mir bereden. Dafür ist sie nicht zuständig.

»Dann verbinden Sie mich bitte mit der zuständigen Person«, werfe ich ihr gereizt an den Kopf.

Sie verbindet mich mit Herrn Menzel, der mir dringend davon abrät, überhaupt nach Pakistan zu fahren.

»Hier gilt Ihre Tochter als Pakistanerin, sie unterliegt hiermit den pakistanischen Gesetzen, und laut diesen besitzt der Vater allein die Entscheidungsgewalt über die Kinder.«

Hat er das Wort Entscheidungsgewalt tatsächlich benutzt, oder bilde ich es mir nur ein? Ich möchte mich nicht mit ihm anlegen, kann es aber nicht lassen und frage trotzig, ob sie auch nicht intervenieren, wenn mein Mann Nasima totschlägt. Daraufhin erklärt er mir, dass Muhztfahr sie bisher gut behandelt hat.

»Nasima ist gesund und munter. Abgesehen von einer sehr natürlichen Sehnsucht nach ihrer Mutter, nach Ihnen, Frau Nazar, hat sie auf uns einen guten Eindruck gemacht. Sie hat sich den Umständen entsprechend gut eingelebt.«

Herrn Menzel zufolge besteht meine einzige Chance darin, das Vertrauen meines Mannes zurückzugewinnen und so auf ihn einzuwirken, dass er Nasima nach Deutschland zurückschickt.

»Gegen den Willen Ihres Gatten ist überhaupt nichts möglich«, sagt er.

Ich höre an seiner Stimme, dass er selbst nicht so recht daran glaubt.

»Eine größere Chance hätten Sie«, sagt er, »wenn Ihr Mann mit nach Deutschland zurückkäme. Ich habe ihn diesbezüglich angesprochen, mir schien er nicht ganz abgeneigt zu sein. Wären Sie unter Umständen bereit, ihn wieder bei sich aufzunehmen?«

»Niemals, niemals setzt er auch nur einen Fuß in meine Wohnung«, rufe ich, »und sobald er in Deutschland landet, soll er wegen Kindesentführung verhaftet werden, wenn es nach mir geht!«

Es regt mich maßlos auf. Ich habe nicht das Gefühl, dass Herr Menzel wirklich auf meiner Seite ist, und das sage ich ihm in einem nicht gerade freundlichen Ton. Dann tut es mir wieder Leid. Ich bitte ihn um Entschuldigung.

»Ich weiß schon, dass Sie nur als Vermittler tätig sein dürfen, aber bitte, sagen Sie mir, ob Sie mir helfen würden, wenn ich nach Pakistan komme.«

»Das hängt davon ab, was Sie vorhaben«, antwortet er. »Wenn Sie Ihre Tochter besuchen möchten, ja. Dann melden Sie sich bei uns, und wir werden unser Möglichstes tun, Ihnen dabei zu helfen. In diesem Fall möchte ich Ihnen allerdings empfehlen, darauf zu warten, dass Ihr Mann Sie dazu einlädt. Auch diese Möglichkeit hat er in unserem Gespräch in Erwägung gezogen. Sollten Sie allerdings daran denken, Ihre Tochter gegen den Willen des Vaters nach Deutschland zu bringen, können wir gar nichts für Sie tun. Sie dürfen mit keinerlei Unterstützung seitens der Botschaft für eine Kindesentführung rechnen.«

Ich habe ihn sehr gut verstanden. Eigentlich wusste ich all das schon vorher. Trotzdem lasse ich nicht locker.

»Und wenn ich es doch tue und man mich ins Gefängnis steckt, werden Sie mir da helfen?«, frage ich.

»Wir helfen jedem deutschen Bürger, der in Schwierigkeiten gerät, aber Frau Nazar, ich kann Ihnen nur von solchen illegalen Taten abraten. Die pakistanischen Gerichte sind sehr hart, in manchen Fällen kann sogar die Todesstrafe verhängt werden.«

Einige Tage später nehme ich erneut Kontakt mit der Botschaft auf, erkläre, dass ich jetzt vernünftig bin und ihre Ratschläge befolgen werde. Da ich aber auf meine ganzen Briefe noch keine Antwort bekommen habe, frage ich, ob es möglich wäre, dass auf einer ihrer Geschäftsreisen wieder jemand dorthin fährt und Nasima einen Brief von mir übergibt. Meinem Mann dürfe man ruhig ausrichten, dass ich bereit sei, alles zu verzeihen und ihn wieder bei mir aufzunehmen, füge ich hinzu. Kein Wort davon ist wahr. Es wäre noch besser, wenn ich diese Erklärung schriftlich abgeben könnte, in Form einer offiziellen Bestätigung.

Die Anwältin setzt ein entsprechendes Schreiben auf, ich unterzeichne. Meine Lügen werden per diplomatischer Post geliefert. Und mein Brief an Nasima auch. Den habe ich mit einem Lippenstiftkuss unterschrieben.

Im Frühsommer 1994 geschieht ein Wunder: Nach anderthalb Jahren Schweigen erhalte ich einen Anruf aus Pakistan. Muhztfahr ist dran, er spricht zu mir, als sei alles normal, fragt, wie es mir geht, wünscht mir alles Gute für das neue Jahr, als hätte das Jahr nicht schon vor Monaten angefangen. Ich stehe mit dem Hörer in der Hand und weiß gar nicht, wie mir geschieht. Im Hintergrund höre ich Nasimas Stimme: »Bitte, bitte, Papa, lass mich mit Mama reden«, wiederholt sie ständig. Mir laufen die Tränen nur so die Wangen herunter.

»Alles Gute dir auch«, schluchze ich, »bitte, darf ich mit Nasima reden? Gib mir bitte deine Nummer, ich rufe dich zurück, so brauchst du nicht so viel Geld zu zahlen.«

Das hat mir Frau Schlierf eingebläut, dass ich ihn nach der Nummer fragen soll. Ich habe vor allem Angst, dass die Verbindung abbricht, bevor er mich mit meiner Tochter sprechen lässt. Der Faden zwischen uns ist so dünn und so zerbrechlich, ich höre Nasima nicht mehr, nur noch ein heftiges Knistern in der Leitung und Muhztfahrs Stimme.

»Die Telefonnummer kriegst du nicht, du willst sie nur, um sie der Polizei zu geben«, krächzt er. »Sicher hast du schon eine Anzeige gegen mich bei der Polizei gemacht.«

»Nein, habe ich nicht, ich schwöre, dass ich dich nicht angezeigt habe, warum hätte ich es tun sollen? Ich möchte doch, dass ihr zurückkommt, du und Nasima, ich warte doch die ganze Zeit auf euch.«

»Bist du nicht böse?«, fragt er.

»Nein«, lüge ich, »am Anfang schon, weil du nicht angerufen hast, jetzt nicht mehr. Aber bitte, Muhztfahr, lass mich mit Nasima sprechen.«

Ich muss einige Male wiederholen, dass ich die Polizei nicht eingeschaltet habe, lüge, dass ich die Botschaft nicht eingeschaltet hätte, wenn er sich bei mir gemeldet hätte, schwöre, dass ich nicht nur Nasima, sondern auch ihn sofort bei mir aufnehmen würde. Das Papier, das ich unterschrieben habe, reicht ihm nicht. Ich würge mir ein »Komm, Muhztfahr, bitte komm zurück, ich vermisse dich sehr« heraus und merke, dass er skeptisch ist. »Nur weil du mich angelogen hast, brauchst du nicht zu glauben, dass ich dich auch anlüge«, nach diesem Satz scheint er endlich überzeugt zu sein und gibt mir Nasima.

Was wir sagen, weiß ich nicht mehr. Wir können nicht frei reden, er hört alles mit. Nasimas Stimme in meinen Ohren ist wie das reinste Lebenselixier. Sie weint, ich weine auch. Wir sagen immer wieder, dass wir einander lieben und einander vermissen. Sie wiederholt, dass sie so schreckliches Heimweh nach Deutschland hat.

»Bitte, bitte, Mama, wann kommst du nach Pakistan, du musst sofort kommen und mich abholen«, das sind ihre letzten Worte, dann muss ihr mein Mann den Hörer aus der Hand gerissen haben, ich höre noch, wie er sie auf Urdu anschreit, aber keinen Ton mehr von Nasima.

»Maria, bist du noch dran?«, herrscht er mich an.

»Klar bin ich noch dran. Was ist los, warum regst du dich so auf? Sie ist noch ein Kind, du brauchst dich nicht so aufzuregen. Gib sie mir noch ein paar Sekunden, damit wir uns anständig verabschieden können.«

»Hör zu, Maria, hör mir gut zu: Du kannst schreiben, Nasima kann schreiben. Du kannst zu Besuch kommen. Aber du kriegst Nasima nicht zurück. Sie gehört mir. Sie ist meine Tochter, und sie ist etwas Besonderes, hast du verstanden?«

Dann legt er auf.

Ein verzweifeltes Leben

1994

Nasima

Ich durfte in die Schule gehen. Ich wollte es unbedingt, weil mir schrecklich langweilig war. Mein Vater war selten da, er fuhr nicht mehr mit mir überallhin, nur noch nach Fatehpur und zurück mit seinem Taxi, und er war viel bei Nasrin und ihren Eltern. Ich blieb allein im Hof meiner Großeltern, hatte nichts zu tun, nur die Hausarbeit, und durfte nirgendwo allein hingehen. Erlaubt waren mir nur ein Spaziergang in der Orangenplantage oder ins Dorf, aber dort war nichts Interessantes. Nur ein klitzekleiner Laden mit wenig Angeboten. Ich wollte in die Schule, weil sie in der Stadt war, um ein bisschen rauszukommen. Auch, weil die Schulkinder nicht so viel arbeiten müssen. Sie müssen nicht beim Grasschneiden helfen, und das war eine Arbeit, die ich überhaupt nicht machen wollte. Das Gras war so hart und trocken, dass man sich daran die Hände zerschnitt.

Das erste Jahr haben die Verwandten sich sehr um mich bemüht und waren immer besonders lieb zu mir gewesen, mein Vater noch mehr als alle anderen. Jetzt hatte sich das geändert. Jeder gab mir Befehle, und ich musste gehorchen. Ich hatte keine Lust, immer allen Leuten zu Diensten zu sein. In Senden machte es mir Spaß, der Mama zu helfen, es war ja auch freiwillig. Nie hat sie mich gezwungen. Manchmal hat sie schon gefragt, ob ich für sie einkaufen gehen oder etwas wohin bringen mag, manchmal habe ich von mir aus geholfen, damit sie sich freut. Wenn man gezwungen wird, macht nichts mehr Spaß.

Mein Vater war nicht einverstanden, dass ich die Schule besuche. Mal sagte er, ich brauche es nicht, weil wir eh bald nach Deutschland zurückfahren, mal hatte er Angst, dass ich weglaufe, wenn ich in der Stadt bin. Ich habe gebettelt und gefleht, ich habe auch versprochen, dass ich nicht weglaufen würde, aber es nützte gar nichts. Dann habe ich mit meiner Tante Razia darüber geredet. Zu ihr hatte ich Vertrauen, mein Vater und die anderen Familienmitglieder auch. Jeder respektierte sie und schätzte ihren Rat.

Sie war die Einzige, die nach dem ersten Jahr immer noch nett zu mir war. Bei ihr durfte ich weinen und über mein Heimweh klagen. Sie schimpfte mich nicht, sie streichelte mich oder hielt mich fest und drückte mich. Sie hat dann mit meinem Vater geredet.

»Muhztfahr, mein Sohn, deine Tochter muss unsere Sprache richtig lernen, sie macht Fehler, wenn sie Urdu spricht, und sie kann es weder lesen noch schreiben. Wenn sie in die Schule geht, wird sie alles lernen. Und auch den Koran lesen.«

Mit solchen Argumenten hat sie ihn überzeugt, dass die Schule gut für mich ist. Er musste zweihundert Rupien im Monat zahlen, das sind ungefähr zwölf Mark, für die Leute bei uns im Dorf ist es viel Geld, für meinen Papa nicht. Trotzdem hat es ihm nicht gefallen, dass er zahlen musste. Zu den zweihundert Rupien kam noch das Geld für Bücher, Hefte, Stifte und für eine Schul-uniform. Sie besteht aus einer weißen Hose, einem weißen Hemd und einem dunkelroten Tschador. Während des Unterrichts braucht sich niemand zu verschleiern.

Meine Schule war keine Koranschule, in der die Mädchen auch wohnen. Ich fuhr jeden Morgen mit dem Sammeltaxi meines Vaters nach Fatehpur, stieg am Busbahnhof aus, lief noch zehn Minuten zu Fuß bis zur Schule. Sie war in einem einstöckigen Gebäude, das keine Fenster zur Straße hatte, nur auf den Innenhof. Es waren immer zwei Klassen gleichzeitig in einem Raum, und nur bei den kleinen Kindern waren Jungen und Mädchen zusammen, die Jungen auf der einen Seite und die Mädchen auf der anderen Seite des Klassenzimmers. Ich musste in die erste Klasse, war also mit viel jüngeren Kindern zusammen, weil ich alles nachholen musste, deswegen hatte ich am Anfang keine Freunde. Urdu war für mich keine schwierige Sprache, sprechen konnte ich sie schon perfekt, aber Lesen und Schreiben war schwieriger, weil ich dafür die persischen Buchstaben lernen musste. Urdu schreibt man wie arabisch von rechts nach links. Ausländer finden, dass es hübsch aussieht. Für mich sieht es normal aus, ich habe alles schnell gelernt, habe im ersten und im zweiten Schuljahr den Lehrplan von zwei Klassen geschafft, dann hatte ich die anderen eingeholt.

Ich bin sehr gern in die Schule gegangen, aber nicht wegen der Schule. Für mich war das Wichtigste, dass ich rauskam. Dass ich Menschen sah. Ich wollte da sein, wo viel Leben herrschte. Es war die beste Ablenkung gegen das Heimweh, so musste ich nicht permanent an Mama denken. Die Kinder waren meistens sehr nett zu mir. Ich war viel größer als sie, habe anders ausgesehen, doch das hat sie nicht weiter gestört. Sie kannten meine Geschichte, einige kannten auch meinen Vater.

»Du bist deutsch, du bist reich«, sagten einige zu mir. »Später gehst du nach Deutschland zurück, und wir werden immer hier bleiben.«

Diese Sonderstellung, die ich hatte, war schon merkwürdig für mich. Auch wenn ich mir Mühe gab, gehörte ich nie ganz dazu. Manche Kinder wollten mit mir deswegen befreundet sein, weil ich aus dem Ausland kam, weil sie dachten, ich helfe ihnen, nach Deutschland zu kommen. Und andere mochten mich gerade deswegen nicht, aber sie zeigten es nicht.

Im Winter geht man von 9.00 Uhr morgens bis 15.00 Uhr in die Schule, im Sommer von 7.00 bis 12.00, jeden Tag, nur am Freitag nicht. Auf dem Weg zur Schule und ganz besonders auf dem Rückweg war ich immer glücklich. Ich fühlte mich frei. Auch wenn das nur bedeutete, dass ich mal die eine oder mal die andere Strecke lief oder einen kleinen Umweg über den Basar machte. Für mich war das Herumbummeln in der Stadt das Allerschönste.

Der Unterricht hat mir nicht gefallen, die Lehrer auch nicht. Sie sind viel strenger als in Deutschland. Wenn man etwas nicht weiß oder einen Fehler macht, wird man dafür geschlagen. Die Lehrerin und die Lehrer haben einen Stock, man muss vor ihnen stehen und die Hand offen halten, und sie schlagen darauf, wenn man falsch liest oder falsch schreibt. Oft bekommt man einen Schlag pro Fehler, und das tut ziemlich weh.

Sonst war es ähnlich wie in Deutschland, mit verschiedenen Fächern. Morgens musste man erst beten und aus dem Koran lesen, dann gab es vieles, was wir auswendig lernen mussten. Wir durften nie spielen oder miteinander schwatzen, sonst bekam man Schläge. Wir lasen alle gleichzeitig laut vor, danach wurde ein Schüler abgefragt, der auswendig rezitieren musste. Ich hatte dabei immer Angst, einen Fehler zu machen, wegen der Strafen. Es gab eine halbe Stunde Pause zum Essen. Die Mädchen durften die Schule nicht verlassen, die Jungen schon. Die meisten Kinder brachten sich etwas von zu Hause mit, das ihre Mütter vorbereitet hatten. Mich machte es jedes Mal von neuem traurig zu sehen, wie sie ihr Essen auspackten und einander zeigten, was ihre Mamas ihnen mitgegeben hatten. Ich hatte nie etwas dabei. Meine Oma dachte nicht daran, für mich eine Brotzeit herzurichten, weil mein Vater mir Geld gab, so schickte ich einen kleinen Jungen zum Laden. Oft bestellte ich »Daibelei«, das war lecker. Man kriegt einen Teller mit Dickmilch und Kartoffeln, meist sind auch Bohnen, Pepperoni und Tomaten dabei. Je nachdem wie groß die Portion ist, kostete es fünf oder zehn Rupien.

Nach der Schule bin ich nicht gleich mit dem Sammeltaxi nach Hause gefahren. Ständig fuhr jemand, mein Vater, sein Angestellter oder Onkel Khan, die Strecke zwischen Fatehpur und den Dörfern hin und her, ich konnte mir Zeit lassen. Ich habe dahin geschaut, dorthin geschaut, ich trödelte im Basar herum, wie ich es in Deutschland immer getan hatte. Niemand sagte etwas. Noch war ich frei.

Eines Tages höre ich in der Schulpause, dass ein Fremder, ein Europäer, in Fatehpur ist und nach mir sucht.

»Da vorne bei dem Telefonladen ist ein Mann, der aus Islamabad gekommen ist. Er fragt alle Leute, ob sie jemanden kennen, der in Deutschland gelebt hat und zurückgekehrt ist. Jemand mit einer Tochter, die Nasima heißt, also bist du das«, erzählt mir ganz aufgeregt der kleine Junge, der mir mein »Daibelai« bringt.

»Zeig mir diesen Mann«, befehle ich ihm, obwohl ich weiß, dass ich bestraft werde, wenn ich die Schule verlasse.

Es ist mir egal. Ich denke, das kann nur meine Mama sein, die mich endlich abholt, warum soll ich in der Schule bleiben? Ich folge dem Jungen, wir rennen durch die Straßen, doch es ist zu spät. Als wir beim Telefonladen eintreffen, ist der Mann schon weg. Ein anderer hat ihm erklärt, wo unser Dorf ist, und die beiden sind zusammen zum Hof meiner Großeltern gefahren. Ich kehre nicht zur Schule zurück. Der Junge soll meiner Lehrerin erklären, dass ich nach Hause gegangen bin. Ich laufe direkt zum Busbahnhof, steige vorne zum Angestellten meines Vaters ein, sage ihm, er soll mich dringend heimfahren. Auch er hat den Mann gesehen, aber nicht meine Mutter. Ich glaube ihm nicht. Als wir endlich ankommen, steht ein großer weißer Mercedes vor unserem Hof und viele Menschen drum herum. Sie haben noch nie so ein schönes Auto gesehen. Es ist der Wagen der Deutschen Botschaft in Islamabad, man erkennt es am Nummernschild. Die Leute reden darüber, ob der Botschafter gekommen ist, um mich abzuholen, und ob mein Vater mich gehen lässt. Ich eile an ihnen vorbei, bin sicher, dass ich bloß meine Sachen zu packen brauche und aus Pakistan wegkomme.

Bei uns im Hof sitzen zwei fremde Männer mit meinem Vater zusammen auf den Charpois unter dem Baum und trinken Tee, nur meine Mama sehe ich nirgends.

»Nasima, komm her«, ruft Papa, »die Leute sind deinetwegen hier, deine Mutter hat sie hergeschickt, komm sie begrüßen und sag ihnen, dass es dir gut geht. Sonst schickt sie uns noch die Polizei her. Warum kann sie uns nicht in Ruhe lassen!«

Ich sehe, dass er sehr verärgert ist, sich aber nicht traut, die Leute anzuschreien. Er hält sich zurück, weil Herr Menzel, der Mann von der Botschaft, sehr höflich zu ihm ist und ihm zeigt, dass er ihn respektiert. Bevor er mich anspricht, fragt er meinen Vater, ob er es ihm erlaubt. Herr Menzel darf. Er erklärt mir, dass er nur ein Angestellter der Botschaft sei, nicht der Botschafter persönlich, und der andere Mann ist sein Assistent, ein Pakistaner, den er mitgenommen hat, weil er nicht wusste, ob außer mir noch jemand Deutsch spricht. Später fragt Herr Menzel auch, ob er mit mir allein ein bisschen spazieren gehen darf. Obwohl er es nicht deutlich sagt, ist jedem klar, dass er gern mit mir allein sprechen möchte, aber damit ist Papa gar nicht einverstanden. Er will immer dabei sein. Ich merke, dass er Angst hat. Auch ich habe Angst, Herr Menzel und sein Assistent, Opa und Oma, alle, die da sind, haben Angst. Herr Menzel spricht vorsichtig, als befürchte er, dass mein Papa gleich vor Zorn platzen könnte.

»Hallo, Nasima, wie geht es dir? Deine Mama lässt dich schön grüßen, sie vermisst dich sehr und macht sich Sorgen um dich, weil sie so lange keine Nachrichten von dir hatte. Es würde sie sehr glücklich machen, wenn du sie einmal anrufen könntest. Wie ich höre, gehst du schon in die Schule, magst du mir erzählen, was du dort lernst?«

So ungefähr spricht Herr Menzel mit mir, nicht alles auf einmal, weil er zwischendurch meinem Vater Honig um den Mund schmiert und sich nach seinen Geschäften erkundigt. Ich sage fast nichts, mein Vater hört zu, ich sage nur, dass es mir gut geht, erzähle ein wenig von der Schule, sage ihm, dass er die Mama schön von mir grüßen soll, wenn er mit ihr telefoniert, traue mich nicht zu sagen, dass ich auch mit ihr telefonieren möchte, aber dass mein Vater es mir nicht erlaubt, und fange an zu weinen.

Herr Menzel ist sehr nett zu mir, er sagt, dass ich nicht traurig sein darf, schenkt mir ein Buch mit deutschen Märchen. Ich weine trotzdem weiter, möchte ihm sagen, dass er mich mitnehmen soll, aber das darf ich nicht, weil mein Vater langsam zornig wird. Ich habe Angst, dass er mich später halb tot schlägt, wenn ich jetzt auch nur ein Wort sage. Herr Menzel hilft mir und fragt Papa, ob er ihm nicht seine Orangenplantage zeigen mag. Sie gehen miteinander spazieren, bleiben lange weg, als sie zurückkommen, reden sie miteinander, als würden sie sich mögen. Mein Vater scheint wieder entspannt zu sein, deswegen wage ich zu sagen, dass ich schon große Sehnsucht nach meiner Mama habe. Herr Menzel sieht meinen Vater an.

»Wir rufen deine Mutter irgendwann an«, sagt Papa. »Bald. Vielleicht diesen Sonntag oder nächsten, wenn ich Zeit habe.«

Es ist eine schwierige Unterhaltung, ungefähr wie wenn man mit dem Eselskarren auf Steinen fährt, ganz langsam und vorsichtig. Jeder weiß, was der andere denkt, keiner traut sich, die Dinge beim Namen zu nennen, und auch ich passe sehr gut auf, wie mein Vater reagiert, aber irgendwann ist es mir egal, ob er gleich explodiert, ich muss es einfach sagen, obwohl ich am ganzen Leib zittere und so bitterlich weine, dass mir die Worte kaum aus dem Mund kommen wollen.

»Bitte, lieber Vater, ich hab solches Heimweh nach meiner Mama und nach Deutschland, bitte schick mich zu ihr zurück, bitte fahr mit mir zusammen zur Mama zurück.«

Papa explodiert nicht, aber er schreit, dass er nichts davon hören will.

»Du gehst nicht, das ist meine Entscheidung. Deine Mutter kann die ganze Botschaft und die ganze deutsche Polizei und die ganze deutsche Armee schicken, um dich abzuholen, ich gebe dich nicht her.«

Herr Menzel möchte mit meinem Vater allein sprechen. Was sie miteinander bereden, weiß ich selbstverständlich nicht, auf alle Fälle ist Papa danach nicht mehr böse. Trotzdem achtet er darauf, dass ich keine Minute allein mit Herrn Menzel spreche und schickt mich immer wieder zu Oma Shara, damit ich ihr helfe. Wenn ich ihnen Tee bringe, sieht mich Herr Menzel an und bedankt sich, als wollte er noch etwas sagen, aber er sagt nichts. Er übernachtet sogar bei uns mit seinem Kollegen. Sie bekommen unser bestes Zimmer, und Oma Shara legt auf die Betten neue, schöne Decken, die sie für Besucher bereithält. Es ist eine große Ehre, die uns Herr Menzel erweist, sagen meine Großeltern. Sie sind stolz, dass ein so wichtiger Mann unsere Gastfreundschaft annimmt. Inzwischen weiß bestimmt jeder in der Gegend, dass Muhztfahr Nazar einen hohen Besucher hat, und das erhöht sein Ansehen. Am nächsten Morgen frühstückt Herr Menzel mit uns zusammen. Es gibt Brot mit Butter, Lassi und Tee.

Erst sagt Papa, dass er keine Zeit hat, mich in die Schule zu bringen, und mir kommt eine Idee. Ich frage, ob Herr Menzel mich dorthin bringen darf. Er ist gleich einverstanden, Papa natürlich nicht. Er sagt, dass ich heute gar nicht in den Unterricht zu gehen brauche.

»Aber ich will hingehen, und es ist wichtig, dass ich nichts verpasse, weil sonst die Lehrerin sauer ist, heute hat sie etwas Besonderes mit uns vor.«

Solche Sachen erfinde ich, weil ich unbedingt mit Herrn Menzel fahren will. Sitze ich einmal in seinem Mercedes, bringt er mich bestimmt nach Islamabad in die Botschaft, von dort aus rufen wir die Mama an, dass sie mich schnell holt, oder er steckt mich gleich in ein Flugzeug nach Deutschland.

Am Schluss sieht es so aus, dass ich tatsächlich in den großen weißen Mercedes einsteigen darf. Ich sitze hinten mit dem pakistanischen Botschaftsmitarbeiter, vorne, neben Herrn Menzel, sitzt mein Vater. Er ist glücklich, im deutschen Auto gefahren zu werden, die ganze Stadt schaut zu, nur ich bin nicht glücklich, als Herr Menzel mich vor der Schule absetzt. Mein erster Fluchtplan ist gescheitert.

Ein paar Monate später kommen wieder Leute von der Botschaft zu uns. Diesmal ist eine Frau dabei. Sie heißt Marianna. Damit wir allein miteinander sprechen können, fragt sie meinen Vater, ob ich sie auf die Toilette begleiten darf. Es bleibt ihm nichts anderes übrig, als es zu erlauben. Wir gehen zusammen in die Orangenplantage. Dort flehe ich Marianna an, mich mitzunehmen.

»Sie können mich hier nicht allein lassen, hier werde ich krank vor Sehnsucht, ohne meine Mama sterbe ich«, sage ich.

Sie antwortet immer nur, dass es ihr Leid tut, dass es nicht geht, gibt mir dreihundert Rupien und einen Zettel mit der Adresse von der Botschaft, für den Fall, dass es mir gelingt abzuhauen.

»Die Botschaft kann dir nur helfen, wenn du allein bis zum Konsulat kommst, Nasima. Wenn du es schaffst, helfen wir dir, nach Deutschland zurückzukommen, aber wir dürfen dich nicht mitnehmen. Hier gilt nur, was dein Papa sagt, verstehst du das?«

Ich verstehe sehr wohl, was das bedeutet. Ich bin zwölf Jahre alt, hoffe schon seit Monaten, dass mich jemand rettet und zu meiner Mama bringt, und Marianna sagt mir, dass ich, ein Kind, die tausend Kilometer von Fatehpur nach Islamabad ganz allein schaffen muss!

»Es sind bloß achthundertfünfzig«, erklärt sie. »Es tut mir wirklich Leid, aber wir dürfen dich nicht mitnehmen. Das Gesetz verbietet es, solange dein Papa nicht einverstanden ist, geht das nicht. Hör zu, Nasima, in Fatehpur gibt es eine Busstation, du könntest dorthin gehen und dir mit den dreihundert Rupien eine Fahrkarte kaufen ...«

Weiß sie denn nicht, dass der Busfahrer mich nicht einmal einsteigen lassen würde? Sie ist schon lange genug in Pakistan und tut so, als wüsste sie nicht, dass ein Mädchen in meinem Alter niemals allein reist. Mein Vater würde mich aus dem Bus holen und mich auf der Stelle totschlagen, wenn ich es bloß versuchen würde. Außerdem kennt er fast jeden Busfahrer, der diese Strecke fährt!

»Vielleicht findest du doch jemanden, der dich mitnehmen kann«, sagt Marianna.

Ich sage nichts mehr. Ich habe keine Hoffnung mehr und fühle mich so elend, dass ich niemanden mehr sehen will.

Im Buch, das ich von der Botschaft geschenkt bekommen habe, ist die Geschichte von einem Bruder und einer Schwester. Die Eltern sind so arm, dass sie die Kinder nicht mehr wollen, sie bringen sie in den Wald und denken, dass sie nicht mehr zurückfinden, doch sie haben sich geirrt. Der kleine Junge hat gehört, was die Eltern vorhaben, er rennt nach draußen, sammelt schnell viele weiße Steine, die er in seiner Tasche versteckt. Am nächsten Tag, als die Eltern sagen »kommt, liebe Kinder, wir gehen in den Wald ein bisschen Holz sammeln«, weiß der Junge, dass sie lügen, aber das ist nicht weiter schlimm, weil er die Steine in seiner Tasche hat, die er auf dem Weg fallen lässt. Später sind die Eltern weg und die beiden Kinder ganz allein im Wald, die kleine Schwester weint, und Hänsel sagt zu ihr, dass sie aufhören soll zu weinen. »Sei nicht traurig, Schwesterlein, ich bringe dich heil nach Hause, ich kenne den Weg.« Die beiden kehren nach Hause zurück, und die Eltern sind überglücklich, dass ihre Kinder nicht von den wilden Tieren gefressen worden sind. Doch bald haben sie wieder nicht genug zu essen und gehen noch einmal in den Wald, um die Kinder loszuwerden. Diesmal hat Hänsel keine Zeit gehabt, Steine zu sammeln, er hat nur ein Stück Brot, versucht den gleichen Trick mit Bröseln, aber leider fliegen die Vögel hinter ihnen durch den Wald und picken das ganze Brot weg, sodass Hänsel diesmal den Weg nach Hause nicht mehr findet. Dann kommen sie zu der bösen Hexe, aber am Schluss können sich die Kinder retten, weil die Schwester die Hexe ins Feuer schubst, danach finden sie ihre Eltern wieder, und alle sind glücklich miteinander.

Schneewittchen, Aschenputtel, diese Märchen sind auch in dem Buch, aber Hänsel und Gretel lese ich am liebsten. Der Teil mit der Hexe und dem Knusperhäuschen macht mir keine Angst, ich bin schon viel zu alt dafür und weiß, dass es solche Hexen und Knusperhäuschen in Wirklichkeit nicht gibt. Was mir am besten gefällt, ist, dass das Mädchen nicht allein ist. Sie hat einen Bruder, der sich um sie kümmert, er tröstet sie, wenn sie weint, bringt sie immer wieder nach Hause. Sie retten einander, sie sind nicht allein. Das Ende habe ich für mich ein wenig geändert. Ich mag es lieber, wenn beide Eltern immer noch da sind und ihre Kinder in die Arme nehmen, ich mag nicht, dass die richtige Mutter stirbt, mag auch die böse Stiefmutter nicht.

Im Märchen ist am Schluss keiner mehr böse auf den anderen. Wenn ich es lese, bin ich froh, weil es gut ausgeht, und unglücklich, weil ich selbst keinen Bruder habe.

Es stimmt nicht ganz. Ich habe einen Bruder, aber ich kenne ihn nicht. Ich habe ihn noch nie gesehen, nur auf Bildern. Er heißt Michael und lebt in Amerika. Er ist der Sohn meiner Mama aus ihrer ersten Ehe und so viel älter als ich, dass er selbst schon eine Tochter in meinem Alter hat. In Pakistan habe ich nur meine Schwester Asba, die kleine Tochter von Nasrin und meinem Papa. Sie ist zwei Jahre alt, wohnt aber fast die ganze Zeit über mit Nasrin in Fatehpur. Bald bekommt Nasrin noch ein Kind, und vielleicht wird es ein Sohn, das sagen zumindest ihre Mutter und meine Oma auch, aber was nützt mir ein Babybruder?

Einige Wochen lang erhalte ich keinen Brief von meiner Mama. Ich habe sehr große Angst, dass sie mich nicht mehr liebt, dass sie mir nicht verzeihen kann und sauer ist, weil ich unbedingt mit meinem Vater nach Pakistan fahren wollte. Nie wird sie mich abholen. Nie werde ich Deutschland wiedersehen. In meinem ganzen Leben gibt es nichts mehr, was mir Spaß macht, ich bin nur noch unglücklich. Wenn es eine Art Schalter gäbe, auf den man drücken kann und dann sofort tot ist, würde ich es tun. Es geht mir sehr, sehr schlecht. Ich hatte einen Unfall: Ich wollte die Wäsche holen, die auf dem Dach trocknete, lief barfuß und bin auf eine Axt getreten. Es hat stark geblutet. Papa hat mich schnell nach Fatehpur ins Krankenhaus gebracht, dort wurde mein Fuß genäht. Ich darf nicht in die Schule, kann nicht laufen, es ist Sommer und unvorstellbar heiß bei uns. Meine Wunde hat sich entzündet, sie blutet wieder und eitert. Ich habe Fieber, liege im Bett und denke, dass es mir egal ist, wenn ich sterbe. Niemand will Nasima haben, meine Mutter nicht und mein Vater auch nicht. Er arbeitet, kümmert sich um seine Geschäfte und hat nie Zeit für mich. Er braucht mich nicht. Nasrin kommt nur ein- oder zweimal vorbei und fährt schnell wieder weg, es ist den ganzen Tag niemand da, ich bin allein. Nur Oma Shara kümmert sich ein wenig um mich, wenn sie mit ihrer Arbeit fertig ist. Sie macht mir Verbände mit Ölen und Gewürzen, gibt mir Tee aus Kräutern zu trinken. Manchmal streichelt sie über meinen Kopf wie bei einem kleinen Kind.

»Wenn Nasima meine Tochter wäre, würde ich sie ihrer Mutter zurückgeben«, sagt einmal Opa Ashraf zu ihr.

Ich liege mehrere Tage lang nur auf dem Bett, mit dem Gesicht gegen die Wand, und weine. Mein Vater bringt mir schönes Obst, aber ich mag nichts davon essen, weil es mir so schlecht geht. Er sagt, dass ich aufstehen soll, weil wir dann nach Fatehpur fahren und meine Mutter anrufen. Meine Wunde ist fast verheilt, aber ich bin sehr schwach, kann mich kaum auf den Beinen halten, doch als ich höre, dass ich wieder mit meiner Mama reden darf, fühle ich mich gleich viel stärker.

»Wir sagen ihr, dass sie uns besuchen soll«, erklärt er, »ich habe entschieden, dass ich ihr eine Einladung schicke, damit wir über alles richtig sprechen können.«

Es macht auch ihn traurig, dass ich ständig weine. Er möchte nur, dass ich, seine Tochter, glücklich werde. Warum schickt er mich dann nicht nach Deutschland zurück? Ich verstehe das nicht, aber an diesem Tag stelle ich ihm keine Fragen und diskutiere nicht mit ihm. Ich denke nur an meine Mama. In Fatehpur gehen wir als Erstes in den Telefonladen, und ich bin schrecklich enttäuscht, weil meine Mutter nicht zu Hause ist. Papa spricht nicht auf ihren Anrufbeantworter. Wir gehen zu Nasrins Eltern. Es ist ein schönes Haus, schöner als das von meinen Großeltern, und ich verstehe, dass sie dort lieber wohnt als bei uns. Sie haben auch ein Telefon, mit dem man aber nur innerhalb Pakistans telefonieren kann. Meine Mutter könnte uns dort allerdings anrufen, wenn Papa mir erlauben würde, dass ich ihr die Nummer gebe. Wir trinken Tee, schwatzen über dies und das, es dauert und dauert, bis mein Vater endlich sagt, dass wir wieder nach Deutschland telefonieren gehen. Meine Mama ist wieder nicht da. Nicht bei der Arbeit, nicht zu Hause, nirgends. Wir versuchen es noch öfter, mindestens zehnmal, nie ist sie zu Hause. Auf dem Rückweg spricht mein Vater kein Wort mit mir, erst wieder, als wir aus dem Auto steigen.

»Deine Mutter hat uns vergessen, bestimmt ist sie schon die ganze Zeit mit einem anderen Mann zusammen«, sagt er. »Sie ist nicht mehr meine Frau. Du hast keine Mutter mehr, Nasima.«

Ende 1994 kommt doch noch ein Brief aus Deutschland. Meine Mutter konnte nicht früher schreiben, weil sie krank ist. Sie hat sich auch den Fuß verletzt, allerdings nicht wie ich mit einer Axt. Sie ist in der Waschküche ausgerutscht und kann nicht mehr laufen, weil die Nervenwurzeln kaputt sind. Sie bekommt Behandlungen mit Strom. Der Arzt hat ihr gesagt, wenn sie Pech hat, wird ihr Fuß nie wieder wie vorher. Sie darf nicht arbeiten und musste zur Kur, deswegen haben wir sie am Telefon nicht erreicht. Sie ist in einem Krankenhaus irgendwo auf dem Land. Sie schreibt, dass sie von ihrem Fenster aus Berge und Wälder mit Tannenbäumen sieht, dass die Landschaft sie an Österreich erinnert, wo wir zusammen im Urlaub waren, aber dass sie leider nicht spazieren gehen kann wegen ihres Fußes. Die vielen Strombehandlungen tun ihr sehr gut, schreibt sie.

Sie bedankt sich dafür, dass Papa sie nach Pakistan einlädt, und antwortet, dass sie nicht verreisen kann, solange sie hinkt und Krücken zum Laufen braucht. Sobald es ihr besser geht, möchte sie nach Pakistan kommen. Ich bete zu Allah, dass meine Mutter bald wieder gesund wird. In jedem Brief frage ich sie, wie es ihrem Fuß geht. Meiner ist besser geworden.

Rettung naht

MÄRZ 1996

Maria

Im Herbst 1995 war ich vollkommen verzweifelt aus Fatehpur zurückgekehrt. Seit ich Nasima und das Leben, das sie führen musste, gesehen hatte, dachte ich ununterbrochen daran, was ich unternehmen könnte, um sie zu retten. Rechtlich betrachtet war die Lage so verzwickt, dass von deutschen Behörden keine Hilfe zu erwarten war, und vor einem pakistanischen Gericht hätte ich gegen Muhztfahr niemals Recht bekommen. Er hatte sein Versprechen nicht gehalten, mir Nasima Weihnachten zu bringen, es war auch nicht mehr davon die Rede, dass er nach Deutschland kommen wollte. Damit hatte ich nicht wirklich gerechnet, trotzdem erklärte ich mich bereit, alles Nötige beim Ausländeramt in die Wege zu leiten, damit er ein Visum erhielt. In ihren Briefen richtete mir Nasima nur Widersprüchliches von ihrem Vater aus, überhaupt alles, was sie schrieb, beunruhigte mich sehr. Sie schien sich von unserem Abschied nicht erholt zu haben, klang deprimierter als je zuvor. Ich war fest entschlossen, ihr zur Flucht zu verhelfen, je früher, desto besser. Das einzige Problem war, dass ich Helfer brauchte. Allein würde ich es nicht schaffen. Aber wo findet man solche Helfer? Bestimmt nicht in den Gelben Seiten!

Anfang Januar 1996 kam ich eines Abends hundemüde von der Arbeit nach Hause. Ich wollte nur ein paar Minuten die Füße hochlegen und vor dem Fernseher entspannen, bevor ich ins Bett ging. Mit der Fernbedienung schaltete ich zwischen den Sendern ziellos herum, landete bei einer Talk-show, und eigentlich war es reiner Zufall, dass ich nicht weiter gezappt habe, weil ich damals nie Talkshows anschaute. Ich mochte sie nicht. Aber da wurde gerade ein Mann interviewt, der sich auf Kindesrückentführung spezialisiert hatte!

»Ich hole jedes Kind zurück, egal wo es sich auf der Welt befindet«, behauptete dieser Privatdetektiv.

Die Moderatorin sagte im Schlusssatz: »Schön, dass es noch Leute gibt wie Sie, jetzt dürfen Mütter, deren Söhne und Töchter entführt wurden, wieder hoffen, und vielen Dank, dass Sie bei uns waren!«

Die Sendung ist zu Ende, und ich stürze zum Telefon, rufe dort an, um die Nummer von diesem Mann zu erfahren. Drei Tage später sitze ich bei Herrn August im Wohnzimmer. Sein Sohn hat mich vom Bahnhof abgeholt, er arbeitet mit seinem Vater zusammen. Er bleibt nur einige Minuten bei uns.

»Er ist noch mit einem anderen Fall beschäftigt«, erklärt Herr August senior, »seit der Sendung klingelt bei uns permanent das Telefon.«

Auf den ersten Blick sind mir die beiden Männer nicht sehr sympathisch. Sie haben die gleichen unruhigen Augen, die ständig hin und her wandern, als würden sie nach etwas Bestimmtem Ausschau halten. Vielleicht ist das der Beruf, der auf sie abfärbt. Dann haben sie noch beide schmale Nasen und schmale Lippen, und ich finde, dass sie dadurch ein wenig wie Gauner aussehen. Ich beruhige mich mit dem Gedanken, dass es vermutlich normal ist, weil sie am Rande der Legalität arbeiten. Eines ist sicher: Ihre Geschäfte laufen gut. Sie wohnen in einem großen Haus mit einem riesigen Garten, auch das Wohnzimmer ist sehr geräumig und gediegen möbliert, daran merkt man, dass sie viel Geld haben. Mir scheint es ein Beweis dafür zu sein, dass sie tatsächlich Spitzenleute in ihrer Branche sind. Mein Vorhaben wird mich sicher eine Stange Geld kosten, darauf bin ich vorbereitet.

Herr August bietet mir einen Kaffee an, seine Frau serviert ihn und zieht sich sofort zurück. Er schiebt die Tassen auf dem Couchtisch etwas zur Seite, breitet eine Landkarte von Asien aus, sagt, dass es kein Problem sein dürfte, lehnt sich zurück und fordert mich auf, ihm alles von Anfang an zu erzählen. Ich hatte mir den Verlauf des Gesprächs anders vorgestellt, ursprünglich wollte ich ihn aushorchen und klare Auskünfte von ihm bekommen. Wie viel das kostet, ob er je ein Kind aus Pakistan zurückgeholt hat, wie eine solche Rückentführung abläuft, all das wollte ich in Erfahrung bringen, bevor ich mit meiner Geschichte loslege. Doch er bringt mich so zum Reden, dass ich nicht mehr aufhöre. Wenn ich versuche, auf meine Fragen zurückzukommen, winkt er ab.

»Erst Sie, dann ich«, sagt er.

Also erzähle ich weiter, bis mir gar nichts mehr einfällt. Ihm aber schon. Er fragt und fragt, scheint sich richtig auszukennen, gibt aber sofort zu, dass er noch nie ein Kind aus Pakistan zurückgeholt hat, wohl jedoch aus anderen islamischen Ländern, die ähnliche Gesetzgebungen haben. Ich fasse allmählich Vertrauen zu ihm.

»Nasima – was für ein hübscher Name«, sagt er, »und Ihr Mädchen ist dreizehn. Sie haben Glück, dass man sie noch nicht verheiratet hat, denn das ist üblich in der Gegend. Haben Sie auch ein Foto neueren Datums dabei?«

Nasima hatte mir diese Bilder geschickt, die wir einige Monate zuvor in Fatehpur gemacht hatten. Ich zeige sie ihm.

»Sehr hübsches Mädchen«, sagt er, »das bringen wir der Mama zurück.«

Dieser Satz lässt meine letzten Bedenken schmelzen. Nicht, weil er Nasima hübsch findet. Ich bin es gewohnt, dass man meine Tochter hübsch findet, sie ist eine Schönheit, das weiß ich selbst. Es ist die Art, wie der Detektiv sagt, »das Mädchen bringen wir der Mama zurück«, darin schwingt so viel menschliche Anteilnahme, dass ich anfange zu weinen.

»Nicht doch, nicht doch«, sagt er und tätschelt meine Hand wie ein Vater, der seine erwachsene Tochter trösten möchte.

Ich putze mir die Nase, trockne meine Tränen. Jetzt darf ich ihm Fragen stellen. Erst möchte ich wissen, wie er eine solche Rückentführung organisiert. Genaues mag er mir aus Sicherheitsgründen nicht erklären.

»Wir haben aber da unten Mitarbeiter, mein Sohn kommt mit, so sind wir fünf oder sechs Leute, wir verkleiden uns als Araber, schminken uns und setzen Perücken auf. Das haben wir schon oft gemacht. Es wird keine Probleme geben.«

Auch ich muss mitfahren und mich verkleiden. Die Mütter müssen immer dabei sein, sonst haben die Kinder Angst vor den fremden Männern und kommen nicht mit. Er erzählt mir von einem anderen Fall, bei dem er Menschen aus dem Libanon gerettet hatte, obwohl niemand wusste, wo sie versteckt waren.

»Mit Ihrer Tochter ist es dagegen einfach«, sagt er.

»Ich weiß ja genau, wo sie wohnt, ich kenne den Weg«, bestätige ich. »Und wie viel wird es kosten?«

Der Sohn hatte im Auto die Summe von vierzigtausend Mark erwähnt, plus minus, je nachdem, wie lange es dauerte, den Aufenthaltsort der Kinder ausfindig zu machen, und wie viele Leute man schmieren musste. Da es sich um einen leichten Fall handelt, das hat Herr August selbst gesagt, hoffe ich, dass es billiger wird. Zwanzigtausend Mark habe ich insgesamt gespart, mit etwas Glück könnte es reichen.

»Eine genaue Summe kann ich Ihnen selbstverständlich nicht nennen, Sie kriegen noch einen Kostenvoranschlag von uns, aber Sie müssen mit circa sechzigtausend Mark rechnen.«

Ich falle beinahe vom Sofa. Vierzigtausend hätte ich mir noch irgendwie rechts und links ausleihen können, sechzigtausend niemals. Ich habe zwar gute Freunde, doch sie sind weder Bankleute noch reiche Erben, jeder von ihnen muss hart für seinen Lebensunterhalt arbeiten. Es war eh ein Wunder, dass es mir gelungen ist, zwanzigtausend Mark zu sparen. Mit meiner Stelle als Altenpflegerin verdiene ich zwar nicht schlecht, aber wenn es hochkommt, mit all meinen Fixkosten, bleiben mir am Monatsende vielleicht dreihundert Mark übrig!

Herr August ist nicht bereit, mit mir zu verhandeln. Ich soll seinen Kostenvoranschlag abwarten, mir die ganze Sache durch den Kopf gehen lassen und ihm meine Entscheidung mitteilen. An Aufträgen mangelt es ihm nicht, sagt er.

Sein Sohn bringt mich zurück zum Bahnhof. Die ganze Zugfahrt überlege ich fieberhaft, woher ich das übrige Geld beschaffen soll, ich weiß nur, dass ich es auftreiben muss, egal wie, denn ich bin fest entschlossen, meine Tochter zurückzuholen. Koste es, was es wolle! In Senden gehe ich gleich am nächsten Tag zur Bank. Mein Berater würde mir gern dieses Geld leihen, er kennt mich und weiß, dass ich bereit bin, mich für die Schulden abzurackern, er kennt auch meine Tochter von früher, aber ganz ohne Sicherheiten darf er mir nichts geben. Roland, ein guter Freund, der über gemeinsame Bekannte von meiner Notlage erfährt, ruft mich an und schlägt von sich aus vor, für mich zu bürgen. Er gibt sein Einfamilienhaus als Sicherheit an.

»Deine Nasima hat mit meinen Kindern gespielt, als sie alle noch klein waren«, sagt er, »da muss man einander helfen, sonst ist die Welt nichts mehr. Außerdem liebe ich deine Tochter. Schau, dass du sie schnell zurückbringst, wir vermissen sie alle. Und dich vermissen wir auch, Maria!«

Ich weiß, was er meint. Seit Nasima weg ist, bin ich nicht mehr die Maria, die alle kennen. Ich gehe nirgends mehr hin, mag nicht mehr feiern, das Essen schmeckt mir nicht mehr, sogar bei der Arbeit gelingt es mir nicht mehr, meinen alten Leuten gute Laune vorzuspielen.

»Früher warst du eine solche Stimmungskanone«, sagt Hanne, »du warst immer für einen Scherz zu haben, hast über alles gelacht, sogar wenn die Dinge schief gingen, und jetzt ...«

»Wenn Nasima zurück ist, wird gefeiert und gelacht, dass ganz Senden noch Jahre später davon erzählt«, verspreche ich.

Vierundfünfzigtausend Mark soll ich zahlen. Auf einem Blatt Papier steht alles sauber aufgeschlüsselt, Flüge für August senior und August junior, Hotels, Spesen, Löhne und Bestechungsgelder für pakistanische Helfer, das Honorar für die Detektei, zuzüglich sechzehn Prozent Mehrwertsteuer. Ein anständig geführtes Gewerbe. Nur dass ich alles im Voraus zahlen muss, in bar, das kommt mir nicht anständig vor. Doch Herr August besteht darauf, wegen des hohen Risikos arbeitet er nur gegen Vorkasse. Ich versuche zu verhandeln, argumentiere, dass kein Mensch im Voraus für eine noch nicht geleistete Arbeit bezahlt und schlage vor, die erste Hälfte jetzt zu zahlen, den Rest, wenn wir mit Nasima zurückkommen. Senior lehnt jede Diskussion ab. Er weist mich darauf hin, dass ich immer noch zurücktreten kann. Wenn ich mich für das Unternehmen entscheide, muss ich die Kosten für meine eigenen Flüge, mein Hotel und mein Essen selbst übernehmen. Unter Umständen können noch weitere Kosten anfallen, weil alles sehr knapp kalkuliert sei. In dem Vertrag, den ich unterschreibe, muss ich mich verpflichten, für alle Mehrkosten gegen Beleg aufzukommen.

Am 12. Februar 1996 kommt Herr August junior mit dem Zug nach Ulm, wir treffen uns am Hauptbahnhof, dort übergebe ich ihm die erste Rate: einen Briefumschlag mit zwanzigtausend Mark! Er quittiert mir den Betrag, fährt zurück, kommt vierzehn Tage später, um den Rest abzuholen. Es sind vierunddreißigtausend Mark in dem Umschlag! Mir wird ganz anders, diese enorme Menge an Geld auf einem Haufen zu sehen! Vierunddreißig Tausend-Mark-Scheine! Ich traue mich kaum, damit durch die Gegend zu fahren, so groß ist meine Angst, den Umschlag zu verlieren oder ihn gestohlen zu bekommen. Es gibt Leute, die verdienen vielleicht fünfzig- oder hunderttausend Mark an einem Tag, und finden das nicht weiter ungewöhnlich, doch für mich bedeuten diese vierundfünfzigtausend Mark zweieinhalb Jahre harte Arbeit! Daran zu denken macht mich schwindlig, und zwischendurch bin ich mir gar nicht mehr sicher, dass ich das Richtige tue. Ich kann nur hoffen, dass alles gut geht. Bei der zweiten Übergabe teile ich Junior meine Zweifel mit.

»Das klappt schon. Hundertprozentig«, sagt er.

Ein Mann, ein Wort. Was kann man da noch sagen? Ich habe es geglaubt. Wenn man sein Kind zurückhaben will, dann glaubt man eben alles. Man hält sich an jedem Strohhalm fest.

Junior fliegt schon am 3. März los. Am 6. März fliegen Senior und ich hinterher. Meine Freundin Hanne fährt mich nach Frankfurt zum Flughafen. Bis zur letzten Minute versucht sie, mir diese Reise auszureden. Wir sind zu früh da, warten auf Senior, der am Eingang erscheint und mich nicht mal anschaut.

»Wenn dieser Typ dich nicht erkennt, dann ist er als Detektiv nicht seriös«, meint Hanne. »Das gehört zu dem Job, dass man sich Gesichter merkt.«

August Senior kommt direkt auf uns zu, sein Blick streift mich, ohne mich wahrzunehmen. Keine vier Meter von uns entfernt schiebt er gemütlich seinen Gepäckwagen vor sich her. Ein zweites Mal streift mich sein Blick, und obwohl ich ihn anstarre und mit meiner schwarzen Mähne gar nicht zu übersehen bin, erkennt er mich nicht.

»Du kannst froh sein, wenn du überhaupt lebendig aus dieser Affäre zurückkehrst«, sagt meine Freundin, »aber du bist ein Dickkopf, Maria, du hörst eh nie auf mich, also was soll's. Ich komme noch mit dir, damit dieser Kerl sieht, dass du nicht allein bist auf der Welt. Vielleicht brauchst du mich irgendwann als Zeugin.«

Sobald wir im Flugzeug sind, muss ich Senior meinen Pass abgeben. Ab sofort soll ich nur noch den Pass meiner Freundin Sabine benutzen. Sie hatte ihn mir geliehen, unter der Bedingung, ihn im guten Zustand zurückzuerhalten. Senior hat es versprochen, doch er hat ihr Bild durch meines ersetzt und Nasima als Martina Schneider, Tochter von Sabine Schneider eingetragen. Diese Eintragung lässt sich bestimmt nicht mehr löschen. Wir fliegen nicht direkt nach Pakistan, sondern erst nach Bangkok, dieser Zwischenstopp gehört zum Plan. Wir holen dort August junior bei seiner Freundin ab. Früher war der Junior mit einer Philippinerin verheiratet, die mit dem gemeinsamen Kind nach Hause zurückfuhr, sodass er den eigenen Sohn entführen musste. Er hatte dem Kind und der Familie Schlaftabletten verabreicht. All das ist angeblich ein Jahr zuvor passiert. Ob es stimmt, vermag ich nicht zu sagen. Diese Geschichte ist mir unheimlich, ich will es lieber nicht so genau wissen. Mich interessieren die Familiengeschichten der Detektive nicht. Ich bekomme davon nur ein mulmiges Gefühl. Jetzt hat Junior jedenfalls eine andere Frau, eine Thailänderin, bei der wir uns ein paar Stunden zwischen zwei Flügen ausruhen.

»Mein Sohn hat halt eine Schwäche für mandeläugige Frauen«, sagt Senior und zwinkert mir zu, als sei das ein guter Witz.

Mir stehen bei dem Satz die Haare zu Berge. O Gott, Maria, worauf hast du dich eingelassen, denke ich, in welches Wespennest bist du getreten? Wer sind diese Männer, Verbrecher oder Frauenhändler oder Perverse oder echte Detektive? Zu diesem Zeitpunkt hätte ich am liebsten das Ganze rückgängig gemacht, aber dann hätte ich sämtliche Chancen vertan, Nasima zu befreien, und zusätzlich noch das ganze Geld verloren. Also beiße ich die Zähne zusammen und denke, mir ist jetzt alles egal, Hauptsache, sie helfen mir.

Wir fliegen dann alle drei zusammen nach Karachi. Bei jeder Passkontrolle bin ich schweißgebadet vor Angst. Wenn die Beamten merken, dass ich versuche, mit einem gefälschten Pass einzureisen, werde ich eingesperrt. Thailändische und pakistanische Gefängnisse sind für mich die reinste Horrorvorstellung. Wie schwer es ist, jemanden dort herauszuholen, darüber hat mich ja die Botschaft zur Genüge informiert. Mir kommt es wie ein Wunder vor, dass ich problemlos durch die Kontrollen komme.

In Karachi bin ich zunächst einmal froh, allein in meinem Hotel zu sein. Meine Nerven sind schon seit Tagen wie Drahtseile gespannt, ich brauche Schlaf. Die Herren August senior und junior erklären mir, dass sie Vorbereitungen zu treffen haben, und sind den ganzen nächsten Tag zusammen unterwegs. Ich darf sie nicht begleiten, darf mein Hotelzimmer nicht verlassen, laufe dort wie ein Löwe im Käfig herum, warte, dass sie zurückkehren, mache mich selbst dabei verrückt, außerdem habe ich Hunger. Erst am Abend holen sie mich ab und führen mich ins Hotelrestaurant. Ich wünsche mir für den nächsten Tag einen kleinen Stadtbummel als Ablenkung.

»Auf gar keinen Fall«, antwortet Senior, »man könnte dich erkennen, das ist viel zu gefährlich.«

Wer soll mich hier in Karachi erkennen? Mich kennt in Pakistan doch niemand, abgesehen von Muhztfahrs Familie. Doch sämtliche Verwandte wohnen in einem ganz anderen Teil des Landes. Karachi liegt im Süden, circa tausend Kilometer von Fatehpur entfernt!

»Ich weiß nicht, worüber du dich aufregst, Maria, es ist bloß noch ein Tag. Denk an deine Tochter, wie lange ist sie schon eingesperrt?«

Ob mir klar ist, dass wir alle drei wegen Kindesentführung lebenslängliche Freiheitsstrafen und gar die Todesstrafe riskieren. Ähnliches habe ich schon von der Rechtsanwältin und von den Botschaftsangestellten gehört. Aber noch haben wir nichts Illegales getan!

»Ich sage es dir nicht, damit du Angst kriegst«, meint Senior, »aber du musst einfach einsehen, dass wir nicht vorsichtig genug sein können.«

Was sie vorbereiten, erklären sie mir nicht. In mir keimt der Verdacht, dass sie sich die Sehenswürdigkeiten anschauen und sich gegenseitig davor mit ihrer Videokamera filmen. Wenn ich einen ganzen Tag nichts zu tun habe, plagen mich immer böse Gedanken. Zwischendurch unterstelle ich den beiden, dass sie nur Urlaub auf meine Kosten machen. Gott sei Dank fliegen wir morgen nach Islamabad!

Die Stadt kenne ich. Zumindest war ich 1982 schon einmal dort, zu meiner Hochzeit. Ich war sogar schon in der

Deutschen Botschaft, kenne dort Herrn Menzel und Marianna, mit denen ich in telefonischem Kontakt stehe. Das gibt mir Sicherheit, es ist sozusagen bekanntes Terrain. Ich möchte hingehen und mit den Leuten sprechen, für den Fall, dass wir ihre Hilfe benötigen. Ich möchte auch einfach »Guten Tag« sagen und mich bei ihnen bedanken. Ich habe mich zwar oft über sie geärgert, war unfreundlich zu ihnen, bin ihnen aber trotzdem enorm dankbar, dass sie sich um Nasima kümmern und sich bei Muhztfahr für sie eingesetzt haben.

Am Flughafen in Karachi zittern meine Hände, als ich dem Beamten meinen gefälschten Pass reiche. Er reicht ihn einem Kollegen weiter, der ihn mir gleich nach der Kontrollschranke zurückgibt, ohne auch nur hineinzublicken! Ich atme hörbar erleichtert auf. August senior räuspert sich. Ich soll mich entspannen, mich wie eine normale Touristin benehmen und nicht, als hätte ich etwas verbrochen, sonst falle ich irgendwann auf.

Den ganzen Flug sitze ich am Fenster. Karachi ist weit im Süden, Islamabad im Norden. Irgendwo in der Mitte ist Fatehpur, irgendwo da unten ist Nasima und weiß nicht, dass ich auf dem Weg zu ihr bin. Senior hat mir von Anfang an strikt verboten, sie von unseren Plänen zu unterrichten. Weder in meinen Briefen noch am Telefon durfte ich auch nur die kleinste Andeutung machen, ich musste sogar lügen und ihr erzählen, dass ich in dem Zeitraum der Rückentführung auf Kur nach Österreich fahre, damit sie oder Muhztfahr nicht versuchen, mich telefonisch zu erreichen. Wenn ich mich nicht an seine Anweisungen hielte, sagte August senior, würde er das Unternehmen auf der Stelle abblasen. Man könne Kindern nicht trauen, sie seien unfähig, den Mund zu halten, plapperten ungefragt jedes Geheimnis sofort aus.

»Und wenn sie schon alt genug sind, um zu verstehen, dass sie schweigen müssen, reichen ein paar Drohungen vom Vater, dass sie doch alles ausplaudern«, meinte er, als ich protestierte, dass Nasima uns niemals verraten würde.

Wir überfliegen Multan. Aus dem Fenster sehe ich die sandige Landschaft, sehe auch einen Fluss. Vielleicht ist es derselbe, den man auf dem Weg nach Fatehpur immer wieder überqueren muss! Es ist Nachmittag, Nasima dürfte zu Hause sein. Ich frage mich, was sie gerade macht, stelle mir vor, wie sie unter dem Baum im Hof auf ihrem Charpoi ausruht, drücke beide Daumen und bete zu Gott, dass alles gut geht. Wenn ja, dann sind meine Tochter und ich am 15. März sicher in Senden zurück! Eine knappe Woche noch!

Wir checken im Pearl Continental Hotel in Rawalpindi ein. Pindi oder Bindi, wie die Pakistaner sagen, ist die alte Stadt neben Islamabad, eigentlich sind sie zusammengewachsen. Am nächsten Morgen, es ist schon der 9. März, höre ich, dass August senior allein zur Botschaft gehen wird. Auch dort darf niemand erfahren, dass ich in Pakistan bin. Sonst ist die ganze Mühe für die Katz', sagt er. Junior nickt. Sie haben ihre Connections und wissen sehr wohl, wie die Ausreise von Nasima zu planen ist.

»Vergiss nicht«, sagt Junior, »eine Maria Nazar gibt es hier nicht, nur eine Sabine Schneider. Dich darf man nicht auf der Straße sehen, und schon gar nicht in der Botschaft.«

Senior will unsere Papiere in Ordnung bringen, damit die Ausreise reibungslos klappt. Wieder verbringe ich den Tag allein im Hotelzimmer und bemühe mich, meine Unruhe im Zaum zu halten. Junior ist unterwegs, um einheimische Helfer anzuheuern. Es gibt Probleme. Eingeplant war jemand, der schon mal in Deutschland gearbeitet hatte und etwas Deutsch spricht, doch der Mann mag auf einmal nicht mehr. Die Cricketspiele fangen soeben in Islamabad an, die Hotels sind alle ausgebucht, und dieser Mann hat eine gute Stelle als Koch, die er verlieren würde, wenn er sich auch nur einen Tag freinähme. Die Detektive engagieren drei andere Männer, die uns in zwei verschiedenen Autos nach Fatehpur fahren sollen. Am Abend rechnen wir zusammen nach: Acht- bis neunhundert Kilometer trennen mich noch von Nasima. In Deutschland ein Katzensprung!

Der 10. März vergeht wie im Flug. Ich habe nur einen Gedanken im Kopf: Noch drei Tage, bis ich Nasima an mich drücken darf. Am Abend kommt Senior in mein Zimmer, die Arme voll mit Kleidern. Einer der pakistanischen Helfer hat sie für mich auf dem Basar besorgt. Ich soll sie alle anprobieren. Die pakistanischen Kleider, die ich besitze, hat mir Muhztfahr geschenkt, die darf ich selbstverständlich nicht tragen. Ich ziehe einen roten Shalwar-Kamiz an, dann einen mit winzigen Spiegeln geschmückten, den man vielleicht zu einer Hochzeit oder einer anderen Feierlichkeit anziehen könnte, doch nicht im Alltag. Es gibt auch ein schwarzes Kleid und einen schwarzen Tschador aus dünnem, seidigem Stoff, mit dem ich mich verschleiern soll. Senior filmt mich mit seiner Kamera, ich muss vor ihm langsam auf und ab gehen wie ein Model auf dem Laufsteg. In einem herrischen Ton wirft er mir Anweisungen zu. Ich fühle mich enorm unwohl bei dieser merkwürdigen Modenschau. Ob er sich wirklich auskennt? Mir scheint, dass Nasima ihren Schleier anders gebunden hat, aber ich bin mir nicht mehr sicher.

Am nächsten Morgen fahren wir mit zwei Autos hintereinander sehr früh los. Lahore, unser Ziel für heute, liegt an die dreihundert Kilometer südlich von Islamabad. Ich trage den roten Shalwar-Kamiz, bin auch schon verschleiert. Einer unserer Helfer, ein älterer, grauhaariger Mann in brauner Tracht und mit braunem Käppi hat mir gezeigt, wie es seiner Meinung nach richtig ist. Darunter ist mir aber so wahnsinnig heiß, dass ich den Tschador im Auto ein bisschen lockere. Ich sitze mit Senior und einem der Fahrer in einem Wagen, Junior mit den beiden Männern im anderen. Wir fahren fast ohne Pausen auf staubigen Straßen, durch Landschaften, die eigenartig schön sind. Die Häuser am Straßenrand sind anziehend und traurig zugleich, die Dörfer haben etwas von Kriegslandschaften, als sei dort irgendwann eine Bombe eingeschlagen und die Häuser nie wieder aufgebaut worden. Vieles sieht wie Ruinen aus. Die Armut der Menschen ist direkt spürbar, aber auch ihre Lebensfreude und ihre Energie, sie rühren mein Herz zutiefst, anders als im Jahr zuvor. Nur verwundert es mich nach wie vor, dass so wenige Frauen auf der Straße zu sehen sind. Kann es tatsächlich sein, dass die Hälfte der Bevölkerung hinter Mauern lebt? In den Städten sieht man mehr Frauen, gelegentlich auch welche, die nur locker verschleiert sind, doch während unserer Fahrt sehe ich fast nur Männer, Kinder und Tiere.

Am 11. März kommen wir am Abend in Lahore an und fahren gleich zum Bahnhof. Dort verabschiedet sich Junior von uns. Er nimmt den Zug. Unterwegs will er angeblich einen möglichen Fluchtweg über Delhi erkunden, dann bis zum nächsten Flughafen fahren und von dort aus wieder nach Bangkok fliegen. Warum denn das, was will er denn in Thailand?

»Mein Sohn ist zu jung, um sein Leben aufs Spiel zu setzen«, antwortet Senior, »er hat seinen Teil schon geleistet. Er bringt sich in Sicherheit. Du und ich, Maria, wir machen den Rest allein. Falls wir erwischt werden, ist es nicht ganz so schlimm für uns.«

Er tut so, als hätten wir beide das Leben schon hinter uns, dabei bin ich zwanzig Jahre jünger als er, und mein Leben beginnt jetzt wieder von neuem, so sehe ich das! Ich weiß auch nicht, was er meint, wenn er sagt, wir beide machen den Rest allein. Ich fühle mich hintergangen! Ich bin doch kein Detektiv und habe keine Erfahrung bei solchen Sachen. Deswegen habe ich mich doch auf ihn und seinen Sohn verlassen. Allmählich weiß ich nicht mehr, ob ich August senior überhaupt noch trauen kann.

Beim Essen kommen wir auf Betty Mahmoodi zu sprechen. Ich bewundere sie, weil sie es fast ganz allein geschafft hat, sich und ihre Tochter zu befreien. Senior kennt ihre Geschichte. Er zuckt mit den Achseln.

»Betty Mahmoody ist auch die Einzige, die durch die Kindesentführung reich geworden ist, Maria, alle anderen sind dabei verarmt«, antwortet er und nimmt einen großen Schluck von seinem Drink.

Schon wieder ein Satz, der mir quer im Hals stecken bleibt. Ob er auch mich zu den Frauen zählt, die dadurch arm werden? Zu diesem Zeitpunkt denke ich, er meint diese enormen Kosten, die auf einen zukommen, doch daran will ich jetzt nicht denken, ich möchte mir nicht die Stimmung verderben lassen. An diesem Abend fühle ich mich unendlich stark, die Fahrt war zwar sehr anstrengend, aber jeder Kilometer, den wir heute gefahren sind, hat mich Nasima ein Stück näher gebracht. Um meine Kleine zu befreien, bin ich bereit, noch dreimal so weit zu fahren, noch mehr Strapazen auf mich zu nehmen, und wenn es sein muss, werde ich mich bis zu meinem Lebensende verschulden, all das spielt für mich im Augenblick keine Rolle.

Am nächsten Tag fahren wir von Lahore nach Multan. Es ist diesmal keine sehr lange Strecke, sie dürfte nur etwas über dreihundert Kilometer sein, aber wir brauchen dafür geschlagene sieben Stunden. Mir tut das Kreuz ungemein weh, ich bin buchstäblich gerädert und habe wahnsinnige Kopfschmerzen. Die schlechten Straßen, die Schlaglöcher, der Staub, all das setzt mir zu, auch dass ich nicht wie die anderen aussteigen und mir ein paar Minuten die Beine am Straßenrand vertreten darf. Hier sehe ich das ein. In dieser Gegend hat mein Mann Verwandte, außerdem kommt es schon manchmal vor, dass jemand von der Familie in diese Richtung fährt. Meinen Tschador löse ich beim Fahren nicht mehr.

Noch mehr als das stundenlange Sitzen und Durchgerütteltwerden setzt mir die Anspannung zu. Die letzte Nacht habe ich vor Aufregung kaum geschlafen, und wenn ich eingenickt bin, träumte ich jedes Mal von Gefangenen, die Ketten an Händen und Füßen trugen, wie jene, die ich 1982 in Sarghoda gesehen hatte. In meinem Traum mussten sie sich durch die Wüste schleppen, und ständig fiel einer der Gefangenen auf die Knie oder blieb leblos liegen. Auch Senior ist merklich angespannt, er war noch nie besonders gesprächig, jetzt sagt er gar nichts mehr.

In Multan kommen wir gegen drei, halb vier am Nachmittag an und checken im Holiday Inn ein. Jeder zieht sich für ein paar Stunden in sein Zimmer zurück. Noch nie habe ich eine kühle Dusche so sehr genossen. Ich liege auf meinem Bett, über mir dreht sich ein großer Ventilator, ich denke an nichts mehr und wache später aus einem tiefen Schlaf auf. Um neun Uhr abends treffe ich August senior im Restaurant. Ich picke nur hier und da Kleinigkeiten aus den Tellern heraus, knabbere etwas Brot, das ich in scharfe Soßen tunke, um ihm Gesellschaft zu leisten. Ich habe keinen Appetit. Nach dem Essen erläutert mir Senior seinen Plan.

»Also, Maria, um halb drei morgen früh stehst du unten in der Lobby, und ihr drei fahrt los, um das Töchterchen in Fatehpur vor der Schule abzufangen.«

Ich falle aus allen Wolken.

»Was meinst du mit ›ihr drei‹, kommst du nicht mit?«

Nein, der Herr Detektiv kommt nicht mit. Ich muss Nasima allein abholen, als Chauffeur fährt einer der pakistanischen Helfer mit und ein zweiter als Schutz für mich. Während wir drei von Multan nach Fatehpur fahren, wird Senior im Hotel auf uns warten. Auf der Terrasse, präzisiert er, weil wir schon vorher auschecken, um gleich weiterfahren zu können. Ich bin sprachlos. Auf gut Deutsch, er hält sich im Hintergrund bedeckt, und ich soll alle Risiken auf mich nehmen, ich und diese zwei Männer, mit denen ich mich überhaupt nicht verständigen kann, obwohl ich fließend Englisch spreche und sie angeblich auch! Dann platzt es aus mir heraus: »Wofür zahle ich dir denn so viel Geld? Etwa, damit du gemütlich einen Drink nach dem anderen schlürfst?«

Das werfe ich ihm ins Gesicht, so unvorstellbar sauer und enttäuscht bin ich von ihm. Er bleibt vollkommen ruhig und winkt ab. Er ist darauf vorbereitet, er kennt das schon, jede Mutter, die er begleitet, rastet aus, wenn sie erfährt, dass sie das letzte Stück allein schaffen muss, deswegen sagt er es niemandem im Voraus, so arbeitet er und nicht anders. Punkt, fertig. Ich verlange trotzdem eine Erklärung.

»Aber Maria! Kannst du denn nicht verstehen, dass in einem solchen Kaff zwei Europäer zusammen sofort auffallen? Wenn du dagegen von Kopf bis Fuß unter deinem schwarzen Tschador verkleidet bist, hält man dich für die Ehefrau des einen Mannes, so könnt ihr unbehelligt bis zu Nasima kommen. Würde ich selbst hinfahren, hätte deine Tochter Angst vor mir und würde sich weigern, mit mir ins Auto zu steigen.«

Ich muss ihm Recht geben. Kein Europäer kommt unbemerkt durch Fatehpur. Trotzdem passt mir das Ganze nicht. Ich habe kein gutes Gefühl, mir ist flau im Magen. Ich kenne dieses Gefühl sehr gut, wenn etwas so beginnt, gibt es Schwierigkeiten oder es entwickelt sich zur Katastrophe. Normalerweise würde ich auf dieses Gefühl hören, doch was soll ich tun? Ich bin nicht so weit gekommen, um in letzter Minute und so kurz vor Schluss aufzugeben, das kommt nicht infrage! Ich soll gleich zu Bett gehen, sagt Senior, um frisch für den großen Tag zu sein. Auch das leuchtet mir ein, doch vorher möchte ich noch einmal mit ihm alles durchgehen. Ich vertraue den Fahrern nicht, fürchte, dass sie bei der geringsten Schwierigkeit davonlaufen, können wir nicht andere Helfer finden? Kompetentere Männer?

»Niemals. Nicht hier, wo dein Mann überall seine Spione hat. Außerdem bist du ungerecht. Sie wissen, was sie zu tun haben, und sind kompetent. Verlass dich auf mich, wir haben sie gut ausgesucht. Sonst noch was?«

Was soll ich tun, wenn wir von der Polizei aufgehalten werden? Wie soll ich mich verhalten? Was soll ich sagen?

»Du brauchst keine Angst zu haben, Maria, ich habe es schon über hundertmal so gemacht, und das hat bisher immer geklappt. Ihr werdet nicht kontrolliert, und du schon gar nicht, weil du wie eine Einheimische aussiehst, glaub mir. Und ich bin schließlich hier, um das Ganze zu überwachen.«

Wenn wir am nächsten Tag bis neunzehn Uhr nicht zurück im Hotel sind, dann weiß er, dass etwas dazwischengekommen ist. Dann wird er die notwendigen Schritte in die Wege leiten. Was das bedeutet, sagt er klipp und klar: Sein Gepäck steht unten an der Rezeption. Wenn ich Punkt sieben nicht da bin, verlässt er das Hotel, lässt sich vom dritten Helfer zum Flughafen fahren, nimmt das nächste Flugzeug nach Islamabad, das eine Stunde später abfliegt. Die Plätze für drei Personen sind längst reserviert, auch für den Anschlussflug nach Deutschland. Sollte irgendetwas schief gehen, würde er kurz vor Abflug die Deutsche Botschaft benachrichtigen, damit sie nach mir schauen.

In meine Worte übersetzt heißt das: Er bringt sich in Sicherheit und lässt mich allein in der Tinte sitzen. Ich sage dazu nichts, nur dass ich meinen Pass, meinen eigenen, zurück haben will. Für den Notfall. Ohne ihn fühle ich mich ausgeliefert. Bisher gibt es nur eine Sache, die mich tatsächlich Kopf und Kragen kosten könnte, und zwar, dass ich mit falschen Papieren durch die Gegend reise. Wenn ich verhaftet werden soll, dann möchte ich bitte schön als Maria Nazar verhaftet werden und nicht als Sabine Schneider! Senior weigert sich, meinen Pass herauszurücken. Wenn man mich durchsucht und zwei Pässe entdeckt, sei das noch viel schlimmer für mich. Außerdem braucht er ihn als Beweis. Wofür, das sagt er nicht, nur dass dieser Ernstfall gar nicht erst eintreten wird, weil alles perfekt organisiert ist. Und so weiter. Der Mann macht mich nur noch nervös und aggressiv, ich bin nah dran loszuheulen, aus Wut, aus Enttäuschung, auch aus Angst vor dem, was mich erwartet. Ich lasse ihn an der Bar stehen und ziehe mich zurück.

Wenn ich gewusst hätte, dass die Rückentführung so abläuft, denke ich zum hundertsten Mal, als ich allein in meinem Hotelzimmer bin ... doch an diesem Abend sage ich mir nicht wie sonst, dass ich mich dann niemals darauf eingelassen hätte. An diesem Abend sitze ich da und weiß ganz sicher, dass ich es trotzdem versucht hätte. Weil ich alles versucht hätte, um Nasima zu retten. Und wenn ich mir vorstelle, dass ich meine Kleine in wenigen Stunden an mich drücken werde, fühle ich mich wieder stärker. Ich brauche nur daran zu denken, wie herrlich es sein wird, wenn wir beide zusammen

zu Hause sind, dann kehren mein Mut und meine Zuversicht Stück für Stück zurück.
Am Abend hat mir Senior auf die Schulter geklopft und viel Glück gewünscht. Selbstverständlich schläft er noch tief und fest, als wir am 13. März um 2.30 Uhr in der Frühe losfahren. Es ist mitten in der Nacht, und mein Herz klopft wie verrückt. Ich habe kein Auge zugemacht, bin aber kein bisschen müde. Wenn alles gut geht, ist der ganze Albtraum morgen um die gleiche Zeit vorbei, und Nasima und ich sitzen im Flugzeug nach Deutschland.

Wenn alles gut geht ... Aber es läuft von Anfang an schlecht. Der Grauhaarige mit dem Käppi sitzt am Steuer und scheint sich verfahren zu haben, oder er fährt absichtlich auf irgendwelchen Schleichwegen, jedenfalls ist der Straßenzustand miserabel. Muhztfahr war auf einer Art Autobahn gefahren, wir tuckern im Schneckentempo auf einer Sandpiste, im Scheinwerferlicht ist am Wegrand nichts zu sehen, keine Dörfer, nur einzelne Häuser und Mauern.

»This ist not the right street«, sage ich zu den Männern, »we must take the highway.«

»No, no, everything right«, antworten sie, »you wrong, we know where we go. This is shorter.«

Das soll eine Abkürzung sein? Das kann ich mir nicht vorstellen. Wenn es eine Abkürzung gäbe, wäre Muhztfahr sie auch gefahren. Aber die beiden Männer weigern sich, mir zuzuhören. Als es später etwas heller wird, überholen wir einige Eselskarren, gelegentlich kommt uns ein Pick-up oder ein Truck entgegen, und um uns herum liegt nur Wüste. Wir brauchen nicht wie im Zeitplan vorgesehen drei, sondern sechs Stunden bis Fatehpur!

Es ist halb neun, als wir dort ankommen, um neun beginnt der Unterricht, wir wollen Nasima davor abfangen, aber noch müssen wir ihre Schule überhaupt finden! Als ich vor einem halben Jahr dort war, hatte ich Muhztfahr ausdrücklich gebeten, mir die Schule zu zeigen. Ich wollte das Gebäude sehen, auch die Lehrer meiner Tochter hätte ich gern kennen gelernt, doch das wollte er partout nicht, als hätte er damals schon und lange vor mir geahnt, dass ich eines Tages dort erscheinen würde, um Nasima zu holen. Wir halten mehrmals an, denn es gibt mehrere Schulen in Fatehpur, eine Koranschule und einige Privatschulen. Zuerst schickt man uns zum falschen Gebäude, weil der Fahrer vergessen hat, nach der Public School zu fragen. Vom Wagen aus sehe ich ihn gestikulieren, auch die anderen Leute gestikulieren und zeigen mal nach rechts, mal nach links. Die richtige Schule ist ein einstöckiges, längliches Gebäude, das kein einziges Fenster zur Straße hat und von außen abweisend wie ein Gefängnis wirkt, so hat sie Nasima beschrieben. Als wir sie endlich finden, ist es neun Uhr vorbei. Es sind keine Kinder mehr auf der Straße, der Unterricht hat schon begonnen, von außen hört man den Singsang der Schülerstimmen.

Ich bin am Verzweifeln. Nasima ist da, nur wenige Meter von mir entfernt, hinter dieser Mauer. Auch sie liest mit den anderen Kindern zusammen laut vor, und mir ist fast, als könnte ich ihren glockenhellen Ton unter all den anderen heraushören. Sie ist da und weiß nicht, dass ihre Mutter vor der Tür steht. Was soll ich tun, was kann ich tun? Einfach hineinmarschieren und höflich nach ihr fragen? Die Lehrer würden sie mir nicht geben, sondern die Polizei rufen, davon bin ich überzeugt. Ich darf mich nicht zu erkennen geben, und wir müssen warten, bis Nasima herauskommt. Irgendwann hat sie Mittagspause, verlässt zwar nicht die Schule, aber sie hat mir erzählt, dass sie immer ihre Brotzeit am Tor abholt. So lange müssen wir auf sie warten, doch nicht hier. Nicht direkt vor der Tür! Meine Begleiter gehen auf der Straße auf und ab, ich sitze im Wagen, sehe im Rückspiegel, wie ein Passant das Autokennzeichen verwundert anschaut und sich interessiert nähert. Warum merken meine Helfer nicht, dass wir hier zu viel Aufmerksamkeit erregen? Ich winke sie durchs Fenster herbei, um ihnen zu sagen, dass wir nicht dableiben dürfen, und das ist ein Fehler, der Einzige, den ich mir allein zuschreiben muss. Ich bin zwar ganz in schwarze Tücher gehüllt, von meinem Gesicht ist gar nichts zu sehen, doch ich denke nicht daran, dass meine weißen Hände mich sofort als Europäerin verraten!

Es war allerdings auch ein Fehler, mit einem Wagen, der ein Kennzeichen aus Islamabad trägt, hierher zu fahren. Wir sind von Anfang an als Fremde aufgefallen, wir fallen jede Minute, die wir länger hier bleiben, noch mehr auf, und meine Begleiter stellen sich sehr dumm an. Der Jüngere unterhält sich gemütlich mit dem Passanten, als hätte er nichts Besseres zu tun, während der Grauhaarige allmählich einzusehen scheint, dass wir schleunigst verschwinden sollten, denn plötzlich treten zwei Lehrer vor das Schultor und starren in unsere Richtung. Ich denke, sie kommen gleich auf mich zu und fragen mich, was wir hier wollen, doch sie gehen wieder ins Gebäude zurück. Meine Begleiter steigen ein, wir rasen davon, und ich atme auf, aber nur für kurze Zeit. Nach einem Kilometer halten diese Idioten wieder an, palavern untereinander, ohne mich zu beachten, drehen um und fahren den gleichen Weg zurück nach Fatehpur, obwohl ich lauthals schreie, dass sie das nicht tun dürfen!

Jeder im Städtchen weiß inzwischen, dass etwas los ist, und jeder Mensch auf der Straße bleibt stehen und beäugt unseren Wagen. Meine Begleiter halten in Basarnähe an. Der Jüngere steigt aus, ich habe keine Ahnung, was er vorhat, jedenfalls stehen keine drei Minuten später zwei Polizisten mit Maschinengewehren bei uns. Der Grauhaarige erklärt ihnen etwas auf Urdu, zeigt die Wagenpapiere und seinen Ausweis, doch die Polizisten winken ab. Obwohl ich kein Wort verstehe, sehe ich an ihrem Gesichtsausdruck, dass sie über mich sprechen.

»Sorry, but they want you to go with them to the police«, sagt der Grauhaarige zu mir.

Der Jüngere steigt wieder ein, die beiden Polizisten auch. Ich bin unter meinem Tschador nass geschwitzt, vorher war mir viel zu heiß, jetzt rinnt kalter Angstschweiß an mir herunter. Die Polizisten geben dem Grauhaarigen Anweisungen, lassen ihn bis zum Polizeirevier fahren. Dort muss ich aussteigen und werde in einen großen Raum gebracht, wo zehn bis zwölf

Polizisten sind, alle schwer bewaffnet. Ich darf auf einem Stuhl Platz nehmen, muss meinen Pass abgeben, kriege keine Luft unter dem Schleier und nehme ihn vom Gesicht. Es spielt jetzt eh keine Rolle mehr. Die Männer um mich sehen ungeheuer wild und gefährlich aus, werfen mir böse Blicke zu, als hätte ich gerade jemanden ermordet. Ich denke, entweder sie erschießen mich jetzt sofort oder ich komme in den Knast, irgendetwas passiert jetzt, das ist das Ende von allem. Ich sitze wie versteinert auf diesem Stuhl, fühle gar nichts, nur den Schweiß, der mir aus allen Poren bricht. Es ist ein unvorstellbares Geschrei um uns herum, alle reden durcheinander, ich habe den Eindruck, dass jeder brüllt, höre nur das Dröhnen in meinem Kopf. Es gehen ununterbrochen Leute rein und raus, nicht nur Polizisten, auch Menschen in normaler Straßenkleidung. Erst als ein Polizist, der ein etwas besseres Englisch spricht, sich zu mir herunterneigt und fragt, ob ich Nasimas Tante bin, löst sich meine Erstarrung.

Ich habe nichts mehr zu verlieren und sage die Wahrheit: dass ich ihre Mutter bin. Trotzdem scheint er zu glauben, dass ich ihre Tante bin und in Islamabad arbeite. Offensichtlich haben ihm meine Begleiter diese Lüge aufgetischt, vielleicht befolgen sie die Anweisungen vom Senior. Wo die beiden sind, weiß ich nicht, die Polizisten haben uns gleich getrennt. Es vergehen einige Minuten, plötzlich kommt ein Polizist in den Raum und ruft, dass ich schon mal in Fatehpur war. Ich höre den Namen von meinem Mann, Muhztfahr Nazar, bestätige, dass ich im Oktober 1995 da war und meine Tochter besucht habe. Es wundert mich, wie klar und selbstsicher meine Stimme klingt, als ich erkläre, dass ich Nasima wieder besuchen wollte, weil sie großes Heimweh nach mir hat, dass ich vorhatte, sie zu überraschen, indem ich sie von der Schule abhole.

Ob sie mir nun glauben oder nicht, sie können mir zumindest nicht das Gegenteil beweisen, noch habe ich nichts verbrochen. Das Einzige, was mir zum Verhängnis werden kann, ist der falsche Pass. Ein Polizist fragt mich, ob ich Moslimin bin, weil ich verschleiert war.

»Ja«, antworte ich, »und verheiratet bin ich ja auch, deswegen bin ich Moslimin geworden, wegen meines Mannes.«

In diesem Moment kommt ein Polizist mit meinem Pass. Er baut sich vor mir auf, schaut mich an, schaut den Pass an, dann wieder mich und wieder den Pass, und reicht das Dokument einem anderen Polizisten. Es gibt ein heftiges Hin und Her zwischen mehreren Polizisten auf Urdu, keine Ahnung, worüber sie reden, klar ist nur, dass es um mich und um meinen Pass geht.

»Bist du geschieden?«, fragt der Polizist, der Englisch spricht, »warum heißt du Schneider und nicht Nazar wie dein Mann?«

Ich antworte, dass ich schon seit zwei Jahren geschieden bin, zum Glück kommen meine Antworten spontan, ich zögere nicht, zeige keine Angst, und ihm fällt nicht auf, dass ich mich nur wenige Minuten zuvor als verheiratet deklariert hatte. Mindestens zehnmal hintereinander muss ich erklären, was ich in Fatehpur will. Jedes Mal wiederhole ich, dass ich bloß meine Tochter besuchen möchte. Sie schreiben meine Passnummer auf, sehen mich immer wieder ziemlich böse an, ständig rennt jemand raus oder es kommt jemand rein, es wird geschrien und telefoniert und viel hin und her übersetzt. Mir ist elend, ich fühle mich der Ohnmacht nahe, als nach ungefähr anderthalb Stunden Onkel Khan in der Tür erscheint. Er hatte mich zusammen mit meinem Mann im Oktober am Flughafen in Multan abgeholt. Jemand muss ihm erzählt haben, dass ich in der Nähe vom Basar verhaftet wurde, er kommt, um zu überprüfen, ob ich es tatsächlich bin. Ich falle ihm um den Hals, so dankbar bin ich, ein bekanntes Gesicht zu sehen.

»Gott sei Dank, bist du endlich da!«, rufe ich laut auf Deutsch, als könnte er mich verstehen.

Schlagartig ändert sich die Stimmung im Revier. Einige Polizisten lachen mit Khan, niemand sieht mich mehr böse an. Ein Polizist gibt mir den gefälschten Pass zurück. Der andere erklärt mir auf Englisch, dass ich mit Khan gehen darf, ich muss mich bloß verpflichten, auf dem Rückweg noch einmal auf dem Revier vorbeizuschauen, um irgendwelche Formalitäten zu erledigen. Ich verspreche es hoch und heilig, bedanke mich bei den Polizisten und folge Khan nach draußen. Ich will nur noch weg hier. Vor der Tür warten meine zwei Begleiter bei unserem Toyota, als sei gar nichts passiert. Khan spricht mit ihnen, ich soll zu ihm in den Wagen steigen.

»Nasima, Muhztfahr«, sagt er zu mir.

Er lächelt mich an, als sei er überglücklich, mich zu sehen und fährt los. Es ist mir klar, dass er mich zum Hof meiner Schwiegereltern bringt, meine Helfer fahren hinter uns mit einem Polizeiwagen im Schlepptau.

Eigentlich will ich nicht dorthin. Es ist alles verloren. Ich habe auf der ganzen Linie verloren. Ich hatte Nasima versprochen, dass ich sie retten würde. Wie soll ich vor sie treten? In wenigen Minuten, so Gott will, werde ich sie sehen, und was soll ich ihr sagen? Dass ihre Mutter eine dumme Kuh ist, die alles vermasselt hat? Dass sie mir ganz umsonst vertraut hat?

Es ist inzwischen schon halb eins. Der Detektiv wartet sicher schon auf der Terrasse des Holiday Inn mit meinem Pass in der Tasche. Wenn wir in sechseinhalb Stunden nicht zurück sind, sitze ich mit gefälschtem Pass in Pakistan fest! Das überlebe ich nicht!

Als wir bei meinen Schwiegereltern ankommen, sind dort viele Leute versammelt. Vielleicht zehn, fünfzehn Männer, ungefähr ebenso viele Frauen, lauter Menschen, die ich noch nie gesehen habe. Unter den Frauen muss auch Nasrin sein, welche sie ist, weiß ich nicht, ich kann eh kaum jemanden erkennen, weil ich so heftig weine, dass ich nichts mehr sehe.

Muhztfahr und Nasima sind nicht da. Auf dem Hof hat uns niemand erwartet, und keiner versteht, was los ist, weil alle gleichzeitig schreien und gestikulieren. Ein Mann, der Deutsch spricht, fragt mich, ob wir zur Hochzeit kommen, nur ich weiß von keiner Hochzeit. Lieber Gott, mach, dass nicht Nasima jetzt verheiratet werden soll, das ist das Einzige, was ich noch denken kann.

Nasima

Wenn Mama mir geschrieben hätte, dass sie mich holen kommt, wäre ich nicht in die Schule gegangen. Ich hätte mich irgendwo versteckt und auf sie gewartet.

Ich bin schon in der Schule, sitze an meinem Platz, als es draußen im Flur plötzlich unruhig wird. Ein Lehrer kommt in unsere Klasse, eilt zu meiner Lehrerin und flüstert ihr etwas zu. Die Kinder in der ersten Reihe haben etwas mitbekommen und flüstern, dass ein Wagen aus Islamabad vor der Tür parkt. Als ich es höre, denke ich sofort, das kann nur meine Mutter sein, jetzt holt sie mich! Ich will raus, aber ich darf nicht. Wenn ich rausgerannt wäre, hätte mich die Lehrerin geschnappt und geschlagen. Der andere Lehrer verlässt unser Klassenzimmer, der Unterricht läuft weiter, als sei nichts gewesen, nur dass die Lehrerin lauter spricht und droht, uns alle zu bestrafen, wenn wir nicht Ruhe geben. Ich warte auf die Pause, ich will den kleinen Jungen rausschicken, damit er mir berichtet, was passiert ist. Aber als es Zeit für die Pause wird, sagt die Lehrerin, dass es heute gar keine gibt. Warum, sagt sie nicht. Wir müssen weiterschreiben. Einmal sehe ich von meinem Heft hoch und treffe ihre Augen, die mich auch anschauen, so weiß ich ganz sicher, dass die Unruhe draußen wegen mir war. Es muss meine Mutter sein, oder vielleicht ist der Herr Menzel von der Botschaft wieder da. Aber von seinem weißen Mercedes war nicht die Rede.

Mein Vater holt mich früher von der Schule ab. Er sieht wütend aus, fährt ohne anzuhalten an unserem Haus vorbei. Von der Straße aus sehe ich, dass viele Leute bei uns im Hof sind, das ist nicht verwunderlich, schließlich bereiten wir die Hochzeit meiner Tante Shamah vor. Aber auch die Polizei ist dort. Ich frage Papa, was geschehen ist, ob etwas Schlimmes bei uns passiert ist. Er antwortet nicht. Er spricht überhaupt nicht mit mir. Erst als wir bei den Nachbarn sind, befiehlt er mir, aus dem Wagen zu steigen und sagt ihnen, sie sollen mich einsperren und aufpassen, dass ich auf keinen Fall nach Hause laufe. Ich sitze in einem fensterlosen Zimmer, die Tür haben Asia, die Nachbarin, und ihr Mann mit dem Schlüssel abgeschlossen. Ich höre draußen Stimmen, sie unterhalten sich noch mit Papa beim Auto. Sobald ich ihn wegfahren höre, rufe ich durch die Tür ihre kleine Tochter zu mir.

»Bitte, Leila, lauf schnell zu uns und schau, ob meine Mama da ist«, sage ich zu ihr und verspreche ihr Geld für ihren Dienst.

Es sind vielleicht nur hundert Meter bis zu uns, fünf Minuten später kommt sie zurück und ist ganz aufgeregt.

»Ja, Nasima, du hast Recht, deine Mutter ist bei euch!«, sagt sie.

Als ich das höre, trete ich mit aller Kraft gegen die Tür und reiße dadurch das Schloss aus der Wand. Ein Stück Wand fällt runter, die Nachbarn schreien, dass ich dableiben soll, Asia stellt sich mir in den Weg, ich weiche aus, laufe, so schnell ich kann. Sie rennen mir hinterher, aber sie können mich nicht einholen, ich bin viel schneller. Ich will zu meiner Mama.

Diesmal ist es schrecklich. Es ist nur schrecklich. Sie hat versucht, mich zu holen, doch der Versuch ist missglückt. Jetzt will sie ohne mich weg, und ich halte sie fest, aber sie will, dass ich sie loslasse. Sie sagt immer nur, dass sie zurück nach Multan muss. Ich weiß nicht, was ich tue, ich drehe total durch, ich werde verrückt, alle Leute um mich sind verrückt, ich weine, schreie, schlage um mich, werfe mich meinem Vater zu Füßen, damit er mich gehen lässt, steige ins Taxi zu meiner Mutter, halte mich an ihr fest, aber mein Vater zerrt mich raus. Ich liege auf dem Boden im Staub, meine Mutter weint, sie nimmt mich in die Arme, erklärt mir Dinge, die ich nicht verstehe. Ich will nicht, dass sie ohne mich wegfährt, es tut so weh.

Sechs Jahre sind seit diesem entsetzlichen Tag vergangen. Mir ist es immer noch kaum möglich, von diesem Tag zu erzählen, ohne zu weinen. Jedes Mal, wenn ich mich daran erinnere, steigen schreckliche Bilder hoch. Es sind nicht nur die Bilder, die wehtun, es ist vor allem das Gefühl von damals. Dann bin ich wieder dreizehn Jahre alt, alle Menschen, die ich liebe, haben mich verraten. Mein Vater und meine Mutter haben mich verraten. Ich liege im Staub, höre einen Wagen, der sich entfernt, und meine Hoffnung verschwindet mit diesem Wagen. Die ganze Zeit falle ich in ein schwarzes Loch, kann mich nirgends festhalten, obwohl man mich aufhebt und mich ins Haus trägt, falle ich weiter.

Maria

Ich war vielleicht seit zwanzig Minuten dort, als Muhztfahr ankam. Allein. Er sprang aus dem Wagen, ging gleich zu den Polizisten und sprach mit ihnen. Es kann sein, dass er ihnen Geld gab, damit sie wegfuhren, ich bin mir nicht sicher, auf alle Fälle war ich froh, dass sie verschwanden. Vor Muhztfahr fürchtete ich mich nicht. Er kam auf mich zu, begrüßte mich, ohne mir in die Augen zu schauen.

»Wie geht es dir, Maria?«

»Du siehst, wie es mir geht«, antwortete ich.

»Ich weiß, dass du gekommen bist, um Nasima zu holen, Maria, aber du siehst es, Gott ist auf meiner Seite, er hat es verhindert. Und er wird es immer verhindern. Du kriegst sie nicht zurück.«

»An deiner Stelle wäre ich mir da nicht so sicher. Heute ist vielleicht Gott auf deiner Seite, aber eines Tages wird er auf meiner Seite sein, dessen bin ich mir ganz sicher. Wo hast du Nasima versteckt?«, fragte ich.

Doch da kam sie schon angelaufen und rief von weitem »Mama, Mama, warte auf mich, ich komme mit dir nach Deutschland«, warf sich in meine Arme mit einer solchen Wucht, dass wir beide umgefallen wären, wenn Muhztfahr uns nicht aufgefangen hätte. Nasima war außer sich, ich weiß nicht, ob sie überhaupt verstand, was los war. Sie schrie und weinte und wälzte sich auf dem Boden vor Muhztfahrs Füßen, sie krallte sich an mich, es war nur schrecklich, nur entsetzlich. Jedes Wort von ihr, jede Berührung machte für mich alles schlimmer. Ich musste dringend weg, aber es brach mir das Herz, sie dort zurücklassen zu müssen. Ich riss mich aus ihren Armen, ging bis zum Wagen, kehrte zu ihr zurück, es war ein einziges Drama. Die Menschen, die dort waren, Männer wie Frauen, weinten oder schrien mit uns! Eine Stunde, anderthalb Stunden lang ging es hin und her. Nasima wollte mich nicht weglassen, und mein Mann grinste.

»Ja, ja, bleib da, Maria, du bist meine Frau, du bleibst jetzt für immer in Pakistan, ich kann mit dir machen, was ich will. Ich weiß, was du getan hast, du bist unter einem falschen Namen hier, sicher hast du falsche Papiere dabei, du kommst hier nie mehr raus.«

Meine so genannten Helfer, die könnte man in der Pfeife rauchen oder an den nächsten Baum hängen, wenn ich gehofft hätte, dass diese Idioten mich retten würden, sei ich selbst noch blöder als diese Männer.

»Du hast wohl gar kein Hirn, dass du solche Volltrottel engagiert hast! Schau hin, Maria, was sie tun, diese Gauner, die du bezahlt hast, damit sie meine Tochter entführen, sie sitzen in meinem Haus, trinken meinen Tee, essen an meinem Tisch. Mit all den Rupien, die du für ein solches Gesocks ausgegeben hast, hättest du lieber Fleisch für die Geier kaufen sollen. Nächstes Mal gib das Geld gleich mir«, lachte er höhnisch, dann übersetzte er seine Witze auf Urdu, um einige Männer, die sich um ihn geschart hatten, zum Lachen zu bringen.

Was hätte ich ihm antworten sollen? Er hatte Recht. Inzwischen war eine Stunde vergangen, Nasima rannte hin und her, ins Haus, um etwas zu holen, was sie mitnehmen wollte, obwohl klar war, dass ihr Vater sie nicht mitgehen lassen würde, sie warf sich auf den Boden, als Zeichen ihrer Demut und ihrer absoluten Unterwerfung küsste sie Muhztfahrs Füße, wie sie es schon letztes Mal getan hatte. Er blieb davon ganz unberührt, oder wenn sich irgendetwas in seinem Herzen rührte, so zeigte er nichts davon. Er herrschte sie auf Urdu an, sie stand wieder auf, warf sich in meine Arme, krallte sich an mir fest, und ich musste weg! August senior wäre um sieben mit meinem Pass abgehauen, er hatte mich gewarnt, und mein Mann wusste es, weil die pakistanischen Fahrer ihm alles erzählt hatten! Als er sah, wie ich auf die Uhr blickte, lachte er mich aus.

»Bleib nur hier, Maria, du kannst morgen mit uns die Hochzeit meiner Schwester Shamah feiern, dann darfst du für immer hier bleiben, du siehst doch, deine Tochter will auch, dass du bleibst, nicht wahr, Nasima, deine Mutter soll hier bei uns bleiben?«

»Ja, Mama, bleib, bitte bleib«, flehte mich Nasima an, »dann fahren wir später alle drei zurück.«

Doch ich konnte unmöglich bleiben. Nicht ohne gültigen Pass, nicht mit der pakistanischen Polizei, die mich wegen Urkundenfälschung verhaftet hätte, nicht mit diesem Mann, der mich schadenfroh betrachtete.

»Du bist in meiner Macht«, sagte er, »ich kann mit dir machen, was ich will. Aber weil meine Schwester morgen heiratet, bin ich großzügig und lasse dich ziehen, Maria. Geh und lass uns in Ruhe. Nasima gehört mir, vergiss das nie!«

Eine Stunde habe ich meine Tochter gesehen. Für sechzigtausend Mark. Mein Mann hat sie zum Schluss aus dem Wagen gezerrt. Sie lag auf dem Boden, als wir davonfuhren. Ich habe von Fatehpur bis Multan geweint. Als wir ankamen, sah ich aus wie der Tod. Ich war schneeweiß und vollkommen erledigt. Senior saß mit einer Tasse Kaffee und einer Zigarette auf der Terrasse, als sei er in Urlaub, und warf mir einen Blick zu.

»Ach, es hat wohl nicht geklappt«, sagte er, »schade. Es lag wohl daran, dass heute Freitag, der Dreizehnte ist. Ach so, nein, es ist erst Mittwoch, aber trotzdem. Der Dreizehnte ist halt kein guter Tag.«

Er hatte Angst, dass die Polizei ihn und mich wegen des gefälschten Passes verhaftete, so sind wir auf der Stelle losgefahren. Über Lahore und von dort nach Deutschland zurück. Mit Senior habe ich kaum drei Worte geredet. Ich musste für mich noch ein Ticket zahlen, kam am 15. März 1996 nach Hause und hatte nichts mehr. Kein Geld, kein Kind, keine Hoffnung. Nur einen staubigen Koffer und einen Haufen Schulden.

Dunkle Jahre

1996–1997

Nasima

Für mich wurde nun alles noch schlimmer. Auch die letzten kleinen Freiheiten wurden mir genommen. Ich durfte nirgends mehr allein hingehen. Nicht mehr vom Hof bis zum Dorf, und keine hundert Meter allein in der Stadt. Vorher hatte mich mein Vater stets auf dem Busbahnhofsplatz abgesetzt, jetzt brachte er mich bis zum Schulgebäude und wartete, bis ich hineingegangen war. Nach dem Unterricht holte er mich dort wieder ab. Wenn er nicht pünktlich kam, musste ich unter Aufsicht einer Lehrerin im Haus nebenan auf ihn warten. Die Lehrer hatten strikte Anweisungen bekommen, sofort die Polizei anzurufen, falls sich jemand, den sie nicht kannten, in Schulnähe herumtrieb. Nur mein Vater selbst und Nasrin durften mich abholen, andere Verwandte nicht mehr. Ich weiß nicht, warum. Vielleicht hatte die Familie sich wegen mir gestritten, vielleicht hatte der eine oder andere versucht, sich bei ihm für mich einzusetzen, damit er mich nach Deutschland zurückgehen lässt. Vielleicht vertraute er einfach niemandem mehr, seit meine Mutter versucht hatte, mich illegal aus Pakistan mitzunehmen.

Er war sehr misstrauisch geworden. Vor allem gegen seinen Onkel Khan, weil dieser meiner Mutter geholfen hatte, als sie von der Polizei verhört worden war. Mein Vater war fest davon überzeugt, dass Khan und meine Mutter unter einer Decke steckten, dass er von ihrem Plan gewusst hatte und sie beide die ganze Zeit hinter seinem Rücken gegen ihn intrigierten. Er glaubte es, weil Shamah ihm ein paar Monate zuvor erzählt hatte, wie Khan zu meiner Mutter gesagt hatte:

»Maria, du hilfst mir mit Deutschland, ich helfe dir mit Nasima.« Ich hatte zwischen den beiden übersetzt und nicht gemerkt, dass Shamah uns zuhörte. In Wahrheit bedeutete der Satz nichts. Khan hatte nicht wirklich vor, mir und meiner Mutter zu helfen. Er mochte uns, vielleicht wollte er versuchen, sich bei meinem Vater für mich einzusetzen, indem er mit ihm sprach, mehr nicht. Aber Khan hätte sehr gern in Deutschland gearbeitet, und das wusste mein Vater. Alle wussten es.

Er war nicht der Einzige, der diesen Wunsch hatte; es gibt bei uns in der Gegend viele Menschen, die von Deutschland träumen. Sie stellen sich vor, wie sie Fatehpur hinter sich lassen, mit dem Flugzeug in den Himmel steigen, in Deutschland landen und sofort reich sind. Es macht sie glücklich, davon zu träumen. Diese Menschen haben keine Arbeit, sie sind sehr, sehr arm und sehen dann einen Mann wie meinen Vater, der früher auch kein Geld hatte. Sie sehen, wie sich alles für die Familie zum Besseren verändert hat, seit er in Deutschland gewesen war, und sie möchten auch arbeiten, viel Geld verdienen und es nach Hause schicken. Sie bilden sich ein, dass jeder in Deutschland sofort Arbeit findet und bald so reich wie mein Vater wird. Für diese Leute ist ein Visum mehr Wert als ein Lottogewinn. Sie erzählen einander, was ein Arbeiter in der Fabrik in einem Monat verdient, und das sind so viele Rupien, dass man hier ein ganzes Haus bauen oder ein Grundstück kaufen kann. Es nützte gar nichts, wenn mein Vater ihm erzählte, wie hart auch er für sein Geld arbeiten musste, Khan sprach immer wieder davon, nach Deutschland zu ziehen, und glaubte fest daran, dass ihm meine Mutter dabei helfen könnte. Im Herbst 1995 hatte er sich Passfotos machen lassen, weil er voller Hoffnung war, dass er bald ausreisen würde. Mein Vater hatte von Khans Absichten durch Zahid, den Fotografen, erfahren, als er dort nach meinen Bildern fragte. Stattdessen bekam er die Passfotos seines Onkels und war sehr verärgert. Wegen Deutschland und vor allem wegen meiner

Mutter. Mein Vater war eifersüchtig auf alle Männer, mit denen sie sich auch nur unterhielt und fühlte sich doppelt verraten, von ihr und von seinem eigenen Verwandten. Er hörte gar nicht zu, wenn Opa Ashraf oder sein eigener Bruder Hayat ihm erklärten, dass Khan nichts Schlimmes getan hatte. Papa sah überall Verräter und sobald ihm jemand irgendetwas sagte, was ihm nicht passte, ging er in die Luft. Man konnte fast nicht mehr mit ihm reden.

Meine Bilder hatte ich abgeholt, sobald sie fertig geworden waren. Es war noch im November 1995. Ich kam in den Laden und war sehr deprimiert, weil mich alles traurig machte, was mich an meine Mutter erinnerte. Der Fotograf packte die Fotos aus und wollte, dass ich sie mit ihm zusammen anschaute. Ich warf nur einen Blick darauf, sah, dass sie sehr schön geworden waren, und ich selbst fand mich auch schön, aber es war mir sehr unangenehm, allein mit ihm in seinem Laden zu sein.

»Ich sehe sie mir später an, vielen Dank, wie viel kostet das?«, fragte ich.

»Gar nichts«, antwortete er. »Von dir, Nasima, nehme ich kein Geld an.«

Es war mir peinlich, dass ich nichts zahlen musste. Wenn ein Mann einer Frau etwas schenkt, bedeutet das, dass er in sie verliebt ist. Schon beim Fotografieren war er seltsam zu mir gewesen. An seiner Art, mich anzusehen und wie er mir alles ausführlich erklärte, hatte ich schon gemerkt, dass ich ihm gefiel, aber ich war noch nicht dreizehn, er vielleicht schon zwanzig und ich wollte nicht, dass sich jemand in mich verliebt, weder der Fotograf noch ein anderer Mann. Es gab schon viel zu oft Männer, die mir auf der Straße nachschauten, weil ich Europäerin war. Ich wollte nur meine Ruhe haben und weg aus Pakistan, sonst nichts.

Ich habe damals in dem Laden nur Angst gehabt, weil ich nach den islamischen Gesetzen nicht mit einem Mann reden durfte. Wenn mein Vater uns beobachtet hätte, hätte das schlimme Folgen für mich gehabt. Ich bedankte mich bei ihm, nahm meine Bilder und verließ schnell das Geschäft. Die nächsten Wochen und Monate lief ich auf der anderen Straßenseite und sah stur nach vorne, nicht in Richtung seines Ladens. Ich wollte ihn nicht sehen. Oft stand er vor der Tür und verfolgte mich mit seinem Blick. Es waren vielleicht zehn oder zwanzig Meter zwischen uns, er kam nicht näher, versuchte nicht, mit mir zu sprechen, trotzdem merkte ich, dass er sich wirklich für mich interessierte.

1996, nachdem meine Mutter versucht hatte, mich zu retten, und ich nicht mehr frei herumlaufen durfte, sah ich ihn aus dem Wagen meines Vaters immer an einer Straßenecke stehen, wo wir vorbei mussten. Wenn ich nicht in die Schule ging, weil ich krank war oder Ferien hatte, kam er manchmal in unser Dorf, fuhr mit einem Auto oder mit einem Motorrad an unserem Hof vorbei, nur um mich zu sehen. Einige Male besuchte er sogar meinen Großvater, saß bei uns im Hof und trank Tee mit meinen Verwandten. Mein Vater selbst lud ihn mal ein. Als ich Zahid mit ihm sah, hatte ich eine solche Angst, dass ich mich im Haus versteckte. Wenn mein Vater gewusst hätte, dass er in mich verliebt war, hätte er mich totgeschlagen.

Damals betrachtete er Zahid als seinen Freund, weil der Fotograf unserer Familie einen sehr großen Dienst erwiesen hatte. Es hatte einen schlimmen Streit im Dorf gegeben, und mein Vater musste wieder ins Gefängnis. Es ging um geschäftliche Angelegenheiten, um sein Taxiunternehmen. Er hatte kein Verbrechen begangen, trotzdem sollte er fünfzigtausend Rupien Strafe zahlen, nur weil ihn jemand angezeigt hatte. Er hätte viel Geld verloren, und die Familie wollte nicht so viel bezahlen. Das Gericht und das Gefängnis lagen in Fatehpur. Zahid und seine Familie waren in der Stadt angesehene Leute und kannten viele wichtige Männer bei den Behörden. Deswegen gingen Opa Ashraf und Onkel Khan zu ihm und baten ihn um seine Unterstützung.

Zahid hatte überhaupt gute Beziehungen zu sehr vielen Menschen, war beliebt und immer bereit zu helfen. Aber ob er auch meinem Vater geholfen hätte, wenn er nicht in mich verliebt gewesen wäre? Er war schon mit meinem Opa ein wenig befreundet, und vielleicht dachte er sich, wenn er meinem Vater einen Dienst erweist, dass dieser ihn dann zumindest anhören muss, wenn er ihm sagt, dass er mich heiraten möchte. Jedenfalls setzte sich Zahid für meinen Vater ein und redete mit verschiedenen Männern in hohen Positionen, sodass dieser am Schluss nur noch dreitausend Rupien zu zahlen brauchte.

Oft war er allerdings nicht bei uns zu Besuch. Seine Freundschaft mit meinem Vater hielt nicht lange, bald hatten sich die beiden zerstritten. Zu diesem Zeitpunkt, es war im Sommer 1996 oder vielleicht auch schon im Herbst, geriet mein Vater ringsum mit fast allen Menschen in Streit, und wenn man ihm glauben mochte, waren immer die anderen schuld. Warum er von einem Tag auf den nächsten Zahid nicht mehr sehen wollte, erfuhr ich viel später: Mein Vater hatte den Fotografen in seine Waldhütte eingeladen. Dort trank er immer Whisky mit seinen Freunden. Zahid ging einmal mit, lehnte es aber ab, Alkohol zu trinken. Er sagte meinem Vater, dass er ein gläubiger Moslem sei und nie auch nur einen Schluck Alkohol anrühren würde.

»Wenn du mein Freund bist, musst du mit mir trinken, und wenn nicht, dann brauchst du nicht mehr herzukommen«, sagte mein Vater zu ihm.

Danach haben sie nie mehr ein freundliches Wort miteinander geredet.

Nach der Geschichte mit dem Detektiv hatte mein Vater immer Angst um mich. Er glaubte, dass meine Mutter bald wieder versuchen würde, mich zu entführen, deswegen sollte ich Tag und Nacht bewacht werden. Wenn ich zu Hause war, verlangte er, dass meine Großeltern auf mich aufpassen sollten. Oma Shara wollte jedoch nicht. Ihr war es egal, ob ich ein bisschen länger spazieren ging oder zum Dorf lief.

»Nasima kann doch nicht fortlaufen, lass sie doch, sie macht nichts Böses«, sagte sie zu Papa.

Da er auf ihre Weigerung hin einen Tobsuchtsanfall bekam, versprach sie zu tun, was er wollte, aber wenn er nicht da war, ließ sie mich trotzdem gehen. Ein- oder zweimal kam Papa früher nach Hause, während der Arbeit machte er einen Abstecher zu unserem Hof, nur um nach mir zu schauen, und ich war nicht da. Nani Jan erklärte ihm, dass ich bloß bei den Nachbarn sei, dass sie mich geschickt hatte, weil sie etwas von dort brauchte, was halb wahr und halb gelogen war, aber Papa wurde so wütend, dass sie mich sofort nach Hause holen musste. Er schrie sie an, dass sie mir nicht Dinge erlauben durfte, wenn er sie mir verboten hatte, schrie mich an, dass wir ihn nicht respektierten und Schande über die Familie brachten. Da er immer öfter kam, um zu kontrollieren, ob ich da war, wagte ich mich nicht mehr fort. Nur in Begleitung durfte ich noch vom Hof.

Meine Oma erklärte ihm, dass sie arbeiten musste und nicht ständig nach mir schauen könnte. Shamah war verheiratet und wohnte jetzt in Sarghoda, Asia war in der Koranschule, mein Vater fuhr mit seinem Wagen den ganzen Tag durch die Gegend, deswegen war niemand da, der mich pausenlos bewachen konnte. So beschloss Papa, dass Nasrin wieder zu uns ziehen sollte.

Aber sie durfte nicht im gleichen Haus wie meine Oma wohnen, sonst hätten sich die beiden wieder gestritten. Mein Vater ließ also schnell ein neues Zimmer aus Lehmziegeln für Nasrin und für sich bauen. Es stand etwas abseits von dem Haus, in dem Onkel Hayat, Oma und ich, manchmal auch Asia verteilt auf zwei Zimmer schliefen. Opa Ashraf wohnte schon lange allein in seiner winzigen Hütte am Waldrand, dort fühlt er sich am wohlsten. Nasrin war nicht glücklich, dass sie sich den Hof mit Oma Shara teilen musste, sie verlangte noch einen eigenen Herd, und ab sofort musste ich mit meinem Vater, Nasrin und Asba essen und nicht mehr mit meinen Großeltern. Am Abend war ich froh, allein mit Nani Jan zu sein. Bei ihr durfte ich mich ausweinen, sie hatte Verständnis für mich, war aber nicht so zärtlich zu mir wie meine Mutter.

Im Dorf ließ mein Vater ein modernes Haus für sich, Nasrin und die Kinder bauen. Es sollte bald fertig werden, und er hatte beschlossen, dass ich mit ihnen dort einziehen sollte. Für mich war es eine schreckliche Vorstellung. Nasrin war bloß das erste Jahr wirklich nett zu mir gewesen, seit sie selbst Mutter geworden war, liebte sie mich nicht mehr. Sie liebte nur noch ihre eigenen Kinder. Zu mir war sie wie die böse Stiefmutter aus dem Märchen. Sie behandelte mich wie ihre Magd.

»Nasima, komm her, Nasima, nimm mir das Baby ab, Nasima, hol Wasser«, sie durfte mir befehlen, was sie wollte, ich musste ihr immer gehorchen, durfte weder widersprechen noch frech zu ihr sein, sonst beklagte sie sich am Abend über mich bei meinem Vater. Ich musste den Mund halten und alles tun, was sie nicht machen wollte, und das war eine ganze Menge. Ungefähr alle Tätigkeiten im Haushalt, kochen, den Teig fürs Brot kneten, den Hof sauber fegen, auf ihre Tochter Asba aufpassen, meinen Babybruder herumtragen, damit er nicht quengelte, Wäsche waschen und Kleider bügeln.

Nasrin blieb nicht gern zu Hause. Sie fuhr jeden Tag mit nach Fatehpur, ließ Asba und das Baby bei ihren Eltern und ging dort auch in die Schule. Früher war sie Lehrerin in einem Dorf gewesen, jetzt machte sie eine Zusatzausbildung als Gesundheitsberaterin, musste viel lernen und verlangte, dass ich nach der Schule die ganze Hausarbeit für sie erledigte. Sie kam später als ich mit den Kindern aus der Stadt zurück. Wenn ich alles zu ihrer Zufriedenheit erledigt hatte, war sie ein bisschen freundlicher zu mir und lobte mich, weil ich gut gearbeitet hatte. Aber wenn ich eine Kleinigkeit vergessen oder nicht richtig gemacht hatte, beschimpfte sie mich, als hätte ich gar nichts getan und nur faul herumgelegen.

Ich wollte auf keinen Fall mit ihr und meinem Vater ins neue Haus ziehen. Eines Tages, als Papa besser gelaunt zu sein schien, sagte ich ihm, dass ich viel lieber bei meinen Großeltern bleiben würde. Da änderte sich seine Stimmung sofort, er runzelte die Stirn, antwortete in einem scharfen Ton, der mir Angst machte, dass ich gar kein Recht hätte, darüber zu entscheiden.

»Du hast überhaupt kein Recht, nur ich allein entscheide über das, was in der Familie passiert. Was ich sage, darf kein Mensch infrage stellen, und schon gar nicht du, Nasima, hast du das endlich kapiert?«

Wenn er sich ärgerte, konnte es mehrere Tage dauern, bis er sich beruhigt hatte. In dieser Zeit hat er auch viel mit Nasrin gestritten. Er wollte nicht, dass sie diese Ausbildung machte, und sie warf ihm vor, dass er sie nicht wirklich liebte. Sie hatte keine Angst vor ihm, machte ihm ständig Szenen, jeden Tag fand sie wieder einen Grund, mit ihm zu streiten. Weil sie nicht gern bei meinen Großeltern lebte, weil das neue Haus noch nicht fertig war, weil er sich nicht um sie kümmerte, weil er nicht lieb genug zu ihr war.

»Du wolltest mich nicht wirklich heiraten«, schrie sie, »bei unserer Hochzeit hast du eine schwarze Hose wie bei einer Beerdigung getragen, du liebst immer noch diese deutsche Frau, und du liebst deine Tochter mehr als mich und meine Kinder!«

Das hat sie meinem Papa oft vorgeworfen. Manchmal antwortete er, dass er tatsächlich meine Mutter sehr liebte, egal ob sie getrennt oder zusammen wären, weil sie immer noch seine erste Frau sei, dann sagte Nasrin nichts mehr. Und manchmal beschimpften sie einander weiter.

»Du hast kein Recht, auf Maria und Nasima eifersüchtig zu sein«, schrie er zurück, »ich liebe sie mehr als dich, weil du gehässig bist. Wie kann ein Mann eine Frau wie dich lieben? Du hast einen schlechten Charakter, du gehorchst nie, ich habe die Nase voll von dir und deinen Geschichten!«

»Ich habe auch die Nase voll von dir, du bist schuld daran, dass ich mich ständig ärgern muss, und deine Verwandten sind alle gegen mich«, schrie Nasrin, aber sie passte gut auf, nichts gegen Oma zu sagen, sonst wurde mein Vater immer fuchsteufelswild, und dann bekam auch sie Angst vor ihm.

Wohin sie kam, brachte sie Streit mit. Mit ihren Eltern hatte es auch Krach gegeben, sie durfte nicht mehr dort wohnen und nur noch zu Besuch kommen, sonst hätte sie mein Vater zu ihnen zurückgeschickt. Nasrin war gemein zu allen, weil sie sich ihr Leben anders vorgestellt hatte. Bevor sie meinen Vater geheiratet hatte, dachte sie, dass es mit ihm viel besser würde als mit einem, der nie aus seinem Dorf herausgekommen ist. Sie war gebildet, las Bücher, wollte wieder arbeiten und selbst Geld verdienen. Nasrin kannte viele Leute in der Verwaltung, sie wollte unbedingt modern sein und ein modernes Leben führen.

Ich glaube nicht, dass sie wirklich eifersüchtig auf meine Mutter war, weil mein Vater sie angeblich noch liebte. Ich glaube eher, dass sie neidisch war auf alles, was meine Mutter hatte, auch wenn sie in Wahrheit nicht viel von ihr wusste, nur dass sie frei war und hinreisen durfte, wohin sie wollte. Es kam vor, dass Nasrin wegen ihrer Ausbildung nach Multan fahren musste. Sie fuhr auch tatsächlich hin, aber es gab ein großes Donnerwetter deswegen mit meinem Vater. Er wollte keine moderne Frau haben. Nasrin sollte wie Oma Shara nach den alten Sitten leben, zu Hause bleiben, nicht immer durch die Gegend fahren und Leute besuchen, wie sie es durch ihre neue Arbeit machen würde.

»Du bringst nur Unglück über uns«, sagte er, »du hast Recht, ich habe einen schlimmen Fehler gemacht, dich hätte ich niemals heiraten dürfen, verflucht sei der Tag, an dem meine Augen dich gesehen haben.«

»Wenn du bei mir nicht glücklich bist, und wenn es dir nicht passt, was ich mache, dann kannst du nach Deutschland zurückgehen«, schrie Nasrin zurück.

Ich hielt mir die Ohren zu, weil sie oft sehr gehässig miteinander wurden, und manchmal ging es dabei auch um mich, dann hätte ich mich vielleicht eingemischt und dafür Schläge bekommen. Wenn es meinem Vater zu viel wurde, schlug er Nasrin, aber das geschah nur selten. Einmal schlug er sie so hart, dass sie ein blaues Auge davontrug. Es war nichts Besonderes passiert, ein normaler Ehestreit wie immer, vielleicht war er besonders verärgert, weil sich noch andere Sachen angestaut hatten, es gab nämlich Schwierigkeiten mit den neuen Autos, die er vor kurzem gekauft hatte. Danach blieb Nasrin eine Weile zu Hause und stritt sich weniger mit ihm. Sie schmierte ihm Honig um den Mund, machte sich schön für ihn und servierte ihm ein besonders gutes Essen. Und nach einiger Zeit, spätestens nach zwei oder drei Wochen machte sie wieder nur das, was sie wollte, bis zum nächsten großen Krach.

Eines Tages kam sie zurück aus Fatehpur, rief meine Oma und mich zu sich, damit wir schauten, was sie aus dem Basar mitgebracht hatte.

»Das ist für dich, Simi«, sagte sie zu mir und zeigte mir die Burqa, die sie gekauft hatte. »Nasima, meine liebe Tochter, dein Vater hat mir dafür das Geld gegeben, er will, dass du sie ab sofort immer anziehst, wenn du in die Stadt gehst.«

Dann fügte sie hinzu: »Gott sei mein Zeuge, ich habe versucht, mit deinem Vater zu sprechen, aber er wollte nicht auf mich hören. Arme Simi.«

Am Abend erklärte mir Papa, dass ich diese Burqa nicht zu tragen brauchte, wenn ich nicht wollte, obwohl es besser für mich wäre.

»Verstehst du, Nasima, ich habe dich aus Deutschland nach Pakistan gebracht, damit du ein anständiges Mädchen wirst und nicht wie die deutschen Mädchen schon mit dreizehn einen Freund hast und dann einen anderen und noch einen anderen. Das will ich nicht. Ich sehe schon lange, wie die Männer dich anschauen, schon seit du elf oder zwölf Jahre alt bist sehen sie dir nach, und das gefällt mir überhaupt nicht. Wenn du die Burqa trägst, werden sie dich in Ruhe lassen.«

In Fatehpur gab es noch viele Frauen, die eine Burqa trugen oder ganz verschleiert waren, vor allem die Älteren, die aus den Dörfern kamen, und die Jüngeren, die in die Koranschule gingen. Die Burqa oder der Tschador sind Zeichen; wenn ich sie trage, zeige ich, dass ich eine moslimische Frau bin und man mich respektieren muss. Das finde ich gut. Schlecht finde ich nur, dass man unter den Tüchern überhaupt keine Luft kriegt. Es ist zum Ersticken, wenn bei uns im Sommer Temperaturen von fünfzig Grad herrschen.

Trotzdem hatte ich nichts dagegen, mich ganz zu verschleiern. Mein Papa hatte Recht, auch mir war es sehr unangenehm, wenn mir die Männer nachschauten. Ich tat nichts, um diese Aufmerksamkeit auf mich zu ziehen. Ich sah eben anders aus als die pakistanischen Frauen, die viel dunkler sind als ich. In ganz Fatehpur hatte niemand eine weiße Haut und hellgrüne Augen wie ich, und jeder fand mich schön. Aber diese Burqa trug ich so gut wie nie, man konnte unter ihr kaum etwas sehen. Ich achtete nur darauf, mich vollständig mit dem Tschador zu bedecken, und es war eine Erleichterung, dass mir die Männer weniger nachschauten, obwohl sie mich immer noch erkannten.

Mein einziger Lichtblick in dieser Zeit war Nasrins zweites Kind, mein Babybruder Mazar. Ich kümmerte mich gerne und viel um ihn, weil ich ihn wirklich mochte. Nasrin hatte keine Lust dazu, sie war immer genervt, wenn Mazar schrie, und das tat er oft, wenn er bei ihr war, bei mir nie. Mazar war ungeheuer süß, ich liebte es, wenn er mir seine Ärmchen entgegenstreckte und mich anlachte. Er war mein Sonnenschein. Wenn er weinte und ich ihn auf den Arm nahm, hörte er sofort auf und kuschelte sich an mich. Ein oder zwei Jahre später, als er sprechen lernte, nannte er mich »Mama«.

»Nasima ist meine Mama«, sagte er zu seiner Mutter, »du bist nicht meine Mama, du bist meine Auntie.«

So nannte ich auch Nasrin. Nie hätte ich sie Mutter nennen können, das Wort wäre mir im Hals stecken geblieben. Meine Schwester Asba sah aus wie ihre Mutter, wie eine Maus mit einem schmalen, spitzen Gesicht und dünnen Lippen, sie war ungefähr vier oder fünf Jahre alt, ich schon dreizehn, und wir konnten einander nicht ausstehen. Wenn Nasrin aus der Stadt zurückkehrte, rief sie nach Asba, küsste sie, schenkte ihr Süßigkeiten, die sie für sie gekauft hatte, und fragte sie, was ich in der Zwischenzeit getan oder gesagt hatte. Meine Schwester war eine schlimme Petze, sie erzählte Nasrin alles. Anstatt wie ich früher überall herumzurennen und zu spielen, lief sie mir ständig hinterher, damit sie ihrer Mutter etwas zu berichten hatte. Wenn ich mich mit anderen Menschen unterhielt, musste ich aufpassen, was ich sagte. Sie merkte sich jedes Wort.

Ich wünschte mir, das neue Haus würde zusammenbrechen, und wir könnten nie dort hinziehen. Gewiss, im Vergleich zu den Häuschen meiner Großeltern war es viel größer, viel schöner und viel moderner. Es hatte Strom und Wasser, mein Papa hatte Nasrin einen Kühlschrank und einen Fernseher versprochen, aber es war wie fast alle pakistanischen Häuser gebaut: ein Hof, der ganz von Mauern umgeben war, mit einem großen Holztor, das man abschließen konnte. In diesem Hof stand das Gebäude mit vier großen Zimmern, an der Seite befanden sich kleinere Häuser, eins war die Küche, eins das Badezimmer und eins die Toilette.

Ich hatte Angst, im neuen Haus Nasrin ausgeliefert zu sein, fürchtete mich auch davor, ständig eingesperrt zu werden. Bei meinen Großeltern konnte man nichts abschließen, nur die Zimmer. Es gab einen Torbogen ohne Tür und kaum Mauern drum herum. Diese Mauern waren niedrig genug, dass man darüber in die Weite schauen konnte. Der Blick war frei. Auch wenn man mir verbot, dorthin zu laufen, sah ich die Straße, die zum Dorf führte und hundert Meter weiter eine Brücke über den Fluss. In der anderen Richtung sah ich den Wald und ein Stück der Orangenplantage. Weiter weg noch das Haus der Nachbarn. Mein Vater erlaubte mir manchmal nach der Schule oder wenn ich frei hatte, mit meinen Geschwistern zusammen ein bisschen spazieren zu gehen, also lief ich mit ihnen zu den Tieren, setzte Asba und Mazar auf den Esel, oder wir besuchten die Nachbarn oder gingen ins Dorf nachschauen, wie weit die Arbeiter mit dem neuen Haus waren. Wenn wir davor standen, sagte ich auf Deutsch: »Lieber Gott, mach, dass es nie fertig wird, mach, dass es zusammenkracht.« Mein Wunsch ging aber nicht in Erfüllung.

Im Frühjahr 1997 bekam Nasrin noch einen Sohn, den sie Fahid nannte. Sie blieb eine Weile mit dem neuen Baby bei ihren Eltern in Fatehpur, doch als sie sich erholt hatte und das Haus fertig war, zogen wir alle um. Es wurde genau, wie ich es befürchtet hatte: Ich war noch gefangener als je zuvor. Seit sie das neue Haus für sich hatte, nutzte Nasrin jede Gelegenheit, um zu zeigen, dass allein sie das Sagen hatte. Sie war böse auf mich, weil sie erfahren hatte, dass ich lieber bei meinen Großeltern wohnen wollte als bei ihr, sie war deswegen verletzt, und das zahlte sie mir heim, indem sie mich noch mehr herumkommandierte. Wenn ich von der Schule kam, durfte ich keine Minute ausruhen und keinen Mittagsschlaf machen, ich musste mich um meine Geschwister kümmern, ihre Kleider und ihre Decken waschen oder sie herumtragen, damit sie keinen Mucks von sich gaben, während sie selbst schlief. Und Nani Jan, meine liebe Oma, war nicht mehr da, um mich zu verteidigen oder zu trösten.

Seit meine Mutter bei uns gewesen war und gesehen hatte, wie ich lebte, schickte sie mir einmal im Monat das Kindergeld aus Deutschland, es war ein Hundert-Dollar-Schein, den sie in Alufolie eingewickelt hatte. Der Brief kam per Einschreiben, auf dem Umschlag stand, dass man ihn mir persönlich übergeben sollte. Ich hatte trotzdem Glück, dass er nie gestohlen wurde. Mein Vater gab mir keine einzige Rupie mehr. Mit diesem Geld musste ich meine Schule bezahlen, Bücher, Hefte, Stifte und mein Mittagessen. Auch Kleider und Schuhe. Alles, was ich brauchte. Einhundert Dollar sind für Pakistan viel Geld, ungefähr viertausend Rupien, für ein Mädchen in meinem Alter ist es sogar sehr viel Geld, trotzdem blieb mir nie etwas davon übrig.

»Nasima, du musst sparen«, schrieb mir Mama.

Aber wofür hätte ich sparen sollen? Um mir eine Busfahrkarte nach Islamabad zu kaufen? Und was dann? Seit sie versucht hatte, mich mithilfe der Detektive zu entführen, war ich keine Minute mehr in Fatehpur allein gewesen. Wenn ich mit meinen Großeltern zum Basar ging, lief ich zwischen den beiden, später waren immer Nasrin und die Kinder dabei. Oder mein Vater. Wenn es mir gelungen wäre, meinen Aufpassern zu entfliehen und die kurze Strecke von der Schule bis zum Busbahnhof zu laufen, hätte mich kein Fahrer mitgenommen. Sie waren von meinem Vater gewarnt worden.

Auch wenn er ihnen nichts gesagt hätte, wären sie stutzig geworden, weil hier junge Frauen so gut wie nie allein verreisen. Sie brauchen einen männlichen Begleiter, einen Bruder, einen Onkel, ihren Ehemann oder ihren Vater an ihrer Seite, oder ihre Mutter. Wenn mehrere Frauen zusammen fahren, passen die Älteren auf die Jüngeren auf. Ich hätte mich nicht getraut, allein in den Bus einzusteigen. Und wer hätte mich schon begleitet? Mein Babybruder? Er war noch nicht mal zwei Jahre alt!

Mit dem Geld meiner Mutter habe ich mein Zimmer im neuen Haus hübsch ausgestaltet. Ich musste es mit meinen Geschwistern teilen, trotzdem war es mein Zimmer, weil ich es ganz allein einrichtete. Ich kaufte einen Schrank für meine Kleider, ließ die Bilder von meiner Mama einrahmen und hängte sie an die Wand, ich stellte Kissen auf und hielt alles sauber, damit es ein wenig wie bei uns zu Hause in Senden aussah. Ich dachte, dass ich mich dann besser fühlte. Solange ich das Geld ausgab, war es auch so, weil ich mir vorstellte, was meine Mutter dazu sagen würde, wenn wir zusammen wären. Wie sie mein Zimmer bewundern würde. Ich hätte so gerne einige schöne Dinge mit ihr gemeinsam ausgesucht, überhaupt wäre ich so gerne mit ihr im Basar herumgeschlendert, und wir hätten hin und her überlegt, welche Stoffe und welche Farben mir am besten stünden, dann hätten wir mit dem Verkäufer über den Preis verhandelt. Das wäre für mich das schönste Geschenk der Welt gewesen!

Aber es war nicht meine Mutter, die mit mir einkaufen ging, sondern Nasrin. Mit ihr machte es mir keinen Spaß. Oft fragte sie, wofür ich das alles brauchte und warum ich nicht für ihre Kinder etwas kaufte. Ich tat es dann auch, sonst hätte ich wieder Krach bekommen. Nicht nur deswegen, ich verschenkte gern Sachen. Aber manchmal war es mir egal, was Nasrin zu mir sagte. Sie brauchte mein Geld nicht, mein Vater gab ihr genug, ihre Eltern waren auch reich, und sie selbst verdiente zusätzlich welches. Sie arbeitete wieder ein paar Stunden in der Woche. Sie war für die Gesundheit der Frauen bei uns im Dorf zuständig, durfte sie beraten, wenn sie Probleme hatten, auch wenn die Kinder krank waren, sie durfte Spritzen geben und Medikamente verteilen.

»Das ist mein Geld, das hat mir meine Mutter geschickt, es gehört nur mir«, sagte ich zu ihr und kaufte nur meinem Bruder Mazar Süßigkeiten oder ein kleines Spielzeugauto. Das tat ich eigentlich immer.

Wenn ich das Geld gespart hätte, wo hätte ich es verstecken können? Mein Zimmer durfte ich nicht absperren, die Tür hatte ein Schloss, aber der Schlüssel lag bei meinem Vater oder bei Nasrin. In meinem Schrank war ein kleiner Holzkasten, den man absperren konnte, diesen Schlüssel trug ich bei mir, doch ich wusste, dass mein Vater nicht zögern würde, ihn aufzubrechen, wenn ich mich weigerte, ihm zu zeigen, was drin war. Ich steckte einige Scheine zwischen meine Kleider und in meine Schulbücher, hatte aber immer Angst, dass Asba sie fand und Nasrin gab. Meine Schwester schnüffelte oft in meinen Sachen herum, entweder wenn ich in der Schule war oder direkt vor meiner Nase, und ich konnte sie nicht daran hindern.

1996 bin ich dreizehn, 1997 vierzehn Jahre alt. Es vergeht fast kein Tag, an dem ich nicht an den Tod denke. Meine Mutter wird nie mehr nach Pakistan kommen, sie hat ihr ganzes Geld verloren, ist sehr unglücklich und sehr krank. Sie kann mir nicht helfen. In meinen Briefen an sie schreibe ich oft nicht die ganze Wahrheit, sonst wären die Briefe nur noch traurig. Wenn es mir gelingt, schreibe ich ihr, dass sie sich keine Sorgen wegen mir machen darf.

»Ich bin deine Tochter, ich liebe dich, ich werde dich immer lieben, pass auf dich auf, damit es dir bald besser geht, und hab keine Angst wegen mir, ich schaffe es schon allein, irgendwann finde ich einen Weg, wie ich nach Islamabad zur Deutschen Botschaft komme, und dann sind wir für immer vereint«, solche Briefe kann ich manchmal schreiben. Oder ich frage sie, wie es ihrer Freundin Hanne geht, oder ich sage ihr, was sie mir in ihren Päckchen schicken soll. Auf keinen Fall darf ich ihr etwas schreiben, was sie aufregt, weil jede Aufregung ihrer Gesundheit schadet.

Ich weiß nicht genau, was ihr fehlt. Das weiß keiner, obwohl sie viele Ärzte aufgesucht hat. Sie ist ständig müde, bekommt immer wieder hohes Fieber und Schmerzen in den Nerven oder in den Knochen. Manchmal ist sie so schwach, dass sie gar nicht schreiben kann, weil sie sich so schlecht fühlt.

Wenn ich keinen Brief von ihr erhalte, denke ich jedes Mal, dass sie mich nicht mehr liebt. Dass sie mich vergessen hat oder sauer auf mich ist, weil ich schuld bin. Ich weiß, dass ich schuld bin. Ich gebe es zu und schreibe: »Bitte, liebe Mutter, verzeih mir, dass ich damals unbedingt nach Pakistan fahren wollte. Ich habe alles falsch gemacht, ich habe mein ganzes Leben zerstört und deines auch, aber wenn du mir verzeihst, kann alles noch einmal gut werden.«

Ich bete zu Gott, dass meine Mutter sofort antwortet und mir wirklich verzeiht. Ich sauge ihre Worte ein, sie sind das Einzige, was mir bleibt, aber sie kann schreiben, was sie will, auch wenn sie schreibt, dass sie mir längst verziehen hat und dass ich mir keine Sorgen machen darf, wenn sie eine Weile nicht schreibt, es bedeutet nur, dass sie zu müde und zu kaputt ist. Sie kann mir tausendmal in einem Brief schreiben, dass sie mich liebt und dass ich ihr geliebtes Kind bin – nie weicht die Schuld ganz von mir. Sie kommt und geht, sie legt sich wie ein dunkler Mantel über mich, auf den Körper, über das Gesicht, über den Kopf. Diese Schuld ist wie eine unsichtbare Burqa, die ich nicht ablegen kann, nur viel schwerer.

Michael, dieser Halbbruder, den ich nicht kenne, hat meine Mutter nach Amerika eingeladen. Sie freut sich, dorthin zu fliegen, schreibt sie mir. Sie wird einen Monat fortbleiben und verspricht, mir von dort zu schreiben. Ich antworte, dass sie alle Leute von mir grüßen und sich gut erholen soll, aber mir ist, als würde sie sich noch weiter von mir entfernen. Was soll werden, wenn sie für immer dort bleibt? Wenn sie mich aufgibt und zurück zu ihrer ersten Familie geht? Ich habe große Angst davor.

Liebe auf den zweiten Blick

RÜCKBLENDE

Maria

1964 habe ich meinen ersten Mann in Neu-Ulm kennen gelernt, auf der Geburtstagsparty einer Freundin. Er war Soldat in der amerikanischen Armee, stammte aus Millwaukee und war Mischling, Kind einer schwarzen Mutter und eines weißen Vaters. Ich war selbst achtzehn Jahre alt und wollte nichts wie weg von zu Hause, so weit weg wie möglich.

Ich komme aus Illerzell bei Senden, über meine Kindheit gäbe es sehr viel zu erzählen, lauter Geschichten, die ein ganzes Buch füllen würden, aber ich denke nicht gern darüber nach. Es war schlimm. Sehr schlimm. Ich bin in der Nachkriegszeit geboren, im selben Jahr ist mein großer Bruder gestorben. Es waren harte Zeiten für die Menschen, das kann man sich heute einfach nicht vorstellen. Meine Mutter war Kriegswitwe, sie schuftete als Magd auf einem Hof, mein Vater, ein Landwirt aus dem nächsten Ort. Er hatte versprochen, sie zu heiraten, hielt sein Versprechen aber nicht und heiratete eine andere. Meine Mutter hatte keine Wahl und musste mich bei einer Pflegemutter unterbringen. Diese wohnte einige Kilometer entfernt. Jeden Tag lief meine Mutter eine Stunde hin und eine Stunde zurück, um dort Milch für mich abzugeben, und wunderte sich, weil ich gar nicht zunahm, sondern richtig verkümmerte. Die Milch, die sie brachte, tranken die leiblichen Kinder dieser Pflegemutter, und ich bekam keinen Tropfen.

Als sie das herausfand, übergab mich meine Mutter meiner Oma. Dort ging es mir gut. Ich blieb, bis sie starb, kam dann zu einer Tante und musste genau wie Nasima neben der

Schule den ganzen Haushalt für sie führen. Es ist merkwürdig, wie sich die Geschichten von einer Generation zur nächsten wiederholten. Im Grunde durfte ich nie Kind sein, und Nasima auch nicht.

Im Dorf waren wir drei Mädchen, die mit dreizehn schon die Schule verließen, um in der Fabrik zu arbeiten. Ein Jahr später arbeiteten wir im Akkord bei der Spinnerei in Senden und verdienten ungefähr 5 Mark die Stunde. Wir schufteten wie die Erwachsenen, obwohl wir körperlich gar nicht dazu in der Lage waren. Die Belastung war zu hoch, die Spätschäden sind verheerend, vor allem mein Rücken hat sehr darunter gelitten. Das Geld musste ich zu Hause abgeben. Alles, was ich verdiente! Meine Tante brauchte es, um die Hochzeit ihrer eigenen Tochter zu finanzieren. Diese Tante hatte ein Alkoholproblem. Wenn ihr etwas nicht passte, gab es Schläge. Einige Male hat sie mich richtig verdroschen.

Das mag man heute gar nicht glauben, aber vor vierzig, fünfzig Jahren war das Leben hier nicht viel besser als jetzt in Pakistan. Wenn wir über andere Völker urteilen, sollten wir uns daran erinnern. Der Kampf ums nackte Überleben macht die Menschen überall hart, deswegen trage ich meiner Tante nichts nach. Sie war arm, sie war krank, sie wusste es nicht besser.

Die Spinnerei gibt es nicht mehr, das Gebäude steht allerdings noch. Wenn ich daran vorbeifahre, denke ich an meine verlorenen Kinderjahre. Ich habe insgesamt mehr Schläge als Liebkosungen erhalten und bin nie verwöhnt worden. Nie. Meine Jugend war die reinste Plackerei, zumindest bis Frederic in mein Leben trat.

Meine erste große Liebe. Dieser Mann bedeutete für mich die einmalige Chance, in die Freiheit zu entkommen, weg von Menschen, die kein gutes Wort für mich hatten, zu jemandem, der mich liebte.

Es ging alles sehr schnell mit uns. Bald war ich schwanger. Kurz vor der Geburt unseres Sohnes Michael heirateten wir, dann wurde Frederic nach North Carolina versetzt, und selbstverständlich ging die Familie mit. Ich lebte vierzehn Jahre in Amerika, arbeitete dort sieben Jahre in einer Reinigung und machte eine Ausbildung als Helferin in der Altenpflege. Ich war es gewohnt zu arbeiten, mir liegt es nicht, nur zu Hause herumzusitzen. Abgesehen davon wollte ich mir schöne Möbel kaufen, und so viel hat mein Mann auch nicht verdient, nachdem er die Armee verlassen hatte. Wir waren ein gutes Team, wir beide.

Bis ich eines Tages früher als geplant aus einem Urlaub in Deutschland zurückkehrte und entdeckte, dass Frederic eine Freundin hatte. Einen Seitensprung hätte ich vielleicht verzeihen können, nicht aber eine Geschichte, die schon mehrere Monate dauerte! Ich bin vom Sternzeichen Schütze, mein Element ist das Feuer. Wenn der Schütze auch tolerant und großzügig ist, so sagt er doch immer geradeheraus, was ihm passt und was ihm nicht passt. Ich konnte das nicht akzeptieren, und so war für mich unsere Ehe beendet. Trotzdem wohnten wir zunächst wegen Michael noch zusammen. Später, als klar wurde, dass wir uns mehr und mehr auseinander lebten, zog ich ins Haus einer Freundin gleich um die Ecke, sodass unser Sohn zwischen Vater und Mutter hin und her pendeln konnte. Frederics Freundin zog zu ihm, auch ich hatte später einen Freund, aber ich blieb eigentlich nur wegen Michael in Amerika, sonst wäre ich meiner Mutter zuliebe nach Deutschland zurückgekehrt.

Es ging ihr schon lange schlecht, und ihr Zustand verschlimmerte sich schleichend. Als Michael fünfzehn Jahre alt wurde, kam ein Hilferuf aus Deutschland. Ich überlegte, was ich tun sollte, besprach die Lage mit Frederic und vor allem mit meinem Sohn. Ich wusste, wenn ich nach Deutschland fahre, um meine Mutter zu pflegen, kann sich das lange hinziehen. Ich rechnete mindestens mit einem halben Jahr, war mir aber nicht mal sicher, ob sie Chancen hatte, überhaupt gesund zu werden. Ich war in einer Zwickmühle, denn ich wollte weder sie noch meinen Sohn im Stich lassen. Deswegen fragte ich Michael, was er davon hielt, mit mir nach

Deutschland zu kommen, obwohl ich schon ahnte, wie seine Antwort ausfallen würde. Mit fünfzehn ist man kein Kind mehr, man darf eine solche Entscheidung für sich selbst treffen. Mein Junge überlegte nicht lange. Amerika war seine Heimat, er kannte nichts anderes, sein Vater und all seine Freunde lebten dort, außerdem spielte er neuerdings Baseball in der Schulmannschaft, was für ihn sehr wichtig war. Nicht nur das: Er war frisch verliebt, zum ersten Mal in seinem Leben! Zu Deutschland hatte er kein besonders gutes Verhältnis. Das Land war ihm fremd, er war selten mit mir dorthin in Urlaub gefahren, konnte kein Deutsch und fühlte sich als Mischling nicht wohl. »Mama, warum schauen mich die Leute so komisch an?«, das hatte er mich schon mit fünf oder sechs Jahren gefragt, und dieser Eindruck war ihm geblieben. In Millwaukee, wo wir wohnten, spielte die Hautfarbe keine Rolle. Ich sah es ein, versuchte ihn trotzdem umzustimmen, jedoch ohne Erfolg.

»Fahr du nur zur Granma«, sagte er zu mir, »ich komme hier mit Papa gut zurecht.«

Ich akzeptierte seine Entscheidung und wusste auch, dass er bei Frederic gut aufgehoben war. Michael versprach mir, keine Dummheiten zu machen und für die Schule zu lernen, und ich versprach ihm, so bald es ging zurückzukommen. Wir wollten einander regelmäßig schreiben, dennoch fiel mir der Abschied unendlich schwer.

Es erwartete mich auch nichts Erfreuliches. 1981, als ich meine Mutter sah, war ich zutiefst erschrocken. Es ging ihr noch viel schlechter, als ich befürchtet hatte. Ich konnte nicht ständig bei ihr sein, wir brauchten beide Geld, also suchte ich mir einen Job und fand gleich einen als Helferin in einem Krankenhaus unweit von Ulm. Für ein halbes Jahr lohnt sich das schon, dachte ich, und wenn ich früher nach Amerika zurückfahren kann, wird es auch kein Drama sein, wenn ich kündige. Doch die Krankheit meiner Mutter verschlimmerte sich. Es stand auf der Kippe, ob sie nicht doch in die Psychiatrie eingewiesen werden sollte.

Das war die Situation, als mir am 8. August am Ulmer Bahnhof Muhztfahr begegnete. In meinem Leben war absolut kein Platz für einen Mann. Für diesen schon gar nicht. Er stand auf dem Bahnsteig direkt vor mir, als ich aus dem Zug stieg, und ich sah ihm sofort an, dass er Anschluss suchte, weil er sich fern von der Heimat einsam fühlte. Ich hatte selbst schon mehr als genug Sorgen und Probleme, brauchte nichts weniger als jemanden, der unglücklich war, und benahm mich ihm gegenüber außerordentlich unfreundlich. Er dagegen war sehr höflich und fragte mich schüchtern, ob er mich auf einen Kaffee einladen durfte. Ich lachte ihn aus.

»Du hast mir gerade noch gefehlt«, warf ich ihm an den Kopf. »Geh nach Hause und lass mich in Ruhe!«

Zugegeben, das war ziemlich gemein von mir. Etwas später saß ich mit einer Freundin im Café, und sie beugte sich zu mir vor.

»Du, Maria«, flüsterte sie, »guck nicht sofort hin, aber dahinten ist ein wahnsinnig attraktiver Mann, der dich anschaut, als würde er sich sehr für dich interessieren. Kennst du ihn?«

Es war Muhztfahr, allein an einem Tisch. Er nickte uns zu, ich lachte wieder, er verstand das wohl als Einladung, stand auf und fragte wieder sehr höflich, ob er sich zu uns setzen durfte.

»Nein«, antwortete ich.

Doch meine Freundin sagte: »Ja, warum nicht?«, und schon saß er bei uns. Ich hätte nichts dagegen gehabt, ein Stündchen mit einem Mann zu plaudern, ich bin von Natur aus gesellig und scherze gern, auch gegen einen kleinen Flirt habe ich nichts einzuwenden. Doch Muhztfahr war nicht der Typ Mann dafür. Dass er es ernst mit mir meinte, stand ihm im Gesicht geschrieben. Ich gab mir redlich Mühe, ihn abzuweisen.

»Ich bin verheiratet, habe einen Sohn und fliege spätestens im nächsten Februar wieder nach Amerika«, sagte ich ihm bereits bei diesem ersten Kennenlernen.

Absichtlich verschwieg ich, dass meine Ehe nur noch auf dem Papier und für kurze Zeit bestand, weil ich schon die Scheidung eingereicht hatte. Trotzdem ließ er es sich nicht nehmen, mir nach allen Regeln der Kunst den Hof zu machen. Er war ein äußerst attraktiver Mann, groß und gut gebaut, mit einem schönen, klaren Gesicht. Alle sagten, dass er ein schöner Mann sei, aber was meinen Widerstand und meine Bedenken schwinden ließen, war weniger sein Aussehen als sein Charme. Muhztfahr konnte ungeheuer charmant sein.

Wenn wir uns trafen, brachte er mir jedes Mal ein Geschenk mit. Mal waren es Blumen, mal ein Armreif. Am Anfang waren es nur kleine Aufmerksamkeiten, aber ich war es eben nicht gewohnt, so hofiert zu werden. Wenn seine Arbeit es ihm ermöglichte, holte er mich vom Krankenhaus ab, obwohl er dafür einen ziemlich langen Weg auf sich nehmen musste. Dann stand er auf der gegenüberliegenden Straßenseite mit einer Rose in der Hand, und die Kolleginnen sagten zu mir, dass mein Verehrer schon wieder da sei. Er ließ sich auch nicht vom Regen abhalten und wartete eines Abends vollkommen durchnässt auf mich, als ich Spätschicht hatte, nur damit ich nicht nachts allein nach Hause gehen musste. Er begleitete mich, wohin ich wollte, ich brauchte ihn nur zu fragen, dann war er schon da. Es war mir manchmal fast schon ein wenig zu viel. Ich hatte verlernt, wie es ist, so umworben zu werden.

Deutsche Männer und auch Amerikaner sind selten so zuvorkommend. Als Frau kann man sehr lange darauf warten, bis sie von selbst auf die Idee kommen, einen Blumenstrauß mitzubringen. Muhztfahr tat es, als sei es die normalste Sache der Welt. Er war immer außerordentlich nett zu mir, bedrängte mich nicht, sah mich voller Bewunderung mit großen Augen an, als sei ich die schönste Frau auf der ganzen Welt. Er sagte, es sei Liebe auf den ersten Blick gewesen. Ich hatte ihm jedenfalls den Kopf verdreht, ohne etwas dafür zu tun. Und nach und nach verdrehte er mir auch den Kopf, indem er sich so sehr um mich bemühte. Er wurde meine zweite große Liebe.

Muhztfahr kämpfte beharrlich um mich. Er wollte nicht bloß ein Abenteuer, er wollte mich voll und ganz und sah es überhaupt nicht gern, wenn ich Briefe aus Amerika bekam, obwohl er mittlerweile wusste, dass ich bald geschieden sein würde. Ich machte allerdings ihm gegenüber kein Hehl daraus, dass ich vorhatte, irgendwann nach Amerika zurückzukehren. Hätte ich es mir leisten können, wäre ich auf alle Fälle in Urlaub nach Millwaukee gefahren, um Michael zu besuchen, denn ich vermisste ihn sehr, aber mein Einkommen reichte gerade zum Leben. Mein Sohn schrieb mir immer, dass alles bestens lief und er prima ohne mich zurechtkam. Was das bedeutete, erfuhr ich einige Monate später, als ich im Januar 1982 einen Brief von Frederic erhielt: Michael war mit sechzehn Jahren Vater einer kleinen Jennifer geworden, ich war also Großmutter! Ich hätte meine Enkelin so gern gesehen! Als ich Muhztfahr davon erzählte, freute er sich.

»Schau, Maria, ich möchte dich heiraten. Ich liebe dich und kann ohne dich nicht leben. Sobald du geschieden bist, werden wir beide heiraten. Dann nehmen wir deine kranke Mutter bei uns auf und laden deinen Sohn und seine Familie zu uns nach Deutschland ein.«

Er war ein Familienmensch, für ihn war all das gar kein Problem. Für mich aber schon. Ich war zerrissen, wusste nicht, wo meine Zukunft lag, ob in Amerika oder in Deutschland, und hatte keinerlei Muße, um darüber nachzudenken, weil ich hauptsächlich mit Geld verdienen und der Pflege meiner Mutter beschäftigt war. Dann überschlugen sich die Ereignisse: Erst kam der Bescheid, dass meine Scheidung rechtskräftig war, und wenige Wochen danach blieb meine Periode aus. Sollte ich es als Wink des Schicksals aufnehmen, dass alles mehr oder weniger gleichzeitig geschah?

Mein erstes Kind war flügge geworden, baute sein eigenes Nest und ging seinen Weg, bei mir meldete sich nach all den Jahren ein zweites Kind an ... Für mich war Nasima ein Geschenk Gottes. Ich hatte nie verhütet, weil mir nach Michaels Geburt ein Arzt gesagt hatte, ich könne jetzt keine Kinder mehr bekommen. Nie hatte ich mit diesem Wunder gerechnet! Als Muhztfahr erfuhr, dass ich schwanger war, freute er sich auch wie ein Schneekönig. Er wollte ja unbedingt ein Kind von mir, machte mir einen Heiratsantrag nach dem anderen, und ich zögerte immer noch. Das Kind wollte ich um jeden Preis. Mit Muhztfahr zusammenzuleben konnte ich mir auch vorstellen. Doch heiraten? Ich wusste nicht so recht, ob ich mich wieder binden wollte. Meine Mutter meinte, ich bräuchte nicht zu heiraten. Sie war nicht ausländerfeindlich, sie hatte sich mit Frederic gut verstanden, aber ein Amerikaner war ihr weniger fremd als ein Pakistaner, und sie mochte Muhztfahr nicht besonders, obwohl er sie wie seine eigene Mutter behandelte. Wenn ich auf sie gehört hätte, wäre Nasima unehelich geboren wie ich selbst. Ich hätte sie bekommen und geschaut, wie sich die Dinge so entwickelten.

Eines Tages war Muhztfahr enorm niedergeschlagen. Erst wollte er nicht sagen, was los war, dann rückte er doch damit heraus: Er hatte Probleme mit seiner Aufenthaltsgenehmigung. 1977 war er über Afghanistan und Russland nach Deutschland gekommen und als Asylbewerber anerkannt worden. Damals herrschte das Kriegsrecht in Pakistan. Präsident Ali Bhutto war von General Lia abgesetzt und ins Gefängnis gebracht worden, es hatte ziemlich heftige Unruhen mit vielen Toten gegeben. Ich weiß nicht, ob sich die Lage in der Zwischenzeit beruhigt hatte, oder ob Muhztfahrs Papiere aus anderen Gründen nicht in Ordnung waren, jedenfalls drohte ihm die Abschiebung.

»Dann heiraten wir halt«, sagte ich zu ihm.

Es gab Schwierigkeiten mit den deutschen Behörden, dann wollte mich Muhztfahr seinen Eltern vorstellen und mir seine Heimat zeigen. Warum nicht? dachte ich, bisher war ich nicht viel gereist, nur nach Amerika und hin und wieder mal nach Österreich und nach Italien, ich war unternehmungslustig und freute mich, einen neuen Teil der Welt zu entdecken. So kam ich im Herbst 1982 zum ersten Mal nach Pakistan.

Es sollte unsere Hochzeitsreise werden. Ich war im sechsten Monat schwanger, es ging mir blendend, doch sobald wir im Land waren, wurde ich krank. Ich hatte schrecklichen Durchfall und konnte nichts bei mir behalten. Von Pakistan habe ich in den vier Wochen so gut wie nichts gesehen. Ich habe fast nur gelegen, so schwach war ich. Wir mussten nach Islamabad in die Deutsche Botschaft, um Muhztfahrs Papiere in Ordnung zu bringen, sonst hielten wir uns vor allem in Sarghoda auf, einer Stadt, die ungefähr zweihundertfünfzig Kilometer südlich von Islamabad liegt. Dort war Muhztfahr geboren, seine Großeltern und ein Teil der Familie lebten immer noch in einem Haus zusammen, nur seine Eltern und seine Geschwister waren mehrere hundert Kilometer weiter südlich nach Fatehpur umgesiedelt und hatten dort ein größeres Grundstück gekauft.

An diese Ankunft in Sarghoda werde ich mich mein Leben lang erinnern. Wir kamen mit der Bahn an, es war nachts, so gegen zehn oder elf Uhr, wir stiegen aus dem Zug, und das Erste, was ich sah, das waren Menschen, die auf dem Boden lagen, zugedeckt mit weißen Tüchern. Ich war zu erschrocken, um nachzufragen, was mit ihnen los war. Muhztfahr achtete nicht darauf, stellte mir seine Eltern, seinen Bruder Hayat, seine Schwestern Shamah und Asia vor, es waren noch einige andere Verwandte dabei, alle furchtbar aufgeregt über unseren Besuch. Sie liefen weiter, ich folgte ihnen bis zum Taxi, wir fuhren durch die Stadt, und überall lagen diese Körper. Es war, als hätte man Hunderte von Toten am Straßenrand gebettet. Ich dachte wirklich, dass sie tot waren! Es dauerte eine ganze Weile, bis ich verstand, dass gar nichts passiert war. Die Menschen waren nicht tot, sie schliefen! Ich war einerseits erleichtert, andererseits fragte ich mich, warum sie auf der Straße schliefen. Hatten sie denn keine Häuser, keine Wohnungen? Waren sie alle obdachlos? So viele Menschen? Muhztfahr zuckte mit den Schultern.

»Vielleicht haben die Leute keine Wohnung, vielleicht sind sie im Land unterwegs und können sich kein Hotel leisten, vielleicht ist ihnen in den Wohnungen einfach zu heiß«, antwortete er. »Es gibt viele Arme in Pakistan, da staunst du, Maria, hast du das denn nicht gewusst?«

Doch. Aber eine solche Armut hatte ich bisher nur im Fernsehen gesehen, ich war noch nie in Asien gewesen, und es ist ein Unterschied, ob man eine Reportage anschaut oder mit der Wirklichkeit konfrontiert wird! Muhztfahr sah das Elend nicht. Er kannte es zur Genüge und sah eher den Fortschritt, bewunderte hier ein neues Gebäude, dort eine neue Straße, freute sich, dass sich sein Land allmählich modernisierte. Ich sah nichts davon. Ich sah das Elend, litt selbst enorm unter den primitiven Hygieneverhältnissen und dem Gestank und verspürte großes Mitleid für die Menschen, die so leben mussten.

Meine Hochzeit war keine richtige Hochzeit, oder vielleicht doch, aber für mich befremdlich. Der Raum, in dem das Fest stattfand, war ärmlich und nicht geschmückt wie in Deutschland, die Wände waren verputzt, aber weder gestrichen noch tapeziert, sodass ich erst dachte, ich sei in einer Art Garage. Es waren vielleicht zwanzig Verwandte dabei, Muhztfahrs Eltern, seine Großeltern und seine Geschwister, einige Onkel und Tanten, alle festlich gekleidet wie wir auch. Man hängte uns Blumenkränze aus echten Blüten um den Hals. Es gab eine Art Zeremonie, bei der ein Imam aus dem Koran las und mich irgendwann fragend anschaute.

»Du sollst einfach wiederholen, was er sagt«, flüsterte mir Muhztfahr zu, und als Ermutigung fügte er hinzu, es würde schon alles schief gehen.

Ich hatte keine Ahnung, was ich tatsächlich sagte. Es kann sein, dass es Sätze aus dem Koran waren oder vielleicht nur eine längere Formel für »Ja, ich will«. Ich wollte es auch, hätte mich auch sehr gefreut, wenn mir nicht die ganze Zeit übel gewesen wäre! Ich krümmte mich vor Bauchkrämpfen, während die Verwandten feierten. Es wurden schön dekorierte Tabletts mit herrlichen Speisen hereingebracht, ich konnte nichts davon essen, kostete nur ein wenig, gab mir Mühe, nicht allzu leidend zu wirken, um die allgemeine Freude nicht zu verderben.

Als Brautpreis erhielt ich hundert Rupien von meinem Mann. Das Geld gab ich ihm am nächsten Morgen zurück, es war sowieso mehr symbolisch gemeint und nicht viel wert, zwischen fünf und zehn Mark. An die Hochzeitsnacht ist mir leider keine schöne Erinnerung geblieben: Wir verbrachten sie in einem Hotelzimmer zusammen mit seinen Geschwistern, und ich musste ständig auf eine Toilette, die nur aus einem Loch im Boden bestand und erbärmlich stank.

Drei oder vier Wochen waren wir in Pakistan. Die meiste Zeit blieb ich in Sarghoda. Wir wohnten in einem billigen Hotel, Muhztfahr war sehr lieb und kümmerte sich rührend um mich. Er war beunruhigt, weil ich nichts aß, er kochte für mich, brachte mir Speisen, von denen er meinte, dass sie mir schmecken würden. Die Oma ging durch ganz Sarghoda zu Fuß, um mir ein gegrilltes Hähnchen zu holen, sie machte mir Fladenbrot, brachte mir Tee. Alles war vergeblich, ich wollte gar nichts essen, konnte keinen Bissen bei mir behalten. Außer Rettich. Es war das Einzige, worauf ich Appetit hatte.

Rettich heißt dort »Muli«. Als ich krank im Hotel lag, hörte ich einen Mann »Muli, Muli, Muli« rufen. Ich dachte, er hätte Esel dabei, schleppte mich aus dem Bett, um aus dem Fenster zu schauen. Unten war nur dieser Mann, der Gemüse von einem Handkarren verkaufte.

»Wieso ruft er Muli, wo sind denn die Esel?«, fragte ich Muhztfahr.

»Wieso Esel, das ist doch Rettich«, sagte er.

Wir amüsierten uns köstlich darüber. Es war einer der schönen Augenblicke meiner Hochzeitsreise. Die nächsten Tage wartete ich immer auf den Ruf des Muli-Verkäufers, sobald ich ihn hörte, lief ich hinunter und kaufte mir einen

»Muli«. Der Mann kannte mich schon und suchte mir den schönsten heraus. Seine »Mulis« waren meine Rettung. Später in Senden, wenn einer von uns krank wurde, brauchte man nur das Wort »Muli« zu erwähnen, und wir mussten alle lachen.

Ich hatte Durst, wollte aber nur Wasser trinken, eiskaltes Wasser, das hervorragend schmeckte, als käme es direkt aus einer Bergquelle. Das war sehr dumm von mir, wahrscheinlich weiß jeder Europäer außer mir, dass man in solchen Ländern das Wasser abkochen muss, bevor man es trinkt! Es ging mir wirklich sehr schlecht, mein Bauch war wie ein Stein, ich konnte mich manchmal fast nicht mehr rühren vor lauter Schmerzen und hatte Angst, dass mein Baby hier in Pakistan viel zu früh auf die Welt käme. Ich wollte keinen Arzt, ich hatte kein Vertrauen, wollte nur zu meinem Hausarzt daheim, doch Muhztfahr bestand darauf, eine Ärztin zu holen, die mich sorgfältig untersuchte. Er übersetzte mir, was sie sagte: Dass ich keinen Schluck Wasser mehr trinken durfte. Nur noch Tee. Dann wurde es bald besser.

Wir sind ein bisschen herumgelaufen, weil ich mir die Stadt gern anschauen wollte, aber jedes Mal sah ich Szenen, die mich vollkommen erschütterten. Eines Tages standen wir auf der Straße vor dem Hotel, als sich mit Geschrei eine Art Prozession näherte. Es waren Männer in weißen, schmutzigen Hemden, alle aneinander gekettet, an den Füßen und an den Händen. Soldaten oder Polizisten peitschten auf sie ein, damit sie schneller liefen. Die Szene erschütterte mich zutiefst.

»Es sind Gefangene, die zur Arbeit gebracht werden«, erklärte mir Muhztfahr, »du brauchst keine Angst zu haben, dir geschieht nichts.«

Doch diese Bilder verfolgten mich noch Jahre später in meinen Albträumen. Es sind diese Bilder, die bei mir Panikzustände auslösten, jedes Mal, wenn ich befürchten musste, ins Gefängnis gesteckt zu werden.

Es war ein ziemliches Hin und Her mit den Papieren. Ich hatte den Eindruck, dass wir besonders schikaniert wurden. Ständig musste mein Mann nach Islamabad fahren, acht Stunden hin und acht Stunden zurück, weil irgendwo ein Komma fehlte oder wegen anderer Lappalien. Seine Geschwister und seine Mutter waren zurück zu ihrem Hof gefahren, sie mussten ihre Tiere versorgen und auf den Feldern arbeiten. Sein Vater, Opa Ashraf, war aber bei uns geblieben, um uns zu helfen. Er fuhr anstelle meines Mannes zu den Behörden oder leistete mir Gesellschaft, während Muhztfahr in Islamabad war. Er war rührend zu mir, und ich wusste es zu schätzen, dass sie mich nicht allein ließen. Trotzdem wollte ich nur noch eins: Nach Hause! Ich sehnte mich nach meinen eigenen vier Wänden, mir war alles zu viel, der Gestank, die vielen Menschen und das Elend überall. Ich hatte das Gefühl, umgeben von Gewalt und Tod zu sein. Ich hatte einfach Angst. Um mich und um mein Kind.

Ich war überglücklich, als wir endlich alles beisammen hatten und nach Hause fliegen konnten. Wir waren erst wenige Tage zurück, als ich Wehen bekam. Zwei Wochen lang musste ich im Krankenhaus liegen und durfte nicht aufstehen. Ich betete, dass meine Kleine alles gut überstehen und noch ein bisschen bei mir bleiben würde. Zweieinhalb Monate später wurde Nasima termingerecht geboren. Sie hatte es eilig, auf die Welt zu kommen und brauchte dafür nur vier Stunden. Muhztfahr war dabei. Es mag sein, dass er sich einen Sohn gewünscht hatte, doch als er sich über seine wunderschöne winzige Tochter neigte und sie in die Arme nahm, merkte man keine Spur von Enttäuschung. Er strahlte über das ganze Gesicht und war der stolzeste Vater der ganzen Klinik. Zu Hause kümmerte er sich von Anfang an rührend um Nasima, den Namen hatte er gewählt, auf Urdu bedeutet er Frühlingsblume. Überhaupt war Muhztfahr ein sehr fürsorglicher Vater, der seine Tochter abgöttisch liebte.

Verbotene Liebe

1998–1999

Nasima

Meine Mutter ist längst aus Amerika zurückgekehrt. Anfang 1998 war sie bei einem neuen Arzt, der endlich entdeckte, warum sie immer krank ist: Vor vielen Jahren, als sie bei uns in Senden Hausmeisterin war und den Rasen mähte, ist sie von einer Zecke gebissen worden, die ihr diese Krankheit, die Borreliose, übertragen hat. Deswegen hat sie immer Kopfweh und Gliederschmerzen, deswegen tun ihr die Gelenke weh, deswegen ist sie immer müde! Der Arzt meint aber, dass sie Glück im Unglück hat. Andere Leute bekommen von Zecken Gehirnhautentzündung oder werden so krank, dass sie nicht mehr laufen können und im Rollstuhl sitzen müssen, im Vergleich zu ihnen geht es ihr noch gut. Leider gibt es keine Medizin gegen diese Krankheit, und der Arzt kann meine Mutter nicht heilen. Hätte man es gleich gemerkt, hätte er ihr Antibiotika gegeben, doch so viele Jahre später wirkt das nicht mehr. Sie muss verstärkt auf sich und ihre Gesundheit achten, darf sich nicht immer aufregen und soll weniger arbeiten. Am besten wäre es, wenn sie ganz aufhören würde zu arbeiten, sagt der Arzt. Meine Mutter schreibt dazu, dass sie verrückt würde, wenn sie nichts mehr zu tun hätte und nur herumliegen müsste. Ich soll mir keine Sorgen machen, es geht ihr im Moment gut. Mein Bruder Michael lässt mich grüßen. Seine Tochter Jennifer auch, sie ist meine Nichte, obwohl sie ein Jahr älter ist als ich. Sie ist schon sechzehn.

Deutschland ist jetzt weit weg für mich. Ich muss mich damit abfinden, dass ich nie mehr zurückkehren werde, und vielleicht werde ich meine Mutter auch nie mehr sehen. Ich möchte so gern, dass sie mich besucht, aber sie will es nicht.

»Wenn ich hundertprozentig sicher wäre, dass dein Vater bereit ist, dich mitkommen zu lassen, dann würde ich mich sofort auf den Weg machen, um dich abzuholen«, schreibt sie, »aber nur um ein paar Tage Urlaub mit dir zu verbringen und dann wieder wie die beiden letzten Male allein zurückzufliegen, das tue ich mir nicht an. Ich kann das einfach nicht ...«

Dreimal war sie insgesamt in Pakistan, jedes Mal ist sie anschließend krank geworden. Der Arzt hat ihr verboten, wieder hierher zu reisen. Er hat ihr alle warmen Länder strengstens verboten. Wenn sie nicht auf ihn hört, setzt sie ihre Gesundheit und sogar ihr Leben aufs Spiel. Amerika ist erlaubt. Dort gibt es überall Klimaanlagen, es ist nicht heiß, nicht anstrengend, alles sehr bequem und sehr sauber. Amerika ist wie Deutschland, schreibt meine Mutter. Sie erzählt mir von Wolkenkratzern und Einkaufspassagen, die so groß sind, dass man einen ganzen Tag darin verbringen kann. Sie war auf Barbecue-Partys mit alten Freunden, die ihr sagten, wie sehr sie sie vermissen. Diese Freunde möchten, dass sie wieder nach Amerika zieht.

Mir tut es weh, diesen Satz zu lesen, obwohl gleich darunter steht, dass sie in Ulm bleibt und nicht daran denkt, wegzuziehen. Sie müsste in Millwaukee ganz von vorne anfangen, sie hat oft genug von vorne angefangen und mag nicht mehr, obwohl es sehr schön dort sein soll. Eines Tages möchte sie mit mir dorthin fliegen, damit ich meinen großen Bruder und seine Familie kennen lerne. Es klingt gut, wie ein schöner Traum, der sich nie verwirklichen wird. Der Traum meiner Mutter, nicht meiner.

»Wie soll ich nach Amerika kommen, ich komme doch nicht einmal von hier weg, bin schon froh, wenn ich einmal im Jahr mit Papa nach Sarghoda fahren kann, um meine Urgroßeltern und Shamahs neue Familie zu besuchen«, antworte ich.

Dabei will ich gar nicht nach Millwaukee, ich will nicht nach Amerika, sondern nur nach Deutschland zu ihr. Mein Herz ist schwer, und sobald ich daran denke, wird es noch schwerer. Wenn ich mich einsam und unglücklich fühle, kann mir meine Mama nicht helfen. Sie kann mir nur Geld schicken und hat selbst keines mehr, sondern nur Schulden, weil sie diesem Detektiv so viel Geld für nichts und wieder nichts bezahlt hat. Der Weiße Ring, das ist eine Organisation, die den Opfern von Verbrechern hilft, hat ihr fünftausend Mark spendiert, damit sie wieder auf die Füße kommt. Angesichts ihres Schuldenbergs war das nicht viel, aber sie schreibt, dass es ihr schon geholfen hat, weil es ihr wieder ein bisschen Lebensmut gegeben hat. Sie weiß nicht, wie sie ihre Schulden abzahlen kann, wenn sie nicht arbeitet. Sie ist krank, geht trotzdem arbeiten und putzt noch nebenbei, weil sie dringend Geld braucht. Ich habe Angst, dass sie ihre Gesundheit vollkommen ruiniert.

Sie ist nicht eingesperrt wie ich, sie tut alles, was sie möchte, aber manchmal scheint es mir, als sei ihr Leben nicht besser als meines. Sie hat eine Familie in Amerika und eine Familie in Pakistan, lebt allein in der Mitte. In Senden hat sie niemanden, nur Freunde und Arbeitskollegen. Sie hat weder einen Mann noch Kinder noch Verwandte, die sich um sie kümmern, wenn es ihr nicht gut geht oder wenn sie alt wird. Sie hat wegen meiner Oma ihre Familie in Amerika verlassen, wer wird sie pflegen, für sie einkaufen, ihr Tee bringen und das Essen kochen? Wer wird sie streicheln und lieb zu ihr sein, wenn sie es braucht? Ich bin ihre Tochter, ich möchte das eines Tages für sie tun. Ich möchte meine Mutter zu mir nehmen, wie sie meine Oma zu sich genommen hat. Jetzt ist sie noch jung und kann für sich sorgen, aber später? Ich weiß, was in Deutschland mit den Leuten geschieht, wenn sie alt sind: Sie kommen in ein Heim und träumen die ganze Zeit davon, dass ihre Kinder sie besuchen. Sie sind einsam und traurig. Als ich mit meiner Mutter noch dort lebte, haben mir die alten Leute immer erzählt, wie sehr sie ihre Kinder und

Enkelkinder vermissen, und wie schön es wäre, wenn sie alle zusammen in einem großen Haus wohnen könnten und wie schade es ist, dass es nicht geht. Daran erinnere ich mich sehr gut. Damals war ich neun Jahre alt, und für mich war alles einfach, so sagte ich ihnen, dass sie nicht traurig sein sollten, weil ihre Kinder sie ganz sicher holen würden, sobald sie erfuhren, wie unglücklich ihre Eltern waren. Das war ein Kindertraum.

Jetzt bin ich bald erwachsen und habe noch Träume, sehr viele Träume, auch wenn ich bei einigen wohl weiß, dass sie sich nicht verwirklichen lassen. Ich glaube zum Beispiel schon lange nicht mehr daran, dass meine Eltern und ich wieder eine Familie werden. Vielleicht schließen sie eines Tages Frieden miteinander, vielleicht versöhnen sie sich und vergessen, warum sie so viel gestritten haben, doch auch wenn sie einander wieder verstehen würden, wo könnten wir wieder zu einer Familie werden? In Pakistan nicht, in Deutschland nicht. Es gibt für uns keinen Ort auf der Welt, wo wir alle glücklich werden. Immer wird ein Teil der Familie fehlen. Manchmal frage ich mich: Wenn ich in Senden bei meiner Mutter geblieben wäre, hätte ich vielleicht auch eine solche Sehnsucht nach Pakistan, nach meinem Vater und meinen Verwandten? Meine Familie ist ein Teil von mir, ist es möglich, zweigeteilt zu leben? Mir tut es weh.

Mein Vater hat auch Sehnsucht nach Deutschland.

»Fünfzehn Jahre habe ich dort verbracht, und weißt du, Nasima, wer so lange fern von seiner Heimat lebt, findet nicht mehr wirklich zurück«, sagt er manchmal, »ich gehöre nirgends hin. Du, Nasima, du gehörst hierher. Das hier ist dein Land, du musst hier bleiben, hier heiraten und Kinder bekommen, dann wird alles auch für mich wieder gut.«

Über den Mann, den ich heiraten soll, macht er sich schon lange Gedanken. Er soll reich sein, ein Haus besitzen und einen guten Beruf haben. Und er soll zur Familie gehören, also ein bisschen mit uns verwandt sein. Obwohl ich noch zu jung bin, gibt es viele Männer, die sich für mich interessieren und mich gern als Ehefrau hätten, manche lassen sogar ihre Eltern bei meinem Vater nachfragen, ob er einverstanden wäre, aber leider war kein einziger von all diesen Männern für mich gut genug, meint mein Vater. Manchmal höre ich, wie er sich mit Nasrin darüber unterhält, wer für mich vielleicht infrage käme. Auch sie hat ihre eigenen Vorstellungen. Mich fragt niemand, und das ärgert mich sehr. Ich möchte mir selbst einen Mann wählen!

»Wenn man mich fragen würde, wüsste ich schon, welchen Namen ich nennen würde«, erkläre ich Asba, die gemerkt hat, wie ich lausche.

»Hast du etwa einen Geliebten?«, fragt meine Schlangenschwester. »Sag mir doch, wer das ist, ich verspreche dir, niemandem etwas zu sagen.«

»Wirklich?«

»Wirklich, ich schwöre es.«

Von mir aus. Ich lasse sie schwören, dann muss sie näher kommen. Ich beuge mich zu ihrem Ohr hinab.

»Mein Geliebter, den ich eines Tages heiraten möchte, heißt ...«, flüstere ich ihr zu, und dann schreie ich, so laut ich kann »Mazar!«

Asba läuft zu ihrer Mutter und heult, dass ich ihr Ohr kaputtgemacht habe. Mazar, mein Lieblingsbruder, der drei Jahre alt ist, lacht so sehr, dass ihm die Tränen hinunterkullern vor lauter Lachen. Ich lache auch, und weil wir beide so lustig sind, beginnt Fahid, unser Babybruder, zu gurgeln und quietschvergnügt zu kreischen. Dann eilt Nasrin wutentbrannt herbei und will wissen, was ich Asba angetan habe.

»Wenn ich groß bin, heirate ich Nasima, wenn ich groß bin, heirate ich Nasima, das hat sie mir eben versprochen«, ruft Mazar, »und wenn wir verheiratet sind, beschütze ich sie vor all den bösen Leuten, nicht wahr, Nasima?«

Diesmal lacht Nasrin mit uns. Oder vielleicht lacht sie über uns, weil sie weiß, dass es nicht geht. Ihre eigenen Pläne gefallen mir nicht. Sie möchte mich mit ihrem Bruder Zafar verheiraten, den ich überhaupt nicht ausstehen kann. Er ist mir viel zu alt, mindestens schon fünfunddreißig, aber selbst wenn er jünger wäre, möchte ich niemanden aus Nasrins Familie heiraten. Sie sind alle falsch zu mir. Sie tun so, als hätten sie mich gern, aber kein Einziger von ihnen mag mich wirklich. Sie behaupten zwar, dass ich nach Deutschland gehen könnte, wenn ich Zafar heirate, weil er nach Deutschland möchte, aber ich glaube ihnen kein Wort.

Im September 1998 sitzen wir alle beim Abendessen, als Nasrin meinem Vater eine Geschichte über Zafar erzählt, der ihr neulich einen großen Dienst erwiesen hat.

»Mein Bruder ist wirklich ein guter Mann«, sagt sie.

»Du sagst das immer wieder, weil du möchtest, dass ich ihn heirate«, sage ich, damit mein Vater, der nichts von ihren Plänen weiß, es erfährt, »aber ich will deinen Bruder nicht.«

»Was ist das für eine Geschichte? Wer hat das erfunden, dass du ihren Bruder heiraten sollst? Das kommt nicht infrage. Ich will kein Wort mehr davon hören, hast du verstanden? Und du«, sagt er zu seiner Frau, »halt dich da raus. Es geht dich nichts an, wer Nasima heiraten darf. Auf alle Fälle niemand, der sie mir wegnimmt, ist das klar?«

Papa ist sehr aufgeregt. Nasrin widerspricht nicht. Mir wirft sie einen bösen Blick zu, ihm spielt sie die Zuckersüße vor. Wenn sie so ist, kriege ich Gänsehaut. Sie erinnert mich an eine Hexe, sie verhext meinen Vater mit ihren Worten und ihren Schmeicheleien, und sogar wenn er ausnahmsweise auf meiner Seite ist, gelingt es ihr fast jedes Mal, ihn so umzudrehen, dass er wieder gegen mich ist. Sie schafft es, ihn um ihren kleinen Finger zu wickeln, bis er alles tut, was sie verlangt.

Nach dem Essen stehe ich auf, sammle die Teller ein und bringe sie in die Küche. Als ich zurückkomme, flüstert Nasrin gerade meinem Vater etwas ins Ohr. Ich sehe, wie er sich versteift, er dreht sich um, wirft mir einen düsteren Blick zu. Sicher hat sie ihm irgendwelche Lügen über mich erzählt, um sich zu rächen, weil ich ihre Pläne durchkreuzt habe.

»Ist das wahr? Stimmt das?«, fragt er Nasrin.

Ob was stimmt? Ich nehme meinen Babybruder auf den Arm, will mit ihm in mein Zimmer gehen, als mein Vater »Nasima« ruft. Seine Stimme ist so hart, dass ich Angst bekomme. Nasrin nimmt mir Fahid ab, nimmt Mazar an die Hand und läuft mit beiden Kindern ins Haus. Asba bleibt stehen und glotzt uns an, bestimmt hofft sie, dass ich bestraft werde.

»Geh zu deiner Mutter«, sagt Papa zu ihr, »und du kommst mit mir!«

Ich folge ihm in sein Zimmer. Er schließt die Tür hinter uns und stellt mich zur Rede.

»Du hast einen Geliebten«, sagt er.

»Wie bitte?«, frage ich. »Wer behauptet das?«

»Versuch nicht abzulenken. Es geht hier um dich und um einen Mann«, sagt mein Vater. »Um deinen Geliebten.«

»Wer soll das sein?«, frage ich. »Keine Ahnung, von wem du sprichst. Ich habe gar keinen Mann gesehen, ich spreche mit keinem Mann, du weißt es doch selbst, dass ich keinen Mann kenne, du bringst mich doch immer zur Schule und holst mich dort ab, wann könnte ich mich mit einem Mann treffen?«

Ich rede mich um Kopf und Kragen. Selbstverständlich gibt es einen Mann. Meinen Geliebten, den ich nicht sprechen kann, dem ich nicht mal zuwinken darf! Es ist Zahid, der Fotograf. Täglich steht er irgendwo, wo er mich aus der Ferne vorbeifahren oder vorbeigehen sieht. Wenn mein Vater mich zur Schule fährt, tut er so, als würde er ganz zufällig am Straßenrand laufen. Wir haben nicht mal zehn Worte miteinander gewechselt, seit ich im November 1995 bei ihm die Bilder abgeholt habe. Aber wir schreiben einander Briefe! Eine der Frauen, die Nasrin regelmäßig besuchen, steckte mir im Herbst letzten Jahres hinter dem Rücken meiner Stiefmutter Zahids ersten Brief zu und flüsterte, ich solle ihn gleich lesen und ihr meine Antwort mitgeben. Es waren nur wenige Zeilen: »Ich hoffe, du bist nicht böse, weil ich es wage, dir einen Brief zu schreiben, ich habe dich die letzten Tage nicht mehr in Fatehpur gesehen und mache mir Sorgen um dich. Bitte, schreib mir, wie es dir geht und ob ich dir wieder einen Brief schicken darf.« Ich gab dieser Frau, die Razia wie meine Tante heißt, meine Antwort: »Danke, es geht mir gut, aber bitte schreib mir keinen Brief mehr, mein Vater erlaubt das nicht.« Ich hatte Angst, erwischt zu werden, vertraute Razia nicht, wusste zuerst nicht, dass sie keineswegs Nasrins Freundin war, sondern sich bloß bei ihr die Pille kostenlos abholte, die sie als Gesundheitsberaterin verteilte, zumindest an Frauen, die schon viele Kinder hatten. Aber Zahid schrieb wieder, und beim zweiten Brief mischte sich unter die Angst schon die Freude, dass es jemand gab, der an mich dachte.

Ein Jahr später denke ich ständig an ihn, es wird mir dabei warm ums Herz. Ich schreibe ihm so oft es geht, warte sehnsüchtig auf seine Briefe. Wenn ich heiraten muss, möchte ich nur ihn, Zahid den Fotografen, heiraten, erzähle ich mir selbst abends, wenn ich nicht schlafen kann. Ich bin mir nicht sicher, ob ich überhaupt heiraten möchte, denn alle verheirateten Leute, die ich kenne, streiten miteinander. Meine Mutter hat mit meinem Vater gestritten, mein Vater streitet mit Nasrin, das Ehepaar im Nebenhaus streitet, und sogar Shamah streitet schon mit ihrem Mann, obwohl sie erst ein Jahr verheiratet ist. Nur meine Großeltern streiten nicht, aber sie reden nicht viel miteinander und wohnen auch nicht zusammen. Jeder hat seinen eigenen Raum. Und trotzdem stelle ich mir vor, wie es wäre, mit Zahid dem Fotografen verheiratet zu sein. Er sieht sanft und lieb aus, als könnte er mit niemandem auf der Welt streiten, und das gefällt mir an ihm.

Mein Vater ist furchtbar zornig auf mich. Wegen Zahid. Ob Razia uns verraten hat? Letztes Mal, als ich sie im Haus bei uns gesehen habe, habe ich Asba Geld gegeben, damit sie sich etwas kaufen ging und mir nicht hinterherspionierte, kann es sein, dass Asba trotzdem etwas mitgekriegt hat? Schon einmal hat sie mich beinahe dabei erwischt, wie ich einen Brief von Zahid in meinem Zimmer verbrannt habe.

»Sicher hat dir meine Schwester Asba wieder Lügengeschichten über mich erzählt«, sage ich. »Abi Jan, bitte hör nicht auf diese Schlange, sie hasst mich wie die Pest, und ich weiß gar nicht, warum!«

»Asba hat kein Wort gesagt«, sagt mein Vater, »man hat dich und diesen Mann in der Stadt gesehen, man hat gesehen, wie dieser Mann, der früher mein Freund war, dir hinterherläuft! Man hat gesehen, wie du ihn ermutigst, jeder kann es in Fatehpur sehen, auch mir selbst ist das schon aufgefallen, wie er immer vor seinem Laden steht und dich anschaut. Warum tust du mir das an, Nasima?«

Mein Vater spricht die Worte langsam und ganz ruhig. Mir ist lieber, wenn er schreit. In der Stimmung, in der er augenblicklich ist, fürchte ich ihn noch mehr. Wenn er von den Briefen erfährt, bin ich verloren.

»Ich tue gar nichts, ich habe nie etwas getan«, verteidige ich mich, »was kann ich dafür, wenn irgendein Mann mir hinterherläuft, es ist nicht meine Schuld, ich sitze doch im Auto, was kann ich dafür, wenn mir einer nachschaut?«

Es interessiert meinen Vater nicht, ob ich etwas getan habe oder nicht. Er muss mich schlagen, weil das Gesetz es verlangt, erklärt er mir, als wüsste ich nicht, was erlaubt und was verboten ist. Ein Mann und ein Mädchen dürfen nicht zusammenkommen, wenn der Vater des Mädchens es verbietet. Nur wenn sie verheiratet sind, ist es erlaubt, sonst dürfen sie sich nicht treffen, nicht miteinander reden, nicht küssen. Sie dürfen sich nicht mal ansehen. Gar nichts dürfen sie, und das weiß ich auch. Ich habe nichts davon getan. Nur Briefe geschrieben. Gewiss ist das auch verboten, aber wenn Gott mich bestrafen will, weil ich Briefe schreibe, wenn er mich dafür in die Hölle schickt, dann soll es mir recht sein. Es ist nicht recht, dass ein Vater seine Tochter totschlägt. Es ist nicht recht, dass Frauen gesteinigt werden, wenn sie mit einem Mann zusammenkommen. Es stimmt nicht, dass das Gesetz es so will. Im Koran steht nichts davon, kein Wort, ich habe den Koran gelesen, darin steht, was erlaubt und was verboten ist und für welche Sünden man in die Hölle kommt, doch darüber hat allein Gott zu entscheiden!

»Wenn ein Mann die Ehre einer Tochter verletzt«, sagt mein Vater, »verletzt er die Ehre ihres Vaters. Du weißt es, Nasima, es gibt nur zwei Wege, diese Ehre wieder herzustellen. Entweder muss sich der Vater umbringen oder er muss seine Tochter schlagen.«

Er sieht mich an. Ich stehe wie gelähmt vor ihm, fühle seinen Blick auf mir, traue mich nicht, ihn anzuschauen, spreche nicht. Was kann ich sagen? Kinder müssen ihren Eltern gehorchen, sie dürfen nicht diskutieren. Und was sollte ich schon diskutieren? Ich weiß, dass ich falsch gehandelt habe.

»Sag mir, Nasima, was soll ich tun? Ich werde tun, was du mir sagst. Soll ich mich wegen dir umbringen, oder soll ich dich schlagen? Ich überlasse dir die Entscheidung.«

Ich werde mit einem Zuckerrohr geschlagen und darf eine Woche nicht in die Schule gehen. Ich darf das Haus überhaupt nicht verlassen. Wenn ich es tue und dabei erwischt werde, wird mir mein Vater so auf die Füße schlagen, dass ich einen ganzen Monat nicht mehr laufen kann. Er hat sogar gedroht, mir beide Beine zu brechen.

Ich ducke mich, rebelliere nicht, sage kein Wort mehr. Ich gucke ihn nicht an, tue alles, was Nasrin von mir erwartet. Sie wirft mir nur kurze Befehle zu, sie hat kein Mitleid mit mir, obwohl sie am nächsten Tag ins Badezimmer kommt und meine blauen Flecken sieht. Ich reagiere nicht, als Asba sagt, dass ich es verdient habe. Ich lasse alles geschehen, wehre mich nicht, ertrage nur die Einsamkeit nicht. Morgens verlassen alle das Haus, mein Vater geht zu seinem Sammeltaxi, Nasrin fährt nach Fatehpur und nimmt die Kinder mit. Das Tor wird abgesperrt, ich bin ganz allein von morgens bis abends. Niemand kommt und spricht mit mir. Am ersten Tag mache ich alles im Haus sauber, fege den Hof bis in die letzte Ecke, reinige jedes Zimmer, auch die Toilette. Ich bereite das Essen für die Familie vor, mache die ganze Wäsche. Ich hoffe, dass mein Vater mir verzeiht, doch am Abend sieht er mich nicht mal an und spricht kein einziges Wort mit mir. Ich darf nicht mit der Familie essen, meine Geschwister dürfen nicht zu mir ins Zimmer kommen und müssen bei Nasrin schlafen. Am zweiten und am dritten Tag redet immer noch keiner mit mir.

Ich habe genug. Am vierten Tag stehe ich nicht auf. Ich bereite kein Frühstück vor, bleibe in meinem Bett liegen, höre, wie alle aufstehen, höre Nasrin, die Mazar zu mir schickt. Er soll ihr sagen, was mit mir los ist. Er kuschelt sich an mich, streichelt mich, ist sehr lieb zu mir, aber ich antworte ihm nicht. Nasrin ruft ihn zurück, er muss mit ihr wegfahren. Im Hof unterhalten sie sich über mich, ich höre meinen Namen und halte mir die Ohren zu. Sie sollen mich alle in Ruhe lassen. Ich bin im Kopf woanders. Nicht in Pakistan, nicht in Deutschland, irgendwo dazwischen, es ist wie im Nebel, ich sehe nichts, fühle nichts, höre nichts. Ich fühle mich wie tot, doch ich bin nicht wirklich tot. Halb bin ich noch auf der Seite des Lebens.

»Nasima, Simi, geliebte Schwester, bitte, mach die Augen auf.«

Es ist die Stimme von meinem Bruder Mazar. Er weint, schüttelt mich, wiederholt meinen Namen, ich möchte ihm antworten, aber es geht nicht. Ich bin zu müde, zu weit weg von ihm. Auch die anderen höre ich nach mir rufen, aber ich weiß nicht, warum sie es tun. Sie haben mich eh nicht lieb. Es gibt nur drei Menschen auf dieser Erde, die mich lieben, das sind Mazar, meine Mutter und Zahid. Und sie können mir nicht helfen. Sie haben gar keine Macht gegen meinen Vater.

Ich liege da, denke an den Tod und denke, dass es schön sein wird, wenn ich nicht mehr leiden muss. Ich muss laut gedacht haben. Nasrin und mein Vater stehen an meinem Bett. Sie will mir Medizin geben, mein Vater schickt sie raus und setzt sich zu mir.

»Du darfst nicht sterben, Nasima, bitte stirb nicht, ich liebe dich über alles auf der Welt«, sagt er. »Ich liebe dich mehr als meine anderen drei Kinder zusammen. Was kann ich tun, damit es dir wieder besser geht?«

Ich will wieder in die Schule. Und ich will meine Mutter anrufen. Von Zahid wage ich nicht zu sprechen.

»Wenn du jetzt aufstehst, rufen wir morgen deine Mutter an«, verspricht er.

Ich stehe auf.

Als ich meiner Mutter erzähle, wie mein Vater mich geschlagen hat, bleibt sie sprachlos. Sie will mir erst nicht glauben. Ich verstehe nicht warum. Beide Male, als sie in Fatehpur war, hat sie selbst gesehen, wie böse Papa werden kann, außerdem ist sie nicht hier und weiß gar nicht, wie sich alles für mich verschlimmert hat. Am Ende des Gesprächs glaubt sie mir endlich, doch ich bin trotzdem verletzt. Sie möchte mit Papa sprechen, ich könnte ihn rufen, tue es aber nicht. Wenn sie ihm die Meinung sagt, ärgert er sich wieder über mich, und das möchte ich nicht.

Eine Woche ist vorbei, mein Vater lässt mich wieder zur Schule gehen. Ich sitze vorne im Auto neben ihm, schaue nicht aus dem Fenster, halte die ganze Zeit den Kopf gesenkt.

»Du kannst hochschauen«, sagt mein Vater, als wir in Fatehpur ankommen, »du wirst diesen Mann nicht mehr sehen. Nie mehr. Ich habe dafür gesorgt, dass er dich in Ruhe lässt.«

Mir laufen die Tränen nur so herunter. Ich ziehe den Schleier ganz über die Augen, damit mein Vater mich nicht weinen sieht. Als ich in der Schule bin, kann ich mich nicht mehr zurückhalten. Die Lehrerin sagt nichts, sie lässt mich in meiner Ecke sitzen und weinen und kümmert sich nicht um mich. Einige Mädchen kommen zu mir und drücken mich, um zu zeigen, dass sie mit mir fühlen. Sie wissen alle, was geschehen ist, nur ich nicht. Diese Stadt ist wie ein Dorf, jeder weiß über den anderen Bescheid und kennt die Geschichten. Man hat nichts Besseres zu tun, als übereinander zu tratschen und sich über das Neueste vom Neuesten auszutauschen. Und was ist passiert? Als die Lehrerin an der

Tafel mit dem Rücken zu uns steht, steckt mir Jasmin einen Zettel zu: »Zahid ist im Gefängnis«, hat sie darauf geschrieben.

Jasmin mag mich nicht, sie ist neidisch auf mich, weil ich Geld aus Deutschland bekomme und mir schöne Kleider kaufen kann. Ich kann auf ihrem Gesicht lesen, dass sie sich freut, mir diese Nachricht zu geben. Ich sehe Zahra fragend an, dann noch Aischa, und beide schütteln den Kopf und winken ab. So bin ich ein wenig beruhigt und glaube nicht, dass Zahid im Gefängnis ist. Doch etwas muss schon passiert sein. Die ganze Geschichte höre ich erst in der Pause. Alle Mädchen sind um mich versammelt.

»Ja, weißt du denn nichts?«, fragt Jasmin. »Der Fotograf ist von der Polizei abgeholt worden! Nasrin hat ihn angezeigt, weil er ihr den Tschador runtergerissen und sie geschlagen hat, dieses Schwein!«

»Wir wissen, dass der Fotograf dein Freund ist, und jetzt sitzt dein Freund im Gefängnis«, bestätigt Zafia, ihre beste Freundin.

»Das stimmt nicht«, unterbricht Zahra, »ich weiß es besser als ihr, meinVater ist Polizist und war bei dem Verhör dabei, es ist ganz anders gelaufen, Nasima. Ihr lügt, es stimmt nicht, dass Zahid abgeholt wurde. Die Polizisten sind zu ihm in den Laden gekommen, um nachzufragen, was los war. Deine Stiefmutter ist an allem schuld, sie war bei Zahid im Laden, hat die Blumenvase hinuntergeworfen, sodass das Wasser über die Bilder lief, danach waren sie alle kaputt, dann hat sie Zahid zweimal ins Gesicht geschlagen und ihren Tschador selbst zerrissen!«

»Sie will, dass der Fotograf ins Gefängnis gesteckt wird, wegen dir, Nasima, weil er dich liebt. Deine Stiefmutter ist eine Lügnerin!«, rufen Aischa und Safia gleichzeitig.

»Wenn sie sagt, dass er sie angegriffen hat, ist das die Wahrheit«, behauptet wieder Jasmin. »Nasrin ist eine gute Frau, sie hilft den anderen Frauen aus dem Dorf, sie gibt meiner Cousine Medikamente.«

»Der Fotograf liebt deine Stiefmutter, so ist das, deswegen hat er ihr den Tschador runtergerissen, und sie musste sich gegen ihn wehren!«, schreit eine Kleine aus der vierten Klasse, die ich gar nicht kenne.

Die Mädchen schwatzen alle durcheinander, jedes erzählt eine andere Geschichte, einige probieren, sich wichtig zu machen, andere wollen nur lieb zu mir sein und drücken meine Hände. Ich sage, dass Nasrin nie einen Tschador trägt, verkünde laut, dass mir vollkommen egal ist, ob der Fotograf im Gefängnis ist oder nicht, weil er keineswegs mein Freund ist.

»Bitte, hört endlich auf, das überall herumzuerzählen, sonst schlägt mich mein Vater tot«, sage ich den Mädchen, »ihr mit euren Lügengeschichten seid schuld daran, dass er mich letztes Mal geschlagen hat. Der Fotograf ist nicht mein Freund, ich mag ihn gar nicht und finde ihn hässlich wie die Nacht. Ihr erzählt nur diese Märchen, weil ihr ihn selbst haben wollt, dann nehmt ihn euch zum Freund. Mich interessiert er überhaupt nicht.«

Hoffentlich glauben sie mir. Lügen ist auch eine Sünde, möge mir Gott verzeihen, aber dieses ganze Gerede muss unbedingt aufhören, sonst geschieht wirklich etwas Schreckliches. Zahid und ich dürfen einander nicht mehr anschauen, er darf nicht mehr an der Straße stehen, wenn ich im Auto vorbeifahre, das ist viel zu gefährlich. Für mich und für ihn auch. Als der Unterricht wieder beginnt, höre ich nicht mehr zu. Andauernd frage ich mich, wie es Zahid geht, ob es sehr schlimm für ihn war. Ich mache mir große Sorgen um ihn. Wenn ich könnte, würde ich ihm sofort einen Brief schreiben, aber wer soll ihn bringen? Razia war vor kurzem bei Nasrin, bestimmt kommt sie erst in drei Wochen wieder. Ich sehe mir meine Schulkameradinnen an, überlege, ob es eine gibt, die mir helfen würde, kann mich jedoch für keine entscheiden. Ich kann das Risiko nicht eingehen, verraten zu werden, es ist so schon gefährlich genug. In nächster Zeit, bis sich alle beruhigt und diese Geschichte vergessen haben, muss ich noch vorsichtiger sein, weil jeder in Fatehpur mich und Zahid beobachtet. Hoffentlich passt Zahid auch auf. Nur ein Gedanke quält mich: Vielleicht hat er jetzt die Nase voll von mir und mag mich gar nicht mehr? Das würde mein Herz brechen.

Erst Ende Oktober erhalte ich die nächsten Nachrichten. Zahid liebt mich nach wie vor und mehr denn je. Er schreibt mir, dass er mit meinem Großvater über mich reden möchte. Sie sind miteinander befreundet, er hofft, dass sich dieser für ihn bei meinem Vater einsetzt. Ich weiß nicht, was ich davon halten soll. Je mehr Leute von mir und Zahid erfahren, desto gefährlicher wird es für uns. Außerdem mache ich mir wenig Hoffnung, dass mein Opa irgendetwas für mich tun kann. Trotzdem antworte ich Zahid, dass er es versuchen soll, wenn er der Meinung ist, dass es für uns eine kleine Chance bedeutet.

»Ach, Zahid! Du kennst meinen Sohn nicht«, antwortet mein Großvater. »Er wird dir niemals Nasima geben. Nie im Leben. Du wirst auf sie warten müssen, bis ihr beide graue Haare habt und Muhztfahr im Grab liegt. Wenn sie meine Tochter wäre, würde ich sie dir sofort zur Frau geben, weil ich weiß, dass du ein guter Mann bist. Aber sie ist meine Enkelin, und über sie darf ich nicht bestimmen. Warum nimmst du nicht meine jüngere Tochter Asia? Sie ist noch nicht verheiratet, sie ist nur vier Jahre älter als Nasima und auch eine schöne Frau.«

Zahid will Asia nicht. Er schreibt in seinem nächsten Brief, dass alle ihm sagen, er solle sich eine andere Frau suchen. Ich weiß, dass es in Fatehpur genug Frauen und Mädchen gibt, deren Eltern stolz wären, wenn sie von Zahids Familie gefragt würden, aber er will keine einzige dieser Frauen in Betracht ziehen.

»Ich kann dich, Nasima, nicht vergessen, ich will ohne dich nicht leben«, schreibt mir Zahid. »Ich werde auf dich warten und beten, dass uns Gott hilft«.

Ich bete auch jeden Tag, lese den Koran und versuche, alles richtig zu machen. Nur bei den Briefen zwischen Zahid und mir bin ich mir unsicher. Wenn es falsch ist ihm zu schreiben möge mich Gott dafür bestrafen. Ich glaube aber nicht, dass Liebe eine Sünde ist. Wenn Gott uns zueinander geführt hat, wird er einen Weg finden, damit wir heiraten dürfen. Dafür bete ich. Doch zurzeit sind wir weit davon entfernt.

Gegen Ende des Jahres 1998, als mein Vater und ich eines Morgens zusammen ohne Nasrin und meine Geschwister nach Fatehpur fahren, spricht er plötzlich über den Sohn eines Onkels, der in Sarghoda lebt. Was ich von meinem Cousin Ajaz halte, möchte er wissen.

»Wieso fragst du mich?«, frage ich zurück. »Er ist noch ein Kind.«

»Du hast ihn lange nicht gesehen, er ist nur ein bisschen jünger als du. Ich möchte, dass er dich heiratet. Nicht jetzt, das hat noch Zeit, ich habe es nicht eilig, dich einem Mann zu geben. In vier oder fünf Jahren seid ihr beide im richtigen Alter zum Heiraten, und ich denke, dass Ajaz dir ein guter Ehemann sein kann. Was hältst du davon?«

Ich bin so erstaunt, dass er mich fragt, dass ich sprachlos bleibe. Nach einigen Sekunden wende ich ein, dass mein Cousin schwarz wie Pech ist. Er hat wirklich eine sehr dunkle Haut, ein besserer Einwand fällt mir nicht ein. Wieder zögere ich. Soll ich es wagen, mit ihm über Zahid zu sprechen? Lieber nicht. Zumindest nicht direkt. Aber wenn ich sehr vorsichtig bin und es über einen Umweg versuche? Ich hole tief Luft.

»Du hast gesagt, ich soll einen reichen Mann heiraten, der ein eigenes Haus besitzt und einen guten Beruf hat, aber mein Cousin Ajaz ist arm. Er hat gar keinen Beruf, auch kein Haus. Er geht noch in die Schule.«

Zahid hat alles, was sich mein Vater angeblich für mich wünscht. Ein Haus, einen Wagen, eine wohlhabende Familie, die in der Gegend angesehen ist. Einen guten Beruf hat er auch. Aber plötzlich scheint all das keine Rolle mehr zu spielen. Mein Vater hat seine Pläne für mich geändert: Seine Geschäfte laufen bestens, mit der Pacht aus der Orangenplantage und seinen Sammeltaxis verdient er sehr viel Geld, das reicht für die ganze Familie. Wenn der Cousin mit mir verheiratet ist, soll er zu uns nach Fatehpur ziehen und mit ins Geschäft einsteigen. Normalerweise zieht die Braut zur Familie des Ehemannes, aber der Gedanke, dass ich nach Sarghoda ziehe, gefällt meinem Vater nicht.

»Ich möchte auch lieber in Fatehpur bleiben, lieber Vater ...«

Er unterbricht mich, genau in dem Moment, als ich meinen ganzen Mut zusammen nehmen wollte, um von Zahid zu sprechen.

»Sehr gut, Nasima, also, wenn du nichts dagegen hast, werde ich bei der nächsten Gelegenheit mit meinem Onkel reden«, sagt er.

»Aber Ajaz gefällt mir eigentlich nicht, es gibt hier ...«

Mein Vater sieht mich an, als würde seine Stimmung gleich umkippen. Ich stottere und erkläre, dass ich viel zu jung bin, um zu heiraten. Ich bitte ihn zu warten, bis ich älter bin, und verspreche, dass ich es mir gut überlegen werde. Er ist einverstanden. Ich habe ein schlechtes Gewissen, weil ich meinen Vater hintergehe und ihn belüge. Doch vor allem habe ich Angst, dass er mir auf die Schliche kommt und mich sofort mit irgendeinem Verwandten verheiratet. Wenn er das tut, bringe ich mich noch am selben Tag um.

Wie lange mein Vater noch warten wird, weiß ich nicht. Wahrscheinlich nicht sehr lange. Bis zur nächsten Begegnung mit dem Onkel, bis zur nächsten Hochzeit oder bis zur nächsten Beerdigung, bei der sich die Verwandten in Sarghoda oder in Fatehpur treffen. Mein Glück ist, dass dieser Cousin nicht nur ein bisschen jünger ist als ich, sondern ganze drei Jahre! Ich rechne schon im Kopf. Mit sechzehn darf man heiraten, wenn er sechzehn ist, bin ich neunzehn und volljährig. Nach dem Gesetz volljährig zu sein bedeutet, dass ich mir selbst einen Mann aussuchen darf ... Nicht nur das: Eine volljährige Frau darf selbst bestimmen, wo sie wohnen möchte. Aber darüber mache ich mir keine Illusionen. Dieses Gesetz gilt vielleicht in den Großstädten und bei modernen Familien. Bei uns auf dem Dorf gelten andere Gesetze. Meine Mutter sagt, dass heute die Frauen in Pakistan so wenig Rechte haben wie vor fünfhundert Jahren in Deutschland. Sie übertreibt. Auch bei uns ändert sich etwas. Früher wäre es nicht denkbar gewesen, dass eine Frau wie Nasrin arbeitet. Heute schon, und die Menschen respektieren sie.

Zahid gibt Razia Geld dafür, dass sie unsere Briefe überbringt. Bisher hat sie unser Geheimnis bewahrt, trotzdem habe ich jedes Mal Angst, dass Asba oder Nasrin merken, wie oft wir miteinander reden, oder beobachten, wie sie mir einen Brief oder ein Päckchen zusteckt. Neuerdings lässt Zahid mir sogar kleine Geschenke über sie zukommen. Ich habe ihm einmal geschrieben, wann ich Geburtstag habe und dass ich traurig bin, weil in Deutschland jeder Geburtstag groß gefeiert wird und mir hier niemand gratuliert, und was tut Zahid? Zu meinem sechzehnten Geburtstag am 10. Januar 1999 schenkt er mir Geld und eine kleine Flasche Parfüm! Das Geld ist für ein Kleid, schreibt er, am liebsten würde er es mir selbst kaufen, wenn es ihm erlaubt wäre, aber er darf nicht, und außerdem kennt er meinen Geschmack nicht. Er fragt nach meinen Lieblingsfarben. Das Parfüm riecht herrlich! Ich weine vor Glück! Ich habe hier so viele Verwandte, und Zahid ist der einzige Mensch, der an mich und meinen Geburtstag denkt. Und meine Mutter in Deutschland, selbstverständlich denkt sie auch daran. Zu Hause hat sie mir immer sehr schöne Geschenke gemacht. Nach Pakistan schickt sie mir Päckchen mit Schokolade und anderen schönen Sachen, mit neuen Schuhen und Stiften, obwohl das sehr teuer ist. Sie hat nach wie vor Schulden, trotzdem schickt sie mir dieses Jahr zum Geburtstag hundert Dollar. Die hat sie für mich gespart.

Sie ruft mich bei Nasrins Eltern an. Endlich hat Papa erlaubt, dass ich ihr die Nummer gebe! Wenn es bei uns keinen Streit in der Familie gibt, gehen Nasrin, meine Geschwister und ich am Samstag zusammen erst zum Basar, manchmal begleitet uns auch meine Oma. Wir kaufen ein wenig ein, schauen uns in den Läden um, ob wir etwas Neues finden. Oft begegnen wir Bekannten und schwatzen mit ihnen. Es ist genau wie ein Schaufensterbummel in Deutschland, nur dass es hier andere Gegenstände und wenig fertige Kleider zu kaufen gibt. Ich liebe es, bei den Stoffhändlern vorbeizuschauen, und wenn mir etwas gefällt, bestelle ich mir ein neues Kleid. Meine Oma meint, ich besitze jetzt schon mehr Kleider als sie in ihrem ganzen Leben besessen hat, und fragt, wofür ich sie alle brauche. Sie sagt das nicht, weil sie neidisch oder böse wäre, sondern um mich zu necken, weil sie sieht, wie sehr ich mich über schöne Sachen freue. Ich würde ihr auch gern etwas kaufen, aber sie sagt immer, dass sie nichts braucht. Den Stoff, den ihr meine Mutter vor vier Jahren geschenkt hat, hebt sie in ihrer Truhe für eine besondere Gelegenheit auf.

Ich mache sehr gern Geschenke, gebe auch immer den Armen Almosen, wie es im Heiligen Koran vorgeschrieben ist. Wenn wir genug eingekauft haben oder müde sind, gehen wir in eine Bäckerei, um uns auszuruhen. Im Hinterraum sind Tische und Stühle, wir bestellen Limonade, Süßigkeiten oder Gebäck. Dort gibt es auch eine Art Hamburger, nur sehr viel besser gewürzt als bei McDonald's, und andere herzhafte Speisen, falls wir mehr Hunger haben. Mal lade ich alle ein, mal zahlt Nasrin. Danach besuchen wir ihre Eltern und bleiben dort den ganzen Nachmittag. Es ist angenehm kühl in ihrem Haus, weil sie große Ventilatoren haben. Wir reden oder spielen Ludo miteinander, schauen fern oder hören Musik und gehen erst am Abend nach Hause.

Meine Mutter habe ich gebeten, mich jede Woche dort um die gleiche Uhrzeit anzurufen, so warte ich, dass das Telefon klingelt. Das Warten macht mich nervös. Bei der kleinsten Verspätung denke ich, dass ihr etwas zugestoßen ist oder dass sie mich nicht mehr mag, immer mache ich mir schreckliche Sorgen um sie. Manchmal sagt sie mir eine Woche im Voraus, dass sie am nächsten Samstag nicht anrufen kann, weil sie

Dienst hat, trotzdem warte ich neben dem Telefon und hoffe, dass sie vielleicht mit einer Kollegin getauscht hat. Es tut mir so gut, ihre Stimme zu hören. Dabei erzählen wir einander nichts Besonderes. Wie es mir geht, wie es ihr geht, was sie so tut, was ich so tue. Wenn ich etwas im Basar gekauft habe, erzähle ich es ihr, oder wenn ich in der Schule gute Noten hatte. Dann freut sie sich. Einmal erzählt sie mir, dass sie einen Mann kennen gelernt hat, den sie öfter sieht. Er ist ihr eine große Stütze, sagt sie, und sie fühlt sich weniger allein. Mir ist nicht wohl dabei. Sie merkt es, weil ich gar nichts mehr sage.

»Hör zu, mein Kind, du brauchst keine Angst zu haben, ich bin deine Mutter und bleibe für immer deine Mutter, egal was ist. Und du bist und bleibst an erster Stelle in meinem Herzen, glaub mir. Das war schon immer so.«

Ich glaube es ihr, aber ich bin trotzdem traurig. In Deutschland dürfen Frauen mehrmals heiraten, sich scheiden lassen, sie dürfen Männerfreunde haben, sie sind frei zu tun, was sie wollen. Meine Mutter lebt nach dem deutschen Gesetz richtig, in Pakistan würde sie aber dafür bestraft werden. Sie ist immer noch mit meinem Vater verheiratet.

»Bitte, behalt das für dich, Nasima, nicht dass er herumtobt, falls er davon hört.«

Sie hätte es mir nicht zu sagen brauchen. Ihr Geheimnis ist bei mir gut aufgehoben. Mein Vater fragt oft, ob sie nicht einen Freund hat, doch ich verneine das immer. Bisher war es die Wahrheit, jetzt ist es eine Lüge mehr, für die ich irgendwann bestraft werde.

Seit wir regelmäßig telefonieren, schreiben wir uns weniger Briefe. Wenn es nicht so teuer wäre, würden wir Stunden miteinander sprechen. Hier kostet eine Minute hundert Rupien, und von Deutschland aus ist es noch teurer, also sprechen wir nur fünf oder höchstens zehn Minuten. Ich bin allein im Zimmer, die Familie sitzt nebenan. Am Ende des Gesprächs lasse ich meine Mutter auflegen, spreche weiter auf Deutsch, als sei sie noch dran, und wähle Zahids Nummer.

Im Sommer 1999 habe ich meinen ganzen Mut zusammengenommen und ihn zum ersten Mal angerufen.

Davor hatte ich ihm mehrmals geschrieben, dass wir aufhören sollten, einander zu schreiben, weil meine Angst, erwischt zu werden immer größer wurde und weil es keinen Sinn hatte, da mein Vater ihn nie als meinen Ehemann akzeptieren würde. Doch Zahid schrieb mir trotzdem weiter. Ich hatte dann seine Briefe Razia zurückgegeben, ohne sie zu lesen.

»Richte ihm aus, dass ich keine Briefe mehr von ihm annehmen möchte«, sagte ich zu ihr, »das macht mich nur unglücklich, weil unsere Liebe verboten ist. Wenn er noch einen Brief schickt, muss ich ihn meinem Vater geben.«

Danach hörte Zahid auf zu schreiben, aber Razia brachte mir immer Grüße von ihm und sagte, dass er sehr unglücklich sei und mich immer noch liebte. Das wusste ich. Denn wenn ich mit meiner Familie zum Basar ging, sah ich ihn immer irgendwo ziemlich weit weg. Er folgte uns diskret, wenn wir stehen blieben, tat er so, als würde er sich sehr für irgendeinen Gegenstand interessieren, und jedes Mal hatte ich eine Höllenangst, dass Nasrin oder Asba es merkten und mich wieder verpetzten. Deswegen rief ich ihn an. Eigentlich um ihn zu fragen, warum er mich nicht endlich aufgibt!

Mein Herz klopfte, meine Hände zitterten wie verrückt, Zahid selbst war gleich am Apparat, als hätte er geahnt, dass ich ihn anrufe. Nur ich wusste nicht mehr, was ich sagen wollte, so überwältigend war es für mich, seine Stimme zu hören. Für uns beide war es überwältigend. Vier Jahre lang hatten wir keine Gelegenheit gehabt, auch nur ein Wort miteinander zu wechseln, wir hatten einander nur Briefe geschrieben, und jetzt waren wir durch das Telefon plötzlich so nah!

Nun rufe ich fast jeden Samstag an. Ich flüstere auf Urdu, spreche zwischendurch laut ein paar deutsche Sätze, wenn jemand vorbeikommt, damit man glaubt, dass ich noch immer mit meiner Mutter rede. So wird unsere Liebe von Woche zu Woche stärker.

Sterben oder Flüchten

2000–2001

Nasima

Im Januar 2000 bin ich siebzehn Jahre alt geworden. In einem Jahr werde ich volljährig, wenn ich so lange durchhalte. Eigentlich habe ich keine Lust mehr zu leben. Es gibt nichts, worüber ich mich freuen kann. Meine Jugend verbringe ich eingesperrt hinter Mauern, nie werde ich frei sein. Wenn ich an meine Zukunft denke, sehe ich nur Mauern. Hier eine Mauer, da eine Mauer, darin sind Türen, die abgeschlossen werden, damit ich nicht fortlaufen kann.

Zahids Eltern wollten unbedingt versuchen, mit Papa über mich zu reden. Ich war dagegen und dachte mir schon, dass es nichts Gutes bringen würde. Ich hatte Recht. Was dann kam, war noch schlimmer, als ich befürchtet hatte. Ich war gerade im Hof, als Zahids Eltern durch das Tor traten. Ich sah sie zum ersten Mal. Zahids Mama ist klein und trägt eine Brille, sein Papa sieht vornehm und gebildet aus, sie sind ein feines Paar, und ich fühlte auf den ersten Blick, dass ich bei ihnen glücklich werden könnte. Aber mein Vater und Nasrin haben sie noch nicht einmal anständig begrüßt. Sie haben ihnen keinen Tee angeboten, waren geradezu unhöflich zu ihnen. Kaum hatten sie Platz genommen, fragte mein Vater, worum es ginge und warum sie da wären. »Wir sind gekommen, um mit euch über unseren Sohn und eure Tochter zu sprechen«, antwortete Zahids Vater, mehr konnte er nicht sagen, weil Papa aufsprang und sofort anfing zu schimpfen. Er schrie: »Raus aus meinem Hof, was fällt euch ein, mich überhaupt deswegen anzusprechen, euer Sohn ist doch nichts wert, meine Tochter Nasima ist tausendmal besser als euer Nichtsnutz von Sohn.« Und Nasrin stand neben ihm und beschimpfte ebenfalls die armen Leute. Es war eine schreckliche Szene, Zahids Eltern müssen sehr wütend gewesen sein, weil es eine Schande war, wie Papa sie behandelte, aber sie haben sich nichts anmerken lassen und nicht zurückgeschrieen. Sie haben nur gesagt, dass es ihnen leid tut und sind gegangen. Ich habe mich so geschämt! Zahids Eltern sind doch gebildete Leute, sicher werden sie mich jetzt hassen und ihrem Sohn sagen, dass er sich Nasima aus dem Kopf schlagen soll. Wie könnte er mich noch lieben, nachdem mein Vater seine Familie dermaßen beleidigt hat!

Ich hatte zunächst befürchtet, dass sich Papas Zorn über mir entladen würde. Doch er war nicht böse mit mir, sondern sagte nur, dass man Zahid jetzt endlich vergessen durfte. Aber das will ich eben nicht! Ich warte, ob er mir noch schreibt, ich weiß nicht, ob ich mich traue, ihn noch einmal am Samstag anzurufen.

Das ist jedoch noch nicht alles: Nasrin macht mir inzwischen jeden Tag zur Hölle. Neulich lief sie wie eine Verrückte auf mich zu und schrie, dass ich ihren goldenen Ring genommen hätte. Das stimmte natürlich nicht, das behauptete sie nur, um einen Grund zu haben, mein Zimmer auf den Kopf zu stellen. Ich musste ihr den Schlüssel von meinem Geheimkasten geben, und was lag darin? Die dreihundert Dollar, die ich gespart habe, weil Mama immer sagt, ich darf nicht alles ausgeben und soll etwas zur Seite legen, falls ich irgendwann doch versuche zu flüchten. Hätte ich es nur ausgegeben! Dieses Geld sehe ich nie wieder. Nasrin gab es am Abend meinem Vater, der ungeheuer wütend wurde. Diese dreihundert Dollar sind für ihn der Beweis, dass ich wirklich vorhabe abzuhauen. Schlimmer noch: Er glaubte nicht, dass sie tatsächlich von meiner Mutter kommen.

»Wir können sofort nach Fatehpur fahren und sie anrufen, sie wird dir selbst sagen, wie viel Geld sie schickt. Das war mein Geburtstagsgeschenk!«

Papa ließ sich nicht überzeugen und wollte Mama nicht anrufen, weil sie sowieso immer auf meiner Seite ist. »Ab sofort will ich, dass du ihre Brief nur vor mir öffnest, damit ich sehe, wie viel Geld sie dir schickt, verstanden?«

Nasrin sucht nach wie vor ihren Ring, den sie selbstverständlich nicht findet, weder bei mir noch woanders im Haus, obwohl sie eine ganze Woche lang alles ständig auf den Kopf stellt und fast jeden Tag von neuem meine Sachen durchwühlt. Alles umsonst. Bestimmt hat sie den Ring woanders verloren und beschuldigt mich nur, weil sie mich nicht ausstehen kann. Sie ergreift jede Gelegenheit, mich vor meinem Vater schlecht zu machen, und sie schafft es! An einem Samstagmorgen, als ich arglos danach frage, ob wir heute zum Basar gehen, schauen sich beide an.

»Willst du vielleicht zu den Goldhändlern, um den Ring, den du mir gestohlen hast, zu verkaufen?«, fragt Nasrin.

»Das hast du doch alles erfunden, ich bin keine Diebin, ich würde niemals etwas stehlen«, schreie ich, weil ich sehr aufgebracht bin.

»Wenn du den Ring noch hast, gib ihn sofort zurück, sonst kriegst du Schläge«, droht mein Vater.

»Oder hast du ihn vielleicht schon verkauft und dich in Dollar auszahlen lassen?«, fragt Nasrin.

»Ich schwöre, dass ich deinen Ring nicht habe und ihn nie im Leben hatte, Gott möge mich strafen, wenn ich lüge. Aber wenn ich die Wahrheit sage, wird er dich und deine Frau strafen«, schreie ich Papa an, »es ist mir egal, ob du mich schlägst, wenn du willst, kannst du mich totschlagen, ich habe diesen blöden Ring nicht, ich habe ihn nie gehabt, und wenn ihr mir nicht glaubt, dann fragt im Basar nach, und abgesehen davon, wann soll ich bitte schön so etwas machen, ihr lasst mich doch keine Sekunde aus den Augen!«

Es ist das zweite Mal innerhalb weniger Monate, dass mich Nasrin verdächtigt, ihren Schmuck geklaut zu haben. Letztes Mal war es eine Kette. Es ist so gemein und ungerecht, dass ich diesmal richtig die Beherrschung verliere. Die Nachbarn hören das Geschrei bei uns, später glauben sie mit Sicherheit, dass ich eine Diebin bin, warum tut der liebe Gott mir das an? Womit habe ich es verdient, so behandelt zu werden? Ich habe nichts getan!

»Ich habe die Schnauze voll«, schreie ich, »ich will hier weg, wenn ich hier bleibe, werdet ihr den Leuten immer wieder erzählen, dass ich eure Sachen nehme, und ich muss mich wegen eurer Lügen schämen, das will ich nicht, deswegen werde ich von hier abhauen, habt ihr mich verstanden?«

Ich bin so außer mir, dass sie Angst bekommen. Bis dahin war ich immer still, wenn sie mit mir geschimpft haben, ich habe Vorwürfe und Ungerechtigkeiten ertragen, ohne zu rebellieren, ich habe meinen Zorn hinuntergeschluckt, doch jetzt ist genug.

»Jeden Tag erzählst du andere Geschichten über mich, jedes Wort, das aus deinem Mund kommt, ist erlogen, wenn du noch ein einziges Mal behauptest, dass ich etwas gestohlen habe, bringe ich dich um!«, brülle ich Nasrin an.

Mein Vater sieht mich an, wie er meine Mutter angesehen hatte, wenn sie schrecklich wütend auf ihn war. Als hätte er Angst vor mir, vor meinem Zorn. Er sagt gar nichts, auch Nasrin hält sich zurück. Ich fange an zu weinen, laufe in mein Zimmer. Mazar rennt mir nach. Er ist gerade vier Jahre alt geworden, ich nehme ihn auf meinen Schoß, drücke ihn an mich.

»Bitte, wein nicht, Nasima, meine liebe Schwester, hör zu«, sagt er, um mich zu trösten, »ich bin dein Bruder, auch wenn ich dein Stiefbruder bin, liebe ich dich, Simi, und wenn ich groß bin, bringe ich dich weg von hier. Ich bringe dich nach Deutschland, das verspreche ich dir. Gib mir mehr Milch und Butter und mehr Brot, dann werde ich schneller fett und groß, und wir können schneller zusammen wegfahren, aber bitte versprich mir, dass du niemanden umbringst.«

»Selbstverständlich bringe ich niemandem um, das verspreche ich dir«, erkläre ich Mazar, »ich will nur, dass deine Mama aufhört, Geschichten über mich zu erfinden.«

Und tatsächlich hört sie auf. Sie wird nicht freundlicher, das nicht, aber es ist, als hätte sie jetzt etwas mehr Respekt vor mir. Eine Weile kehrt der Hausfrieden bei uns ein. Es streitet sich niemand mehr, wenn ich das Essen koche, bedankt sich Nasrin. Es kommt sogar vor, dass sie mich vor den Nachbarn lobt oder mit Asba schimpft, als diese etwas gegen mich sagt. Am Abend schaut die ganze Familie zusammen die Videos, die mein Vater aus Fatehpur holt. Er kauft für jedes Zimmer einen Ventilator, bringt besonders schönes Obst mit, lauter herrliche Mangos, Äpfel oder Bananen und zeigt sich fürsorglich wie lange nicht mehr. Wenn es immer so wäre, denke ich, dann könnte ich vielleicht auch in Pakistan glücklich sein. Aber ich weiß, dass sich der Wind bald drehen wird. Er hat sich immer gedreht, und nach jeder guten Zeit ist das Schlechte noch ein bisschen schlechter geworden.

Wenn ich mit Mama telefoniere, sagt sie, ich darf nicht verzweifeln, sondern soll mir überlegen, ob es nicht doch eine Möglichkeit gibt, nach Islamabad zu kommen. Sie spart wieder Geld für mich und würde es direkt zu der Botschaft schicken, damit Papa es nicht kriegt.

»Gibt es wirklich niemanden, der dich hinfahren kann?«, fragt sie. »Denk mal nach, mein Schatz, du bist ein so hübsches Mädchen, ich kann mir vorstellen, dass es bei euch in der Nähe gewiss einen jungen Mann oder sogar mehrere junge Männer gibt, die alles tun würden, um dir zu helfen.«

Sie spricht davon, als hätte sie mein Geheimnis erraten. Noch habe ich ihr kein Wort von Zahid gesagt, weil es schwer für mich ist, über wichtige Dinge zu reden, wenn ich weiß, dass in wenigen Sekunden der Anruf vorbei ist. Und auch, weil sie so weit weg ist. Wenn wir uns jeden Tag sehen könnten, hätte ich ihr längst von ihm erzählt. Oder wenn sie hierher in Urlaub kommen würde und wir viele Stunden zusammensitzen könnten. Ich werde ihr von ihm schreiben, obwohl mir das nicht leicht fällt.

Ich bin mir sicher, dass Zahid mir helfen würde. In einem Brief hat er geschrieben, dass er alles für mich tun würde, weil er mich sehr liebt. »Ich warte auf dich, Nasima, und wenn ich noch zehn Jahre warten muss«, schreibt er, »du brauchst keine Angst zu haben, dass ich dich vergesse.« Am Telefon wiederholt Zahid jedes Mal, dass ich ihm sagen soll, wie er mir helfen kann. »Du kannst gar nichts tun«, antworte ich. Was geschieht dann mit ihm, wenn er nach Islamabad fährt und ich aus Pakistan flüchte? Ein Mädchen zu entführen ist ein schlimmes Verbrechen, dafür steckt man ihn für mindestens fünfzehn Jahre oder noch länger ins Gefängnis. Und wenn er mit mir das Land verlässt oder sich irgendwo versteckt, wird seine ganze Familie ins Gefängnis gesteckt. So schreibt es bei uns das Gesetz vor, jeder ist für den anderen verantwortlich.

Im März 2000 kommt die Oberlehrerin in der Pause zu mir, zieht mich zur Seite und sagt, dass sie mich sprechen möchte. Allein. Ich soll Madam, so wird sie von uns Schülern genannt, ins Direktorenzimmer begleiten. Was habe ich jetzt schon wieder verbrochen, überlege ich mir, welche Katastrophe erwartet mich nun?

»Komm herein, Nasima, setz dich«, sagt Madam. »Hab keine Angst, ich will dir nichts Böses, im Gegenteil, ich möchte dir helfen.«

Ob ich immer noch nach Deutschland zurück will, fragt sie. Ich nicke nur. Madam ist die Ehefrau vom Schuldirektor, sie ist nie besonders nett zu mir oder zu meinen Klassenkameradinnen. Sie gibt keinen Unterricht, schaut nur, dass wir gehorchen, oder verhängt Strafen. Ihr freundlicher Ton ist etwas ganz Neues, und das weckt mein Misstrauen. Ich fürchte, dass sie versucht, mich auszuhorchen, um alles meinem Vater zu erzählen. Oder tue ich ihr vielleicht Unrecht? Sie ist nicht allein, ein Mann, den ich nicht kenne, steht an der Wand, halb abgewendet, als würde er das Porträt von dem Gründer von Pakistan, Muhammad Ali Jinnah, betrachten. Er möchte nicht, dass ich sein Gesicht sehe, aber warum?

»Arme Nasima«, sagt Madam, »seit Jahren sehe ich, wie unglücklich du hier bist und wie sehr du dich nach deiner Mutter sehnst, stimmt das?«

Ich nicke wieder. Sie zeigt auf den Mann, erklärt, dass er einen Bruder in Stuttgart hat. Als ich das höre, möchte ich vor Freude hüpfen und tanzen. Stuttgart ist gleich um die Ecke von Ulm, vielleicht nur hundert Kilometer entfernt, ein bisschen mehr, ein bisschen weniger, ich bin oft mit dem Zug durch Stuttgart gefahren, kann mich zwar an nichts in dieser Stadt erinnern, aber schon wenn ich diesen Namen höre, ist es, als sei ich wieder in Deutschland. Es macht mich glücklich, so glücklich, dass ich mein Misstrauen vergesse und die Hand meiner Oberlehrerin küssen möchte!

»Sein Bruder ist bei deiner Mutter gewesen«, sagt sie, »wenn du immer noch fort willst, wird er dir helfen.«

Selbstverständlich will ich fort. Am liebsten würde ich auf der Stelle gehen, aber so, wie sie mich ansieht, ist mir klar, dass sie für ihre Hilfe Geld will.

»Was kostet es, wenn Sie mir helfen?«, frage ich ohne zu zögern.

Da liegt das Problem: Der Mann und sein Bruder brauchen sechzigtausend Mark. Ich sage ihnen, dass meine Mutter nicht so viel Geld besitzt, weil sie genau die gleiche Summe ausgegeben hat, als sie versuchte, mich mit den Detektiven zu befreien, und davon hat sie immer noch Berge von Schulden.

»Wenn du uns dreißigtausend zahlst, machen wir es auch«, sagt der Mann und sieht mich zum ersten Mal richtig an.

Ich blicke nur einmal kurz in seine Augen. Sie gefallen mir nicht, aber ich will unbedingt weg hier! Was soll ich tun? Und wo finde ich dieses Geld? Vielleicht kann meine Mutter zehntausend irgendwo ausleihen und ich auch zehntausend. Ich könnte Zahid fragen, ob er mir das Geld leiht, sicher wird er einverstanden sein, er kommt aus einer reichen Familie, vielleicht geben ihm seine Eltern das Geld. Sie wissen, wie sehr er mich liebt und wie traurig er wegen mir ist. Obwohl mein Vater zu ihnen unverschämt war, würden sie mich als seine

Ehefrau sofort akzeptieren, das hat mir Zahid gesagt. Aber wären sie bereit, mir Geld für die Flucht zu leihen? Und wie viel?

»Ich brauche ein bisschen Zeit, um das Geld aufzutreiben«, erkläre ich, »aber ich werde es schaffen, ich schwör's, Madam.«

Sie wird mich benachrichtigen, wann es losgeht, auch der Mann braucht Zeit, um meine Flucht zu organisieren. Eine Woche später werde ich erneut ins Direktorenzimmer gerufen. Die Oberlehrerin fragt, ob ich nach wie vor entschlossen bin zu flüchten und wie es mit dem Geld steht. Noch habe ich nichts. Meine Mutter konnte am Wochenende nicht anrufen, weil sie arbeiten musste, so war es mir unmöglich mit Zahid zu sprechen, und Razia ließ sich nicht bei Nasrin blicken. Ich hatte Pech.

»Das macht nichts«, sagt Madam, »wenn du es nicht schaffst, das ganze Geld zu besorgen, dann gibst du uns jetzt erst die Hälfte und zahlst uns den Rest von Deutschland aus. Wir machen es nicht wegen des Geldes, sondern nur um dir zu helfen.«

War dieser Satz zu viel? Ich glaube ihr plötzlich kein Wort mehr und frage nach, wie dieser Fluchtplan aussieht.

»Wir fahren mit drei Wagen, ich sitze mit dir und einer anderen Frau in einem Auto, wir tragen alle drei eine Burqa, damit uns niemand erkennt. Vorne und hinten fahren je ein Wagen mit Männern, die uns beschützen sollen. Wenn man uns anhält, erklären wir, dass wir nach Faisalabad zu der Beerdigung von einem Onkel fahren.«

In Faisalabad leben die Mutter der Oberlehrerin und der Rest ihrer Familie. Dort sollen wir wohnen, bis meine Mutter mich holt. Sie erzählt von ihren Schwestern und Brüdern, von einem kleinen Baby, das eben geboren ist, zeigt mir das Foto von einem Säugling mit riesengroßen schwarzen Augen, die mit schwarzer Schminke umrandet sind, und dieses Baby sieht so süß aus, dass ich Madam wieder mein Vertrauen schenke.

Als meine Mutter am nächsten Samstag endlich anruft und ich mit ihr über die Flucht sprechen möchte, ist sie vollkommen überrascht. Sie weiß nichts von diesem Plan, es hat niemand mit ihr deswegen Kontakt aufgenommen. Geld hat sie keines. Nicht mal genug für einen einzigen Flug nach Pakistan, und die Bank gibt ihr auch nichts, wegen der Schulden, die sie noch nicht zurückbezahlt hat. Meine Fluchthelfer sollen mich nach Islamabad zur Botschaft bringen, sie wird dafür sorgen, dass ein Flugticket für mich dort bereit liegt. Aber zuerst muss ich mir ganz sicher sein, dass man diesen Leuten trauen kann, weil sie es sehr merkwürdig findet, dass kein Mann aus Stuttgart bei ihr vorbeigekommen ist.

Ein Pakistaner hatte zwar angeboten, mich für zwanzigtausend Mark zu holen, aber er war nicht aus Stuttgart, sondern aus Ulm und wollte mit dem Lastwagen nach Indien fahren, außerdem ist es schon so lange her, dass er nicht der gleiche Mann sein kann. Sie weiß, wo er zu finden ist, wird ihn trotzdem fragen, ob er vielleicht mit jemandem aus Stuttgart über mich gesprochen hat oder ob er jemanden kennt, der einen solchen Plan hat. Kaum hat sie aufgelegt, rufe ich Zahid an.

»Nasima, so viel Geld kann ich dir nicht leihen, nicht auf einmal und nicht sofort. Einen kleinen Teil davon schon, dann werde ich meinen Vater und meinen älteren Bruder bitten, mir etwas zu geben. Aber bitte, sag diesen Leuten, dass sie noch eine Woche oder zwei warten müssen.«

Er möchte mehr über den Fluchtplan erfahren, fragt nach dem Namen meiner Oberlehrerin und wo sie wohnt, denn er möchte sie aufsuchen und selbst mit ihr sprechen.

»Warum denn das?«, frage ich.

»Ich möchte sicher sein, dass sie ehrlich ist«, antwortet er.

Ich lege auf. Im Zimmer nebenan sitzen Nasrin, ihre Eltern und meine Geschwister, plötzlich schweigen alle, als würden sie mir zuhören. Doch ich habe mich geirrt, sie schauen fern, und es ist gerade so spannend, dass jeder den Atem anhält. Ich setze mich dazu, sehe mit ihnen fern, habe aber keine Ahnung, worum es in diesem Film geht. Ich bin verärgert. Ich habe den Eindruck, dass sowohl meine Mutter als auch Zahid nicht wirklich bereit sind, mir das Geld zu geben, und sich nicht trauen, es mir direkt zu sagen. Ich möchte gern wissen, ob der Mann aus Stuttgart bei meiner Mutter war oder nicht, verstehe nicht, was da läuft. Lügt sie mich an, oder lügt mich Madam an? Ich bin gereizt, das fällt jedem auf, sogar mein Bruder Mazar setzt sich beleidigt woanders hin, als ich ihm sage, dass er mich in Ruhe lassen soll.

»Es wird Zeit, dass Nasima verheiratet wird«, sagt Nasrin am selben Abend zu meinem Vater, »du weißt, dass mein Bruder Zafar sie nach wie vor gern nehmen würde.«

»Und ich möchte sie nach wie vor lieber meinem Neffen Ajaz geben«, antwortet mein Vater.

»Ja, aber dann muss sie noch mindestens zwei oder drei Jahre bei uns bleiben«, wendet Nasrin ein, »und es wäre für die Familie besser, wenn sie bald heiraten würde.«

Mein Vater sagt, dass er es sich überlegen wird.

Als ich dieses Gespräch belausche, steht für mich fest, dass ich auf jeden Fall fort muss.

Drei Tage später gibt mir Madam das Zeichen, dass ich sie in der Pause besuchen soll. Ich mag nicht so lange warten, klage laut, dass ich dringend auf die Toilette muss, weil ich schreckliches Bauchweh habe. Miss, meine Lehrerin, erlaubt mir, den Unterricht mittendrin zu verlassen. Ich eile durch den Gang bis zum Direktorenzimmer, um Madam zu sagen, dass ich jetzt und zwar sofort weg will und dass sie sich mit ihrem Plan beeilen muss, sonst werde ich verheiratet. Aber ich höre Männerstimmen durch die Tür und wage nicht zu klopfen. Ich lausche, ob Madam auch dabei ist, schnappe einen halben Satz auf, und mir wird augenblicklich schlecht.

Meine Mutter hat nicht gelogen, es war wirklich kein Mann aus Stuttgart bei ihr, Zahid hat Recht, ich darf diesen Leuten nicht trauen, sie haben gar nicht vor, mir zu helfen! Im Gegenteil, sie wollen mich verkaufen! Ich verstehe jetzt, warum es ihnen mehr oder weniger egal ist, ob ich das Fluchtgeld bezahlen kann oder nicht.

»Zwei Millionen Rupien kriegen wir für das Mädchen«, sagt einer, »europäische Mädchen mit weißer Haut sind sehr begehrt, sie bringen sehr viel Geld ein, und wenn sie selbst noch eine halbe Million Rupien zahlt oder mehr, ist das wirklich ein sehr gutes Geschäft für uns.«

Ich habe jetzt wirklich Bauchweh und gehe schnell zurück in die Klasse. Es ist gleich Pause. Diesmal schicke ich den kleinen Jungen nicht zum Essenholen, sondern zum Busbahnhof. Er soll meinem Vater sagen, dass ich krank bin und nach Hause möchte. Bevor er kommt, ist die Pause zu Ende und der Unterricht beginnt wieder. Ohne mich. Madam hat mich ins Direktorenzimmer geholt. Es ist außer ihr niemand dabei, und sie fragt, warum ich nicht von selbst gekommen bin.

»Ich bin krank«, antworte ich, »mein Vater holt mich gleich ab, mir geht es schlecht.«

Beunruhigt fragt sie, ob ich wirklich krank bin oder ob ich nicht mehr nach Deutschland mag. Ich soll ihr ehrlich die Wahrheit sagen, weil jetzt mehrere Menschen daran arbeiten, meine Flucht vorzubereiten. Ich habe Angst vor ihr, mir ist ganz schlecht. Auf keinen Fall darf sie erfahren, dass ich weiß, was sie mit mir vorhat. Ich lüge und höre meine Stimme zittern.

»Doch, ich will schon weg, auf alle Fälle will ich weg, aber ich habe das Geld noch nicht, es dauert noch eine Woche oder zwei, dann kann ich vielleicht einen Teil zahlen, leider nicht viel, weil meine Mutter auch nichts hat, sie schaut, dass sie etwas zur Deutschen Botschaft schicken kann.«

Madam nickt, als sei sie damit zufrieden. Ich darf wieder in die Klasse, warte dort, bis mein Vater mich endlich abholt. Auch ihm erzähle ich erst nur, dass ich krank bin, doch am Abend, als er nach Hause kommt, werfe ich mich ihm zu Füßen, beichte ihm alles und bitte ihn um Verzeihung.

»Wie blöd bist du eigentlich? Weißt du denn nicht, dass es in Lahore Bordelle gibt, wo die Mädchen tagsüber tanzen und abends zu den Männern gehen und alles tun, was diese wollen? Und da wolltest du hin! Hast du noch nie von Menschenhändlern gehört? Verstehst du überhaupt, dass solche Leute schwere Verbrecher sind, die Kinder kaufen und verkaufen? Das wäre dein Tod gewesen«, schreit er, »willst du immer noch dorthin? Wenn du ja sagst, schlage ich dir die Beine kaputt!«

Er rennt aus dem Haus, steigt ins Auto und fährt weg. Wohin, das erfahre ich, als ich am nächsten Samstag mit meiner Mutter spreche. Sie sagt, dass er sie angerufen und ihr alles erzählt hat. Sie weint am Telefon. Ich weine auch. Diesmal rufe ich Zahid nicht an, es ist mir nicht danach. Ich schäme mich viel zu sehr. Mein Vater hat mich vor der Schande und dem Tod gerettet, ich werde ihm jetzt eine gute Tochter sein und nicht mehr rebellieren. Ich darf nicht mehr in die Schule, will auch gar nicht mehr dorthin.

Ungefähr zehn Tage später kommt der Direktor persönlich bei uns vorbei und fragt nach mir. Mein Vater sagt ihm, dass ich krank war und dass er mich am nächsten Tag wieder in die Schule bringt. Es wird das letzte Mal sein. Er hat einen Plan. Er glaubt mir, dass ich ihm die Wahrheit gesagt habe, aber hundertprozentig sicher ist er nicht. Er möchte einen Beweis haben. Ich soll ihm diesen Beweis beschaffen. Dafür muss ich zu Madam gehen und alles, was sie sagt, mit einem Kassettenrekorder aufnehmen, den ich unter meiner Kleidung verstecke. Wir machen viele Versuche, bis ich den Aufnahmeknopf treffe, ohne hinzuschauen. Am nächsten Tag fährt mich mein Vater zur Schule. Er setzt mich vor der Tür ab und bleibt in der Nähe, um auf mich aufzupassen. Für den Fall, dass mich die Leute jetzt sofort entführen wollen, hat er einige Freunde organisiert, die das verhindern würden. Wenn ich den Beweis habe, soll ich nicht zum Unterricht gehen, sondern gleich zu ihm kommen. Mir zittern die Beine. Alles läuft gut, genau wie mein Vater es vorhergesehen hat. Kaum bin ich in der Klasse, lässt mich Madam ins Direktorenzimmer holen.

»Was ist los mit dir, Nasima, willst du nicht mehr fort?«, fragt sie.

Ich habe schon vor ihrer Tür den Aufnahmeknopf gedrückt und hoffe sehr, dass sie das leise Rauschen des Geräts nicht hört.

»Ich war bloß krank«, antworte ich, »aber meine Mutter hat schon das Geld zur Deutschen Botschaft geschickt, und ich habe auch einen Teil bei mir zu Hause versteckt. Es gibt nur noch eine Frage, können wir nicht gleich nach Islamabad fahren?«

Sie erklärt mir, dass mein Vater zuallererst dort nach mir suchen wird, deswegen müssen sie mich woanders verstecken. Sie wiederholt den geplanten Ablauf der Flucht, sagt, dass sie mir noch Bescheid geben wird, wann es losgeht, und schickt mich in den Unterricht zurück. Ich habe alles auf dem Band, laufe damit direkt zu meinem Vater, der mich erst nach Hause bringt. Dann kehrt er zurück zur Schule und spielt das Band dem Direktor vor, der felsenfest behauptet, nichts davon gewusst zu haben. Angeblich schämt er sich, dass seine eigene Frau hinter seinem Rücken eine solche Geschichte plant. Er fleht meinen Vater an, keine Anzeige zu erstatten.

Papa möchte ihn auch nicht anzeigen, weder ihn noch seine Frau. Er zweifelt daran, ob tatsächlich Menschenhändler dahinter stecken, es ist auch nicht bewiesen, ob Madam wusste, was diese Männer planten, vielleicht ist auch sie hintergangen worden. Ob man die Verbrecher überhaupt fangen könnte, ist fraglich. Bei der Aufnahme ist nur von einem Fluchtplan für mich die Rede, und wenn der Direktor die Polizei ruft, wird jeder in Fatehpur erfahren, dass Muhztfahrs Tochter von zu Hause flüchten möchte. Das will mein Vater auf keinen Fall.

Trotzdem bringt er einige Tage später das Band zu einer Elternversammlung. Daraufhin nehmen alle Eltern ihre Kinder von der Schule, und diese wird geschlossen.

Am 3. Mai stirbt meine Großmutter Shara. Sie war alt, aber noch kerngesund. Von einem Tag auf den nächsten kann sie sich plötzlich nicht mehr bewegen. Als mein Vater sie nach

Fatehpur fährt, sind ihre Beine blau und ganz kalt. Nasrin begleitet sie, flüstert meiner Oma die ganze Zeit Gebete ins Ohr, damit diese sich daran erinnert und die Gebete den Engeln sagen kann, die sie später aus dem Grab holen. Obwohl sie schon fast tot ist, versucht der Arzt trotzdem, sie zu retten. Er gibt ihr Spritzen und tut alles, was in seiner Macht steht. Ich bin nicht dabei, ich bin zu Hause und passe auf meine Geschwister auf, bete, dass meine Großmutter am Leben bleibt und uns nicht verlässt, doch bald weiß ich, dass sie gestorben ist. Von weit her hören wir die Trauerklagen, als mein Vater und Nasrin laut weinend zurückkehren. Die Nachbarn und die Dorfbewohner stimmen in ihre Klagen ein, auch meine Geschwister und ich beweinen laut unsere verstorbene Großmutter. Es ist der erste Todesfall für unsere Familie hier in diesem Dorf. Für die Trauerzeit ziehen wir in den Hof meiner Großeltern, dort wird Oma Shara auf einem Charpoi aufgebahrt. Die Trauerfrauen sind schon da, sie waschen und parfümieren sie, kleiden sie schön an, legen ihr Blumen um den Hals, wickeln sie in ein ungesäumtes weißes Tuch ein. Nach und nach kommen immer mehr Leute zu unserem Hof. Alle weinen und trauern mit uns. Später am Abend erscheinen die Verwandten aus Sarghoda. Shamah darf ein letztes Mal das Gesicht ihrer Mutter sehen. Es sind vielleicht dreihundert bis vierhundert Menschen im Hof versammelt, denn unsere Familie ist in der Gegend beliebt und genießt großes Ansehen. Aus der Ferne sehe ich, dass sogar Zahid gekommen ist, um meiner Großmutter die letzte Ehre zu erweisen.

Am nächsten Tag liest der Imam aus dem Koran. Dann wird meine Großmutter zum Friedhof gebracht. Nur die Männer dürfen sie bis dorthin begleiten, die Frauen laufen ein Stück mit und müssen bald zurückbleiben. Vierzig Tage dauert die Trauerzeit, vierzig Tage verbringen mein Vater, Nasrin, meine Geschwister und ich mit meinem Großvater zusammen auf dem Hof und machen nichts anderes als trauern. Wir dürfen nichts tun, es darf bei uns am Anfang nicht mal eine Mahlzeit zubereitet werden. Wir hocken miteinander auf dem Boden, weinen und beten, und immer wieder lesen wir aus dem Koran, die Frauen bleiben unter sich auf der einen Seite des Hofes und die Männer auf der anderen. Die entfernten Verwandten reisen wieder ab, die anderen kommen und gehen, wie sie es einrichten können. Nachbarn bringen uns das Essen, Freunde und Bekannte versuchen, uns zu trösten. Sie reden mit uns und erzählen Geschichten über meine Großmutter, wie sie ihnen geholfen hat und gut zu jedem Menschen war. Sogar Nasrin, die so oft mit ihr gestritten hat, erzählt, wie lieb meine Oma zu ihr war. Gegen Ende der Trauerzeit kommen die Verwandten aus Sarghoda wieder, um mit uns die letzten Tage zu verbringen. Wir lesen zusammen aus dem Koran, rezitieren besondere Gebete, um uns endgültig von Oma Shara zu verabschieden, danach ziehen wir wieder in unser eigenes Haus und dürfen unser normales Leben aufnehmen. Mein Vater und Nasrin kehren zur Arbeit zurück, die Kinder gehen zur Schule, nur ich bleibe allein zu Hause.

Ich trauere sehr um meine Großmutter. Sie hat mich wirklich geliebt und viel getan, damit ich meine Mutter weniger vermisse. Sie konnte vielleicht nicht zeigen, wie sehr sie mich liebte, aber ich habe es immer wieder gespürt, auch wenn sie manchmal recht hart zu mir war. Sie hat mich gegen meinen Vater verteidigt, aus der ganzen Familie war sie die Einzige, die es von Zeit zu Zeit gewagt hatte, ihm zu sagen, dass er mich gehen lassen sollte. Das werde ich nie vergessen. Jetzt bin ich ganz allein.

Ich denke viel nach. Die Zeit vergeht nicht, wenn man allein ist und immer das Gleiche tut. Den Hof kehren, ein bisschen Essen kochen, Haushalt machen, das alles ist schnell erledigt. Was soll ich anschließend tun? Ich kann Musik hören oder fernsehen und warten, dass die anderen am Abend nach Hause kommen und mir von der Welt da draußen erzählen. Ich erlebe hinter den Mauern nichts mehr. Nur wenn Nasrin ihre Beratungen zu Hause macht und an den Samstagen, wenn die Familie nach Fatehpur zum Basar fährt, sehe ich andere Menschen. Zahid begegne ich dort fast nie mehr. Er befindet sich aber irgendwo gut versteckt in der Menge, sieht mich für ein paar Sekunden in der Gasse vorbeigehen. Danach schreibt er, wo er war, welche Farbe mein Kleid hatte und wer alles dabei war. »Du darfst die Hoffnung nicht verlieren, es dauert nur noch wenige Monate, bis du achtzehn Jahre alt wirst, dann werden wir etwas unternehmen«, das schreibt er, um mir Mut zu machen. Aber er ist frei! Für ihn sind diese Monate kurz, für mich dagegen ist jeder einzelne Tag lang wie die Ewigkeit!

Manchmal lese ich die Briefe meiner Mutter nach. Sie hat gesagt, ich soll es tun, sonst verlerne ich die deutsche Sprache, und das darf ich nicht. Wenn ich nach Deutschland komme, will ich mit ihr und mit den anderen Menschen reden können. Ich lese jeden Brief laut vor, versuche die Worte so zu betonen, wie sie, ahme ihre Stimme nach, doch das tut mir weh. Fast jeden Tag schreibe ich selbst Briefe, aber wenn sie zu traurig werden, schicke ich sie nicht ab. Ich verbrenne sie, denn es darf niemand wissen, wie miserabel ich mich fühle. Dann fange ich wieder von vorne an, versuche, welche zu schreiben, die ein bisschen leichter sind. »Es geht mir gut, wie geht es dir, liebe Mutter«, oft schon bei diesem Satz fallen meine Tränen aufs Papier und verschmieren die Tinte. Auch an Zahid schreibe ich jeden Tag Briefe, die er nie lesen wird, ich übergebe sie den Flammen und sehe zu, wie das Feuer die Worte vernichtet und der Rauch in die Luft steigt.

Ich frage mich, warum ich geboren bin. Ob Gott sich wünschen kann, dass ein Mensch so unglücklich ist, wie ich es bin? Und warum? Welche Sünden habe ich denn begangen? Mir sind keine bewusst. Ich habe niemandem wehgetan. Ich war ein kleines, unschuldiges Kind, ich habe nicht gewollt, dass all das geschieht. Dass mein Vater eines Tages mit mir nach Pakistan fuhr und nicht zurückkehrte, ist nicht meine Schuld, auch nicht, dass meine Eltern auseinander gegangen sind. O Gott, wer ist denn schuld an meinem Unglück? Ich weiß nicht weiter. Ich denke jeden Tag daran, dass ich sterben möchte. Nichts und niemand kann mich trösten.

Der Sommer vergeht, aber die Zeit bleibt für mich stehen. Im September heiratet Onkel Hayat zum zweiten Mal, es findet keine große Feier statt, ist aber trotzdem eine kleine Abwechslung, und mir geht es für einige Tage besser. Im Oktober werden die Orangen geerntet. Dieses Jahr sind sie besonders süß und saftig, Papa ist zufrieden. An einem Abend sind wir beide allein zu Hause, weil Nasrin und meine Geschwister noch in Fatehpur sind, und ich versuche ein letztes Mal mit ihm zu reden.

»Lieber Vater, du siehst doch, wie unglücklich ich hier bin. Du hast deine Frau und deine anderen Kinder, du brauchst mich nicht, bitte lass mich zu meiner Mutter fahren.«

Er sieht mich an, schüttelt nur den Kopf. Ich falle vor ihm auf die Knie, lege mich ausgestreckt vor ihm auf den Boden, küsse seine Füße und flehe ihn an, mich gehen zu lassen.

»Ich werde dich niemals gehen lassen«, antwortet er, »egal, was du tust, egal, wie laut du weinst. Du wirst hier bleiben und deinen Cousin Ajaz heiraten. Es ist alles besprochen.«

Sterben oder flüchten. Es gibt keinen anderen Weg. Zahid ist meine letzte Hoffnung. Meine einzige Stütze.

»Es dauert nicht mehr lange«, sagt er mir am Telefon. Wir zählen beide die Tage. Er hat sich Gedanken über einen Fluchtplan für mich gemacht, will mir aber noch nichts davon verraten, erst wenn alles ganz sicher ist. Ich vertraue ihm mein Leben an, bin ihm unendlich dankbar, dass er sein Leben und seine Freiheit für mich in Gefahr bringt. In einem alten Schulheft habe ich mir eine Art Kalender gezeichnet und streiche jeden Abend einen Tag durch. Am Anfang scheint es noch ewig bis zu meiner Volljährigkeit zu dauern, doch allmählich sind es mehr Striche als Tage, die übrig bleiben. Mein achtzehnter Geburtstag nähert sich schneller, als ich zu hoffen wagte.

Einen Tag vorher, verkünde ich, dass ich feiern möchte. Noch eine Nacht, dann an einem Mittwoch, den 10. Januar 2001, bin ich endlich volljährig! Es fühlt sich nicht anders an als vorher, doch insgeheim jubelt es in mir. Ich ziehe ein neues, schön besticktes Kleid an, das die Farben meiner Augen hat. Es ist hellgrün, das Kleid habe ich mir selbst geschenkt. Am Nachmittag werden einige Leute kommen, die ich eingeladen habe, nicht nur Nasrin und meine Geschwister, auch Asia, Tante Razia, Zahra und Aischa, die mit mir in der Schule waren. Am Vormittag begleitet mich Nasrin nach Fatehpur zum Basar. Ich will Süßigkeiten und Gebäck für meine Gäste kaufen. Wir gehen an Zahids Laden vorbei, er ist nur wenige Meter von mir entfernt, ich spüre seine Blicke, drehe den Kopf nicht zu ihm, folge Nasrin, die es eilig hat. Bei ihren Eltern warte ich, ob meine Mutter vielleicht anruft. Eigentlich müsste sie um diese Uhrzeit zu Hause sein, weil sie aufgehört hat zu arbeiten. Sie schafft es nicht mehr wegen ihrer Krankheit, doch an diesem Tag hat sie einen Arzttermin, und sie hat mich gewarnt, dass es vielleicht sehr lange dauert. Trotzdem will sie auf alle Fälle versuchen, mich zu erreichen, um mir alles Gute zu wünschen. Als das Telefon im Nebenzimmer klingelt, springe ich auf. Nasrins Vater hat den Hörer aber schon abgenommen, fragt mehrmals, wer dran ist, und legt auf, weil niemand antwortet. Bestimmt war es Zahid, der sein Glück probierte. Manchmal gehe ich selbst ans Telefon, diesmal hat es nicht geklappt. Ich fühle ich mich jedoch glücklich, als hätte er mit mir gesprochen und mir viel Glück gewünscht. Wenn ich könnte, würde ich ihn selbst anrufen, aber jetzt muss ich höllisch aufpassen. Ich muss vorsichtiger denn je sein. Ständig schleicht Asba um mich herum wie eine Katze um die Maus. Nur dass ich keine Maus bin und mich wehren kann.

»Welches von all deinen Geschenken magst du am liebsten?«, fragt mein Bruder Mazar, als die Feier vorbei ist.

Ich habe herrliche Sachen bekommen: Stoffe, Schmuck, Parfüm, Blumen, alles, was man sich wünschen kann.

»Die Schokolade, die du mir geschenkt hast,« antworte ich, und Mazar freut sich riesig.

Ich drücke ihn an mich und denke, dass ich das größte Geschenk noch nicht erhalten habe. Meine Freiheit.

Zahid hat alles vorbereitet. Ende Februar erfahre ich das Datum, wir werden in der Nacht des 20. März zusammen fliehen. Da mein Vater immer das Tor abschließt und den Schlüssel an sich nimmt, gibt es für mich nur eine Möglichkeit, unbemerkt das Haus zu verlassen: Ich muss ihm und Nasrin Schlaftabletten geben. Davor schrecke ich zurück, obwohl ich weiß, dass ihnen nichts Schlimmes geschehen kann. Zahid hat mir welche geschickt, auf dem Zettel steht genau, wie viele man nehmen darf. Wenn ich selbst alle schlucke, bin ich tot, denke ich, vielleicht wäre es besser, wenn ich den Mut hätte, es zu tun. Doch vielleicht wäre das gar kein Mut, sondern Feigheit. Ich glaube, es braucht viel mehr Mut zu flüchten, als sich umzubringen.

Mitte März stirbt Zahids Tante. Unsere Briefträgerin Razia bringt mir eine kurze Nachricht. Wegen der Trauerzeit ist er nicht sicher, ob er den Termin einhalten kann, aber ich soll mich auf alle Fälle bereithalten, bis ich von ihm höre. Am 19. März durchsucht Nasrin meinen Schrank. Die Schlaftabletten befinden sich in meinem Holzkasten zusammen mit zweihundert Dollar, die mir meine Mutter für die Flucht geschickt hat. Es ist mir wie durch ein Wunder gelungen, gerade diesen einen Brief an meinem Vater vorbeizuschmuggeln. Der Holzkasten ist verschlossen, Nasrin verlangt, dass ich ihr den Schlüssel gebe. Ich sage ihr, dass ich ihn verlegt habe.

»Das stimmt nicht«, ruft Asba, »ich habe gesehen, wie du gestern deinen Kasten geöffnet hast.«

»Na und? Ich finde ihn eben nicht!«

Asba hilft ihrer Mutter beim Suchen, schaut unter dem Schrank, unter dem Bett, Nasrin schüttelt meine Bettdecken aus, steigt auf einen Stuhl, um auf dem Schrank nachzusehen. Da liegt tatsächlich mein Schlüssel. Sie öffnet mein Kästchen, findet die Schlaftabletten, fragt gleich, was ich damit vorhabe, und ich bin in dem Moment so erschrocken, dass ich ihr die Wahrheit sage, worauf sie losschreit und mir hässliche Ausdrücke an den Kopf wirft.

»Deine Mutter ist schuld, sie war nicht verheiratet, als sie mit deinem Vater ging, kein Wunder, dass du eine solche Sau bist, du bist unrein wie ein Schwein, dein Leben hat keinen Wert. Wir tun alles für dich, und so dankst du es uns, indem du deine Familie mit Schlaftabletten vergiften willst«, brüllt sie mich an. »Wenn dein Vater heimkommt, schlägt er dich tot, das ist alles, was du verdienst!«

Sie sperrt mich im Zimmer ein, bringt mir den ganzen Tag nichts zu essen und zu trinken und verbietet meinen Geschwistern, mit mir durch die Tür zu sprechen. Als ich Stunden später dringend auf die Toilette muss, weigert sie sich, mich hinauszulassen. Sie lässt mir durch Asba ausrichten, dass ich ein Schwein sei, also könne ich auch wie ein Schwein meine Notdurft auf den Boden machen und mich darin wälzen. Ich habe keine andere Wahl, muss tatsächlich in einer Ecke des Zimmers mein Wasser lassen und schäme mich unendlich. Es wäre besser, mein Vater würde nach Hause kommen und meinem Leben ein Ende setzen, ich will nicht mehr von Nasrin so erniedrigt werden. Ich will nicht mehr leiden, ich habe genug!

Am Abend schlägt er wie ein Besessener auf mich ein. Ich liege auf dem Boden, denke, jetzt ist alles vorbei, versuche bloß, meinen Kopf vor seinem Zuckerrohrstock zu schützen.

»Ich breche dir alle Knochen«, schreit er, »ich breche dir alle Knochen!«

Er drischt mir mit voller Wucht auf die Füße. Ich falle vor Schmerzen in Ohnmacht, spüre gar nichts mehr und wache irgendwann in meinem Zimmer auf. Ich liege auf dem Boden, die Tür ist abgesperrt, jemand hat mir einen Krug mit Wasser hingestellt, sonst nichts. Zweimal am Tag lässt mich Nasrin rausgehen, ich schleppe mich bis zur Toilette, dann schließt sie mich wieder in meinem Zimmer ein. Erst zwei Wochen später darf ich wieder in den Hof und mit der Familie zusammen sein. Ich habe immer noch blaue Flecken am ganzen Körper, jeder Schritt tut mir weh, ich kann vor Schmerzen nicht lange stehen, doch was mich am meisten schmerzt, ist, dass ich immer noch da bin. Mein Herz ist wund und aufgerissen. Die bösen Blicke und Worte von Nasrin und meinem Vater fallen wie Salzkörner hinein. Sie brennen höllisch. Allein ein Gedanke mildert mein Leid: Nächstes Mal wird die Flucht gelingen.

Sieben Monate dauert es, bis Zahid und ich einen zweiten Versuch wagen. Mitte Oktober finden in seiner und in meiner Familie fast gleichzeitig Doppelhochzeiten statt, nach diesen Feiern werden wir fliehen. Bei ihm heiraten zwei seiner Brüder, bei uns sind es Nasrins Schwester Azra, die Lehrerin war und mit der ich ein wenig befreundet bin, und einer ihrer Brüder. Diese Feierlichkeiten kommen uns sehr gelegen, weil alle Menschen glücklich sind und meine Bewachung gelockert wird. Bei uns ist es keine besonders große Hochzeit, trotzdem macht mir das Tanzen viel Spaß. Einmal fordert mich Nasrin auf, mit ihr zusammen zu tanzen, dann fordert sie meinen Vater auf, zu uns zu kommen, wir lachen alle drei miteinander. Niemand ahnt, dass ich mich innerlich schon von der Familie verabschiedet habe.

Wie durch ein Wunder wurde Razia niemals verdächtigt. Sie ist für mich wie ein Strohhalm. Ich halte mich an dem Gedanken fest, dass sie vielleicht heute, vielleicht morgen kommt und mir eine Botschaft von Zahid bringt. Im nächsten Brief wird er mir das Datum nennen. Er wird auch wieder Schlaftabletten schicken. Sicherheitshalber werde ich sie nicht in dem Schrank, auch nicht in meinem Zimmer verstecken, weil es ständig durchsucht wird. Ich werde sie in Papier einwickeln und sie mal zwischen die Kleider von meinem Bruder Mazar, mal in die Küche hinter das Geschirr, mal unter einen losen Stein im Hof legen.

Ich darf nicht noch einmal erwischt werden. Diesmal würde mich mein Vater wirklich totprügeln. Oder er würde mich auf der Stelle mit einem schrecklichen Mann verheiraten, der mich nur unglücklich machen würde, sodass ich jeden einzelnen Tag meines restlichen Lebens weinen würde, bis mir keine einzige Träne übrig bliebe. Das hat er mir wortwörtlich nach dem ersten Fluchtversuch angedroht.

Meine Mutter weiß, dass es bald losgeht, auch die Deutsche Botschaft in Islamabad weiß Bescheid. Dort liegt schon seit März ein Flugticket für mich bereit. Und Geld, denn wir werden viele Leute schmieren müssen. Wie Zahid und ich es abgesprochen haben, richte ich an einem Samstag nach ihrem Anruf meinem Vater aus, dass sie ihn gern sprechen möchte. Sie bitte ihn, sie bald anzurufen oder am nächsten Samstag bei Nasrin zu sein, sodass sie ihn dort erreichen könne. Ich tue so, als wüsste ich nicht, was sie von ihm will. Mein Vater ist so neugierig, dass er sie gleich am nächsten Tag zurückruft. Er richtet mir aus, dass sie vorhat, mich zu besuchen. Gegen Mitte oder Ende November möchte sie kommen, je nachdem, wann sie einen Flug buchen kann.

»Sie hat mich um Erlaubnis gebeten«, sagt mein Vater, »als wüsste sie nicht, dass sie mir immer willkommen ist. Ich bin froh, dass sie nach Pakistan kommen möchte. Dir wollte sie nichts sagen, weil sie Angst hatte, dass du enttäuscht bist, wenn ich Nein sage.«

Ich zeige mich überaus glücklich und dankbar, dabei gehört das alles zu unserem Plan: Ich werde doch nicht abhauen, kurz bevor meine Mutter zu Besuch kommt, das soll Papa denken und aufhören, mich jede Minute zu verdächtigen, und so ist es auch.

Am Montag, dem 29. Oktober 2001, verlassen alle frühmorgens das Haus. Ich habe den ganzen Tag, um die letzten Vorbereitungen zu treffen. Am Tag davor habe ich den Brief von Zahid erhalten. Ich weiß, wo er wann auf mich warten wird und was ich bis dahin alles erledigen muss. Ich brauche nichts zu packen, denn ich werde nichts mitnehmen. Nur die Bilder meiner Mutter. Ihre Briefe verbrenne ich. Alle, obwohl es mir schwer fällt.

»Komm, Nasima«, flüstere ich mir dabei zu, während ich jedes Blatt einzeln den Flammen übergebe, »diese Briefe brauchst du nicht mehr, in wenigen Tagen wirst du bei deiner Mutter sein, dann wird alles gut.«

Ich mache mir selbst Mut, indem ich mir genau vorstelle, wie wir, Zahid und ich, bei ihr in Ulm auf der Couch sitzen. Dieses Bild habe ich die ganze Zeit vor Augen, während ich meine anderen Papiere durchgehe, um sicher zu sein, dass ich nichts hinterlasse, was uns in Gefahr bringen könnte. Als ich damit fertig bin, zerdrücke ich die Schlaftabletten im Mörser, bis sie zu einem feinen Pulver geworden sind, und wickle das Pulver wieder in Papier ein. Diesmal verstecke ich es in der Küche, unter einer Pfanne, die wir selten benutzen, damit ich es gleich zur Hand habe, wenn mein Vater und Nasrin am Abend zurückkommen. Dann erst erledige ich die Hausarbeit wie immer und denke, dass ich sie heute zum letzten Mal mache. Zum letzten Mal fegt Nasima diesen Hof, zum letzten Mal putzt sie das Badezimmer und die Toilette, und es bringt mich zum Lachen, weil ich daran denke, wie sehr Nasrin es hasst zu putzen. Wenn ich nicht mehr da bin, wird sie all das selbst tun müssen, und das geschieht dieser Hexe recht!

Am Nachmittag kommen meine Geschwister von der Schule nach Hause. Ich serviere ihnen das Essen, nur Asba schwirrt wie eine Wespe um mich herum. Ständig fragt sie, was mit mir los sei. Es gelingt mir nicht, mich zu verstellen und meine Nervosität zu verbergen. Ich gebe ihr etwas Geld und schicke sie in den Laden mit dem Auftrag, für uns vier eine Cola oder ein Eis zu kaufen. Absichtlich verlange ich nicht nach dem Restgeld, dann lässt sie mich in Ruhe.

Am Abend kommen mein Vater und Nasrin spät zurück, sie sind hungrig und müde. Das Essen ist bereit, ich habe viel mehr Fladenbrot gebacken, als sie essen werden, und vier große Brote in einem Korb versteckt. Ich serviere drinnen, weil es dort wegen der Ventilatoren kühler ist als draußen. Die Soße, die ich gekocht habe, schmeckt sehr gut, ist aber auch sehr scharf, und ich habe absichtlich viel Salz hineingetan, damit sie Durst bekommen. Ich bringe meinem Vater und Nasrin Tee, in jede Tasse habe ich ungefähr die gleiche Menge Pulver hineingerührt und viel Zucker dazu, damit sie das Bittere nicht schmecken. Sie trinken, merken überhaupt nichts und sehen zum Glück nicht, wie sehr ich zittere.

Ich bringe meine Geschwister ins Bett, und als ich nach zehn Minuten zurückkomme, gähnen Papa und Nasrin in einem fort und können die Augen kaum noch offen halten. Sogar das Stehen fällt ihnen vor lauter Müdigkeit schwer. Die Tabletten wirken, als hätten sie zu viel Alkohol getrunken. Nasrin zieht sich zurück, ohne auch nur »Gute Nacht« zu sagen. Mein Vater schläft vor dem Fernseher ein und wacht halb auf, als ich das Gerät abstelle.

»Ich bin so müde«, sagt er zu mir und gibt mir seinen Schlüssel, »bitte Nasima, kannst du das Tor für mich abschließen, ich gehe jetzt schlafen.«

Er hat vergessen, dass er das große Hoftor selbst schon geschlossen hat. Sein Schlüssel ist aber genau das, was ich brauche. Ich nehme ihn, sperre das Tor auf, öffne es ein bisschen und schiebe einen Stein auf die Schwelle, um zu verhindern, dass sich die Tür wieder schließt, so kann ich später gehen, ohne Lärm zu machen. Ich muss jetzt warten, schalte überall das Licht aus, als sei auch ich schlafen gegangen, und warte allein in der Dunkelheit.

Um ein Uhr soll ich losgehen. Vorher nicht, vorher sind vielleicht noch Menschen auf der Straße, die mich sehen oder hören, wenn ich vorbeilaufe. Das können wir nicht riskieren, denn sie würden mich aufhalten und laut nach meinem Vater rufen. Um eins sind die letzten Dorfbewohner längst zu Hause, und es ist fast hundertprozentig sicher, dass alle schlafen. Ich muss mich selbst wach halten. Ich bin einerseits todmüde, weil ich die Nacht zuvor kaum geschlafen habe, andererseits vor lauter Anspannung ganz kribbelig.

Je länger die Zeit vergeht, desto mehr wächst die Angst in mir. Erst sitzt sie als Kloß im Hals oder als harter Stein in meinem Bauch, bald breitet sie sich überall in meinem ganzen Körper aus und hört nicht auf zu wachsen. Sie wächst und wächst, allmählich ist mir, als sei die Angst viel größer als ich selbst, als würde sie sich über unser Dorf legen und in den dunklen Nachthimmel steigen. Ich hatte oft schon Angst in meinem Leben, manchmal war die Angst wie ein Motor, der mich antrieb, etwas zu tun und für mich zu kämpfen, aber diese Angst ist etwas ganz anderes. Sie ist wie ein schwarzes Loch, das sich vor mir öffnet, sie ist wie eine Stimme, die mich ruft und mich halb verrückt macht.

Ich darf nicht auf sie hören. Ich muss etwas gegen sie unternehmen, laufe ein bisschen im Hof herum und zähle meine Schritte. Manchmal hilft das Zählen, doch in dieser Nacht nützt es mir gar nichts. Ich denke an Zahid, der in der Nähe von Fatehpur auf mich wartet, frage mich, ob auch er diese Angst verspürt. Ich bete, dass Gott uns beiden hilft, fühle mich ein wenig leichter und mutiger. Jedes Mal, wenn ich bete, wird die Angst kleiner, irgendwann fliegt sie davon. Ich bin sehr müde geworden. Es ist erst elf Uhr nachts, noch zwei Stunden werde ich in der Dunkelheit warten und ich darf nicht einschlafen! Ich wasche mein Gesicht und meine Hände mit kaltem Wasser, um die Müdigkeit zu verjagen, horche auf die Geräusche der Nacht, denke, dass alle Leute in ihren Betten liegen, und möchte am liebsten gleich losrennen. Es kostet Kraft zu warten.

Um genau ein Uhr morgens nehme ich die Brote, die ich versteckt habe, schleiche durchs Tor und auf die Straße. So habe ich das Haus meines Vaters für immer verlassen. Ganz allein, mitten in der Nacht, als einziges Gepäck habe ich dabei eine winzige Tasche mit Geld, einigen Papieren und den Fotos meiner Mutter. Und eben das Brot.

Draußen sind wilde Hunde, ganze Rudel von Hunden, die mich anbellen und um meine Beine springen. Sie würden mich angreifen, wenn ich nicht diese Fladenbrote für sie mitgenommen hätte. Im Gehen breche ich Stücke ab, die ich ihnen zuwerfe, sie raufen miteinander um jeden Bissen, hoffen, dass ich ihnen noch mehr Brot gebe, und beißen mich nicht.

Es ist ein langer Weg, den ich allein gehen muss. Ich darf nicht am Straßenrand laufen, obwohl das kürzer wäre, ein Autofahrer würde beim Anblick einer Frau, die nachts unterwegs ist, sofort anhalten. Ich beeile mich, überquere schnell die Straße, die nach Fatehpur führt, laufe so schnell ich kann bis in den Wald hinein. Dort bin ich sicher. Es kann mich keiner sehen, es sind zwar Tiere und Schlangen da, doch keine Menschen, und vor Tieren fürchte ich mich nicht. Ich laufe durch den Wald, begleitet von wilden Hunden, die mich um Brotstücke anbetteln.

Wenn man diesen Weg tagsüber geht, dauert es vielleicht eine halbe Stunde, doch ich glaube nicht, dass ich länger gebraucht habe als zwanzig Minuten. Mir ist, als würde ich zwischen den Bäumen fliegen, als würden meine Füße von allein den Weg finden. Ich stolpere kein einziges Mal über Wurzeln oder Holzstücke, dabei sehe ich nicht mal auf den Boden! Ich sehe nach oben, zum Himmel, sehe den Mond an, der bald voll sein wird, sehe die Sterne und wiederhole ständig einen Vers aus dem Koran, in der 6. Sure: »Gott hat dir die Sterne gegeben, auf dass sie dich führen mögen in der Dunkelheit, zu Lande und zu Meere.« Diese Sterne führen mich direkt zu Zahids Wagen.

Die Tür öffnet sich. Zahid steigt aus, sieht mich an. Wir reden kein Wort, fassen uns nicht an, berühren einander nicht. Er reicht mir ein Päckchen, darin ist eine schwarze Burqa, die ich über meine Kleider ziehe, um nicht erkannt zu werden. Wir steigen hinten ein, der Wagen fährt sogleich los. Es ist ein Taxi aus einer nahe gelegenen Kleinstadt. Vorne sitzen der Chauffeur, Zahids Bruder Malik und sein Freund Bilal. Niemand spricht. Ich sehe fast nichts durch die Burqa. Nachts ist auf der Straße nicht viel Verkehr, wir haben Glück, werden kein einziges Mal angehalten und kontrolliert. Doch sobald ein Auto hinter uns fährt oder uns überholen will, ducke ich mich so weit hinunter, dass der Fahrer nur drei Männer sehen kann. Je weiter wir uns von Fatehpur entfernen, desto sicherer fühle ich mich. In wenigen Stunden werden wir es ganz geschafft haben: Am nächsten Morgen werden Zahid und ich in Multan heiraten. Als seine Frau werde ich frei sein, mit ihm zu fahren, wohin wir möchten.

Unser Plan funktioniert bisher bestens. Wir kommen rechtzeitig in Multan an und fahren sofort zum High Court, zum Gericht, um uns standesamtlich trauen zu lassen. Zahid hat alles schon vorher mit einem Rechtsanwalt organisiert. Unsere Trauung findet in einem kleinen Raum statt. Der Bürgermeister, der sie vornimmt, liest aufmerksam unsere Papiere. Es kostet fünfzigtausend Rupien, dauert eine knappe Stunde, es sind nur sechs Personen dabei: Zahid und ich, Malik, Bilal, unser Rechtsanwalt und der Bürgermeister. Dreimal werde ich gefragt, ob ich Zahid heiraten möchte, dreimal antworte ich: »Ja, ich möchte es«. Auch er muss dreimal wiederholen, dass er mich, Nasima, heiraten will. Damit sind wir nach islamischem Recht Mann und Frau.

Hätten wir nicht gleich geheiratet, wäre meine Flucht ein schweres Verbrechen gewesen. Eine Frau, die bei einem fremden Mann im Auto mitfährt, riskiert zwanzig Jahre Gefängnis, auch dem Mann drohen schwere Strafen. Gewiss, wir sind erst miteinander Auto gefahren, haben dann geheiratet, doch wir hatten beide schon vorher unsere Absicht zu heiraten offiziell bekannt gemacht. Im Koran steht, dass es in diesem Fall keine Sünde ist. Es war unser tiefster Wunsch zu heiraten, weil wir einander lieben. Was in Deutschland das Normalste von der Welt ist, dass man sich ineinander verliebt, eine Weile zusammenlebt, sich trennt und einen anderen Partner sucht, ist für uns beide nicht vorstellbar.

Zur Hochzeit schenkt mir Zahid einen wunderschönen Goldschmuck: mehrere Ketten und Armbänder und einen fein ziselierten Ring. Das ist noch nicht alles: Er will, dass wir alles richtig machen, wie es sich gehört; so erfahre ich, dass unweit von Multan seine Freunde dabei sind, für uns eine Feier vorzubereiten!

Maria

Schon Anfang März 2001 habe ich eintausendfünfhundert Mark für Nasima an die Deutsche Botschaft geschickt und darum gebeten, dass man meiner Tochter bei der Ausreise behilflich sein möge. Das wurde mir zugesagt. Jetzt war sie volljährig und hatte das Recht, selbst über ihren Aufenthaltsort zu bestimmen, bestätigte mir Herr Menzel. Ihre Ausreise dürfte auch von pakistanischer Seite her kein Problem sein.

Dann rief ich um die gewohnte Zeit bei Nasrins Eltern an. Es war der 19. oder der 20. März, Nasima war nicht am Telefon. Nicht, weil sie geflüchtet war, sondern weil Muhztfahr alles entdeckt und sie eingesperrt hatte. Erst zwei oder drei Wochen später durften wir wieder miteinander telefonieren. Es ging ihr sehr schlecht. Mein Mann hatte ihr auf die Füße geschlagen, um zu verhindern, dass sie davonlief. Als ich das hörte, weinte ich hemmungslos am Telefon. Nasima weinte nicht.

»Mama, du kannst mir glauben, ich habe keine Tränen mehr. In meinem Körper ist jetzt nur noch Zorn. Mein Vater kann meine Knochen brechen, meine Kraft nimmt er mir nicht. Meinen Widerstand kann niemand kaputtmachen. Glaube mir, ich werde nicht hier bleiben. Ich schwöre es dir, bevor dieses Jahr zu Ende ist, sehen wir uns wieder!«

Sie war entschlossener denn je, sich zu befreien, musste aber warten, bis sich alles ein wenig beruhigt hatte. Dann rief sie an, dass sie einen neuen Plan hätte. Im Oktober sollten noch Verwandte von Nasrin heiraten, gleich nach dieser Hochzeit wollte sie flüchten. Sie brauchte meine Hilfe. Ich glaubte nicht so recht daran, dass sie es diesmal schaffen würde. Aber ich wollte sie natürlich nicht entmutigen und tat genau das, was sie mir aufgetragen hatte. Ich sprach mit Muhztfahr und kündigte ihm meinen Besuch für Ende November an. Er schien sich darüber zu freuen.

»Auch ich freue mich sehr«, sagte ich, »es ist schon so lange her!«

Beim nächsten oder übernächsten Anruf nannte mir Nasima das Datum. Am 29. Oktober mitten in der Nacht sollte es losgehen, sie wollte mich Anfang November anrufen, sobald sie in Sicherheit war. Ich fragte nicht nach, weil ich annahm, sie würde gleich nach Islamabad fahren und mich von dort aus anrufen. Am Samstag davor sprachen wir noch miteinander, nur sehr kurz, um das Datum zu bestätigen, weil sie danach ihren Fluchthelfer anrufen musste.

»Freu dich, Mama, bald hältst du mich in deinen Armen«, sagte sie mir zum Abschied, und ich betete zu Gott, dass Er ihr beistehen möge.

Ihre Stimme klang sicher, erwachsener und reifer als je zuvor. Ich hatte Angst, nicht nur Angst, wieder enttäuscht zu werden, sondern auch Angst, dass sie sich leichtsinnig in ein gefährliches Unternehmen stürzen würde. Von dem jungen Mann, der ihr helfen würde, hatte sie wenig erzählt, nur dass es der Fotograf war, bei dem wir 1995 die Bilder hatten machen lassen.

»Du kennst ihn«, sagte sie, »erinnerst du dich, als wir damals bei ihm waren, hat er mit dir Englisch gesprochen, weißt du noch?«

Ich erinnerte mich an den Laden und vage an den jungen Mann, der unendlich viel Zeit für diese Fotositzung benötigt hatte. Wie er aussah, was das für ein Typ Mensch war, das wusste ich nicht mehr. Seine Fotos waren gut, eins davon hing bei mir an der Wand oberhalb der Couch, darauf war Nasima schön wie ein Filmstar, aber dass er fotografieren konnte, bedeutete noch lange nicht, dass man ihm vertrauen durfte. Mein Vertrauen war im Laufe der Jahre zu oft missbraucht worden, vor allem nach diesem Desaster mit dem Detektiv! Dann noch die Geschichte mit diesen Gangstern, die Nasima verkaufen wollten! Ganz zu schweigen von den unzähligen Lügen, die ich innerhalb von beinahe zwanzig Jahren von meinem Mann gehört hatte. Nein, um ehrlich zu sein, ich war nicht mehr bereit, irgendeinem Pakistaner Glauben zu schenken. Für diesen Zahid sprach allerdings, dass er mit dem Onkel Khan und mit Nasimas Großvater seit Jahren befreundet war. Ein Freund der Familie würde sie niemals Frauenhändlern ausliefern, davor brauchte ich mich nicht zu fürchten. Er hatte Nasima schon vor Jahren versprochen, ihr zu helfen, ich hoffte, dass er tatsächlich sein Versprechen einlösen und meine Tochter heil zur Botschaft nach Islamabad bringen würde. Der Rest spielte für mich keine Rolle. Nasima hatte mir zwar erzählt, dass sie einander liebten, aber ich wusste nicht, dass die beiden vorhatten zu heiraten.

Mir war die ganze Zeit angst und bange bei dem Gedanken, was passieren würde, wenn Muhztfahr sie wieder erwischte. Als ich an diesem Montag, dem 29. Oktober aufwachte, galt mein erster Gedanke Nasima. Ich hatte auch von ihr geträumt, es waren konfuse Träume gewesen, die meine Befürchtungen widerspiegelten. Ich erinnerte mich jedoch an keine Einzelheiten mehr, nur an Nasimas Gesicht. Sie sah ernst aus, vielleicht sogar ein wenig traurig, blickte starr nach vorne und sagte kein Wort.

Den ganzen Tag fragte ich mich, was sie wohl machte, wann sie losgehen würde, oder ob sie vielleicht schon unterwegs war. Ich wusste nur, dass sie nachts flüchten wollte, doch weder um wie viel Uhr noch wie. Sie hatte mich in ihren Plan nicht eingeweiht. Abends war ich das reinste Nervenbündel und bat meine Freundin Hanne, vorbeizukommen und mir Gesellschaft zu leisten.

»Wenn es bei uns acht Uhr abends ist, dann ist es in Pakistan zwölf. Sie dürfte schon weg sein. Aber vielleicht geht sie doch nicht. Ich halte das nicht aus, Hanne, das Ganze ist echt zum Verrücktwerden!«

»Arme Maria, was du die ganze Zeit mitmachen musst. Es nimmt wohl nie ein Ende«, sagte sie.

Bald ging sie wieder. Ich war viel zu unruhig, um jemanden in meiner Nähe zu ertragen. Ich redete laut mit mir selbst: »Jetzt ist es dort ein Uhr morgens, jetzt zwei, jetzt drei, wenn sie wirklich flüchtet, ist sie bestimmt jetzt schon in Sicherheit. O Gott, bitte mach, dass alles gut geht!«

Im Ulmer Münster hing ein Zettel von mir, eine Bitte, dass mein Kind zu mir zurückkommen möge. Unzählige Male hatte ich dort Kerzen für Nasima angezündet. Mein Glaube an Gott hat mich nie verlassen. Es gab Momente, in welchen ich die Hoffnung beinah verloren hatte, Nasima je wiederzusehen. In solchen Momenten hat es mir immer sehr geholfen zu beten. Es schenkte mir wieder Ruhe und Vertrauen. An diesem Abend zündete ich zu Hause eine Kerze an, dachte an meine Freunde und meine Familie in Deutschland und in Amerika, die auch für Nasima und für mich beteten, und fühlte mich etwas besser und vor allem weniger allein.

Kurz nach Mitternacht ging ich schlafen. Ich schlief leicht, wachte mehrmals auf, weil ich mir einbildete, das Telefon klingeln zu hören. Nasima wollte mich erst anrufen, wenn sie sich in Sicherheit gebracht hatte, es könnte noch eine ganze Weile dauern. Am nächsten Morgen rief mich Hanne an und fragte, ob ich schon etwas gehört hätte. Auch sie hatte eine Kerze angezündet.

»Nein, noch nicht. Aber es ist jetzt ungefähr Mittag in Pakistan. Wenn sie wirklich weg ist, hat es Muhztfahr längst gemerkt und wird mich bestimmt bald anrufen«, antwortete ich.

Keine zehn Minuten später klingelte wieder das Telefon, und er war tatsächlich dran!

»Hallo, Muhztfahr, wie geht es dir?«, fragte ich, als wüsste ich von nichts.

Er verlor keine Zeit mit den üblichen Begrüßungen wie sonst und wollte bloß wissen, ob ich diesen Plan ausgeheckt hätte.

»Welchen Plan? Was meinst du denn?«

»Ja weißt du denn nicht, dass Nasima heute Nacht weggelaufen ist?«

»Wie bitte? Das kann doch nicht wahr sein! Ich weiß von überhaupt nichts ...«, log ich, »mir hat sie kein Wort gesagt, ich wollte doch Ende November zu euch kommen.«

»Ja, stimmt. Dann hat sie uns beide reingelegt«, sagte er. »Mir hat sie so viele Schlaftabletten gegeben, dass ich jetzt noch nicht richtig laufen kann. Essen kann ich auch nicht, so schlecht ist mir, aber eins sag ich dir, Maria, es gibt keinen Ort auf dieser Erde, wo sie sich vor mir verstecken kann! Ich werde sie finden und dann ...«

»Was dann?«, unterbrach ich. »Hör zu, wenn du meinem Kind etwas antust, dann komme ich persönlich runter nach Pakistan, um dich fertig zu machen, und hör mir bloß auf, mit deinen Morddrohungen. Du bist es, der den Tod verdient, du hast das Mädchen immer nur gequält. Du sagst immer, dass du sie so sehr liebst, und dann schlägst du sie halb tot oder willst sie umbringen, was bist du denn für ein Vater!«

»Ja, was bin ich für ein Vater, halt du den Mund, Maria, du hast keine Ahnung, was sie getan hat. Sie ist mit diesem Schwein von Fotografen abgehauen, ich bringe sie um, ich bringe beide um!«

Wir brüllten uns am Telefon an, bis er auflegte. Dann erst stieß ich einen lauten Freudenschrei aus. Endlich! Endlich hatte sie es geschafft! Sofort rief ich die Deutsche Botschaft an, um Bescheid zu sagen, dass Nasima auf dem Weg zu ihnen war und sie alle Papiere bereithalten sollten. Ich war so glücklich, dass ich danach alle meine Freunde anrief, bloß um ihnen zu sagen: »Sie hat es geschafft, Nasima hat es geschafft!«

»Und wann kommt sie nun?«, fragte Hanne, wie immer realistisch.

»Ich weiß es noch nicht, ich habe mit ihr selbst noch nicht gesprochen, ich warte auf ihren Anruf«, antwortete ich, »aber bestimmt bald, und dann machen wir ein Riesenfest!«

Endlich frei?

2001–2002

Nasima

Wir kommen in Tibba an, es ist ein kleiner Ort, ungefähr eine halbe Stunde von Multan entfernt, und werden von Zahids Freunden mit offenen Armen empfangen. Diese Familie, die Eltern, ihre fünf Söhne und ihre Tochter, tut alles, damit wir uns wohl fühlen. Das Mädchen bringt mich in ihr Zimmer und zeigt mir das Bad. Sie hat für mich Tücher, Seife und Kosmetik bereitgestellt, ich soll sie rufen, wenn ich noch etwas brauche. Nach dieser Nacht, nach den Fahrten auf staubigen Straßen ist es genau das, was ich mir wünsche: eine lange Dusche, um alle Strapazen und Ängste von mir zu waschen. Aber was soll ich anziehen? Ich habe keine Kleider, nur dieses eine, das ich seit gestern trage und das schon ganz schmutzig ist, und die schwarze Burqa. Als ich ins Zimmer zurückkehre, liegt auf dem Bett ein großes Paket.

»Das ist für dich, ein Geschenk von deinem Mann«, sagt das Mädchen.

Darin sind vier Kleider! Zahid wusste, dass ich alles hinter mir lassen würde und hat sie für mich in Fatehpur nähen lassen! Keine andere Braut auf der Welt hat einen so aufmerksamen Mann, der ihre Bedürfnisse im Voraus kennt! Ich muss sofort diese Kleider anprobieren und stelle verwundert fest, dass sie mir wie angegossen passen, als wären sie nach meinen Maßen zugeschnitten worden. Ich wähle einen zartgrünen Shalwar-Kamiz, der mit kleinen roten Blumen bestickt ist, ziehe ihn an und gehe zu Zahid, um mich zu bedanken. Er freut sich, dass mir sein Geschenk gefällt und hat noch eine Überraschung für mich.

»Wenn wir unsere Hochzeit feiern, möchte ich, dass du dieses Kleid trägst.«

Es ist noch in Papier eingewickelt. Zahid öffnet es langsam, beobachtet mich dabei. Ich traue meinen Augen nicht. Darin liegt das prachtvollste Kleid, das ich je gesehen habe, es ist aus goldfarbener Seide genäht, ganz glänzend, und mit Goldfäden bestickt. Bei diesem Anblick vergesse ich, dass wir auf der Flucht sind. Ich bin in dem Moment nur ein Mädchen, das vor lauter Freude und Rührung gar nicht weiß, was es sagen soll, und ziehe mich zu den anderen Frauen zurück. Morgen oder übermorgen am Abend werden sie mit mir die Henna-Zeremonie feiern, bis dahin kann ich mich ausruhen.

Meine Freude hält nicht lange an. Zwei Tage später schon gibt es die ersten schlechten Nachrichten. Am 2. November ruft Zahid seine Eltern in Fatehpur an und erfährt, dass mein Vater gestern zur Polizei gegangen ist und Anzeige erstattet hat. Gegen Zahid, weil er seine Tochter Nasima entführt hat! Das bedeutet, dass man überall im Land nach uns suchen wird. Erst geraten wir in Panik, dann beruhigt uns Zahids Bruder Malik. Er meint, dass man uns vermutlich auf dem Flughafen in Multan und auf den Straßen nach Islamabad suchen wird, auf den direkten Strecken, die nach Deutschland führen, weil mein Vater sich denken wird, dass ich dorthin will. Wenn wir uns hier versteckt halten, wird schon nichts passieren.

Einen Tag später rufe ich meine Mutter an. Sie schreit laut auf, als sie meine Stimme erkennt und ist erleichtert, dass es mir gut geht. Sie fragt, wann ich endlich komme und ob es stimmt, dass ich verheiratet bin, wie mein Vater behauptet, er hat sie schon zweimal angerufen. Eben diese Frage habe ich befürchtet. Ich weiche aus, denn ich wage es noch nicht, ihr die Wahrheit zu sagen und beende schnell das Gespräch. Ich verspreche, sie bald wieder anzurufen. Ich weiß nicht, wie sie reagieren wird, wenn sie alles erfährt. Ich habe Angst vor ihrer Reaktion, doch eigentlich verstehe ich mich selbst nicht.

Warum bin ich meiner Mutter gegenüber so scheu? Ich möchte doch so gern mit ihr über alles reden!

Am 4. November findet unser Hochzeitsfest statt. Unsere Hände und Füße sind mit Hennablumen verziert, ich fühle mich ein wenig wie eine Königin in meinem herrlichen Goldkleid, trage den kostbaren Goldschmuck, den mir Zahid geschenkt hat, bin überall mit roten Rosen geschmückt: die Haare, die Arme und der Hals. Auch mein Mann ist mit roten Rosen geschmückt und festlich gekleidet. Wir beide sitzen nebeneinander auf Stühlen, umgeben von den Gästen, die gekommen sind, um mit uns zu feiern. Ich empfinde tiefe Freude und danke Gott dafür, dass er Zahid und mich zusammengebracht hat.

Gleichzeitig bin ich auch ein wenig wehmütig. Nicht weil insgesamt nur fünfzehn Leute da sind, nicht weil ich mir eine Riesenhochzeit wünsche, wie es in Zahids Familie üblich ist und wie sie mein Vater für mich organisiert hätte, wenn ich seinen Neffen geheiratet hätte. Ich vermisse nur unsere Verwandten! Zahids Eltern sind nicht bei uns, nur zwei seiner Brüder, aus meiner Familie ist niemand da. Keiner weiß, wo ich bin, und ich frage mich, was sie von mir denken werden, wenn sie von meiner Flucht erfahren. Mein Vater ist nur wütend, das weiß ich schon, um Nasrins Meinung schere ich mich nicht, aber was werden die anderen denken? Meine Onkel und Tanten aus Sarghoda? Werden Shamah und Asia mich und meinen Mann eines Tages herzlich umarmen oder uns die Tür vor der Nase zuwerfen? An all das habe ich vorher nicht gedacht, so beschäftigt war ich mit meinen Fluchtvorbereitungen.

Am Tag nach der Feier bleibt von der anfänglichen Erleichterung, von dem Gefühl, endlich frei zu sein, nichts übrig. Nicht die kleinste Spur. Aus Fatehpur erfahren wir, dass mein Vater nur Lügen über uns, über mich und Zahid, erzählt, sodass wir wie Verbrecher von der Polizei verfolgt werden. Schlimmer noch: Als sie Zahid nirgends gefunden haben, gingen Polizisten zum Haus seiner Familie, um die Verwandten an seiner Stelle zu verhaften. Gott sei Dank haben seine Eltern, Brüder und Schwestern rechtzeitig davon erfahren! In letzter Minute konnten sie noch flüchten und verstecken sich jetzt irgendwo bei Freunden. Zahids Brüder mussten ihre Läden, einen Stoffladen und ein Feinkostgeschäft, schließen, und wenn sie nicht arbeiten können, verdienen sie kein Geld! Sie haben kein Zuhause mehr und werden genauso verfolgt wie wir.

Ein größeres Unglück hätte gar nicht über uns kommen können! Es sind für mich und für Zahid entsetzliche Nachrichten. Seine Familie muss unseretwegen leiden, obwohl sie nichts Verbotenes getan hat! Nur weil wir uns lieben, bringen wir Schmerzen über andere Leute! Ich ertrage den Gedanken nicht, dass seine lieben Eltern vielleicht wegen uns ins Gefängnis müssen.

»Zahid, lass uns jetzt gleich zusammen zurück nach Fatehpur gehen und allen zeigen, dass wir verheiratet sind, nur so können wir beweisen, dass mein Vater lügt, dann dürfen deine Eltern nach Hause«, schlage ich meinem Mann vor.

Wir sind noch in Tibba bei unseren Gastgebern, sitzen beide zusammen auf einem Charpoi im Hof des Hauses, die anderen hocken einige Meter weiter und lassen uns allein miteinander sprechen. Zahid schüttelt nur den Kopf. Es tut mir weh, ihn so traurig zu sehen.

»Dein Vater hat Leute bestochen, damit sie lügen, also wird uns niemand glauben. Er will mich nicht als deinen Mann akzeptieren, er wird immer irgendetwas gegen mich erfinden, wie er es schon einmal versucht hat. Wenn wir zurückfahren und ich mich der Polizei stelle, komme ich ins Gefängnis und du zurück zu deinem Vater. Hör mir zu, Nasima, ich habe versprochen, dich nach Islamabad zur Deutschen Botschaft zu bringen, das werde ich tun. Ich werde dich begleiten, bis du sicher auf dem Weg nach Deutschland bist. Dann werde ich mich der Polizei stellen«, erklärt er. »Mir ist es egal, wenn man mich ins Gefängnis steckt. Auch wenn ich dort sterbe, ist mir das egal. Alles, was ich will, ist dein Glück, Nasima. Wenn du bei deiner Mutter bist, warte bitte ein oder zwei Jahre auf mich, und wenn ich dann nicht komme und du nichts von mir hörst, dann darfst du einen anderen Mann heiraten. Es spielt keine Rolle, wenn mein Leben zerstört ist, nur deins darf nicht zerstört werden.«

Mir laufen die Tränen über die Wangen.

»Nein, das will ich nicht. Wenn ich allein nach Deutschland fliege, bringt dich mein Vater um. Hör mir zu, Zahid, du hast dein Leben riskiert, um mir zu helfen, jetzt sind wir beide zusammen, und wir bleiben zusammen. Wir brauchen bloß beim Gericht unsere Papiere zu zeigen und einen Richter zu finden, der auf unserer Seite ist, dann werden sie schon die Anzeige gegen dich und deine Familie fallen lassen ...«

So reden wir hin und her. Es ist zu viel auf einmal. Zu viel für mich. Wenn ich geahnt hätte, dass es so schwierig wird, so viele Schmerzen und Probleme bereitet, nicht nur für uns, sondern auch für die anderen, wäre ich nie geflüchtet. Ich kann nicht mehr klar denken und schluchze nur noch. Ist es Trauer, ist es ein unbändiger Zorn gegen meinen Vater? Ich weiß es nicht. Ich weiß nichts mehr. Auch Zahid weint, und unsere Freunde weinen mit uns. Jetzt mischen sich alle ein, aber niemand weiß, was zu tun ist. Jeder möchte uns helfen, gibt uns Ratschläge, leider widersprechen sich all diese Ratschläge, und es dauert lange, bis wir ein bisschen klarer sehen, was für uns beide wirklich zählt: Wir wollen nichts Illegales machen. Wir sind keine Kriminellen, wir glauben, dass das Gesetz auf unserer Seite steht. Wir werden uns nicht der Polizei stellen, weil das einem Schuldbekenntnis gleichkäme.

Wir werden einen Rechtsanwalt engagieren, ich werde vor Gericht aussagen, dass Zahid mich nicht entführt hat und dass es mein eigener Wille war, ihn zu heiraten. Danach wird für alle klar sein, dass unsere Ehe rechtsgültig ist und dass mein Vater lügt. Nur so können wir die Gefahr für uns beide und für Zahids Familie bannen, dann wird mein Vater unsere Ausreise nicht mehr verhindern können. Und wenn wir legal ausreisen, dürfen wir auch vielleicht irgendwann zurückkommen.

Mein Mann und ich sind seit einer Woche Tag und Nacht zusammen. Vorher wussten wir kaum etwas voneinander, ich kannte seinen Beruf und einige wenige Dinge über seine Familie, er kannte meine Sehnsucht nach meiner Mutter und einige meiner Verwandten, aber die tiefsten Wünsche und Träume vom anderen kannten wir nicht. Woher auch, nie durften wir uns sehen oder miteinander sprechen! Jetzt lernen wir uns langsam kennen. Jeder versucht zu erklären, was er fühlt und denkt, was für ihn das Wichtigste auf der Welt ist. Wir verbringen Stunden damit, einander zu entdecken und staunen über all das Neue, das wir erfahren. Wir lernen, einander zuzuhören und Missverständnisse zu klären. Ich, zum Beispiel, habe immer nur bis zur Flucht gedacht und mir alles viel leichter ausgemalt, als es tatsächlich ist. Ich war auch felsenfest davon überzeugt, dass Zahid sehr froh darüber ist, mit mir nach Deutschland zu ziehen. Ich erfahre, dass es gar nicht der Fall ist. Er ist glücklich in Pakistan. Sein Leben ist angenehm, er fühlt sich hier sehr wohl. Wenn es allein nach ihm ginge, wenn sich mein Vater nicht dermaßen feindselig uns gegenüber verhalten würde, hätten wir uns nach unserer Hochzeit bei seinen Eltern in Fatehpur eingerichtet. Wir würden zu meiner Mutter fliegen, aber nur, um die Ferien bei ihr zu verbringen. Zahid hat sich nie ein Leben woanders als in Fatehpur vorgestellt, er ist mit Leib und Seele Fotograf, liebt seine Arbeit und seinen Laden und hat nie daran gedacht, ihn aufzugeben. Es tut ihm weh zu hören, dass ich mir meine Zukunft, unsere gemeinsame Zukunft, nur in Deutschland vorstellen kann, dass ich Pakistan für immer verlassen möchte. Ich bin hier zu unglücklich gewesen und habe keine Hoffnung, dass mein Vater uns je in Ruhe leben lassen wird. Und das Wichtigste ist und bleibt meine Mutter!

»Verstehst du, sie hat niemand außer mir, der sich um sie kümmert, und in ihren Briefen schreibt sie oft, dass sie krank ist oder operiert werden muss. Ich möchte bei ihr sein, um ihr zu helfen, wenn sie mich braucht, genau wie sie es damals mit ihrer eigenen Mutter getan hat. Sie hat meine Oma zu sich genommen, als es ihr sehr schlecht ging, und sie bis zu ihrem Tode gepflegt.«

Zahid hat Verständnis dafür, dass ich, als einzige Tochter, meine Pflicht erfüllen muss. Er nickt, als ich sage, dass es mein sehnlichster Wunsch ist, wieder bei meiner Mama zu sein, nicht bloß für ein paar Wochen, sondern für immer.

»Dann werden wir tun, was du willst«, sagt er, »auch wenn es mich traurig macht, dass ich deswegen meine Eltern verlassen muss. Ich liebe dich, Nasima, und werde dir ins Ausland folgen, wenn es dein Wunsch ist, aber ich bitte dich, auch meinen Wunsch zu respektieren und zu verstehen, dass ich Pakistan als meine Heimat betrachte. Wer weiß, vielleicht möchtest du selbst eines Tages hierher zurückkehren. Lass uns alle Voraussetzungen dafür schaffen, dass es möglich wird.«

Es wäre leichter, billiger und schneller, illegal über die Grenze zu fliehen. Wir aber wählen den schwierigeren, kostspieligeren und längeren Weg. Er führt über die Behörden und Gerichte, ist außerdem gefährlich, weil er uns zwingt, in Pakistan zu bleiben, bis alles offiziell geklärt ist. Aber wir haben keine andere Wahl und sind zuversichtlich, dass wir es schaffen werden. Unsere Liebe hat schon so viele Hindernisse überwunden!

Nach diesem Gespräch rufe ich meine Mutter wieder an, diesmal bin ich fest entschlossen, ihr die Wahrheit über Zahid und mich zu sagen, komme aber gar nicht dazu. Sie ist mit den Nerven fertig, weil ich mich nicht früher gemeldet habe.

»Hör zu, Nasima, dein Vater ruft jeden zweiten Tag hier an, er hat mir vor einer Stunde gesagt, dass ihr euch in einem kleinen Dorf versteckt, in der Nähe von Multan ...«

Wie dieses Dorf heißt, hat sie vergessen, doch als ich sie frage, ob mein Vater von Tibba gesprochen hat, sagt sie ja.

»Tibba, genau, das ist es. Du musst sofort weg, er ist dir dicht auf den Fersen, bitte zieh sofort weiter, sonst bringt er euch beide um, er erzählt mir die ganze Zeit, dass er das vorhat.«

Sie fleht mich an, sofort nach Islamabad zu fahren. Es ist zu kompliziert, ihr zu erklären, warum das nicht geht und welche Entscheidungen Zahid und ich getroffen haben, aber ich verspreche ihr, sie bald wieder anzurufen.

»Bitte, mach dir keine Sorgen um mich«, sage ich zu ihr, »wenn ich kann, werde ich dich jeden Tag anrufen, damit du weißt, dass es mir gut geht.«

Die Freunde, die uns aufgenommen haben, sind in Alarmbereitschaft. Das große Haustor wird abgesperrt, jemand beobachtet die Straße durch ein kleines vergittertes Fenster. Wir lauschen, ob ein Auto sich nähert, halten die Luft bei jedem Motorgeräusch an und sind heilfroh, wenn das Fahrzeug vorbeifährt ohne anzuhalten. Aus Fatehpur ruft ein älterer Bruder von Zahid an und berichtet, dass mein Vater mit Hayat, Onkel Khan und zwei oder drei anderen Männern eben in Richtung Multan aufgebrochen ist. Wir überlegen nicht mehr lange, packen unsere Sachen, während Malik ein Taxi holt. Bilal begleitet uns diesmal nicht, er muss nach Mianwali zurückfahren und sich kurz um seinen Laden kümmern, er wird aber am nächsten Tag wieder zu uns stoßen. Außer Malik steigen noch zwei Freunde zu uns in den Wagen, um uns, falls nötig, zu beschützen.

Andere Freunde haben uns Zuflucht angeboten. Sie wohnen in einer Kleinstadt, zwei Stunden von Tibba entfernt. Von ihrem Haus aus telefonieren wir mit einem Anwalt und lassen uns beraten. Am nächsten Tag sprechen wir beim Gericht vor und erkundigen uns, ob es möglich ist, unser Problem von hier aus zu regeln. Das geht aber leider nicht.

»Ihr stammt aus Fatehpur, das ist im Distrikt Leiah, nur das Gericht dort ist für euch zuständig«, antwortet der Beamte.

Wir wollen es nicht wahrhaben. Um keinen Preis der Welt möchten wir nach Fatehpur oder auch nur in die Nähe zurückfahren. In dieser Gegend ist die Gefahr für uns am größten, denn mein Vater kennt dort so gut wie jeden. Gewiss lässt er sämtliche Straßen bewachen, sodass wir keine Chance hätten, ihm zu entkommen. Wir möchten es in Multan versuchen, vielleicht haben wir mehr Glück, schließlich hat uns der Bürgermeister selbst getraut.

Maria

In den kommenden Wochen rief mich Muhztfahr ständig an und erschreckte mich mit neuen Drohungen. Von Mal zu Mal steigerte er sich mehr in seinen Zorn und seinen Hass hinein, sodass ich ununterbrochen um Nasimas Leben bangte.

Auch sie rief mich fast jeden Tag an, um mich zu beruhigen. Ständig übernachtete sie bei anderen Freunden, und trotzdem wusste mein Mann jedes Mal, wo sie war. Er nannte die Orte, in welchen sie sich aufhielt. Ich fragte mich, wie er das anstellte, fragte ihn, ob er Spione im ganzen Land hatte und sämtliche Städte und Dörfer bewachen ließ. Er lachte mich am Telefon aus.

»Ja, Maria, genau so ist es. Ich habe überall Wachmänner postiert, du hast mich und meine Macht schon immer unterschätzt!«

Nasima hatte mir die Nummer von Zahids Handy gegeben. Nach den Gesprächen mit ihrem Vater versuchte ich sofort, sie zu erreichen, um sie vor ihm zu warnen. Ich hatte schon im ersten Monat eine Telefonrechnung von fast tausend Mark. Wenn meine Freundin Hanne mir nicht finanziell geholfen hätte, wäre mir der Anschluss sicher gesperrt worden. Sie sagte, dass ich völlig verrückt wäre, aber ich konnte nicht anders. Ich musste Nasima anrufen. Ich wusste nicht, wozu Muhztfahr alles fähig war. »Blut muss fließen, erst dann ist meine Ehre wiederhergestellt«, solche Sätze schrie er mir ins Telefon. Mir war er nie gewalttätig gegenüber, was war nur aus ihm geworden? Ich hatte ihn selbst mit dem Gewehr herumfuchteln sehen, jetzt sprach er so, als würde er tatsächlich nur auf die Gelegenheit warten, Nasima und Zahid umzubringen!

»Und wenn ich sie nicht selbst erschieße, werde ich sie ins Gefängnis stecken lassen und dafür sorgen, dass sie nicht lebendig herauskommen.«

Muhztfahr führte Krieg gegen seine eigene Tochter. Währenddessen tobte der Krieg im Nachbarland. Nach dem 11. September, dem Terroranschlag auf das World Trade Center, war die ganze Welt in Aufruhr, und die Amerikaner hatten begonnen, Afghanistan zu bombardieren, als Vergeltungsschlag gegen Bin Laden und die anderen Verbrecher. Sie hatten nichts anderes verdient, auch das Taliban-Regime gehörte meiner Meinung nach längst abgeschafft, aber wer am meisten litt, war die afghanische Bevölkerung. In den Nachrichten kamen jeden Tag Berichte über diesen Krieg, der westlich der pakistanischen Grenze stattfand. Viele Taliban flüchteten über die Grenze nach Pakistan, denn dort hatte Bin Laden auch jede Menge Anhänger. Ich verbrachte Stunden vor dem Fernseher, sah mit Entsetzen, wie pakistanische Fanatiker in den Großstädten Massendemonstrationen veranstalteten und dabei amerikanische Fahnen verbrannten, und betete darum, dass Bush und seine Generäle keine Bomben über Pakistan abwarfen. Von hier aus betrachtet schienen mir die beiden Länder viel zu nah, es war, als würde dieser Krieg die Existenz meiner Tochter direkt bedrohen, auch wenn Nasima mir am Telefon immer sagte, dass sie zwar auch die Nachrichten verfolgte, doch in der Gegend, wo sie waren, nichts vom Krieg spürte und viel mehr Angst vor ihrem Vater als vor Bomben hatte.

Ich schlief kaum noch, wachte schweißgebadet auf und zitterte vor Angst. Ich betete ständig, dass sie endlich nach Islamabad zur Deutschen Botschaft gelangen würde.

Und eines Morgens rief mich Nasima tatsächlich von dort an. Sie war bei einer Frau namens Marianna, die auch mit mir sprechen wollte.

»Ihre Tochter hat ihren eigenen Kopf«, erklärte mir Marianna, »sie hat sich entschlossen, ihren Weg zu gehen. Sie besteht darauf, vor Gericht auszusagen und muss demnächst zurück nach Multan fahren. Wir haben versucht, ihr das auszureden, weil sie sich dort in Lebensgefahr begibt, aber sie hört nicht auf uns.«

Sie hätte nach Deutschland fliegen können, sie hätte längst bei mir in Sicherheit sein können, wenn sie nur gewollt hätte, aber sie bestand darauf, bei ihrem Mann zu bleiben, um ihn zu beschützen.

»O Gott, Nasima, warum hast du ihn bloß geheiratet?«, fragte ich.

»Ohne Zahid wäre ich meinem Vater nicht entkommen, ohne Zahid wäre ich jetzt noch gefangen«, antwortete sie. »Er hat mir das Leben gerettet, verstehst du das nicht?«

»Ja, ich verstehe schon, aber er hat doch nicht vor, mit dir nach Deutschland zu kommen, du kommst allein, nicht wahr?«

»Er muss mitkommen. Er ist mein Mann. Bitte, Mama, sag, dass du ihn auch aufnimmst, er ist mein Mann, er liebt mich ...«

Ich brachte kein Wort heraus.

»Mama, bitte sag, dass wir beide zu dir kommen dürfen, wir haben sonst keinen Ort auf der Welt, wo wir hingehen können.«

»Wenn er dich liebt und lieb zu dir ist, werde ich ihn mit offenen Armen empfangen«, sagte ich. »Pass auf dich auf, mein Schatz, und schau, dass du schnellstens heimkommst. Oder ihr beide, wenn es sein muss.«

Begeistert war ich nicht von der Idee, doch mich beschäftigte viel mehr etwas anderes: Wenn sie wieder nach Multan fuhren und Muhztfahr sie erwischte, was würde dann geschehen? Als er das nächste Mal anrief, sagte ich ihm, dass ich keine Ahnung hatte, wo Nasima war. Ich weinte am Telefon.

»Warum kannst du die Kinder nicht in Ruhe lassen? Sie haben geheiratet, lass sie doch glücklich miteinander werden!

Lass sie weggehen, bevor der Krieg noch bis zu euch kommt! Muhztfahr, bitte, du bist ihr Vater und du liebst sie, warum erzählst du überall solche Lügen über sie? Das ist doch ein Quatsch, dass sie gegen ihren Willen entführt wurde, du hast das bloß erfunden!«

»Ich mache es, um sie zu beschützen, du kennst diesen Hund nicht, für Zahid und seine Familie ist Nasima ein Huhn, das Goldeier legt. Er denkt nur daran, sie zu rupfen, er nutzt sie aus. Sie ist seine Fahrkarte nach Deutschland, morgen steht er bei dir vor der Tür, du darfst ihn niemals reinlassen. Hast du gehört, Maria, versprich mir, dass du ihn niemals aufnimmst!«

»Ich denke nicht daran, dir irgendetwas zu versprechen. Es ist ihr Mann, sie hat ihn ausgewählt. Wenn sie mit diesem Mann glücklich wird, freue ich mich für sie und werde ihn als meinen Schwiegersohn akzeptieren. Wenn du nur fünf Gramm Hirn hättest, würdest du es auch tun!«

In dieser Zeit habe ich ununterbrochen neben dem Telefon gesessen, sah dabei fern, saugte die Nachrichten vom Krieg gegen Bin Laden ein, atmete auf, als Pakistans Regierung dem amerikanischen Präsidenten ihre volle Unterstützung gegen den internationalen Terrorismus versprach. Trotzdem wäre mir der Frieden in dieser Gegend lieber gewesen.

Auf Frieden zwischen Muhztfahr und Nasima wagte ich längst nicht mehr zu hoffen. Meistens rief sie mich mittags an, in Pakistan war es schon abends, und berichtete, in welchen Ortschaften sie gerade waren. Immer auf der Flucht, immer musste sie sich versteckt halten! Die Einzelheiten erzählte sie mir nicht, Gott sei Dank, wenn ich sie gehört hätte, wäre ich gestorben.

»Mach dir keine Sorgen, Mama, es geht uns gut, bald haben wir alles hinter uns«, mit solchen Sätzen verabschiedete sich meine tapfere Tochter am Telefon.

Ihr Vater rief fast so oft an wie sie, meistens, um seine Morddrohungen zu wiederholen. Manchmal auch, damit ich Nasima etwas ausrichtete.

»Wenn du nach Pakistan kommst, Maria, darfst du sie mitnehmen. Sag meiner Tochter, dass ich sie freigebe, wenn sie nur auf diesen Mann verzichtet.«

Er hasste Zahid wie die Pest, weil er ihm seine Ehre genommen hatte. Und seine geliebte Tochter. Mir war klar, dass ich nicht kommen durfte. Es war wieder eine seiner Lügen, er hätte mich als Geisel genommen, um Nasima zu erpressen. Ich konnte nichts machen, nur zu Hause warten und zittern.

Nasima

Am 8. November frühmorgens ist unser erster Gerichtstermin beim High Court in Multan. Am Tag zuvor zerbrechen wir uns den Kopf darüber, wie wir dorthin kommen sollen. Mein Vater hat bewaffnete Männer vor dem Gericht postiert und bezahlt sie dafür, dass sie mit Stöcken, Pistolen und Gewehren auf uns warten und verhindern, dass wir das Gebäude betreten. Nachts fahren wir zu acht nach Multan, um zu schauen, ob das stimmt. Da alles ruhig zu sein scheint, halten wir auf der Straße an, beratschlagen im Auto, ob wir gleich dableiben sollen. Es sind nur wenige Stunden, bis die Türen vom Gericht geöffnet werden. Keine fünf Minuten später kommen zwei Wagen mit quietschenden Reifen auf uns zugeschossen. Einer hält vor, der andere hinter unseren Wagen, eine Horde Männer springt heraus, einer hebt eine Axt hoch. Ich denke, er schlägt unser Autodach entzwei und bringt uns alle um, doch Gott sei Dank sitzt Bilal am Steuer, fährt wie ein Wahnsinniger davon und rettet dadurch unser Leben.

So wie es aussieht, haben wir nicht die geringste Chance, heil in den Gerichtssaal zu kommen. Zahid ruft unseren Rechtsanwalt an, erklärt ihm die Lage und bittet ihn, den Termin verschieben zu lassen. Wir werden alles zweimal zahlen müssen, das Honorar vom Rechtsanwalt, die Gerichtskosten und vielleicht auch Bestechungsgelder, damit unser Fall schnell verhandelt wird.

Was wir zu diesem Zeitpunkt schon ahnen, aber noch nicht sicher wissen: Kaum geben wir oder unser Rechtsanwalt einem Beamten oder jemand anderem Geld, damit er uns hilft, ist mein Vater schon zur Stelle und öffnet seine Brieftasche.

Er ist ein reicher Mann, bietet viel mehr, als wir selbst zahlen können. Er schafft es, dass sich Leute bereit erklären, Falschaussagen gegen uns zu machen oder Papiere verschwinden zu lassen. Nicht nur das: Über Umwege versucht er sogar, unsere eigenen Freunde und unseren Rechtsanwalt zu bestechen, damit sie uns verraten! Wer das meiste Geld hat, hat die Macht und die größeren Chancen. Also müssen auch wir tiefer in die Brieftasche greifen.

Wir erhalten noch eine sehr schlechte Nachricht: In Fatehpur wird am 12. November Zahids Familie verhaftet. Jemand hat meinem Vater ihr Versteck verraten. Seine Eltern und einen seiner Brüder mit Frau und Kindern haben sie unseretwegen eingesperrt. Sogar die Kinder sind im Gefängnis! Dort müssen alle auf dem Boden schlafen, die Männer zusammengepfercht in einem Raum und die Frauen und Kinder im anderen, es gibt nur einen einzigen Wasserhahn für alle, und man kann sich kaum waschen! Bekannte der Familie, die ihnen das Essen bringen, haben uns angerufen und berichten, dass es ihnen gutgeht. Trotzdem weinen wir eine ganze Nacht, überlegen fieberhaft, was wir tun können, um sie zu retten. Eigentlich haben wir keine Möglichkeit, zumindest nicht sofort. Wenn Zahid nach Fatehpur fährt und sich stellt, kommt seine Familie zwar frei, doch seine Eltern haben uns ausrichten lassen, dass er dies auf keinen Fall tun soll, sonst bleibt er sein Leben lang im Gefängnis, und mein Vater darf mit mir tun, was er will. Die Entführung eines Mädchens ist ein schweres Verbrechen, das hart von den Gerichten bestraft wird. Wenn mein Vater uns umbringt, wird er dagegen nur leicht bestraft oder gar nicht, das gilt als eine Art Wiedergutmachung für die Schande, die seine Familie erlitten hat.

Deswegen bedrängen wir unseren Rechtsanwalt, damit unser Fall endlich verhandelt wird. Nur so kann die Wahrheit herauskommen, indem ich vor Gericht beweise, dass mein

Vater lügt. Wie ich mich fühle bei dem Gedanken, dass wir uns dort gegenüberstehen werden, kann ich nicht beschreiben. Mir wird nur übel davon. Ich habe große Zweifel, ob ich das durchstehen werde, denn schon bei der bloßen Vorstellung zittere ich am ganzen Leib. »Du musst stark sein«, sage ich zu mir und wiederhole es, bis ich ruhiger werde. Aber zum Glück ist meine Situation diesmal eine andere: Ich bin nicht mehr allein, um diese schwere Last zu tragen. Zahid ist bei mir. Unsere Freunde halten zu uns, unser Rechtsanwalt, den wir zufällig gewählt haben, erweist sich als loyal und sehr hilfsbereit. Er schafft es, dass wir am 23. November einen neuen Termin bekommen und erklärt uns, wie wir durch eine Hintertür ins Gerichtsgebäude gelangen, falls mein Vater wieder die Vordertür bewachen lässt.

Wir haben Tibba längst verlassen und sind permanent unterwegs, immer mit verschiedenen Taxis. Meistens begleiten uns Malik, Zahids Bruder, und sein Freund Bilal. Wir bezahlen ihn dafür, dass er seinen Laden geschlossen hat und uns beschützt. Manchmal sind noch andere Freunde dabei, je nachdem, wo wir sind und wie gefährlich die Strecke ist, die uns bevorsteht. Um nicht erkannt zu werden, hat mein Mann seinen Schnurrbart abrasiert, und ich trage beim Reisen ständig eine schwarze Burqa, die mir von Tag zu Tag schwerer wird.

Wie viele Tausende von Kilometern wir quer durch Pakistan, vor allem durch die Provinz Pandschab, fahren, lässt sich gar nicht nachrechnen. In meinem Kopf tanzen ein halbes Jahr später noch die Namen aller Orte, wo wir mal für eine Nacht, mal für mehrere Zuflucht fanden: Tibba, Khanpur, Harnoli, Garh Mahraja, Multan, Lahore, Islamabad, Piplan, Mianwali, Dhunanwala, Leiah, Rawalpindi und viele andere. Es scheint uns sicherer, nachts zu fahren, doch manchmal fahren wir auch tagsüber, und obwohl wir unter Hochspannung stehen und gleichzeitig erschöpft sind, gibt es Augenblicke, in denen die Landschaft so atemberaubend schön ist, dass ich für einige Minuten alles vergesse. Dann aber ruft bald jemand, dass sich ein Wagen mit einem Kennzeichen aus Leiah nähert. Es könnte mein Vater sein oder jemand, der unsere Spur verfolgt, und ich muss mich wieder ducken. Einige Fahrten, die uns in die Nähe von Fatehpur führen, verbringe ich zusammengekauert auf dem Boden des Wagens.

Überall finden wir Menschen, die uns helfen und uns aufnehmen, als würden wir zu ihrer Familie gehören. Sie geben uns zu essen und einen Platz zum Schlafen, manchmal sind es sogar ziemlich luxuriöse Zimmer mit Bad und Fernseher wie im Hotel, manchmal armselige Unterkünfte in Lehmhäusern wie bei meinen Großeltern, überall fühlen wir uns gleich willkommen und dürfen ein wenig aufatmen. Von den Freunden und Bekannten hören wir, dass wir uns nicht verrückt machen sollen.

»Bei uns seid ihr wirklich sicher«, sagen sie. »Dein Vater kennt uns nicht, wie könnte er den Weg hierher finden? Nehmt bitte unsere Gastfreundschaft an und bleibt so lange bei uns, wie ihr wollt. Du, Zahid, bist unser Bruder und du, Nasima, unsere Schwester.«

Wir wünschen uns so sehr Frieden und Sicherheit, dass wir ihnen immer glauben möchten. Wir sind froh, endlich ein wenig ausruhen zu dürfen. Am Anfang scheint auch alles friedlich, ruhig und normal zu sein: Es gibt Kinder, die neugierig auf uns sind, Frauen, die mir die Haare waschen und kämmen, Männer, die sich von Zahid unsere Geschichte erzählen lassen. Man schenkt uns einen herrlichen Chai mit viel Zucker ein, es wird für uns ein Festmahl gekocht. Wir haben nichts anderes zu tun, als uns verwöhnen zu lassen. Allmählich wird unser Herz leichter, vielleicht lachen wir sogar ein wenig mit unseren Freunden. Es sind solche Augenblicke, in denen ich mich tatsächlich wie eine Braut auf der Hochzeitsreise fühle. Und irgendwann rufe ich meine Mutter an oder sie ruft mich auf Zahids Handy an.

»Ich bin's, Nasima, mir geht es gut, und wie geht es dir?«, frage ich.

Ihr geht es gar nicht gut. Sie schläft nicht mehr, ist außer sich vor Sorgen und will nicht glauben, dass wir diesmal in Sicherheit sind. Und sie hat Recht. Egal, wo wir uns gerade verstecken, mein Vater weiß es, er ruft sie ständig an, um ihr zu sagen, dass wir niemals entkommen werden.

»Wo seid ihr jetzt? In Mianwali? Genau diesen Ort hat er mir vor einer halben Stunde genannt. Ihr müsst weg, ihr müsst weg!«

Wir wollen die Menschen nicht in Gefahr bringen, packen unsere wenigen Sachen und ziehen weiter. Wir mieten neue Taxis, engagieren wieder Männer, die uns beschützen sollen. Es kostet viel Geld; wir hatten nicht damit gerechnet, dass es so kostspielig wird. Unser Rechtsanwalt nimmt als Honorar allein für die Übernahme des Falles fünfzigtausend Rupien, ungefähr achthundertfünfzig Euro, jedes weitere Gespräch kostet wieder Geld, mal mehr, mal weniger, die Gerichtskosten sind hoch, und dann müssen selbstverständlich noch unzählige Leute geschmiert werden. Zahlen wir nicht, tut sich nichts. Wir wussten schon vorher, dass es nicht billig werden würde. Zahid hat sich rechtzeitig darauf vorbereitet, vor unserer Flucht hat er so viel gespart, wie es ihm möglich war, und sich auch noch eine größere Summe von seiner Familie geliehen. Jetzt spricht er davon, seinen geliebten Fotoladen zu verkaufen, um mehr Geld zu beschaffen, und es bricht mir das Herz, als ich es höre. Alles, was er besitzt, will er für mich opfern.

Am 23. November gehen Zahid und ich zu Fuß zum High Court, begleitet von Bilal, Malik und zwei Polizisten, die wir als Schutz engagiert haben. Wir benutzen die Hintertür und betreten unbehelligt den Gerichtssaal. Dieser Saal ist riesengroß, es haben vielleicht zwei- bis dreihundert Menschen darin Platz, an diesem Morgen ist er mindestens zur Hälfte gefüllt mit Parteien, die genau wie wir erwarten, dass der Richter sie aufruft. Ich bleibe am Eingang stehen. Unter all den Menschen habe ich meinen Vater, Hayat und Khan entdeckt, die sich nach uns umdrehen und uns aggressive Blicke zuwerfen.

»Schau nicht hin«, flüstert mir Zahid zu, »hier können sie dir nichts tun.«

Der Rechtsanwalt führt uns zu unseren Plätzen. Ich ziehe meinen Tschador ins Gesicht, sodass mich niemand mehr sehen kann, und schaue stur nach vorne. Da erst erkenne ich, dass der Richter und der Bürgermeister, der uns dreieinhalb Wochen zuvor getraut hat, ein und dieselbe Person sind! Jetzt trägt er aber einen weißen Shalwar-Kamiz und eine schwarze Robe darüber. Damals hat er uns viel Glück gewünscht, ich hoffe, dass er sich auch daran erinnert.

Bald schrecke ich zusammen, als ich meinen Namen höre.

»Nasima Nazar, bitte in den Zeugenstand vortreten«, ruft ein Gerichtsdiener.

Mit weichen Knien stehe ich auf und gehe nach vorne. Ich muss auf den Heiligen Koran schwören, nur die Wahrheit zu sagen. Dann ruft er Zahid und lässt ihn auch schwören, schließlich ruft er meinen Vater. Wir stehen alle drei mit unseren Anwälten vor dem Richter. Ich muss als Erste aussagen und habe feuchte Hände vor Aufregung. Der Richter behandelt mich und Zahid zuvorkommend und nicht wie Verbrecher, er möchte von mir nur wissen, ob ich freiwillig mit Zahid gegangen bin oder ob er mich zu dieser Flucht mit ihm gezwungen hat.

»Sir, ich schwöre, dass ich freiwillig mit ihm gegangen bin«, antworte ich.

»Und warum bist du gegangen? Du weißt doch, dass ein Mädchen nicht gegen den Willen des Vaters handeln darf«, wendet der Richter ein.

Mit gesenktem Kopf erkläre ich ihm, dass ich Zahid liebe, dass er mich schon seit vielen Jahren liebt, dann hole ich tief Luft und bitte um ein gerechtes Urteil.

»Wir haben kein Unrecht getan, Hochwürdiger Richter, im Koran steht, dass Gott es dem Mädchen erlaubt, den Mann zu heiraten, den es liebt, wenn beide volljährig sind.«

Aus dem Augenwinkel sehe ich, wie er wohlwollend nickt, dann stellt er auch Zahid Fragen. Am Ende bestätigt er, dass wir nach den islamischen Gesetzen richtig gehandelt haben und dass mein Vater keineswegs das Recht hat, uns zu verfolgen. Es ist für uns ein großer Sieg. Erleichtert verlassen Zahid und ich das Gebäude durch die Vordertür. Bilal geht ein Taxi suchen, Malik ist noch im Gerichtsgebäude zusammen mit dem Rechtsanwalt, wo unsere Schutzmänner sind, wissen wir nicht, jedenfalls stürzen sich plötzlich mein Vater, Hayat, Khan und noch ein Mann, den ich nie gesehen habe, auf uns. Hayat und der fremde Mann schlagen auf Zahid ein, Papa zieht mir den Tschador vom Gesicht, Khan zerrt von hinten an meinem Kleid, das ich reißen höre. Ich wehre mich heftig, schreie lauthals um Hilfe, als ein Auto vor uns anhält. Mein Vater versucht, mich hineinzuschieben; wenn er es schafft, bin ich verloren.

»Hilfe«, schreie ich so laut ich kann, »Hilfe, warum hilft uns keiner, bitte helft uns doch!«

Auch Zahid wehrt sich, gegen zwei hat er jedoch keine Chance, sich zu befreien. Ich sehe ihn am Boden liegen und den Mann ihn treten. Auf der Straße sind viele Leute, aber niemand traut sich einzugreifen. Ich bin schon halb im Wagen, als mehrere Polizisten mit ihren langen Stöcken aus dem Gerichtsgebäude angerannt kommen. Sie ziehen mich aus dem Wagen raus, mein Vater will mich aber nicht loslassen, da reißt mein Kleid noch mehr auf, und ich verliere meine Schuhe. Das Ganze passiert so unglaublich schnell und dauert vielleicht nur eine oder zwei Minuten. Dann ist es vorbei. Der Wagen fährt mit Hayat, Khan und dem dritten Mann davon, am Schluss ist nur noch mein Vater da und keift uns an. Ein Polizist hilft Zahid auf die Beine, ich stehe barfuß und mit zerrissener Kleidung auf der Straße, halte mich an Zahid fest und möchte vor Scham im Boden versinken. Erst wollen die Polizisten uns alle drei verhaften, doch diesmal steht das Glück auf unserer Seite. Der Richter hat die Szene von seinem Balkon aus beobachtet. Er ist sehr aufgebracht, aber nur gegen meinen Vater, und befiehlt, dass ihm Handschellen angelegt werden. Man bringt uns alle wieder in den Gerichtssaal zurück. Wieder stehen wir nebeneinander vor dem Richter. Ich wage nicht, zu meinem Vater hinüberzublicken und halte die Augen auf den Boden gerichtet. Es tut mir weh, dass er mich schlagen wollte, aber es tut mir auch weh, ihn so gedemütigt zu sehen.

»Du hast nicht gesündigt, Nasima, es ist keine Sünde, wenn ein Mädchen den Mann heiratet, den es liebt«, sagt der Richter. »Aber was dein Vater tut, ist eine Schande. Hast du gehört, Muhztfahr, wie kannst du dir erlauben, direkt vor meiner Tür eine Schlägerei anzufangen? Ich bin der Bürgermeister und der Richter dieser Stadt, und du hast keinen Respekt vor mir und vor dem Gericht. Was du getan hast, ist Hausfriedensbruch, für deine Missachtung des Gesetzes kommst du ins Gefängnis.«

Der Richter fragt mich, wie lange er meinen Vater einsperren soll. Es ist mir peinlich, dass er mich fragt. Einen Augenblick lang denke ich, dass mir am liebsten wäre, wenn er meinen Vater für immer ins Gefängnis stecken würde, aber eine Sekunde später weiß ich, dass es nicht wahr ist. Wenn man sich wie ich so sehr nach Freiheit gesehnt hat, kann man nicht mal seinem ärgsten Feind wünschen, dass er gefangen genommen wird. Außerdem bleibt mein Vater für immer mein Vater, auch wenn er sehr böse auf mich ist. Ich bin nicht wie er, ich möchte mich nicht rächen, wünsche mir nach wie vor nur eins: in Frieden zu leben, mit den Menschen, die ich liebe.

»Sir, es gehört sich nicht, dass eine Tochter über den eigenen Vater richtet«, antworte ich, »deswegen bitte ich Sie, selbst darüber zu entscheiden.«

Achtzehn Tage bekommt mein Vater, zwei Tage später wird er mit Handschellen nach Fatehpur ins Gefängnis überführt. Es ist der 25. November, er kommt am Nachmittag an, frühmorgens hat man Zahids Familie freigelassen. Um ein Haar hätten sein Vater und sein Bruder mit meinem Vater zusammen in einer Zelle gesessen. Gott sei Dank haben wir in diesem Punkt Recht bekommen! Trotzdem musste Zahid zahlen, damit sie schneller freikommen. Jetzt dürfen sie wieder nach Hause.

Wir können erstmals ein wenig aufatmen und fahren über Lahore nach Islamabad. Wir wohnen bei einem Freund in der alten Stadt Rawalpindi. Wir sind jetzt schon über einen Monat unterwegs, aber diesmal ist es wirklich wie eine Hochzeitsreise. Solange mein Vater eingesperrt ist, kann er gegen uns nichts unternehmen. Wir müssen uns nicht mehr beeilen, fürchten uns nicht, wenn ein Auto mit einem Kennzeichen aus Leiah hinter oder vor uns fährt und entspannen uns langsam. Wir lassen uns mehr Zeit für die Fahrten, weil ich es liebe, mit meinem Mann zu reisen und die herrlichen Landschaften Pakistans zu entdecken.

Wir sind eben in Islamabad eingetroffen, als unser Rechtsanwalt Zahid anruft. Er hat eine schlechte Nachricht für uns. Wir müssen Mitte Dezember wieder nach Multan vor Gericht, denn es ist ein neues Verfahren gegen uns eröffnet worden. Diesmal lautet die Anklage, dass ich im Oktober schon den Neffen meines Vaters geheiratet hatte, also ist die Ehe mit Zahid ungültig. Angeblich gibt es dafür Zeugen!

»Wie bitte?«, frage ich.

Auch Zahid ist fassungslos. Wir wissen beide, dass kein Wort davon wahr ist, aber um es zu beweisen, müssen wir wieder nach Multan zum Gericht! Doch vorher sprechen wir endlich bei der Deutschen Botschaft vor, um unsere Ausreise vorzubereiten. Damals, als meine Mutter meinen Vater heiratete, brauchten sie einen ganzen Monat, bis die Behördengänge erledigt waren. Auch bei uns läuft es nicht reibungslos ab. Mich ärgert das. Warum ist denn alles so kompliziert, es dauert und dauert, dabei haben sie meiner Mutter versprochen, alles im Voraus fertig zu machen. Und plötzlich erfahre ich, dass nicht nur Zahid, sondern auch ich ein Visum für Deutschland brauche! Niemand kann mir erklären, warum, ich verstehe gar nichts mehr, ich habe doch die deutsche

Staatsangehörigkeit! Sie wissen doch, in welchen Schwierigkeiten wir stecken, wieso können sie uns nicht einfach unterstützen? Es macht mich traurig und regt mich zugleich ungemein auf. Es ist immer und überall das Gleiche, kaum haben wir ein Problem gelöst, taucht woanders ein neues auf! Ich bin müde, habe die Nase voll von alledem!

Auf der Deutschen Botschaft verliere ich sogar einmal die Beherrschung. Ich bitte sie händeringend, mir für diesen nächsten Gerichtstermin einen Begleitschutz zu geben. Bei uns in Pakistan geht kein Mensch allein zum Gericht, man lässt sich bei sämtlichen Behördengängen begleiten, bei mir wissen sie, dass ich gute Gründe habe, mich zu fürchten! Aber nein, sie wollen nicht mitkommen!

»Es ist nicht unsere Aufgabe«, sagt mir Marianna. »Leider können wir dir da nicht helfen. Hör zu, Nasima, ich bewundere deinen Mut, an deiner Stelle würde ich bei diesem Termin einfach nicht erscheinen, ich hätte viel zu große Angst, erschossen zu werden.«

»Euch ist wohl lieber, wenn Zahid und ich allein erschossen werden«, schreie ich, »dann habt ihr keine Arbeit mehr mit uns! Sobald ich in Deutschland bin, werde ich mich über euch beim Auswärtigen Amt beschweren. Wofür haben wir denn überhaupt eine Deutsche Botschaft, wenn sie nichts tut?«

Ich bin alles andere als freundlich zu den Leuten. Im Nachhinein denke ich, dass sie mich im Rahmen ihrer Möglichkeiten doch sehr unterstützt haben. Zu diesem Zeitpunkt haben sie Wichtigeres zu tun, als sich um meine Angelegenheiten zu kümmern. Es ist Krieg in Afghanistan, und auch in Pakistan ist es sehr unruhig geworden. Aber Ende November, Anfang Dezember 2001 bin ich in einer solchen Notlage, dass mir der Rest der Welt egal ist. Bei der kleinsten Verzögerung verliere ich den Kopf. Zahid, der mehr Erfahrungen mit Behörden hat als ich, ermahnt mich zur Geduld. Er hat sich einen Pass in Sarghoda machen lassen, kann aber ohne ein Visum für Deutschland nicht ins Flugzeug steigen. Dieses Visum muss in Ulm beantragt werden, und das ist auch etwas, was ich nicht verstehe. Wie kann, bitte schön, jemand ein Visum in einer Stadt organisieren, die mehrere tausend Kilometer von seinem Standpunkt entfernt ist? Was nützt es mir zu hören, dass die Einreisebedingungen nicht mehr so leicht wie früher sind? Wir leben jetzt und nicht früher! Zahid und ich wollen einfach nur legal und offiziell ausreisen, um einen guten Start zu haben, und mir kommt es vor, als seien wir überall unerwünscht! Ich allein hätte längst ausreisen dürfen, aber ohne Zahid will ich nicht.

Jetzt nicht. Erst will ich noch einmal vor Gericht aussagen. Die Leute in der Deutschen Botschaft meinen, Zahid und unser Anwalt sollten allein hingehen, es sei für mich sicherer, in Islamabad zu bleiben. Meine Mutter hat angefragt, ob ich nicht so lange in der Botschaft wohnen kann, aber es gibt dort kein Zimmer für mich. Und wenn es eins gäbe! Wir haben zusammen die Gefahr heraufbeschworen, jetzt müssen wir einander beschützen und auch bei dieser nächsten Verhandlung Recht bekommen.

Danach, so Gott will, werde ich fahren können, um Zahids Visum selbst zu besorgen. Für mich ist das eine verkehrte Welt. In islamischen Ländern werden die Frauen von den Männern beschützt. Wenn eine Frau zu einer Behörde muss, geht ihr Mann, ihr Vater oder ihr Bruder an ihrer Stelle oder zumindest wird sie von ihren männlichen Verwandten begleitet. Ich bin nicht mal neunzehn Jahre alt und so gut wie nie aus meinem Dorf herausgekommen, aber nun muss ich plötzlich Dinge tun, die sonst die Männer für die Frauen erledigen. Woher soll ich wissen, ob ich richtig handle? Ich habe keine Erfahrung, man hat mir diese Dinge wie Formulare lesen und ausfüllen nie beigebracht. Oft verstehe ich nicht einmal die Worte, die die Behörden verwenden, ich verstehe sie auf Deutsch nicht, weil ich als Kind aufgehört habe, meine Muttersprache zu sprechen, auf Urdu verstehe ich sie manchmal, aber nicht immer, weil diese Amtsvorgänge so kompliziert sind, dass kein normaler Mensch durchblickt.

Manchmal habe ich das Gefühl, dass ich, Nasima, meinen Mann Zahid vor meinem Vater beschützen muss. Was wird mein Vater unternehmen, wenn er aus dem Gefängnis kommt? Bei uns im Dorf ist es sehr schlimm, wenn ein Mädchen abhaut. Der Vater verliert sein Gesicht, alle Leute auf der Straße lachen ihn aus und fragen ihn, wo sein Kind ist, dann kann er nicht mehr das Haus verlassen, ohne sich zu schämen. Deswegen ist mein Vater so böse, deswegen wird er versuchen, mich zurückzuholen, und wenn ihm das nicht gelingt, muss er Zahid umbringen. Für ihn ist es eine Frage der Ehre. In der Stadt sind die Menschen anders, offener und moderner. Wäre mein Vater nur in einer Stadt aufgewachsen! Aber was nützt es mir zu überlegen, was wäre, das löst meine Probleme nicht!

Wir sind wieder unterwegs Richtung Multan. Wir fahren von Islamabad nach Piplan, erfahren dort, dass mein Vater seit dem 12. Dezember auf freiem Fuß ist und die Verfolgung erneut aufgenommen hat. So eilen wir zurück nach Mianwali und Dhunanwala und schlafen jede Nacht in einem anderen Bett. Zweimal bei diesen Fahrten scheint es mir, als hätte ich ihn irgendwo mit seinem Gewehr gesehen, doch ich bin mir nicht ganz sicher, ob er es wirklich war oder ob es die Angst ist, die mich ihn überall sehen lässt. Sogar als er eingesperrt war, träumte ich manchmal davon, dass er mich verfolgt oder in ein Auto zerrt und davonfährt.

Am 15. Dezember stehen wir wieder vor demselben Richter in Multan. Wieder sind einige Freunde und Polizisten da, die uns Begleitschutz geben. Mein Vater steht nur wenige Meter von mir entfernt, ich sehe ihn nicht an, halte mich gerade. Ich habe keine Angst vor ihm und fühle mich stark, stärker als er. Zahid und ich sind guter Dinge, weil wir diesmal hoffen, den Prozess endgültig zu gewinnen, aber dann sehen wir, dass Papa vier Rechtsanwälte an seiner Seite hat! Was können wir allein gegen vier Rechtsanwälte ausrichten! Vor allem weil unser Anwalt sich plötzlich so komisch verhält, als würde ihm gar nichts mehr einfallen! Der Richter ist gereizt, stellt mir fast wörtlich die gleichen Fragen wie das letzte Mal, ich gebe ihm die gleichen Antworten. Papas Anwälte tragen die Geschichte vor, dass ich bereits verheiratet sei. Es geht ein Raunen durch die Reihen im Saal. Der Richter schlägt mit seinem Holzhammer auf den Tisch, bis alle Leute wieder stillsitzen.

»Ich habe genug von deinen Lügen«, sagt er und wirft einen bösen Blick zu meinem Vater, »ich entscheide, dass die Parteien ihre Angelegenheit vor dem Gericht in Leiah austragen sollen, ich will euch hier nicht mehr sehen.«

Zahid, ich und unsere Begleiter dürfen den Saal verlassen, Papa und seine Leute müssen noch sitzen bleiben, damit es zu keiner weiteren Schlägerei kommt. Ich muss unmittelbar an Papa vorbeilaufen, so nah, dass wir einander fast berühren. Ich brauche ihn nicht anzusehen, um zu wissen, dass er lächelt. Er hat genau das erreicht, was er wollte: Dass ich nach Fatehpur, also in seine Nähe zurückfahre. Er ist sich sicher, mich dort wiederzukriegen. Als ich hinausgehe, flüstert er mir zu: »Siehst du, Nasima, Gott ist auf meiner Seite.«

Zahid und ich beten vor jedem Gerichtstermin. Wir beten ständig, dass Gott uns helfen möge, und ich glaube immer noch felsenfest daran, dass Er es tun wird. Wir müssen nur noch ein bisschen länger durchhalten, bis zum nächsten Termin in Leiah. Wir sind schon seit fast zwei Monaten auf der Flucht und verstecken uns diesmal direkt in der Höhle des Löwen, wie meine Mutter sagt, nämlich in Fatehpur bei Zahids Eltern. Als wir ankommen, nimmt mich meine Schwiegermutter in die Arme und drückt mich an sich.

»Meine geliebte Tochter, ich bin so froh, dass du endlich nach Hause kommst«, sagt sie zu mir.

Ich fange an, hemmungslos zu weinen.

»Scht!«, sagt sie, »niemand darf erfahren, dass ihr da seid. Komm mit!«

Nur sie und ihr Mann, Zahids älterer Bruder und seine Frau wissen es. Mein Vater wird überall nach uns suchen, nur nicht dort. Gewiss glaubt er nicht, dass wir verrückt genug sind, uns direkt vor seiner Nase zu verstecken. Trotzdem fährt er mit dem Taxi zehnmal, zwanzigmal an diesem Haus vorbei. Zahid und ich verbringen die ganzen Tage in einem Zimmer, das vielleicht zehn Quadratmeter groß ist, darin gibt es ein Bett, einen Fernseher und alles, was wir brauchen, aber schon nach einer Woche fühlen wir uns wie in einer Gefängniszelle. Wir dürfen keinen Lärm machen, nur flüstern, wenn wir fernsehen, drehen wir den Ton so leise, dass wir nichts mehr verstehen. Sehr früh morgens oder sehr spät abends öffnet meine Schwiegermutter unsere Tür, damit wir auf die Toilette und ins Bad gehen können, die auf der anderen Seite des großen Hofes liegen. Tagsüber bleibt das Tor immer offen, und wir können unmöglich den Hof überqueren, ohne von der Straße aus gesehen zu werden.

»Hast du alles, was du brauchst, geliebte Tochter?«, fragt meine Schwiegermutter. »Schau hier, ich habe dir etwas mitgebracht!«

Sie ist so lieb zu mir! Sie kauft Stoff für mich, lässt mir neue Kleider nähen oder näht sie selbst und bestickt sie auch. Ständig schenkt sie mir etwas, obwohl die Familie so viele Sorgen unseretwegen hat und schon enorme Summen für uns ausgegeben hat. Es ist ein Wunder, dass Zahids Eltern mich trotzdem lieben. Wenn es so weiter geht, wird seine Familie ruiniert sein. Wir selbst haben gar keine Reserven mehr. Mein Mann hat seinen Laden längst verkauft, und obwohl er einen sehr guten Preis dafür bekommen hat, ist davon nichts mehr übrig. Das Geld rinnt uns mit einer solchen Geschwindigkeit durch die Finger, dass mir angst und bange wird.

»Auch dein Vater wird irgendwann ruiniert sein, wenn er nicht bald aufhört, Leute zu bezahlen, damit sie uns das Leben schwer machen!«, sagt Zahid.

Dieser Gedanke ist mir kein Trost. Im Gegenteil, es macht mich noch trauriger. Es darf einfach nicht so weitergehen. Dieser sinnlose Krieg zwischen uns muss ein Ende haben. Am 24. Dezember ist unser nächster Gerichtstermin. In Deutschland feiern die Leute an diesem Tag Heiligabend. Sie zünden Kerzen an, haben ihre Tannenbäume schön mit bunten Kugeln und Lametta geschmückt, bereiten sich ein schmackhaftes Essen und tauschen Geschenke aus. Später gehen sie zusammen in die Kirche zur Mitternachtsmesse, dieses Jahr werden sie für den Frieden auf der Welt beten, vielleicht ist dieses Datum ein gutes Omen für uns.

Diesmal begleitet uns der Bürgermeister von Fatehpur mit vier Polizisten, auch Bilal und zwei Brüder von Zahid sind dabei. Der Saal ist kleiner als in Multan, die Stimmung ruhiger, weil weniger Menschen dort versammelt sind. Der Richter stellt mir wieder ungefähr die gleichen Fragen wie bei den anderen Terminen, doch plötzlich beschuldigt mich der Anwalt meines Vaters, den Goldschmuck meiner Stiefmutter gestohlen zu haben.

»Den Schmuck, den ich trage, hat mir mein Mann zur Hochzeit geschenkt«, antworte ich. »Sir, ich schwöre, dass es die reine Wahrheit ist.«

»Ihr habt beide auf den Heiligen Koran geschworen, die Wahrheit zu sagen!«

Der Richter unterbricht die Sitzung, indem er mit seinem Hammer auf den Tisch schlägt.

»Die Entscheidung wird vertagt. Es gibt eine weitere Sitzung am 31. Dezember, am 8. Januar wird das Gericht sein Urteil fällen.«

Bis dahin müssen unsere Anwälte neue Beweise vorbringen und besondere Schriftstücke erstellen, auch Zeugen sollen vorgeladen werden. Nächstes Mal wird Nasrin dabei sein, wenn möglich sollen auch alle Goldschmiede vor Gericht erscheinen, die unsere Schmuckstücke hergestellt oder verkauft haben. Wir erklären uns damit einverstanden, sagen, dass es kein Problem sein dürfte. Mein Vater grinst, als er das hört. Bestimmt weiß er schon, welchen Juwelier er bestechen wird, damit er gegen uns aussagt! Ich sehe ihn an, und dieser grenzenlose Hass, den ich in seinen Augen lese, ist für mich wie ein Schlag ins Gesicht. Trotzdem schaue ich nicht weg. Es mag sein, daß er sich heute als Sieger vorkommt, mich hat er jedenfalls verloren.

Diesmal haben Zahid und ich die Nase endgültig voll von allem. Wir kehren nach Fatehpur zu seinen Eltern zurück, beraten uns mit ihnen und beschließen, dass wir zu den Gerichtsterminen nicht mehr persönlich erscheinen werden.

»Solange du in Pakistan bist, wird dein Vater keine Ruhe geben« meint Zahid. »Vielleicht gibt er auf, wenn du bei deiner Mutter bist. Es ist besser, wenn du bald das Land verlässt, ich werde dich zum Flughafen bringen.«

Wir halten diese Entscheidung geheim, informieren nicht mal unseren Rechtsanwalt. Jeder, auch mein Vater, soll glauben, dass wir hier bleiben, bis alles geregelt ist. Er ist uns bis zu Zahids Eltern gefolgt und weiß jetzt, wo wir uns verstecken. Er wird es zwar nicht wagen, uns in diesem Haus, das mitten in der Stadt liegt, anzugreifen, aber trotzdem gefährden wir die Familie, solange wir uns hier aufhalten. Wir werden in den kommenden Tagen Richtung Islamabad losziehen, wann genau, das werden wir in letzter Minute entscheiden. Nur wenige Menschen kennen unseren Plan, Zahids Bruder Malik, sein Freund Bilal und Ramzan, der Bürgermeister von Fatehpur, der uns seine volle Unterstützung zugesichert hat. Und natürlich meine Mutter.

»Mama«, sage ich ihr am Telefon, »diesmal ist es sicher. Wir werden am 10. Januar meinen Geburtstag zusammen feiern.«

»Nasima, meine liebe Tochter, du weißt, unser Zuhause ist auch dein Zuhause«.

Mit diesen Worten verabschiedet sich meine Schwiegermutter von mir. Wir umarmen uns ein letztes Mal unter Tränen, Zahid drängt zur Eile, unser Auto und unsere Begleiter warten draußen auf der Straße. Es ist unklug, sie zu lange warten zu lassen, denn es könnte sein, dass mein Vater auch jetzt mitten in der Nacht das Haus überwachen lässt. Wir fahren zu Bilal nach Mianwali, einer Kleinstadt, zwei Stunden Autofahrt von Fatehpur, und legen uns schlafen. Von dort aus wollen wir am Abend mit dem Taxi weiterfahren. Doch am späten Nachmittag, als wir eine kleine Mahlzeit zu uns nehmen, überrascht uns Bilal mit einem neuen Plan.

»Hört zu, bis jetzt seid ihr immer Taxi gefahren, dein Vater wird nach einem Taxi Ausschau halten. Wenn du und Zahid mit dem Bus nach Islamabad fahrt, seid ihr sicher. Außerdem ist es viel billiger.«

Ramzan meint, das sei keine schlechte Idee. Zahid und mir gefällt sie nicht besonders, wir überlegen, was dafür und was dagegen spricht und entscheiden uns schließlich, es zu probieren. Ramzan, Malik und Bilal werden mit dem Taxi ein Stück weiterfahren und so tun, als wären wir mit ihnen unterwegs, um meinen Vater auf eine falsche Fährte zu locken, während wir den Abendbus nach Islamabad nehmen. Bilal nickt zufrieden, sagt, dass er noch kurz telefonieren muss, und geht.

»Ist es nicht merkwürdig, wie er euch jetzt einreden will, mit dem Bus zu fahren?«, fragt Malik. »Und wen ruft er jetzt bloß an?«

Das möchten wir gern wissen. Auf einmal sind wir misstrauisch geworden. Wir sind die ganze Zeit mit dem Wagen gefahren, warum sollen wir jetzt in einen Bus steigen, der viel langsamer fährt? Wir haben bisher schon so viel Geld ausgegeben, dass eine Taxifahrt mehr oder weniger überhaupt nicht ins Gewicht fällt. Ist es nicht seltsam, dass Bilal ausgerechnet jetzt, am Ende unserer Flucht, auf den Gedanken verfällt, dass wir sparen sollten?

Plötzlich keimt ein furchtbarer Verdacht in uns auf. Woher weiß mein Vater eigentlich die ganze Zeit, wohin wir fahren? Wie ist das möglich, dass er unseren nächsten Schritt immer zeitgleich mit uns kennt, ja, wenn nicht sogar schon vor uns? Jedes Mal, auch wenn wir in letzter Minute unsere Pläne änderten, hatte er Wind davon bekommen.

Lange können wir nicht darüber diskutieren, denn Bilal kommt schon zurück.

»Wen hast du denn angerufen?«, fragt Malik. »Hast du vielleicht nach Fatehpur telefoniert?«

»Wie kommst du darauf? Es war nur eine Kleinigkeit wegen meines Ladens. Außerdem habe ich niemanden erreicht, weil das Telefon kaputt war.«

Zahid bietet ihm sein Handy an. Er lehnt ab, es sei nicht mehr so wichtig. Außerdem behauptet Bilal, es gäbe heute keinen Bus mehr nach Islamabad, sondern erst morgen früh. Was ist mit ihm los? Kann das wirklich sein? Wollte er etwa meinem Vater mitteilen, welchen Bus er anhalten muss, um Zahid und mich endgültig zu erwischen? Wenn das so ist, stammt dieser teuflische Plan von meinem Vater selbst! Im Bus hätte uns niemand beschützt! Ich sehe Zahid, Malik und Ramzan an, weiß nicht, woran sie denken, nur dass sie alle drei wütend aussehen. Ich lasse sie kurz allein und rufe meine Mutter von Zahids Handy aus an.

»Du bist in Mianwali«, schreit sie in heller Aufregung, »dein Vater hat mich eben angerufen, er weiß schon wieder, wo du dich versteckst! Er hat mir gesagt, dass er jetzt losfährt und euch abholt, und ich konnte dich nicht erreichen! Nasima, ihr müsst sofort weg!«

Das bedeutet, dass wir ungefähr anderthalb Stunden Vorsprung haben. Ramzan eilt auf die Straße, um uns ein Taxi zu suchen. Malik und Zahid stellen Bilal zur Rede.

»Du hast uns verraten. Es ist die einzig mögliche Erklärung. Sag die Wahrheit, hast du dich von Nasimas Vater schmieren lassen? Wie viel hat er dir bezahlt?«

»Wie könnt ihr das behaupten«, wehrt sich Bilal empört, »ich bin euer treuer Freund, habt ihr schon vergessen, was ich in Multan für euch getan habe? Und nicht nur dort!«

Es stimmt, dass er uns in Multan das Leben gerettet hat. Es stimmt, dass er uns mit seiner Gastfreundschaft sehr geholfen hat, dass er fast immer an unserer Seite war, wenn wir jemanden zu unserem Schutz brauchten. Trotzdem fühlen wir uns nicht ganz wohl, als er mit uns ins Taxi steigt.

Als wir am 7. Januar 2002 abends in Rawalpindi bei unseren Freunden ankommen, bin ich restlos erledigt. Noch nie habe ich so sehr gezittert wie auf dieser Fahrt. Ich müsste noch unbedingt zur Deutschen Botschaft, um einen Stempel zu holen, aber ich kann nicht mehr. Ich will nirgends mehr hin, nur noch nach Hause zu meiner Mutter und weine vor Erschöpfung. Ich weine, weil ich allein fliegen muss, weil es mir das Herz bricht, Zahid zurückzulassen. Übermorgen sollte mein Flug nach Deutschland gehen, aber es gibt Schwierigkeiten mit der Buchung. Ein Geldtransfer ist nicht rechtzeitig eingetroffen, ich kann erst einen Tag später fliegen und muss auf eine andere Fluggesellschaft umbuchen. Es ist mir alles zu viel. Ich liege auf dem Bett, versuche ein wenig zu schlafen, aber sobald ich die Augen schließe, sehe ich erst den Himmel, dann ein Flugzeug. Mein Flugzeug, das ohne mich davonfliegt, weil ich tot in der Abflughalle liege. Ich sehe mich selbst daliegen und kann diese Bilder nicht loswerden. Es gibt für mich keinen Ort auf dieser Welt, an dem ich sicher vor meinem Vater bin.

»Vielleicht gelingt es ihm noch, meinen Flug zu stornieren«, sage ich zu Zahid.

Wir sind allein im Gästezimmer, als sein Freund Gullam Muhammad leise anklopft. Er kommt herein, flüstert, dass ihm Bilal eben sehr viel Geld angeboten hat, wenn er ihm hilft, mich meinem Vater auszuliefern.

»Ich habe mich dazu überreden lassen«, erklärt er und lächelt uns an. »Habt keine Angst, ihr seid für mich wie Bruder und Schwester, niemals werde ich euch verraten. Ich weiß, wie sehr ihr euch liebt. Eine solche Liebe wünscht sich jeder Mensch, ihr beide habt das Recht, miteinander glücklich zu sein.«

Er kann beweisen, dass Bilal ein Verräter ist, denn dieser versucht gerade vom Wohnzimmer aus, meinen Vater anzurufen. In seinem Arbeitszimmer hat Gullam Muhammad einen zweiten Apparat. Wir folgen ihm dorthin, starren das Telefon an, warten auf das Kontrolllämpchen, das ein Gespräch anzeigt. Sobald es aufleuchtet, nimmt Gullam Muhammad den Hörer leise auf und reicht ihn Zahid. Ich sehe meinen Mann erblassen. Kurz darauf erlischt das Lämpchen, und Zahid legt auf.

»Dein Vater wird morgen in Islamabad sein. Bilal soll dich aufhalten.«

Ich bin so wütend, dass ich diesem Verräter am liebsten die Augen auskratzen möchte. Aber Zahid und Gullam Muhammad beknien mich, dass ich so tue, als wüsste ich von nichts. Ich müsse unbedingt sehr freundlich zu ihm sein und ihn zu einer kleinen Geburtstags- und Abschiedsfeier einladen. Das ist natürlich nur ein Vorwand, wir haben die Absicht, diskret zu verschwinden und die letzte Nacht an einem geheimen Ort zu verbringen.

Als ich dem Verräter am nächsten Tag gegenübertrete, fällt es mir unendlich schwer, gelassen zu bleiben. Vor allem, als er sagt, dass das Flugzeug, das ich nehmen wollte, hoffnungslos überbucht sei!

»Das wissen wir schon«, sagt Zahid völlig ruhig. »Es macht nichts, Nasima fliegt einen Tag später.«

»Ach so, und mit welcher Fluglinie?«, fragt Bilal

»Mit Pakistan International Airlines«, antwortet Zahid.

Als Bilal sagt, dass er mich jetzt mit Gullam Muhammad zur Botschaft fahren will, lüge ich und erkläre ihm, dass ich mich zu krank fühle, um das Haus zu verlassen.

»Aber morgen ist der Tag vor meinem Geburtstag, und am Abend möchte ich mit euch, die ihr mir so sehr geholfen habt, ein wenig feiern. Du bist herzlich eingeladen, lieber Bilal.«

Später erfahren wir, dass mein Vater dem Verräter zwei Millionen Rupien bezahlt und ihm ein Grundstück geschenkt hat. Ein hoher Gewinn für Bilal. Ein hoher Verlust für meinen Vater, der bis zur letzten Minute alles versucht hat, was in seiner Macht steht, um meine Flucht zu verhindern.

Mein Koffer ist schon gepackt. Sobald Bilal weg ist, ziehen Zahid und ich in ein kleines Hotel, aber uns ist nicht nach feiern zumute. Ramzan und Malik halten unten Wache, sie haben für morgen Polizisten engagiert, die uns zum Flughafen bringen sollen. Zahid und ich sind unendlich traurig und werden immer trübsinniger, je näher der Moment des Abschieds rückt.

Am nächsten Morgen fahren wir mit zwei Wagen zum Flughafen. In einem sind Zahid, sein Bruder Malik und ich mit zwei Polizisten, im anderen Gullam Muhammad und Ramzan, auch mit zwei Polizisten. Einer von ihnen trägt keine Uniform. Er hat ein Foto von meinem Vater, geht in die Abflughalle, um zu schauen, ob er dort ist.

»Er ist dort, mit drei Männern zusammen. Er steht bei dem Schalter von der Pakistan International Airlines und schmiert gerade einen Angestellten, um herauszufinden, ob du auf der Passagierliste bist. Dein Vater bietet ihm Geld an, wenn er dein Ticket storniert.«

Doch mein Ticket ist auf Saudi Airlines ausgestellt!

Für mich ist es Zeit zu gehen. Allein. Zahid darf mich nicht begleiten, mein Vater würde ihn erkennen. Niemand darf mich begleiten. Weder Malik noch Ramzan, die er kennt, noch unser lieber Freund Gullam Muhammad, noch die Polizisten. Er erwartet seine Tochter mit Begleitschutz. Eine alte Frau, die sich mühsam und ganz allein schleppt, wird er übersehen. Ich gehe allein. Ich muss und will auch allein gehen. Ich will dieses letzte Stück Weg in die Freiheit aus eigenen Kräften schaffen.

Mein Herz blutet, als ich mich von Zahid verabschiede. Es gibt nichts mehr zu sagen. Unser Schicksal liegt in Gottes Hand, möge er unsere letzten Schritte in die Freiheit begleiten, auch wenn wir sie getrennt gehen müssen. Eines Tages werden wir wieder vereint sein. Zahid wird auf dem Parkplatz im Auto warten, bis mein Flugzeug startet, um sicher zu sein, dass unsere List funktioniert hat. Dann wird er meine Mutter anrufen.

»Nasima kommt jetzt«, wird sein erster deutscher Satz sein. Hoffentlich kommt auch er bald.

Eine alte Frau betritt die Abflughalle. Sie trägt eine schwarze Burqa, stützt sich auf einen Stock. Das bin ich. Meine Augen sind voller Tränen, mein Gesicht ist so vollständig verschleiert, dass ich durch den Stoff kaum sehen kann. In der Halle wimmelt es vor Menschen, und trotzdem weiß ich sofort, wo er steht. Dieser Mann im hellblauen Shalwar-Kamiz, der mit einem Angestellten gestikuliert, ist mein Vater. Der andere Schalter ist vielleicht zwanzig Meter von ihm entfernt, trotzdem sterbe ich fast vor Angst. Ich darf nicht rennen, muss mich langsam wie eine Schnecke bewegen. Meine Burqa schleift auf dem Boden, ich gehe gebückt, um mich kleiner erscheinen zu lassen, hinke stark, als würde mir das Gehen große Schmerzen bereiten. Beim Saudi Airlines-Schalter sind die Formalitäten schnell erledigt. Es gibt noch einen Kontrollpunkt mit einer Absperrung, und ich sehe plötzlich, dass mein Vater nicht mehr beim anderen Schalter steht, sondern dort, direkt neben der Absperrung.

»Nasima«, sage ich zu mir selbst, »wenn du hinter dieser Absperrung bist, bist du eine freie Frau. Es ist nicht weit. Vielleicht fünfzig Meter. Gleich gehst du an deinem Vater vorbei. Gleich bist du frei. Noch vierzig Meter. Mehr nicht.«

Meinen Vater sehe ich nicht. Ich spüre, wo er ist, muss an ihm vorbei, weil er mitten im Weg steht, damit ihm nichts entgeht. Ich darf keinen Umweg machen, um seinen Verdacht nicht zu wecken. Ich komme näher, und mir ist, als würde ich alles von ihm spüren: seinen Zorn, seinen Hass, dahinter auch seine Enttäuschung, seine Verzweiflung. Es ist mir, als könnte ich seine Gedanken lesen. Er hat mich verloren, und er weiß es. Er hat seine Tochter und die Liebe seiner Tochter verloren. Das ist es, was ihn rasend vor Wut macht.

Ich hatte Angst vor ihm, aber in diesem Augenblick, als ich an ihm vorbeigehe, kommt die Trauer wie ein Monsunregen über mich. Vor neun Jahren und einigen Tagen sind wir zusammen eingereist: ein Vater, der stolz auf sein kleines Mädchen war, und ein kleines Mädchen, das seinen Vater abgöttisch liebte. Was ist aus uns geworden? Warum können wir einander nicht lieben und glücklich zusammen sein wie andere Familien? Ob wir uns je versöhnen werden? Ich wundere mich selbst darüber, aber ich hoffe immer noch von ganzem Herzen, dass er mir und Zahid verzeiht. Werde ich ihm selbst eines Tages verzeihen, was er uns angetan hat? Vielleicht schon. Aber vergessen? Das nicht. Man sagt in Deutschland, dass Zeit alle Wunden heilt. Ich bin nicht sicher, ob es stimmt.

Ich zeige meinen Pass, einen nagelneuen deutschen Pass, ausgestellt auf den Namen Nasima Nazar. Der Beamte macht mich darauf aufmerksam, dass ein Stempel fehlt. Um ihn zu bekommen, müsste ich noch einmal an meinem Vater vorbei, doch das schaffe ich nicht. Zum Glück hat mir Zahid ganze Bündel Scheine gegeben, falls ich jemanden bestechen muss. Ich drücke dem Beamten den kompletten Umschlag in die Hand, darin sind zwanzigtausend Rupien, und warte.

Er winkt mich durch. Ich gehe durch die Absperrung, richte mich danach Schritt für Schritt auf. Mir ist, als spürte ich den Blick meines Vaters auf meinem Rücken, ich drehe mich aber nicht um. Das Flugzeug betrete ich mit erhobenem Kopf. Eine Stewardess zeigt mir meinen Platz. Ich bitte sie, einen Augenblick zu warten, ziehe die Burqa aus, falte sie zusammen und gebe sie ihr.

»Schmeißen Sie das bitte weg«, sage ich, »ich brauche es nicht mehr.«

Danksagung

Ich, Nasima, möchte mich von Herzen bei folgenden wunderbaren Menschen bedanken. Ohne ihre große Hilfe und selbstlose Unterstützung hätte ich es niemals geschafft:

Syed Fiaz Mussainshah, Malik Mohammed Ramzan, Malik Talib, Malik Gulam Mohammed (Pinoi); Malik Hadayat, Bau Iqbal Layyah, Chodery Ashram, Malik Ashraf Pindi, Jafar Quaim Pur, Safder Ali, Liaqat Ali, Nasir Ali, Ashiq Ali und natürlich mein geliebter Mann, Zahid Ali Anjum.

Dass ich meine Tochter wieder in die Arme schließen kann und wir eine gemeinsame Zukunft hier in Deutschland haben, dafür möchte ich, Maria, besonders der Deutschen Botschaft in Islamabad, meinem Schwiegersohn Zahid Ali Anjum, Frau Reschob (Fliege-Stiftung), Herrn Günther Jauch und Herrn Dennis Fuß (Redaktion *Stern TV*) und dem Weißen Ring danken. Für ihren Rat und ihre Anteilnahme danke ich meinen Freundinnen Hannelore Pfander und Ute Yilmaz, wie auch meinem Sohn Michael.

Für ihr Engagement danken wir Fabianna, Frau Buch, und unserer Lektorin Barbara Laugwitz. Und ganz besonders möchten wir natürlich all denjenigen danken, die unser Schicksal berührt hat und die uns durch ihre Anteilnahme davor bewahrt haben, den Mut zu verlieren.

Vielen Dank!